旅游规划与开发理论及实践

周 丽 ◎ 著

东南大学出版社
SOUTHEAST UNIVERSITY PRESS
·南京·

图书在版编目(CIP)数据

旅游规划与开发理论及实践 / 周丽著. —— 南京：东南大学出版社，2023.12
　ISBN 978-7-5766-0772-7

　Ⅰ.①旅… Ⅱ.①周… Ⅲ.①旅游规划-教材②旅游资源开发-教材 Ⅳ.①F590

中国国家版本馆 CIP 数据核字(2023)第 106939 号

责任编辑：王艳萍　　责任校对：张万莹　　封面设计：王　玥　　责任印制：周荣虎

旅游规划与开发理论及实践
Lüyou Guihua yu Kaifa Lilun ji Shijian

著　　者	周　丽
出版发行	东南大学出版社
社　　址	南京市四牌楼 2 号　邮编：210096　电话：025-83793330
出 版 人	白云飞
网　　址	http://www.seupress.com
电子邮箱	press@seupress.com
经　　销	全国各地新华书店
印　　刷	江苏凤凰数码印务有限公司
开　　本	787 mm×1092 mm　1/16
印　　张	24.5
字　　数	550 千字
版　　次	2023 年 12 月第 1 版
印　　次	2023 年 12 月第 1 次印刷
书　　号	ISBN 978-7-5766-0772-7
定　　价	89.00 元

(本社图书若有印装质量问题，请直接与营销部联系。电话：025-83791830)

前　言

随着科学技术的进步,科技对旅游业不断渗透,旅游新业态不断涌现,旅游业竞争越来越激烈。做好目的地旅游规划和开发,可以积极应对旅游市场的激烈竞争。培养和造就适应旅游业发展的新型高质量应用型人才,是高校旅游管理类专业的基本职能之一。"旅游规划与开发"课程是《旅游管理类教学质量国家标准》中旅游管理专业7门专业核心课程之一,其重要性不言而喻:不仅要充分体现旅游管理专业国家课程质量要求,而且要满足学生毕业后从事旅游规划与开发工作的基本需要。因此,编写一本高质量的旅游规划与开发教材,是旅游管理专业师生和从业者的共同期盼。

教育部近来提出高校新文科建设的新要求,新文科建设的最终目标是提升人才培养质量,服务地方社会经济发展需要,而专业优化、课程提质和模式创新是提升人才培养质量的三大抓手。教材建设是三大抓手中最基础的工作之一,如何编写一本既能体现新教育理念,又能满足教学和生产实际需要的高质量教材,始终是旅游规划与开发课程教师的梦想。本书借鉴成果导向教育理念(Outcome-Based Education, OBE),试图编写一套体现新理念的教材。成果导向教育理念的三要素就是以学生为中心、以学生成果为导向、以持续改进为重点。成果导向教育理念的人才培养目标要求大学课堂不仅要教会学生学习知识,学会思考、训练思维、创造知识,更要培养学生的职业能力。项目化教学模式可以实现OBE导向人才培养目标和新文科人才培养目标。作者所在的南京晓庄学院,通过多年项目化教学实践探索证实,项目化教学不仅能够改革传统教学模式的一些弊端,而且能较好地提升课程质量,提高课堂教学效果,达成人才培养目标。项目化教学模式需要项目化的教材作为支撑,此次项目化教材的编写思路是,解构现有教材知识体系,按照项目任务编排教材体例。项目化教材强调模块化学习和任务驱动,引导学生带着真实的任务去学习,在完成具体任务的过程中,重构知识体系,切实掌握相关理论知识,并发展职业能力。

旅游区旅游规划与开发至少需要解决旅游的发展问题、空间问题以及旅游设施的配套问题,所以旅游规划与开发课程必然是一门理论性、实践性及综合性都很强的课程。本教材立足于学生的旅游规划与开发理论素养提升和实际职业能力培养,共由三大篇组成。第一篇是理论篇,共有两章内容:第一章"旅游规划与开发概述",重点介绍旅游规划与开发工作流程;第二章"旅游规划与开发基础理论",着重介绍区域旅游业发展重要理论,既包括区位和空间结构理论、竞争力理论、旅游目的地形象理论以及可持续发展理论等传统理论,也包括体验经济理论、全域旅游理论和旅游高质量发展理论等新理论。第二篇是调查分析实践篇,共有五个实践项目,即规划区旅游资源调查,规划区旅游资源评价,规划区旅游市场调查、预测及定位,规划区旅游市场营销策划,旅游规划与开发的PEST和SWOT分析。第三篇是规划实践篇,共有11个项目,即规划区旅游发展战略体系规划、规划区旅游形象策划、规划区旅游空间体系规划、规划区旅游环境容量测算、规划区旅游产品与项目策划、规划区旅游交通体系规划、规划区旅游服务设施规划、风景区保护培育规划、风景区土地利用协调规划、规划区旅游项目可行性分析、规划区旅游近期建设规划等。

  本教材主要有四个特点:(1)创新教材体例。解构现有传统教材体系,按照项目任务编排,重构新的教材体例。(2)突出教材实用性。内容组织没有过分强化知识体系完整性的要求,而是尽量突出学科行业新知识、新技术、新成果的应用,提高教育教学的时代性、学术性和针对性。(3)增加教学案例。除编者参与的课题研究案例外,还收集了大量其他旅游规划、策划案例。对于较难理解和完成的项目任务,书中基本都有教学案例。(4)强化思政元素。教材倡导旅游规划与开发过程中,要合理利用土地资源,保护生态环境;自然旅游资源和人文旅游资源既要有序利用,又要加以保护;要合理照顾各利益相关者的权利,提出他们必须承担的义务;要坚持可持续发展观和低碳经济理念等。同时还增加了风景区保护培育规划和土地利用协调规划等思政元素。

  旅游规划与开发新体系教材的编写是一项复杂的系统工作,在编写过程中,作者参考了许多专家学者的论著、报告等,在此表示衷心感谢。教材在编写过程中,力求按照设计的目标和设想去完成,但在实际编写过程中,难免挂一漏万,敬请大家批评指出。

  在教材付梓之时,感谢作者所在单位南京晓庄学院的领导和同事们大力支持本教材的编写和出版,感谢东南大学出版社的厚爱,感谢出版社编辑王艳萍的付出与努力。同时一并感谢阅读和使用本教材的各位同仁。

目 录

第一篇 理论篇 ·· 001

第一章 旅游规划与开发概述 ·· 003
- 第一节 旅游规划与开发的基本概念 ······································· 003
- 第二节 旅游规划与开发内容 ·· 008
- 第三节 旅游规划与开发工作流程 ··· 010
- 第四节 旅游规划与开发总则 ·· 019
- 第五节 旅游规划与开发模式演变及热点研究 ······················· 022

第二章 旅游规划与开发基础理论 ·· 027
- 第一节 区位和空间结构理论 ·· 027
- 第二节 旅游消费者行为理论 ·· 031
- 第三节 旅游目的地形象理论 ·· 042
- 第四节 竞争力理论 ··· 047
- 第五节 体验经济理论 ··· 052
- 第六节 全域旅游理论 ··· 056
- 第七节 旅游高质量发展理论 ·· 063
- 第八节 可持续发展理论 ··· 067
- 第九节 旅游地生命周期理论 ·· 070

第二篇 调查分析实践篇 ·· 075

项目一：规划区旅游资源调查 ·· 077
- 第一节 旅游资源调查内容 ·· 077
- 第二节 旅游资源调查方法与步骤 ··· 088

项目二：规划区旅游资源评价 ································· 095
    第一节　旅游资源评价内容 ································· 095
    第二节　旅游资源评价方法 ································· 098

项目三：规划区旅游市场调查、预测及定位 ··············· 114
    第一节　旅游市场调查与分析理论 ······················· 114
    第二节　旅游市场数据收集与规模预测 ·················· 126
    第三节　旅游市场定位 ······································· 137

项目四：规划区旅游市场营销策划 ·························· 139
    第一节　旅游市场营销策划理论 ·························· 139
    第二节　旅游市场营销策划实践 ·························· 149

项目五：旅游规划与开发的 PEST 和 SWOT 分析 ········ 163
    第一节　PEST 分析 ·· 163
    第二节　SWOT 分析 ··· 165
    第三节　旅游规划与开发 SWOT 分析实践 ············· 167

第三篇　规划实践篇 ·· 171

项目六：规划区旅游发展战略体系规划 ···················· 173
    第一节　旅游发展战略体系规划理论 ···················· 173
    第二节　旅游发展战略体系规划实践 ···················· 176

项目七：规划区旅游形象策划 ································· 181
    第一节　旅游形象策划理论 ································· 181
    第二节　旅游形象策划实践 ································· 185

项目八：规划区旅游空间体系规划 ··························· 197
    第一节　旅游空间体系规划理论 ·························· 197
    第二节　旅游空间体系规划实践 ·························· 209

项目九：规划区旅游环境容量测算 ··························· 223
    第一节　旅游环境容量的内涵 ····························· 223
    第二节　旅游环境容量测算实践 ·························· 225

项目十：规划区旅游产品与项目策划 ························ 231
    第一节　旅游产品与旅游项目策划理论 ················· 231

第二节　旅游产品与旅游项目策划实践 …………………………………… 249

项目十一：规划区旅游交通体系规划 …………………………………… 269
　　第一节　旅游交通体系规划理论 …………………………………… 269
　　第二节　旅游交通系统规划实践 …………………………………… 275

项目十二：规划区旅游服务设施规划 …………………………………… 285
　　第一节　旅游服务设施规划理论 …………………………………… 285
　　第二节　旅游服务设施规划实践 …………………………………… 289

项目十三：风景区保护培育规划 …………………………………… 294
　　第一节　风景区保护培育规划理论 …………………………………… 294
　　第二节　风景区保护培育规划实践 …………………………………… 297

项目十四：风景区土地利用协调规划 …………………………………… 317
　　第一节　风景区土地利用协调规划理论 …………………………………… 317
　　第二节　风景区土地利用协调规划实践 …………………………………… 326

项目十五：规划区旅游项目可行性分析 …………………………………… 334
　　第一节　旅游项目可行性分析理论 …………………………………… 334
　　第二节　旅游项目可行性分析实践 …………………………………… 336

项目十六：规划区旅游近期建设规划 …………………………………… 374
　　第一节　旅游近期建设规划理论 …………………………………… 374
　　第二节　旅游近期建设规划实践 …………………………………… 375

第一篇

01

理论篇

第一章　旅游规划与开发概述

第一节　旅游规划与开发的基本概念

一、旅游规划与开发的概念

(一) 旅游规划

国内外许多学者都对旅游规划概念进行了界定。冈恩(Gunn)提出,旅游规划是基于满足旅游者需求经过一系列选择决定适合未来行动的过程。英斯基普(Inskeep)认为,旅游规划应该从供需两方面来系统分析,并提出了整体的、可持续发展的、可控的规划方法。盖茨(Getz)把旅游规划界定为在调查研究与评价的基础上寻求旅游业对人类福利及环境质量最优贡献的过程。墨菲(Murphy)认为,旅游规划是预测和调节系统内的变化,以促进有秩序的开发,从而扩大开发,从而提升旅游发展所产生的社会、经济与环境效益。

马勇等[①]提出,旅游规划是指在旅游系统要素发展现状调查评价的基础上,针对旅游系统的属性、特色和发展规律,并根据社会、经济和文化发展的趋势,以综合协调旅游系统的总体布局、系统内部要素功能结构以及旅游系统与外部系统发展为目的的战略策划和具体实施。

《旅游规划通则》(GB/T 18971—2003)中分别对旅游发展规划和旅游区规划进行了界定。旅游发展规划是根据旅游业的历史、现状和市场要素的变化所制定的目标体系,以及为实现目标体系在特定的发展条件下对旅游发展的要素所做的安排。旅游区规划是指为了保护、开发、利用和经营管理旅游区,使其发挥多种功能和作用而进行的各项旅游要素的统筹部署和具体安排。

综上,旅游规划是对旅游业发展进行的谋划,即为了实现旅游规划区旅游业发展的一个或一系列目标对规划区旅游业发展的步骤或行动方案进行的谋划。旅游规划的依据是旅游规划区的旅游资源特点、社会经济技术以及市场发展现状与趋势。旅游规划主要解决的三大问题,即旅游规划区旅游业的发展问题、发展所需空间问题以及发展配套设施问题。

---

① 马勇,李玺.旅游规划与开发[M].4版.北京:高等教育出版社,2018.

（二）旅游开发

在《高级汉语词典》中，"开发"一词被解释为通过研究或努力，开拓新的资源或新的领域，并对新资源、新领域加以利用的行为。依据此意以及旅游开发实践，旅游开发是以发展旅游业为主要目的，以市场需求为导向，以旅游资源为"原材料"，通过策划提高旅游资源对游客的吸引力的经济技术系统工程。旅游开发包含四个核心内容：一是旅游资源的开发利用；二是旅游地的交通安排；三是旅游设施的配套建设；四是旅游市场的开拓。

二、旅游规划的基本类型

旅游规划常用分类依据及其类型如下。

（一）按旅游规划的空间尺度分类

1. 国际协调规划

国际协调规划是指为了实现国际区域旅游合作与竞争，促进区域旅游业发展，国家之间共同制定并实施的区域旅游发展战略安排。如东盟国家就在旅游业经营中采取了统一宣传、统一促销、统一定价的协调行动。

2. 国家全面规划

国家全面规划是以国家为基本单位制定的旅游发展战略。

3. 区域综合规划

区域综合规划指对省、市、县、镇等行政区以及跨区域非行政区旅游业发展进行的综合性规划。如江苏省旅游综合规划、张家港市旅游综合规划、长三角旅游综合规划等。

4. 旅游区规划

旅游区规划是对风景名胜区进行的规划，一般既要进行总体规划，又要进行详细规划。如黄山风景名胜区规划。

（二）按旅游规划的时间尺度分类

1. 旅游发展规划时间尺度类型

在《旅游规划通则》（GB/T 18971—2003）（简称《通则》）中，把旅游发展规划时间尺度分为三个类型：近期发展规划（3~5 年）、中期发展规划（5~10 年）以及远期发展规划（10~20 年）。

2. 旅游区规划时间尺度类型

《通则》中规定，旅游区总体规划期限一般为 10~20 年，同时可根据需要对旅游区的远景发展作出轮廓性的规划安排。对于旅游区近期的发展布局和主要建设项目，亦应作出近期规划，期限一般为 3~5 年。

(三) 按旅游规划的内容分类

1. 旅游综合规划

旅游综合规划是一个区域性的规划概念,它指按照国家和地方旅游业发展纲要精神,结合国家旅游产业布局的要求,提出合理开发利用区域内旅游资源,促进旅游业可持续发展的总体设想。

2. 旅游专题规划

旅游专题规划又被称为旅游部门规划,是在区域旅游综合规划的基本思想的指导下,针对旅游开发过程中的各个部门提出的专题计划,主要是基础设施建设计划。

(四)《通则》中的分类

1. 旅游发展规划

旅游发展规划是根据旅游业的历史、现状和市场要素的变化所制定的目标体系,以及为实现目标体系在特定的发展条件下对旅游发展的要素所做的安排。

2. 旅游区规划

旅游区规划是指为了保护、开发、利用和经营管理旅游区,使其发挥多种功能和作用而进行的各项旅游要素的统筹部署和具体安排。旅游区规划按规划深度不同可分为:

(1) 发展总体规划

旅游区在开发、建设之前,原则上应当编制总体规划。小型旅游区可直接编制控制性详细规划。总体规划是在分析旅游区客源市场,确定旅游区的主题形象,划定旅游区的用地范围及空间布局,安排旅游区基础设施建设内容的基础上,提出开发措施。

(2) 控制性详细规划

控制性详细规划即在总体规划基础上,将规划对象细分为一系列地块,并对各地块的使用性质、控制性指标以及管理等提出具体要求。

(3) 修建性详细规划

修建性详细规划即在总体规划和控制性详细规划的基础上,针对各项建筑和工程设施的设计和施工而进行的规划。比如对建筑的体量、材质以及外观,给排水、供电、交通、环卫、绿化等进行规划,并要求绘制效果图,比例尺达到1∶500,需90~100张。

(五) 按规划权威等级分类

不同规划之间形成了一定的等级关系。按照其权威等级,规划分为上级(位)规划和下级(位)规划。在规划等级制度下,下级规划要服从上级规划,即下级规划的编制一定要以上级规划为依据和指导,并与上级规划中的内容保持一致。

1. 区域范围等级

通常情况下,范围较大的旅游规划为上级规划,范围较小的则为下级规划。比如:编制省级旅游规划时,国家旅游规划是上级旅游规划,省级旅游规划则是下级旅游规划;当编制省辖市市级旅游规划时,省级旅游规划则为上级旅游规划,市级旅游规划就为下级旅游规划。

2. 规划时间等级

长期规划比短期规划的等级高。长期旅游规划为上级规划,短期旅游规划则为下级规划。比如:旅游规划中的远期规划是中期规划的上级规划,中期规划是远期规划的下级规划;同样,编制近期旅游规划时,中期旅游规划是近期旅游规划的上级规划,近期旅游规划则是中期旅游规划的下级规划。

3. 规划内容等级

从规划的内容来看,综合性规划比专题性规划的等级高。如国民经济发展规划比旅游产业发展规划的等级高,因为旅游产业是国民经济产业部门中的一部分,因此国民经济发展规划是旅游产业发展规划的上级规划,旅游产业发展规划则是国民经济发展规划的下级规划。

三、旅游规划与开发的对象

旅游规划与开发的实质是实现区域旅游产业高效和高质量运行,实现区域旅游业发展的战略目标。因此,旅游规划与开发必须从旅游系统的整体出发,着眼于规划与开发对象的综合的整体优化,而不是从局部和单个要素出发,也不只关心系统各组成部分的工作状态。旅游规划的目的是确保内部关联的旅游系统各个因素全面发展,这些因素包括供需因素、物质规划和组织制度因素。只有如此,旅游规划的整体系统才能更有效地发挥作用,从而实现预期的旅游产业效益。由此得出,旅游规划与开发的对象是旅游系统,而不是单个要素。

(一)旅游系统

旅游系统是区域各种旅游事象和要素的集合体,是通过旅游者的旅游活动使各组成要素相互联系、相互作用而构成的一个有机整体[①],它具有实现旅游价值的整体功能[②]。吴人韦[③]认为,旅游系统是一个以旅游目的地的吸引力为核心,以人流的异地移动性为特征,以闲暇消费为手段,具有较稳定的结构和功能的一种现代经济、社会、环境的边缘组合系统。旅游系统由旅游者、旅游目的地和旅游企事业三大要素集构成。旅游者要素集包括收入、距离、闲暇时间、偏爱、年龄、受教育水平等因子,汇成旅游动机;旅游目的地要素集包括旅游资源、基础设施、服务设施、项目设施、符号系统等,汇成旅游吸引力;旅游企事业要素集包括从事信息、交通、服务、保护、开发、经营的企业法人及事业机构等,汇

---

① 刘锋. 旅游系统规划:一种旅游规划新思路[J]. 地理学与国土研究,1999,15(1):56-60.
② 张跃西. 新概念旅游学[M]. 北京:中国科学技术出版社,2005:28.
③ 吴人韦. 论旅游规划的性质[J]. 地理学与国土研究,1999,15(4):50-54.

成了旅游联结力。旅游系统通过旅游者、旅游目的地、旅游企事业三大要素集之间的吸引力—需求键、消费—生产键、生态环境—土地利用键,连接成为一个有机整体。旅游系统具有运转、竞争和增益三大功能。

(二) 旅游系统模型

研究者从不同视角提出了不同的旅游系统模型和构成要素。目前,旅游系统模型主要有,基于供给与需求视角的旅游系统模型、基于旅游运作过程视角的旅游系统模型以及基于旅游产品视角的旅游系统模型。随着大数据技术成熟,目前又有学者提出基于个性化视角的旅游推荐系统模型以及基于智慧旅游视角的旅游企业管理系统模型等。

1. 旅游产品系统模型

该模型包含吃、住、行、游、购、娱六要素以及配套设施与产业等要素。2015年国家旅游局局长又提出旅游发展新六要素,即商、养、学、闲、情、奇。其中,"商"是指商务旅游,包括商务旅游、会议会展、奖励旅游等旅游新需求、新要素;"养"是指养生旅游,包括养生、养老、养心、体育健身等健康旅游新需求、新要素;"学"是指研学旅游,包括修学旅游、科考、培训、拓展训练、摄影、采风、各种夏令营冬令营等活动;"闲"是指休闲度假,包括乡村休闲、都市休闲、度假等各类休闲旅游新产品和新要素,是未来旅游发展的方向和主体;"情"是指情感旅游,包括婚庆、婚恋、纪念日旅游、宗教朝觐等各类精神和情感的旅游新业态、新要素;"奇"是指探奇,包括探索、探险、探秘、游乐、新奇体验等探索性的旅游新产品、新要素。新六要素是对旅游产品系统模型的进一步补充和完善。

2. 旅游需求与供给系统模型

美国著名旅游规划学者冈恩提出了旅游需求与供给系统组成。冈恩认为,供给和需求两个最基本要素之间的相互匹配构成了旅游系统的基本结构。在供给子系统里,吸引物、促销、交通、信息和服务之间存在相互依赖的关系,它们共同作用,提供符合市场需求的旅游产品。图1-1-1和图1-1-2是冈恩分别在1972年和2002年提出的旅游功能系统模型。模型2比模型1更强调系统构成要素之间的内在联系。

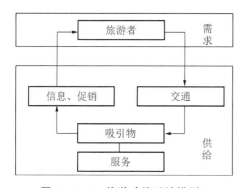

图1-1-1 旅游功能系统模型1

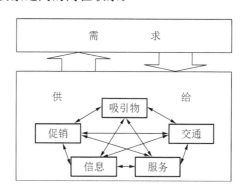

图1-1-2 旅游功能系统模型2

3. 旅游运作系统模型

我国许多学者从旅游经济运作过程的视角提出了旅游系统模型。吴人韦[①]认为旅游系统由旅游者子系统、旅游目的地子系统以及旅游企事业子系统构成,其中旅游者子系统形成旅游动机,旅游目的地子系统形成旅游吸引力,旅游企事业子系统形成旅游联结力。卢云亭等提出旅游系统包括旅游地域系统、旅游服务系统、旅游教育系统以及旅游商品系统。吴必虎把旅游系统结构描述为旅游市场子系统、旅游者出行子系统、旅游目的地子系统以及旅游发展支持子系统,并对子系统进行了进一步分解,详见图1-1-3。马勇等根据国内外学者的观点,把旅游系统综合为旅游客源市场子系统、旅游目的地子系统、旅游企事业子系统以及旅游支撑与保障子系统。

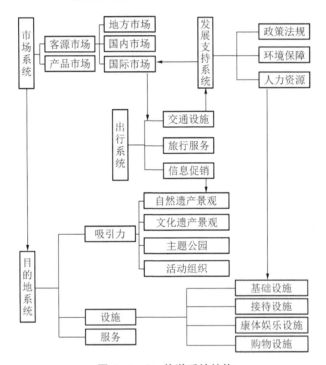

图1-1-3 旅游系统结构

第二节 旅游规划与开发内容

旅游规划类型不同,规划的内容也不相同。《通则》中界定了旅游发展规划与旅游区规划的内容。

---

① 吴人韦.旅游系统的结构与功能[J].城市规划汇刊,1999(6):19-21.

一、旅游发展规划的主要内容

(1) 全面分析规划区旅游业发展历史与现状、优势与制约因素,以及与相关规划的衔接。

(2) 分析规划区的客源市场需求总量、地域结构、消费结构及其他结构,预测规划期内客源市场需求总量、地域结构、消费结构及其他结构。

(3) 提出规划区的旅游主题形象和发展战略。

(4) 提出旅游业发展目标及其依据。

(5) 明确旅游产品开发的方向、特色与主要内容。

(6) 提出旅游发展重点项目,对其空间及时序作出安排。

(7) 提出要素结构、空间布局及供给要素的原则和办法。

(8) 按照可持续发展原则,注重保护开发利用的关系,提出合理的措施。

(9) 提出规划实施的保障措施。

(10) 对规划实施的总体投资进行分析,主要包括旅游设施建设、配套基础设施建设、旅游市场开发、人力资源开发等方面的投入与产出方面的分析。

二、旅游区规划的内容

旅游区规划包括旅游区总体规划、控制性详细规划以及修建性详细规划。

(一) 旅游区总体规划的主要内容

(1) 对旅游区的客源市场的需求总量、地域结构、消费结构等进行全面分析与预测。

(2) 界定旅游区范围,进行现状调查和分析,对旅游资源进行科学评价。

(3) 确定旅游区的性质和主题形象。

(4) 确定规划旅游区的功能分区和土地利用,提出规划期内的旅游容量。

(5) 规划旅游区的对外交通系统的布局和主要交通设施的规模、位置;规划旅游区内部的其他道路系统的走向、断面和交叉形式。

(6) 规划旅游区的景观系统和绿地系统的总体布局。

(7) 规划旅游区其他基础设施、服务设施和附属设施的总体布局。

(8) 规划旅游区的防灾系统和安全系统的总体布局。

(9) 研究并确定旅游区资源的保护范围和保护措施。

(10) 规划旅游区的环境卫生系统布局,提出防止和治理污染的措施。

(11) 提出旅游区近期建设规划,进行重点项目策划。

(12) 提出总体规划的实施步骤、措施和方法,以及规划、建设、运营中的管理意见。

(13) 对旅游区开发建设进行总体投资分析。

(二)旅游区控制性详细规划的主要内容

(1)详细划定所规划范围内各类不同性质用地的界线。规定各类用地内适建、不适建或者有条件地允许建设的建筑类型。

(2)规划分地块规定建筑高度、建筑密度、容积率、绿地率等控制指标,并根据各类用地的性质增加其他必要的控制指标。

(3)规定交通出入口方位、停车泊位、建筑后退红线、建筑间距等要求。

(4)提出对各地块的建筑体量、尺度、色彩、风格等要求。

(5)确定各级道路的红线位置、控制点坐标和标高。

(三)旅游区修建性详细规划的主要内容

(1)综合现状与建设条件分析。

(2)用地布局。

(3)景观系统规划设计。

(4)道路交通系统规划设计。

(5)绿地系统规划设计。

(6)旅游服务设施及附属设施系统规划设计。

(7)工程管线系统规划设计。

(8)竖向规划设计。

(9)环境保护和环境卫生系统规划设计。

第三节 旅游规划与开发工作流程

世界旅游组织(UNWTO)把旅游规划与开发工作流程分为研究准备、确定开发目标和目的、规划区现状特征的调查、调查资料的分析与综合、提出政策与规划方案、规划实施措施以及规划管理和监测等七个阶段。《通则》通过结合中国国情和规划实践,调整上述工作流程,将旅游规划的编制程序分为任务确定阶段、前期准备阶段、规划编制阶段和征求意见阶段。本书提出旅游规划工作流程十个步骤:旅游项目可行性研究、编制规划任务书、选定规划编制单位并签订规划合同、组建规划编制专家组、制订工作计划、室内资料收集与室外调研准备、实地考察与调研、PEST和SWOT分析、规划编制阶段、规划评审报批与修编。

一、旅游项目可行性研究

旅游规划与开发是对区域旅游发展进行总体部署与实施,涉及部门多,投资数额大,是区域重大投资项目。旅游项目投资风险大,如果旅游规划内容是开发项目规划,则需要对开发项目做可行性研究。进行可行性研究有助于找出投资的有利与不利方面,以帮助投资者作出正确的投资决策。政府部门在审批旅游投资项目时需对投资项目进行审查、评估和批准,其依据主要是旅游项目可行性研究报告。旅游项目因其综合性和连续性而需要巨额投资,除少部分为自筹和国家预算内拨款外,大部分需要向市场融资,包括向银行贷款和吸引其他投资方投资。投资方为了减少风险,需要对投资项目进行可行性研究。

可行性研究工作是以市场为前提,以技术为手段,以经济效益为目标,在投资前期对拟建的旅游投资项目的必要性、可能性、有效性、合理性进行全面、系统的论证,对项目做出可行或不可行的评价。旅游规划与开发项目的可行性研究分为投资机会研究、初步可行性研究、详细可行性研究。

二、编制规划任务书

规划任务书的编制是在经批准的项目可行性研究报告的基础上,将可行性研究报告中的相关要求具体化,为明确编制规划任务而编制的技术经济文件。其作用主要是作为项目进行方案设计的具体要求提交给方案设计单位的技术性文件,是进行方案设计的重要依据,也是评判方案的重要依据。可以由竞标方编写,也可以由投标方编写。其主要内容有六个方面。

(一)规划目标

有些旅游规划任务书中用旅游规划任务代替旅游规划目标。旅游规划类型不同,其规划目标或任务则不同。在制定规划目标或规划任务时,要根据具体规划类型,准确拟定旅游规划目标或规划任务。

(二)规划时空范围

旅游规划时间范围指规划期限,包括近期、中期和远期的期限,比如《通则》中规定,旅游区总体规划的期限一般为10~20年,同时可根据需要对旅游区的远景发展作出轮廓性的规划安排。对于旅游区近期的发展布局和主要建设项目,亦应作出近期规划,期限一般为3~5年。

旅游规划空间范围是指规划区边界范围,需要根据规划区实际情况确定。

(三)规划编制要求

规划编制要求指规划编制中应遵循的技术要求。《通则》中提出的规划编制要求如下:①旅游规划编制要以国家和地区社会经济发展战略为依据,以旅游业发展方针、政策及法规为基础,与城市总体规划、土地利用规划相适应,与其他相关规划相协调;根据国民经济形势,对上述规划提出改进的要求。②旅游规划编制要坚持以旅游市场为导向,以旅游资源为基础,以旅游产品为主体,经济、社会和环境效益可持续发展的指导方针。③旅游规划编制要突出地方特色,注重区域协同,强调空间一体化发展,避免近距离不合理重复建设,加强对旅游资源的保护,减少对旅游资源的浪费。④旅游规划编制鼓励采用先进方法和技术。编制过程中应当进行多方案的比较,并征求各有关行政管理部门的意见,尤其是当地居民的意见。⑤旅游规划编制工作所采用的勘察、测量方法与图件、资料,要符合相关国家标准和技术规范。⑥旅游规划技术指标,应当适应旅游业发展的长远需要,具有适度超前性。技术指标参照《通则》的附录A(资料性附录)选择和确立。⑦旅游规划编制人员应有比较广泛的专业构成,如旅游、经济、资源、环境、城市规划、建筑等方面。

(四)规划内容要求

不同类型的旅游规划内容不尽相同,但是基本内容包括14个方面:①当地的自然社会状况;②同行业的状况;③规划范围;④规划依据和原则;⑤旅游资源状况和评价;⑥客源市场分析;⑦旅游项目创意;⑧旅游环境保护;⑨基础设施规划;⑩交通规划;⑪绿化规划;⑫服务项目规划;⑬效益分析;⑭规划图件。

(五)规划成果要求

旅游规划成果一般包括规划文本、规划图表及附件。附件包括规划说明和其他基础资料(专题研究报告、基础调研资料等)。规划图表包括区位分析图、旅游资源分析图、旅游客源市场分析图、旅游业发展目标图表、旅游产业发展规划图等。

规划文本是对规划成果的一种简洁明了的说明,文本主要提供给政府部门审阅,而政府部门不可能阅读篇幅冗长的文字,因此要求规划文本仅仅给出研究的结论和最终数据。规划文本也可以理解为是对规划说明书的简化。

规划图表一般要求打印装订在规划文本中,但为了方便汇报时的解说以及课题完成后委托方的日常使用,成果形式还应包括若干幅挂图,其中最重要的两幅图纸是资源现状分析图和旅游发展总体规划图(空间结构规划图或总平面图)。

(六)规划进度安排

规划进度安排就是列出从签署协议到成果评审等一系列工作的时间表。多用甘特图表达工作进度安排时间表。

【案例】《萍乡市安源区文化旅游发展总体规划任务书》[①]

一、项目背景

安源区位于江西省西部,是萍乡市政治、经济、文化中心,是全省经济、社会

---

① 安源区人民政府(2009-09-25)。

发展综合先进十强县（区）之一，辖区总面积 212 km²，总人口 40 万，下辖六街、四镇、一个管委会。安源区素有"吴楚咽喉，赣湘通衢"之称，地理位置优越，交通条件发达，是中国近代民族工业的发祥地之一，是中国工人运动的摇篮和秋收起义的策源地之一，也是中国少先队的诞生地，安源在中国工运史、党建史、革命史上留下了光辉的篇章，创造了全国"十五个之最"。安源旅游资源丰富，文化底蕴深厚，先后被授予"全国爱国主义教育示范基地""全国百个红色旅游经典景区""江西五大红色景区"称号。

随着安源区经济社会的快速发展，旅游产业要素日益完善，基础配套设施逐渐完善，旅游服务和管理水平逐步提升。原有的《安源区旅游总体规划》《安源国家森林公园总体规划》《安源旅游景区控制性详细规划》等规划已不能满足旅游发展形势的需要。一方面，现有的规划在产业定位、产品定位、市场定位等方面需要调整提升；另一方面，从现有规划结构上来看还没有形成完整的规划体系，急需一部能引导全区文化旅游产业发展的总体规划，以明确发展方向，确定定位与布局，规范和引导旅游产业健康、快速发展，为建设"文化安源、创新安源、生态安源、和谐安源、繁荣安源、世界安源"提供科学的依据和行动指南。

二、规划编制要求

（一）主要任务

明确旅游业在国民经济和社会发展中的地位与作用，提出安源旅游业发展目标，优化安源旅游发展的要素结构与空间布局，安排旅游业发展优先项目，促进安源旅游产业持续、健康、稳定发展。

（二）规划范围

安源区全境，面积 212 km²。

（三）规划深度

本规划为区域旅游总体规划，规划深度需达到《旅游规划通则》中旅游发展规划要求，其中交通、用地、基础设施规划需达到旅游区总体规划要求，重点旅游项目部分需达到详细规划深度（详见《旅游规划通则》）。

（四）规划期限

本规划为中长期规划，规划期为 20 年，重点是 2010—2020 年。

（五）编制依据

1. 《旅游规划通则》
2. 《旅游发展规划管理办法》
3. 《萍乡市城市总体规划（2008—2020）》
4. 《萍乡市旅游总体规划（2000—2020）》

5. 住房和城乡建设部、国家旅游局颁布的有关标准、规范、规程

三、规划主要内容

(一) 规划总则

包括国内外旅游发展的态势,规划编制的具体背景、目的、意义、范围、依据、原则、期限等。

(二) 现状分析

对安源旅游进行现状调查和分析,对旅游资源进行科学评价,对旅游产业要素和现状进行合理评价。

(三) 旅游发展潜力分析

对安源旅游的客源市场进行分析与预测。

(四) 旅游发展总体目标与战略

明确安源旅游发展的指导思想、基本原则和发展思路,提出近期、中期、远期及远景发展目标。

(五) 市场开发战略规划

分析安源客源构成,明确市场开发重点,预测未来市场发展方向。

(六) 要素结构与空间布局规划

根据安源旅游资源空间布局现状,遵循区域完整性、资源分布集中性、交通联系性及其功能性等区域布局原则,确定安源旅游发展的空间布局。

(七) 重点项目及旅游产品开发规划

整合安源现有旅游开发项目,策划一批符合安源实际情况,对安源旅游业发展能起到较大促进作用的重点项目,构建丰富的旅游项目体系,形成富有竞争力的旅游产品体系。对重点项目的主题、布局、用地、建设内容、盈利模式等进行详细规划。

(八) 旅游形象与营销规划

设计安源区旅游形象与宣传口号,策划相应市场营销手段。

(九) 道路交通及游线规划

规划旅游区对外交通系统布局和主要交通设施的规模、位置;规划重点旅游区道路系统走向、断面和交叉形式。

(十) 土地利用规划

确定旅游用地规模,提出用地方案。

(十一) 基础设施规划

对旅游发展所需供电、给排水、排污、垃圾处理等基础设施进行规划。

(十二) 景观及生态保育规划

规划旅游区的景观系统和绿地系统总体布局,提出旅游区内生态系统的保

育方案。

(十三) 环境影响及环境防控规划

规划旅游区的环境卫生系统布局,提出防止和治理污染的措施。

(十四) 建设分期与投融资规划

确定近期、中期、远期建设计划,对旅游建设项目进行投融资规划,并提出投融资方案。

(十五) 规划实施的保障措施

提出具体措施,保障规划的实施,提高规划实施的可行性和可操作性,指导规划科学合理实施。

四、规划成果

规划成果包括文本、图件、附件。乙方需提供 0 号图纸大小的挂图(展板)一套,带 3 号图纸大小的附图成果(文本、说明、其他资料等)十套,并报送包括文字及图纸成果的电子光盘两套及可供汇报的 PPT 文本一份。

(一) 规划文本

规划文本对以上所提及的规划内容进行全面的阐述,对规划中需要重点解决的问题进行深入的论证和分析。

(二) 规划图件

1. 区位分析图
2. 综合现状图
3. 资源评价图
4. 旅游客源市场分析图
5. 旅游发展目标图
6. 总体规划图
7. 旅游空间要素格局及功能分区图
8. 交通规划图
9. 游览线路规划图
10. 旅游土地利用规划图
11. 旅游基础设施规划图
12. 旅游景观及绿地系统规划图
13. 重点项目平面设计或效果图若干

(三) 规划附件

规划附件包括说明书和其他基础资料。

五、工作进度安排

分四个阶段进行,即:

(一) 2009年10月1日至10月20日：制订计划，征集单位；

(二) 2009年10月21日至11月25日：实地考察，编制方案；

(三) 2009年11月26日至2010年2月6日：修改完善，提交初稿；

(四) 2010年2月7日至3月7日：提交终稿，成果报审。

三、选定规划编制单位与签订规划合同

委托方应根据国家旅游行政主管部门对旅游规划设计单位资质认定的有关规定确定旅游规划编制单位。选定方式通常有公开招标、邀请招标、直接委托等形式。

公开招标：委托方以招标公告的方式邀请不特定的旅游规划设计单位投标。

邀请招标：委托方以投标邀请书的方式邀请特定的旅游规划设计单位投标。

直接委托：委托方直接委托某一特定旅游规划设计单位进行旅游规划的编制工作。

选定规划编制单位后，委托方应制订项目计划书并与规划编制单位签订旅游规划编制合同。合同书中应明确规定规划名称、双方的权利与义务、规划期限以及违约责任等。

四、组建规划编制专家组

承接方应组建两个小组：一是规划领导小组；二是编制小组。规划领导小组一般由规划区所在地的上一级政府主管领导任组长，所在地政府和承接地领导任副组长，政府有关职能部门领导和承接方单位分管领导作为成员。领导小组的主要职责是与规划编制小组协商并审议旅游规划大纲、文本和图件。规划小组成员要求专业覆盖面广，世界旅游组织所著的《国家和区域旅游规划：方法与实例分析》中指出规划小组核心成员包括旅游发展规划师、旅游营销专家、旅游组织专家、旅游经济学家、旅游交通和基础设施规划家等。

五、制订工作计划

制订工作计划主要考虑以下三个方面。

(一) 明确规划任务

规划小组依据规划任务书和签订的合同，进一步明确规划任务与成果。主要内容为双方认定的规划内容以及规划说明书目录体系、规划文本结构和图件要求。

(二) 人员分工与进度安排

依据规划任务，结合规划小组成员的工作经验和专业，把所要完成的规划成果分配给各位小组成员，并确定规划进度，以甘特图的形式列出来。

(三) 拟定需甲方提供的基础资料和图件清单

基础资料主要包括三部分：①区域发展总体状况资料，包括：当地社会经济发展文

件、有关年度国民经济统计资料和年鉴、当地近年的政府工作报告、当地近年经济发展的重大举措和政策法规配套、区域产业结构；主要产品结构与名牌产品；对外经济联系；经济发展环境，居民的经济收入、消费结构、消费观念，居民对发展旅游的态度和意见；等等。②上级规划资料，包括当地主要城市规划的最新修编资料以及上级旅游规划文本和图件等。③政府政策和法规文件，包括党政领导关于旅游的讲话和报告，近几年各级有关部门（人大、政协、政研室等）关于旅游发展的调研报告，近年人大、政府出台的旅游发展政策、法规文件等。

图件清单主要包括规划区的现状图、旅游资源分布图、行政区划图以及地形图等。

六、资料收集与调研准备

资料收集主要是指：在室内对规划区域的区位条件、自然环境、社会文化环境、经济结构以及历史沿革进行资料收集与分析，全面评估区域内外自然生态环境和经济社会状况对规划项目的影响；系统研究国家、本地区和上一级区域的旅游及相关政策法规。调研准备主要有：现状调查图；旅游资源单体调查所需图表；市场访谈提纲与调查问卷。

七、实地考察与调研

实地考察与调研任务主要有三个：①利用提供的土地利用现状图进一步考察土地利用现状。②进行旅游资源单体调查，具体要求为：对规划区内旅游资源的类别、品位进行全面调查，编制规划区内旅游资源分类明细表，绘制旅游资源分析图，具备条件时可根据需要建立旅游资源数据库，确定其旅游容量，调查方法可参照《旅游资源分类、调查与评价》（GB/T 18972—2017）。③对旅游市场需求特征进行调查，包括问卷调查和访谈等。具体内容有：规划区旅游者的数量、结构、旅游方式、旅游目的、旅游偏好、停留时间、消费水平等。

八、PEST 和 SWOT 分析

首先，对区域旅游规划与开发进行宏观背景环境（PEST）分析，明确宏观背景环境现状以及发展趋势对旅游业的影响，为制定区域旅游发展战略目标提供有力支撑。其次，综合分析和评价区域自身旅游业发展的优劣势、机会与威胁（SWOT），包括对规划区旅游业发展进行竞争性分析，对规划区在交通可进入性、基础设施、景点现状、服务设施、广告宣传等各方面的区域比较优势和不足进行客观分析，同时提出区域旅游业发展面临的机会和威胁，并提出旅游规划与开发的思路与构想。

九、规划编制阶段

（一）草案编制阶段

规划草案主要内容有：确立规划区旅游主题，包括主要功能、主打产品和主题形象；

确立规划分期及各分期目标;提出旅游产品及设施开发思路和空间布局;确立重点旅游开发项目,确定投资规模;进行经济、社会和环境评价;形成规划区旅游发展战略,提出规划实施的方案、措施和步骤,包括政策支持、经营管理体制、宣传促销、融资方式、教育培训等方面。在上述基础上撰写规划说明书、规划文本和附件,编制规划图则,形成规划草案。

（二）征求意见阶段

规划草案应广泛征求各方意见,在此基础上对草案进行修改、充实和完善,形成送审稿。

（三）提交成果阶段

根据相关规定和要求,由旅游行政主管部门会同委托方组织专家对承接方提交的送审稿进行评审,承接方根据评审意见进行修改并提交最终成果,经专家组审查同意后完成规划编制任务。

十、规划评审报批与修编

关于旅游规划的评审与报批,《旅游规划通则》中提出明确要求。

（一）规划的评审

1. 评审方式

评审方式要求如下:①旅游规划文本、图件及附件的草案完成后,由规划委托方提出申请,上一级旅游行政主管部门组织评审;②旅游规划的评审采用会议审查方式。规划成果应在会议召开 5 日前送达评审人员审阅;③旅游规划的评审,需经全体评审人员讨论、表决,并有 3/4 以上评审人员同意,方为通过。评审意见应形成文字性结论,并经评审小组全体成员签字,评定意见方为有效。

2. 规划评审人员的组成

规划评审人员的组成要求如下:①旅游发展规划的评审人员由规划委托方与上一级旅游行政主管部门商定;旅游区规划的评审人员由规划委托方与当地旅游行政主管部门确定。旅游规划评审小组由 7 人以上组成。其中行政管理部门代表不超过 1/3,本地专家不少于 1/3。规划评审小组设组长 1 人,根据需要可设副组长 1~2 人。组长、副组长人选由委托方与规划评审小组协商产生。②旅游规划评审人员应由经济分析专家、市场开发专家、旅游资源专家、环境保护专家、城市规划专家、工程建筑专家、旅游规划管理官员、相关部门管理官员等组成。

3. 规划评审重点

旅游规划评审应围绕规划的目标、定位、内容、结构和深度等方面进行重点审议,包括:①旅游产业定位和形象定位的科学性、准确性和客观性;②规划目标体系的科学性、前瞻性和可行性；③旅游产业开发、项目策划的可行性和创新性；④旅游产业要素结构与空间布局的科学性、可行性；⑤旅游设施、交通线路空间布局的科学合理性；⑥旅游开发项目投资的经济合理性；⑦规划项目对环境影响评价的客观可靠性；⑧各项技术指标的合理性；⑨规划文本、附件和图件的规范性；⑩规划实施的操作性和充分性。

（二）规划的报批

旅游规划文本、图件及附件，经规划评审会议讨论通过并根据评审意见修改后，由委托方按有关规定程序报批实施。

（三）规划的修编

在规划执行过程中，要根据市场环境等各个方面的变化对规划进行进一步的修订和完善。

第四节　旅游规划与开发总则

一、规划依据

（一）法律法规、国际公约

包括《中华人民共和国森林法》《中华人民共和国环境保护法》《中华人民共和国城乡规划法》《中华人民共和国文物保护法》《中华人民共和国水法》《中华人民共和国土地管理法》《风景名胜区条例》《保护世界文化和自然遗产公约》《生物多样性公约》等。

（二）国家标准

包括《旅游规划通则》(GB/T 18971—2003)、《旅游资源分类、调查与评价》(GB/T 18972—2017)、《环境空气质量标准》(GB 3095—2012)、《声音环境质量标准》(GB 3096—2008)、《地表水环境质量标准》(GB 3838—2002)《生活饮用水卫生标准》(GB 5749—2022)、《旅店业卫生标准》(GB 9663—1996)等。

（三）相关规划

旅游区所在区域和上级区域的经济社会发展规划、国民经济与社会发展五年规划及中长期发展规划、旅游业发展规划、城市总体规划、城镇体系规划、土地利用规划及交通、文保、水利、林业等相关行业规划。

二、规划范围

确定旅游区规划范围的基本原则有：旅游资源与生态环境条件的完整性、历史文化与社会要素的连续性、旅游开发方向的关联性与开发目标的协调性、旅游区功能布局的必要性和旅游管理的便利性。

三、规划期限

旅游发展规划包括近期发展规划、中期发展规划和远期发展规划。规划期限分别为：近期发展规划为3~5年；中期发展规划为5~10年；远期发展规划为10~20年。

旅游区规划时限期确定主要考虑旅游区建设的实际需要，同时应尽量与地方经济社会发展计划的年限相衔接。期限一般为10~20年，同时可根据需要对旅游区的愿景发展做出轮廓性的规划安排。对于旅游区近期的发展布局和主要建设目标，亦应做出近期规划，期限一般为3~5年。

四、规划指导思想

指导思想是规划编制工作的基本行动指南。旅游规划应坚持生态文明和绿色发展理念，保护绿水青山，促进人与自然和谐共生、经济与生态协调共赢；坚持保护优先和文脉传承的历史责任，优先保护自然资源、景观特征、地方特色和历史文脉，加强科学研究和科学教育；坚持良性发展和永续利用的发展思路，充分挖掘风景资源的综合价值和潜力，提升游览主题功能，完善服务设施，提高管理能力；坚持多元统筹和协调发展的科学路径，权衡风景环境、社会、经济三方面综合效益，协调景区发展和社会需求之间的平衡。

五、规划原则

原则是行事所依据的准则，是指经过长期经验总结所得出的合理化的现象。在旅游规划和开发过程中，必须依据资源特色、市场需求、环境保护、规划与开发实现的目标以及产品个性化特征等提出相应的开发原则。

(一) 个性化原则

旅游开发应突出个性或特色。特色是旅游业的生命，没有特色旅游业就没有生机，在开发中必须突出特色，强化品牌意识，明确品牌就是无形资产和竞争力。无论景区定位、项目位置，还是主题立意、景观展示等各方面，都要体现其鲜明的文化地域特征和景观地域特征。旅游地有个性，有特色，就容易在旅游者或潜在旅游者心目中形成强烈的意象，产生强烈的吸引力，也就具备了一定的市场竞争力。我国澳门以东方拉斯维加斯的形象塑造成国际博彩业名城，是强调自身旅游形象独特个性的典型代表。

(二) 市场导向原则

旅游开发应以旅游市场的需求变化为依据，以最大限度地满足旅游者的需求为标准。旅游资源的开发，应注重对旅游市场的调查和预测，随着市场的变化而选择开发重点,减少开发的盲目性。例如,现代旅游活动强调多样化和参与性,在旅游资源的开发设计上,除了要使旅游产品具有较好的观赏性,还应努力提升旅游产品与旅游者之间的互动参与性。

(三) 综合效益原则

旅游业是国民经济中的重要产业之一,要始终坚持效益优先的原则。首先,旅游开发应以市场为导向,注重挖掘开发区资源特色,提高旅游产品的吸引力,以较少的投资和较短的建设周期产生较大的经济效益。其次,旅游开发要考虑提升当地居民的就业率,提高居民的幸福感和满意度,挖掘和保护当地文化资源,使得旅游开发的社会效益得到充分保证。最后,旅游开发过程中要始终把生态环境的保护放在第一位,只有保住了绿水青山,金山和银山才能成为可能。因此,在旅游资源的开发过程中,要注意对旅游资源及其依托环境的保护,明确保护资源及其周围环境也是为了更好地利用资源。在进行旅游开发前,必须认真进行开发项目的可行性研究,制定保护资源的切实有效措施,防止资源景观和环境遭到破坏。

(四) 系统开发原则

系统开发原则体现在开发时,要考虑旅游者食、住、行、游、购、娱,以及通信、联络等多方面的需求,做好有关设施的配套和供应,以形成旅游目的地整体竞争力作为旅游规划的目标。

(五) 可行性原则

旅游业是高投入高风险高产出的产业,规划必须经济可行,量力而行、实事求是。规划的最终目的是实施,完善的蓝图倘若不能实施,也失去了其实际意义。规划建设项目要求技术可行,资金投入理性,适应市场需求,经济效益显著,能吸引外来资金投入。

除了以上原则外,还可以根据规划区开发方向等具体情况,提出其他旅游规划与开发原则。比如,风景名胜区资源开发必须考虑以下原则:

(1) 适宜性原则

规划必须符合我国国情,因地制宜地突出规划区或者风景区的特色和性质。

(2) 统筹性原则

应当根据资源特征、环境条件、历史情况、现状特点以及国民经济和社会发展趋势,统筹兼顾,综合安排旅游吸引物和配套设施。

(3) 保护性原则

应严格保护自然和文化遗产,保护原有景观特征和地方特色,维护生物多样性和生态良性循环,防止污染和其他公害,充实科教和审美特征,加强地被和植物景观培育。

(4) 可持续原则

应合理权衡旅游规划区域环境、社会和经济三方面的综合效益,权衡规划区自身健全发展与社会需求之间的关系,防止人工化、城市化、商业化倾向,促使风景区有度、有序、有节律地持续发展。

第五节　旅游规划与开发模式演变及热点研究

一、旅游规划与开发模式演变

1959年的美国夏威夷州旅游规划与开发被认为是世界真正意义上的第一个旅游规划与开发。从此,世界范围内的旅游规划与开发数量不断增加,旅游规划理论与技术不断完善。目前,世界旅游规划与开发已经进入深入发展阶段,其特征主要表现为:对规划文件要求进一步规范化和标准化;可持续发展理论成为规划与开发的基本原则;出现了许多旅游新业态的规划与开发,比如乡村旅游规划与开发、生态旅游规划与开发、主题公园规划与开发、休闲度假区旅游规划与开发、古镇旅游规划与开发、特色小镇旅游规划与开发、自驾车旅游规划与开发等;规划与开发的模式不断创新,在我国旅游规划实践过程中,其理论基础、指导理念以及规划思路不断演变,相继出现资源导向型、市场导向型、产品导向型以及形象导向型四种模式[①]。

(一) 资源导向型模式

我国真正意义上的旅游规划始于20世纪80年代初。例如,郭来喜于1983年在全国保护长城工作会议上提出了"保护长城,研究长城"的口号,并于1985年,主持完成了河北昌黎黄金海岸旅游区规划。郭康等人于1985年完成秦皇岛市老岭旅游资源的开发战略研究等。此阶段旅游规划理论基础是旅游资源学,参与学者的学科背景为地理学。规划思路是将旅游资源开发为可供游客欣赏的旅游产品,最主要的特征是资源决定生产,有什么资源就开发什么产品,开发思路是对优质旅游资源进行开发。此阶段的旅游规划内容为对旅游资源进行研究,包括旅游资源分类、评价和开发利用。许多传统旅游目的地起初的规划基本都是资源导向型模式,如北京、西安主要是围绕其历史古迹资源进行规划和开发,而桂林、黄山则主要围绕其自然山水资源进行规划与开发。

(二) 市场导向型模式

原国家旅游局在制定的旅游业"九五"计划中突出了市场的地位。此时的旅游规划思路是市场需要什么产品就规划开发什么产品,尤其是在旅游资源本底较差,但市场区位优势明显的地区,比如毗邻香港的深圳,为了满足香港1997年回归后港人对内地渴望

---

① 马耀峰,黄毅.旅游规划创新模式研究[J].陕西师范大学学报(自然科学版),2014(3):78-84.

了解的心理需求,创造性地开发出锦绣中华、世界之窗、华侨城等主题公园,并大获成功。市场导向型旅游规划的理论基础是市场学,通过研究客源市场需求结构、对市场进行细分和预测,开发不同类型的旅游产品以满足市场需求。盲目跟风与效仿,不对客源市场以及区位条件进行科学分析,就可能导致失败。这方面的案例很多,最具代表性的当数名噪一时的福禄贝尔科幻乐园。作为中国最早一批的主题公园代表,1996年开业时,福禄贝尔科幻乐园占地 0.5 km²,分为科幻城市、欢乐世界、梦幻风情等5个游乐区。然而福禄贝尔科幻乐园的高峰仅维持了几个月,之后一蹶不振,门票价格也从每张 180 元跌到 10 元。此后,福禄贝尔科幻乐园的资金链断裂,部分供应商甚至数次哄抢乐园设备来抵债。

(三) 产品导向型模式

21世纪初,随着旅游进入大众化发展时期,原国家旅游局在 2001 年出台的国家旅游业"十五"规划中突出"旅游产品体系建设",这显示出我国旅游规划迎来了产品导向型的时代。这个时期我国相继规划与开发了休闲度假、商务会展、节日事件、专项主题等类型旅游产品。吴必虎提出昂谱(RMP)分析法,即以旅游资源分析(resource analysis)、市场分析(market analysis)和产品分析(product analysis)为核心的旅游规划方法。产品导向型规划模式同样根植于市场学理论,研究内容包括产品结构、产品体系、产品设计与开发等。规划思路是根据市场需求特征和旅游资源优势,规划开发不同类型的旅游产品。以海南旅游发展为例,进入 21 世纪以来,通过规划开发一系列休闲度假旅游景点、饭店,结合快捷舒适的交通网络布局、丰富精彩的娱乐活动,完成了观光旅游向休闲度假旅游的成功转型,成为我国度假旅游特别是冬季度假旅游热门目的地。

(四) 形象导向型模式

陈传康较早将形象策划研究引入旅游规划当中[①],其学生李蕾蕾的博士学位论文[②]《旅游地形象策划:理论与实务》是我国第一本系统研究旅游地形象设计的高水平专著,其提出的 TDIS 理论对形象规划具有很高的指导价值。形象导向型规划模式的产生背景是旅游市场竞争日趋激烈,同时旅游产品的同质性开发进一步加剧了旅游市场竞争的激烈程度,旅游目的地为了能够有效地吸引游客和潜在游客,突出自身旅游产品的差异性和独特性,在旅游规划和开发过程中,注重自身旅游特质的概括和凝练以及形象塑造,起到了很好的效果。2008 年"好客山东"形象、2011 年中国国家形象宣传片等推出,各地纷纷效仿,在旅游规划与开发中进行旅游形象设计与传播,收到很好的效果。形象导向型

---

① 陈传康,李蕾蕾.风景旅游区和景点的旅游形象策划(CI)[C]//中国旅游协会区域旅游开发专业委员会,中国地理学会旅游地理专业委员会,山东省旅游协会,等.区域旅游开发与旅游业发展.济南,1996:25-32.
② 李蕾蕾. 旅游地形象策划:理论与实务[M].广州:广东旅游出版社,1999.

规划模式的理论基础以市场形象理论为主,辅以公共关系学、美学、语言学、传播学等理论。

随着经济社会的不断发展,旅游业为了适应人们不断变化的旅游需求,近年旅游规划的思路和模式相继出现了全域旅游导向型规划模式、体验导向型规划模式等,同时呈现诸多研究热点。

二、旅游规划与开发热点研究

在新的时代条件下,随着游客需求的变化、旅游新政的出台以及科学技术的不断突破,旅游规划与开发的关注热点和研究热点也不断涌现。业界或学术界关注和研究较多的前沿和热点主要有[①]:

(一) 城市旅游规划与开发

第二次世界大战以后,各国经济实力快速恢复,除了最基本的生活、生产、商业、文化、政治等城市功能,现代城市的商务休闲和观光娱乐等旅游功能也飞速发展。城市以独特的景观和多元文化内涵,吸引旅游者观光、购物。城市旅游规划和开发的核心内容有:城市游憩系统的规划与开发、城市旅游服务系统的规划与开发以及城市旅游环境与景观的规划与开发。

(二) 生态旅游规划与开发

1983年,世界自然保护联盟(IUCN)生态旅游特别顾问塞瓦洛斯-拉斯喀瑞对生态旅游的界定是:"生态旅游的对象是自然生态环境,旅游方式是不对自然环境造成破坏。"1988年,他又进一步给出了生态旅游的定义,即"生态旅游作为常规旅游的一种特殊形式,旅游者在欣赏和游览古今文化遗产的同时,置身于相对古朴、原始的自然区域,尽情研究野生动植物和享受旖旎的风光"。根据生态旅游的特点,生态旅游规划与开发的目标是:一方面,强调以纯天然的自然资源为基础,以满足人们回归大自然的需求为目的的旅游产品开发;另一方面,强调通过对自然生态旅游资源的有效利用来实现创造就业、增加收入以提高环保投入、支持目的地经济可持续发展等目标。生态旅游规划与开发的核心内容有:在分析自然社会状况、区位、交通条件和旅游资源的基础上确定规划范围;功能分区;设计一系列旅游项目;对旅游配套服务部门进行整体部署;制定生态旅游资源保护措施;计算生态旅游区环境承载力;等等。

(三) 事件旅游规划与开发

事件旅游是指以各种节日、盛典的庆祝和举办为核心吸引力的一种特殊旅游形式。主要有文化庆典旅游、商贸及会展旅游、体育赛事旅游、休闲事件旅游、科学教育事件旅

---

① 马勇,李玺. 旅游规划与开发[M]. 4版. 北京:高等教育出版社,2018.

游、私人事件旅游等几种类型。事件旅游规划与开发是对事件进行系统规划、开发和营销的过程,其出发点是使事件成为旅游吸引物、促进旅游业发展的动力、旅游形象塑造者、提升旅游目的地地位的催化剂。事件旅游发展战略要对新闻媒介和不良事件的管理做出规划。事件旅游规划与开发的核心内容有:审慎选择及策划事件活动;注重测量和评价事件旅游的影响;吸引尽可能多的群体参与,注重参与者的体验品质;注重运作细节的策划和可行性论证。

(四) 主题公园规划与开发

主题公园是指根据某个特定的主题,采用现代科学技术和多层次空间活动设置方式,集诸多娱乐活动、休闲要素和服务接待设施于一体的现代旅游目的地。主题公园规划与开发的主要内容有:园区主题选择;园区功能分区;园区游线设计;项目创新机制。

(五) 精准扶贫旅游规划与开发

精准扶贫旅游的规划与开发使贫困人口通过参与旅游开发活动获得最大经济利益,同时特别注重贫困地区经济发展机会的导入。精准扶贫旅游规划与开发的核心内容有:切实构建精准扶贫的工作体系;关注社区的满意度与参与热情;选择更具针对性的旅游项目及管理模式;构建完善的环境保护机制;适当完善旅游服务设施。

(六) 假日旅游规划与开发

假日旅游是指人们利用节假日或双休日外出旅游所引发的游、购、娱、食、住、行等消费活动的总称。随着我国休假制度的改革和人们生活水平的提高,假日旅游已成为人们生活中的重要内容之一。假日旅游规划与开发的核心内容有:假日旅游产品的多元化开发;假日旅游市场营销渠道的规划;假日旅游辅助服务设施的规划。

(七) 文化古迹旅游规划与开发

文化旅游是人们基于文化动机而进行的移动,例如修学旅游、表演艺术和文化旅游、节日和其他文化事件旅游、参观历史遗迹等。历史遗迹保护基金组织认为,文化古迹(遗迹)旅游是为了体验能真切反映过往的人和事物的场所、文化遗物和活动的一种旅行,它涵盖文化、历史和自然资源。文化古迹旅游规划与开发的核心内容有:制定保护规划和计划;实施严格的容量标准。

(八) 特色小镇旅游规划与开发

特色小镇是指为城镇居民提供足够多的机会,有足够的空间,城镇周围被绿化带环绕,能为城镇人口提供农产品以及休闲娱乐的场所。许多个小城镇彼此分开,但又通过快速便捷的交通相互连接起来,从而形成一个能满足几十万人口全部需要的"社会化城市"。特色小镇的类型有历史文化型、资源禀赋型、城郊休闲型、生态旅游型、新兴产业型、高端制造型、特色产业型、金融创新型、交通区位型、时尚创意型等10种。特色小镇旅游规划与开发的核心内容有:注重规划的体系性和结构性;注重产业特色塑造与旅游体验的结合;为游客及居民提供高品质的生活环境。

(九) 自驾车旅游规划与开发

自驾车旅游作为一种新兴的旅游方式最早在欧美发达国家兴起。最初由于是在周末出行,因此叫作 Sunday drive(周日出游),后来逐步发展演变为 drive travel(自驾车旅游)。自驾车旅游规划与开发的核心内容有:自驾车旅游产品的规划与设计;资讯系统设计;自驾车营地建设;提供完善的汽车周边服务。

(十) 志愿者旅游规划与开发

志愿者(义工)旅游作为利基旅游的主要形式之一,是国际志愿者活动和世界旅游业快速发展并有效结合的产物。其特征为:志愿者旅游活动主体必须有自愿性;旅游中志愿者活动必须能够为旅游目的地产生一定的公益价值;志愿者服务可以不是度假的唯一目的;志愿者活动在时间上不能超过一半。志愿者旅游规划与开发的主要任务是:首先,应该对可能对接志愿者旅游的资源进行评定,找出可能的志愿者旅游产品开发的方向;其次,要对拟吸引的志愿者目标群体有明确的界定,从而根据其偏好和胜任力来开展项目设计;最后,对于志愿者旅游项目,还应该提供额外的培训与辅导。

第二章 旅游规划与开发基础理论

第一节 区位和空间结构理论

区位理论是旅游规划与开发时进行旅游区条件分析的重要理论依据。空间结构理论是旅游规划空间布局与空间结构建立的重要理论基础。

一、区位理论

(一) 区位含义

"区位"源于德文"standort",由高次于1882年首次提出。区位是一个复合词,其中,stand的意思是站立,位于;ort的含义是地点、场所、位置。两者合起来为站立之地。1886年,"区位"被译为英文"location",意思是地点、位置。区位在日语中的意思为立地。区位的汉语意思是某事物占有的场所,也含有位置、布局、分布、位置关系之义,其中"某事物"此处意思是指人类活动。借此,旅游区位含义可以理解为旅游活动占有的场所,含有旅游活动的位置以及与周围区域之间关系的意思。

(二) 区位理论

研究人类活动占有场所的理论即为区位理论。区位理论的研究内容包含两个方面:一是研究人类活动如何选择空间场所;二是研究已知空间场所如何组织人类活动。其中,人类活动包括经济活动、政治活动以及文化活动等。经济活动又包括工业活动、农业活动、商业活动以及其他服务性行业活动。早期区位理论主要研究经济活动如何选择空间场所,逐渐形成杜能农业区位理论、韦伯工业区位理论、廖什市场区位理论以及克里斯泰勒中心地理论。第二次世界大战以后,伴随着工业化、城市化浪潮产生了一系列区域经济问题,区位理论研究对象扩大为区域国民经济体系,此时区位理论既研究单一企业区位,也研究区域内企业如何关联、区域经济如何发展、区域间经济联系以及经济全球化等问题,形成多个区位理论学派,包括运输区位论学派、市场学派、成本-市场学派、行为学派、计量学派、社会学派、历史学派以及新经济地理学中的区位理论。

(三) 区位条件与区位因子

区位条件是区位所特有的属性或资质。场所不同,区位条件不同;经济主体不同,提供的区位条件不同。政府可以改善区位条件或限制区位条件。依据区位条件影响程度不同,区位条件可以分为主要区位条件(影响大)和次要区位条件(影响较小)。

区位因子是指影响区位主体选择区位的原因,其目标是研究经济活动放在何处,可获得最大利润。依据因子影响是否可用货币测算,区位因子分为经济因子和非经济因子。经济因子主要包括成本和收入;非经济因子包括决策者行为、区位政策和自然条件等。

(四) 旅游区位研究

旅游区位是指一旅游目的地相对于其他旅游目的地的位置和空间关系。旅游区位理论研究的内容主要包含以下三个方面[①]:

一是旅游活动区位选择影响因子研究。不同的旅游活动,区位选择影响因素不同。保继刚[②]对主题公园区位选择进行了研究,认为:一个大型主题公园的宏观区位应选在经济发达、客源充沛的大或特大城市;微观区位一般选在大城市的边缘区、公路干道旁。保继刚[③]还探讨了旅游宾馆的宏观区位选址,得出旅游宾馆一般以城市为依托的结论。薛莹等[④]在《大型旅行社空间扩张的区位选择——"上海春秋"案例》中得出,市场、成本及信息等是影响大型旅行社宏观、微观布局的重要区位因素。

二是旅游区位条件分析研究。旅游区位分析要素包括资源区位、客源区位和交通区位。资源区位分析看结构,即一个风景区能否兴旺发达,不仅取决于资源的绝对价值,更取决于资源的相对价值,即取决于风景区在空间位置中与邻近区域资源的组合结构。同一地区内,地位较低的风景区一般难以发挥出应有的价值,倘若再与他处雷同,则更会"雪上加霜",处于死地。这种先天不足的区位是不少风景区难以有较大发展的根本原因。反之,资源不为同一类别而相互补充,则会产生叠加效应,对游客具有综合吸引力。倘若两地资源价值又都很高,则更会"锦上添花",令游客"喜上加喜"。客源区位分析看位置,即一些风景区游人的多少并不主要取决于资源的吸引力,而更多的是由于位置的吸引力,这是因为多数游人的"钱""闲"有限,只能选择近地域游览。例如北京周边大大小小的风景区都人满为患,并不全是因为那儿的资源价值高,而是它们靠近北京市区,满足了约2000万城市居民的双休日休闲游览的需求。旅游区如果临近经济发达、人口密集的客源市场,则其客源市场区位条件比较优越,反之则差。交通区位看线路,即一个旅游地游人的多少,除了取决于资源的优劣和客源市场的远近之外,还取决于交通线路的数量、等级和通畅程度。交通不便、可进入性差往往是不少风景优美之地的制约因素。

---

① 王衍用. 区域旅游开发战略研究的理论与实践[J]. 经济地理,1999(1):116-119.
② 保继刚. 大型主题公园布局初步研究[J]. 地理研究,1994,13(3):83-89.
③ 保继刚. 旅游者空间行为规律在宾馆选址中的意义初探[J]. 人文地理,1991,6(3):36-40.
④ 薛莹,廖邦固,秦坤,等. 大型旅行社空间扩张的区位选择:"上海春秋"案例[J]. 旅游科学,2005(2):38-42.

例如,不少"老、少、边、穷"地区虽然有着"真山真水真貌真情"的旅游环境,却因位置偏僻、地形阻隔、经济落后而缺"路"少"线",难以进入,致使旅游事业发展缓慢。

三是区域旅游活动在空间上的组织研究,即区域各种旅游活动在空间上的结构特征研究。本书研究内容即为旅游空间结构理论。

二、空间结构理论

(一)概念及其构成要素

空间结构是指各种经济活动在区域内的空间分布状态及空间组合形式。区域空间结构由点、线、网络和域面四个基本要素构成。

区域空间结构中的点是指某些经济活动在地理空间上集聚而形成的点状分布形态,比如工业点、商业网点、服务网点、城市等。点是区域经济活动的重要场所,是区域经济的重心所在。

区域空间结构中的线表现为某些经济活动在地理空间上所呈现出的线状分布形态,包括交通线(由铁路、公路、水路、航空等组成)、通信线(由各种通信设施组成)、能源供给线(由各种能源设施组成)、给排水线(由各种水利设施组成),由一定数量的城镇作线状分布称为发展轴线。

由相关的点和线相互连接形成区域空间结构中的网络结构。网络的意义在于它能够使连接起来的点和线产生单个点或线所不具备的功能。正是由于网络的存在,才可能产生区域经济发展中的各种商品流、资金流、信息流、人流。由单一性质的点与线所组成的网络,如交通网络、通信网络、能源供给网络等,称为单一性网络。由不同性质的点与线组成的网络即为综合性网络。

区域空间结构中的域面是指区域内某些经济活动在地理空间上所呈现出的面状分布状态,比如农田、城市经济辐射面以及城市较密集分布状态。

(二)空间结构模式及其演变

1. 极核式空间结构

依据陆大道点-轴系统理论,区域在发展早期地区发展比较均衡,如图1-2-1(a)。后期,当一些区位条件比较优越的地区,或者是拥有资源禀赋的地区的经济发展速度明显快于周边其他地区,成为区域中的发展点。这些点一旦获得新的经济发展机遇会迅速成为区域经济增长极,如图1-2-1(b)中的增长极A和增长极B。增长极具有极化作用和扩散作用。极化作用是指生产要素和经济活动向增长极聚集。扩散作用刚好相反,是指生产要素和经济活动由增长极向周边地区扩散。增长极早期以极化作用为主,后期以扩散作用为主。当增长极发展到既有极化作用又有扩散作用时,增长极就成为区域中的极核。

2. 点-轴式空间结构

陆大道认为,在区域发展空间结构中的极核形成后,在极核与极核之间会建立交通、能源等各种线,如图1-2-1(b)中的AB线。线的建立,改善了线附近的区位条件,又会吸引经济要素和社会经济单位向线上聚集,在线上形成更多的发展节点,此时的线成为发展轴线,如图1-2-1(c)中的AB发展轴线。发展轴线上的点会以同样的方式形成次一级发展轴线,如图1-2-1(c)中的DE二级轴线和FG二级轴线。依此类推,以D、E、F、G为中心,形成三级发展轴线,最后形成多层次点-轴式空间结构,如图1-2-1(d)。

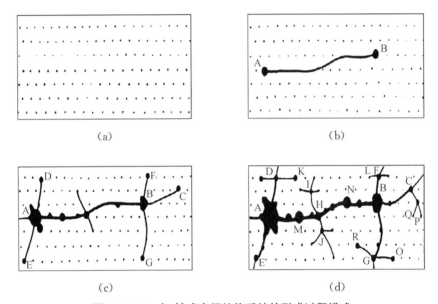

图1-2-1 点-轴式空间结构系统的形成过程模式

3. 网络式空间结构

在点-轴系统发展过程中,位于不同等级轴线上的点,可能与周围多个点发生联系。在点与点之间就会建设多路径的通道,形成纵横交错的交通、通信、动力供给网络,促进地区经济一体化,特别是城乡一体化,这样就形成了区域网络式空间结构。我国长三角地区密集的城镇之间有复杂的能源线、交通线、通信线等相互连接,构成长三角网络式空间结构。

(三) 旅游空间结构研究

旅游吸引物、旅游交通以及旅游饭店等旅游要素在空间聚集构成旅游空间结构。旅游空间结构的基本构成要素有旅游城市、旅游景点、旅游度假区、旅游饭店等点状要素,各种旅游交通构成的线状要素,以及由点线构成的网络状要素。区域构建的不同旅游空间结构对区域旅游发展具有重要影响。在旅游规划与开发过程中,应该根据区域旅游业发展的不同阶段和水平以及区域旅游发展的条件,构建适合区域旅游发展的空间结构。

有学者对区域旅游空间结构进行了深入细致的研究,发现不同区域存在不一样的旅游空间结构。吴必虎[1]对城市周围旅游要素聚集特征进行了研究,提出以城市特别是大城市为中心形成环城游憩带(ReBAM)旅游空间结构。李华辰[2]认为,基于地区发展不平衡这一客观事实,旅游业发展一般先从条件优越的地区开始,逐渐过渡到条件较差的地区。条件优越的区域形成旅游核心,而这些地区的边缘地区的旅游发展相对滞后,由此,他提出了旅游核心-边缘结构。王瑛等[3]结合云南省的旅游业研究提出旅游地分布存在一种类似杜能环的旅游业区位结构,以旅游集散地为中心,由内向外,依次为"历史古迹带""奇异风景带""旅游业滞带"和"自然风光与民族风情带"4条环带。杜果[4]提出重庆旅游分区受到旅游资源分布、城市经济发展水平和交通条件的影响始终呈"一圈两翼"的空间结构形态。《江苏省"十三五"旅游业发展规划》中构建了"四带两圈一网"空间旅游格局。其中,提出四大旅游带分别是:①长江名城旅游带;②大运河世界文化遗产旅游带;③沿海生态旅游带;④东陇海丝绸之路旅游带。两大旅游圈分别是:①环太湖旅游圈;②环洪泽湖旅游圈。一网是指全域高铁旅游网。

第二节　旅游消费者行为理论

一、基本概念

(一)消费者行为

研究者们从各自研究视角,对消费者行为概念进行界定,并形成不同的学派。美国市场营销协会的定义为:消费者行为是感知、认知、行为以及环境因素的动态互动过程,是人类履行生活中交易职能的行为基础。体验论的定义是:消费者行为是一种感性行为,包括购买、消费、处置,是消费者的体验过程。刺激-反应论的定义为:消费者行为是消费者在某种刺激下的反应,消费者与刺激有密切的相关性。决策过程论的定义是:消费者行为是消费者为获取、使用、处置物品或服务所采取的各种行动,以及先于且决定这些行为的决策过程。平衡协调论的定义是:消费者行为是消费者与营销者之间交换互动行为,是双方均衡的结果。综上,消费者行为从狭义上讲,仅仅指消费者的购买行为;从广义上讲,指消费者为索取、使用、处置消费物品所采取的各种行动,以及先于且决定这些

---

[1] 吴必虎.区域旅游规划原理[M].北京:中国旅游出版社,2001.
[2] 李华辰.边缘旅游区理论体系构建研究[D].开封:河南大学,2008.
[3] 王瑛,王铮.旅游业区位分析:以云南为例[J].地理学报,2000,55(3):346.
[4] 杜果.高铁网络化背景下重庆市旅游空间结构分析与优化[D].重庆:重庆师范大学,2018.

行动的决策过程,甚至包括消费收入的取得等一系列复杂的过程。消费者行为是动态的,它涉及感知、认知、行为以及环境因素的互动作用,也涉及交易过程。

有代表性的消费者行为模式有:①经济学模式。以经济学家马歇尔为代表,该模式认为购买者决策的做出是建立在理性和清醒的计算的基础上的。购买者追求的是最大边际效用。②需求驱策力模式。这是传统的心理学模式,该模式认为需求促使人们产生购买行为,而需求是由驱策力引起的。③社会心理学模式。该模式认为,人们的需求和行为都受到社会群体的压力和影响,同一社会阶层的人在商品需求、兴趣、爱好、购买方式等方面有着惊人的相似。④行为心理学模式。该模式认为,人的购买行为是受到刺激后产生的反应,按此分析,从营销者的角度出发,市场营销刺激可以对购买者的购买行为产生影响。行为科学家库尔特·卢因(Kurt Lewin)用公式 $CB=f(p,s,e)$ 描述人类的购买行为,公式中,CB 表示消费者的行为,p 表示消费者个人的特点,s 表示社会影响因素,e 表示环境因素。旅游消费者个人特点包括旅游者的年龄、职业、生活方式、自我观念、个性、经济状况、需要、动机、态度等;社会影响因素包括文化、社会阶层、家庭、角色与地位等;环境因素包括旅游产品、旅游价格、旅游服务等。这三个变量相互依存和相互影响。

(二) 旅游消费者行为

广义的旅游消费者行为包含购买行为、认知行为、体验行为以及交互行为。比如,赵西萍[1]认为,旅游者个体在收集旅游产品信息时,进行决策时以及在购买、消费、评估、处理旅游产品时的行为表现统称为旅游消费者行为。狭义的旅游消费者行为主要指旅游者的购买行为。比如,朱玉槐、张小可[2]认为,旅游者购买行为是旅游者受到外界刺激后,在旅游动机支配下,为满足高层次心理需求而选择购买旅游产品的活动。刘纯[3]认为,旅游消费者行为的实质是旅游消费者对旅游产品和服务的购买决策和购买行为过程。本书认为,旅游者(包括个人和团体)在获取旅游产品相关信息后进行的决策、购买、消费和评价行为表现,统称为旅游消费者行为。

二、消费者行为的影响因素

影响旅游消费者行为的因素很多,学者普遍认为消费者的文化因素、社会因素、个人因素以及心理因素是影响消费者行为的基本因素。

(一) 文化因素

文化因素包括文化、亚文化和社会阶层。

文化是决定人们的欲望和行为的最基本的因素。它由基本的价值观、认知系统、欲

---

[1] 赵西萍. 旅游市场营销学[M]. 2版. 北京:高等教育出版社,2011.
[2] 朱玉槐,张小可. 旅游市场营销学[M]. 西安:西北大学出版社,1998.
[3] 刘纯. 关于旅游行为及其动机的研究[J]. 社会科学家,1992(1):5.

望和行为构成,这些是一个人从社会中不断习得的。文化是通过一些有形的要素表现出来的,比如食物、建筑物、衣着和艺术品。文化是接待业和旅游业不可缺少的组成部分,它决定了我们吃什么、如何旅行、到哪里旅行和住在哪里这样一些问题的答案。文化是动态的,随着环境的改变而改变。文化的差异引起消费行为的差异。

亚文化又称小文化、集体文化或副文化,指某一文化群体中的次级群体的成员共有的独特信念、价值观和生活习惯。亚文化包括民族亚文化群、宗教亚文化群、种族亚文化群、地理亚文化群等。国际上不同文化背景的消费者,其文化差异甚大。比如:法国人对陌生人是很正式的,陌生人不要直呼其名;德国人非常讲究准时;意大利的商人往往很讲究风度,要约见一定要提前;与日本人会面,不要模仿日本人的鞠躬礼节,因为谁向谁鞠躬,鞠躬几次,在什么时候鞠躬,这是一套复杂的礼节;到英国人家里做客,如果对主人的吐司面包很得意,一定要准备好赞赏的话语。

社会阶层是社会学家根据职业、收入来源、受教育水平、社会阶层价值观和居住区域对人进行的一种社会分类。社会阶层的特点主要有:一是同一阶层的成员具有类似的价值观、兴趣和行为,在消费行为上相互影响并趋于一致;二是人们以自己所处的社会阶层来判断各自在社会中所处地位的高低;三是一个人的社会阶层不仅仅由某一变量决定,而是受到职业、收入、教育、价值观和居住区域等多种因素的制约;四是人们能够在一生中改变自己的社会阶层归属,既可以迈向高阶层,也可以跌至低阶层。

不同的文化价值观、传统文化、亚文化、流行文化代表着不同的价值观念和人们的生活方式及行为方式,其必然影响人们的消费心理和消费行为。从消费者产生消费需求、获取产品信息、选择评判,到做出购买决定以及售后评价,每一阶段消费者都有自己的价值理念。不同国家和地区的消费者,由于文化背景、宗教信仰、道德观念、风俗习惯以及社会价值标准不同,在消费者观念及消费行为上会表现出明显差异。

(二) 社会因素

社会因素包括相关群体、家庭、角色和地位。

相关群体指能够直接或间接影响消费者购买行为的个人或集体。相关群体对消费行为的影响表现在三个方面:一是示范性,即相关群体的消费行为和生活方式为消费者提供了可选择的模式;二是仿效性,即相关群体的消费行为引起人们仿效的欲望,影响人们的商品选择;三是一致性,即由于仿效而使消费行为趋于一致。某种相关群体的有影响力的人物称为"意见领袖",他们的行为会引起群体内追随者、崇拜者的仿效。相关群体对购买行为的影响程度视产品类别而定。

家庭消费者以个人或家庭为单位购买产品,家庭成员和其他有关人员在购买活动中往往起着不同作用并且相互影响,构成了消费者的"购买组织"。社会学家根据家庭权威中心点不同,把所有家庭分为四种类型:①各自做主型;②丈夫支配型;③妻子支配型;④共同支配型。

角色是周围的人对一个人的要求或一个人在各种不同场合应起的作用。消费者做出购买选择时往往会考虑自己的身份和地位,企业把自己的产品或品牌变成某种身份或地位的标志或象征,将会吸引特定目标市场的顾客。

(三) 个人因素

购买决策也受个人特征的影响,如年龄、所处家庭生命周期阶段、职业、经济状况、生活方式、个性和自我观念等。

就年龄与所处家庭生命周期阶段而言,一般分为以下几个阶段:①单身阶段,其特点是:年轻,不住在家里;几乎没有经济负担,新观念的带头人,娱乐导向。购买一般厨房用品和家具、汽车、模型、游戏设备。②新婚阶段,其特点是:年轻,无子女;经济状况比上一阶段要好,购买力最强,耐用品购买力高。③满巢阶段Ⅰ,其特点是:最年幼的子女不到6岁;家庭用品采购的高峰期,流动资产少,不满足于现有经济状况(储蓄部分钱),喜欢新产品(如广告宣扬的产品)。④满巢阶段Ⅱ,其特点是:最年幼的子女6岁或超过6岁;经济状况较好,有的妻子有工作,对广告不敏感。⑤满巢阶段Ⅲ,其特点是:年长的夫妇和尚未独立的子女同住;经济状况仍然较好,许多妻子有工作,一些子女也有工作,对广告不敏感,耐用品购买力强。⑥空巢阶段Ⅰ,其特点是:年长的夫妇,无子女同住,户主仍在工作;拥有自己的住宅,经济富裕有储蓄,对旅游、娱乐、自我教育尤感兴趣,愿意施舍和捐献,对新产品无兴趣;购买度假用品、奢侈品、家庭装修用品。⑦空巢阶段Ⅱ,其特点是:年老的夫妇,无子女同住,户主已退休;收入锐减,赋闲在家;购买有助于健康、睡眠和消化的医用护理保健产品。⑧鳏寡阶段Ⅰ,其特点是:尚有业余工作;收入仍较可观,但也许会出售房子。⑨鳏寡阶段Ⅱ,其特点是:完全退休;需要与其他退休群体相仿的医疗用品,收入锐减,特别需要得到情感关注和安全保健。

一个人的职业影响他买什么样的产品和服务。例如,建筑工人经常从开到工地外面的供餐卡车上购买午餐。企业管理人员从一个全服务餐馆订餐,而普通职员可能自带午餐或从附近快餐店里订餐。美国有些咨询机构不允许其雇员在快餐店里进餐,这些企业的管理人员认为,让那些刚刚被索要每小时咨询费200美元的顾客看到咨询人员在快餐馆就餐会影响咨询人员的形象。营销人员要努力识别那些对本企业产品有较大兴趣的职业群体。

经济因素指消费者可支配收入、储蓄、资产和借贷能力。经济因素是决定购买行为的首要因素,决定着能否发生购买行为以及发生何种规模的购买行为,决定着购买商品的种类和档次。

生活方式是指一个人在生活中表现出来的活动、兴趣和看法的模式。在设计产品和广告时应明确针对某一生活方式群体进行设计。划分生活方式最有名的是斯坦福国际研究院的 VALS(Value and Lifestyles,价值与生活方式)模式及 AIO(Attitude/Interest/Opinion,态度/兴趣/意见)模式。

个性是指导致一个人对周围环境做出相对独立的、一贯的和持久的反应的独特心理特征。每个人的个性都会影响其购买行为。自我观念也叫自我形象。我们每个人都具有一幅很复杂的心理上的自我图式方式,而我们的行为往往就与自我形象相一致。

(四) 心理因素

一个人的购买选择受五种主要心理因素的影响,即动机、知觉、学习、信念和态度。

在任何时期,每个人都有许多需要。有些需要是由生理状况引起的,如饥饿、口渴等,另外一些需要是心理性的,它是由心理状况引起的,如认识、尊重和归属等。大部分需要在一定时间内不会发展到能激发人采取行动的程度,只有当需要上升到足够的水平时,这种需要才会变为动机。因此,动机也是一种需要,它能够及时引导人们去探求满足需要的目标。一旦需要得到满足,紧张感随即消除。旅游消费者的动机主要有身心健康动机、文化学习动机、社会交际动机、地位和声望动机以及经济动机。日本学者田中喜一将旅游动机分为四类,分别是心情动机、身体动机、精神动机和经济动机。心情动机包括思乡之心、交际之心、信仰之心;身体动机包括治疗需求、保养需求和运动需求;精神动机包括知识需求、见闻需求、欢乐需求;经济动机有购物目的和商用目的。美国学者罗伯特把动机分为身体健康动机、文化动机、交际动机、地位与声望动机等四类。

知觉是个人选择、组织并解释信息,以便创造一个有意义的现实世界图像的过程。知觉不但取决于物质刺激物的特征,而且还依赖于刺激物同周围环境的关系以及个人所处的状况。人们会对同一刺激物产生不同的知觉,这是因为人们会经历三种知觉过程,即选择性注意、选择性扭曲和选择性保留。其中,选择性注意是指人们在日常生活中面对众多刺激时,会更多地注意那些与当前需要有关的刺激物,更多地注意跟刺激物的正常大小相比有较大差别的刺激物,以商业性广告刺激物为例,平均每人每天要接触到1 500个以上的广告,但人们感兴趣的只有少数几个广告。选择性扭曲是指人们将信息加以扭曲,使之合乎自己意思的倾向,即使是消费者注意的刺激物,也并不一定会与原创者预期的相吻合。对于选择性扭曲,营销人员无能为力。选择性保留是指人们会忘记他们所知道的许多信息,但他们倾向于保留那些能够支持其态度和信念的信息。选择性保留解释了为什么营销人员在传递信息给目标市场的过程中需要选用大量戏剧性手段和重复手段。

学习是指由经验而引起的个人行为的改变。人们要行动就得学习,人类行为大多来源于学习。学习论者认为,一个人的学习是通过驱动力、刺激物、诱因反应和强化的相互影响而产生的。对营销人员来说,可以通过把学习与强烈驱动力联系起来,运用刺激性暗示和提供强化等手段来建立对产品的需求。

信念是指一个人坚信某种观点的正确性,并支配自己行动的个性倾向,是情感的倾向性和意志的坚定性。当你对某些事物持有看法时,其实这就是你的信念。几份对原产地国家研究的报告表明,人们对原产地国家的印象因产品而异,如日本的汽车和电子产品,美国的高科技产品、软饮料、玩具、香烟和牛仔裤,法国的酒、香水和奢侈品。因此,对一个国家越偏爱,就越应突出这一国家生产的产品,并促销它的品牌。

态度是指一个人对某些事物或观念长期持有的好与不好的认识上的评价、情感上的感受和行动倾向。人们几乎对所有事物都持有态度,例如宗教、政治、衣着、音乐、食物等等。态度导致人们对某一事物产生好感或恶感、亲近或疏远的心情。态度能使人们对相似的事物产生相当一致的行为。态度是难以变更的,改变消费者的态度需要时间。因此,对营销的启示是,最好使产品与既有态度相一致。

三、消费者购买决策过程

（一）消费者参与购买角色

在一个旅游产品购买决策中,可以区分出五种参与者角色,即发起者、影响者、决策者、购买者和消费者。发起者是首先提出或有意向购买某一旅游产品或服务的人。影响者是其看法或建议对最后决策具有一定影响的人。决策者是指在是否买、为何买、在哪里买等方面的购买决策中,做出完全或部分最后决定的人。购买者是指实际进行购买的人。消费者是实际消费或使用旅游产品或服务的人。

（二）消费者购买决策过程

消费者购买决策过程一般分为五个阶段,分别是认识需要、信息收集、备选产品评估、购买决策和购后行为。

1. 认识需要

认识需要指消费者确认自己的需要是什么,需要可由内在刺激或外在刺激唤起。营销人员在这个阶段的任务有两个:一是了解与本企业产品有关的现实的和潜在的需要。在价格和质量等因素既定的条件下,一种产品如果能够满足消费者多种需要或多层次需要,就能吸引更多的消费者购买。二是了解消费者需要随时间推移以及外界刺激强弱而波动的规律,以便设计诱因,增强刺激,唤起需要,最终引起人们采取购买行动。

2. 信息收集

被唤起的需要立即得到满足须有三个条件:一是这个需要很强烈;二是满足需要的物品很明显;三是该物品可立即得到。所需信息量取决于购买行为的复杂性。营销人员在这一阶段的任务有三个:第一,了解消费者信息来源。消费者信息来源有经验来源、个人来源、公共来源和商业来源四种。第二,了解不同信息来源对消费者的影响程度。第三,设计信息传播策略。

3. 备选产品评估

一般而言,消费者的评价行为涉及三个方面:一是产品属性,即产品所具有的能够满足消费者需要的特性。产品在消费者心中表现为一系列基本属性的集合。在价格不变的条件下，一个产品有更多的属性将更能吸引顾客购买，但是增加产品的属性会使企业的成本增加。营销人员应了解顾客主要对哪些属性感兴趣，以确定本企业产品应具备的属性。二是品牌信念，即消费者对某品牌优劣程度的总的看法。三是效用要求，即消费者对该品牌每一属性的效用功能应当达到何种水准的要求。

4. 购买决策

消费者经过产品评估后会形成一种购买意向，但是不一定导致实际购买，从购买意向到实际购买还有一些因素介入其间。首先是他人态度。他人态度的影响力取决于三个因素：一是他人否定态度的强度；二是他人与消费者的关系；三是他人的权威性。其次是意外因素。如果预期条件受到一些意外因素的影响而发生变化，购买意向就可能改变。顾客一旦决定实现购买意向，必须作出以下决策：一是产品种类决策；二是产品属性决策；三是产品品牌决策；四是时间决策；五是经销商决策；六是数量决策；七是付款方式决策。

5. 购后行为

消费者的购后评价不仅仅取决于产品的质量和性能发挥状况，心理因素也具有重大影响。消费者购后评价行为有两种基本理论，即预期满意理论和认识差距理论。预期满意理论是指消费者购买产品以后的满意程度取决于购前期望得到实现的程度，可用函数式表示为 $S=f(E,P)$，式中，S 表示消费者满意程度，E 表示消费者对产品的期望，P 表示产品可察觉性能。如果 $P=E$，则消费者会感到满意；如果 $P>E$，则消费者会很满意；如果 $P<E$，则消费者会不满意，差距越大就越不满意。

认识差距理论是指消费者在购买和使用产品之后对商品的主观评价和商品的客观实际之间总会存在一定的差距，可分为正差距和负差距两种。正差距指消费者对产品的评价高于产品实际和生产者原先的预期，产生超常的满意感。负差距指消费者对产品的评价低于产品实际和生产者原先的预期，产生不满意感。

消费者对产品满意与否直接决定了其行为。如果消费者感到满意，则反应大体相同，即重复购买或带动他人购买该品牌。如果感到不满意，则会尽量减少或消除失调感。消费者减少或消除失调感的方式各不相同：第一种方式是寻找能够表明该产品具有高价值的信息或避免能够表明该产品具有低价值的信息，证实自己原先的选择是正确的；第二种方式是讨回损失或补偿损失，比如要求企业退货、调换、维修、补偿在购买和消费过程造成的物质和精神损失等；第三种方式是向政府部门、法院、消费者组织和舆论界投诉；第四种方式是采取各种抵制活动。企业应当采取有效措施减少或消除消费者的购后失调感。

消费者购后评价还取决于购后使用和处置方式。如果消费者经常使用甚至为产品找到新用途，则对企业有利。如果消费者将产品闲置甚至丢弃，则说明产品无用或不能令人满意。如果消费者把产品转卖他人或用于交换其他物品，将会影响企业产品的销售量。

(三) 消费者购买行为类型

1. 复杂型购买行为

复杂型购买行为指消费者购买决策过程完整,要经历大量的信息收集、全面的产品评估、慎重的购买决策和认真的购后评价等各个阶段的消费者购买行为类型。复杂型购买行为的消费者在面对不常购买的贵重物品时,由于产品品牌差异大,购买风险大,消费者需要有一个学习过程,需要广泛了解产品的性能、特点,从而对产品产生某种看法,最后决定是否购买。对于复杂型购买行为,营销者应制定策略帮助购买者掌握产品知识,运用印刷媒体、电子媒体和销售人员宣传本品牌的优点,发动商店营业员和购买者的亲友影响购买者最终做出购买决定,简化购买过程。

2. 协调型购买行为

协调型购买行为指消费者并不广泛收集产品信息,并不精心挑选品牌,购买决策过程迅速而简单,购买之后,消费者也许会感到某些不协调或不够满意,但在使用过程中,会了解更多情况,并寻求种种理由来减轻、化解这种不协调,以证明自己的购买决定是正确的消费者购买行为类型。相应的营销策略为:营销者应注意运用价格策略和人员推销策略,选择最佳销售地点,并向消费者提供有关产品评价的信息,使其在购买后相信自己做出了正确的选择。

3. 变换型购买行为

变换型购买行为又叫作寻求多样化购买行为,是指如果消费者购买的商品品牌差异大,但价格低,可供选择的品牌很多时,消费者不愿花长时间来选择和评估,而是不断变换所购买的产品的品牌的消费者购买行为类型。比如购买饼干,消费者上次买的是巧克力夹心,而这次想购买奶油夹心。这种品种的更换并非对上次所购饼干不满意,而仅仅是想换换口味而已。相应的营销策略为:市场营销者可采取销售促销和占据有利货架位置等办法,并保障供应,鼓励消费者购买。

4. 习惯型购买行为

习惯型购买行为指对于价格低廉、经常购买、品牌差异小的产品,消费者不需要花时间选择,也不需要经过收集信息、评价产品特点等复杂过程的最简单的消费者购买行为类型。针对习惯型购买行为的主要营销策略是:①利用价格与销售促销吸引消费者试用。②投放大量重复性广告加深消费者印象。③增加购买介入程度和品牌差异。

四、理性行为理论与计划行为理论

(一) 理性行为理论

菲什拜因(Fishbein)和阿杰恩(Ajzen)在1975年首先提出理性行为理论,简称 TRA(Theory of Reasoned Action)(图 1-2-2)。主要观点为,行为意向是影响行为最直接的因素,主观规范和态度对行为的影响是通过行为意向这一变量的中介作用的传导而实现的。即人们的行为和行为意向受主观规范和态度的影响,态度越积极,群体规范压力越大,则行为意向就越强。其中,行为意向可以看作对某一事物的思考或认知活动,它体现了人们对于某种行为的意愿与有意识的计划,是预测行为最好的指标。在理性行为理论模型中,行为意向受到主观规范和态度两个变量的影响。

图 1-2-2 理性行为理论模型

态度是理性行为理论中用来描述一个人对某种行为的结果所持有的期待或信念,也就是对这种结果持有的积极或消极的感觉,也可以理解为个人对某种特定行为进行的积极或消极的评价,并且对这一评价形式通过某一概念表达出来,这个经过概念化的评价即行为态度。因此,很多的行为研究者认为,行为态度可以直接影响一个人的某一行为,可以看作行为结果的显著函数。

主观规范是个人感受到的是否进行某项行为的压力,或是否进行某项行为的压力认知。社会心理学认为,群体中大多数人的行为以及价值观会对群体中的个体产生心理上的压力,主观规范也就是人们对外界环境的价值观、期望、行为准则的感知以及遵从程度。一般认为,主观规范的形成与个体的服从、从众、暗示、模仿等心理有关,在主观规范的作用下,个体会不自觉地使自己的行为符合周围人的价值观和行为规范。个人的行为很多时候会被环境压力所左右,这些环境压力可能来源于社会整体,也可能来源于小范围的群体。研究结果显示,对个体而言,关系最为重要的群体对他实施某种行为的态度以及对他行为意向产生的作用效果最明显。

(二) 计划行为理论

理性行为理论的假设是人们对自己的行为认知是清晰、理性且完全可以自己控制的,但现实中很多人对于自己的行为态度和行为并不是完全可以自控的,这就产生了态度与行为之间正向关系的背离,为解决这个问题,菲什拜因和阿杰恩在理性行为理论中加入了行为控制知觉变量,并谓之计划行为理论,又称为 TPB(Theory of Planned Behavior)[①],见图 1-2-3。知觉行为控制变量反映个人过去的经验和预期的阻碍。当个人认为自己掌握的资源与机会愈多、所预期的阻碍愈少时,则对行为的知觉行为控制就愈强。计划行为理论认为:个人对于某项行为的态度愈正向时,个人的行为意向愈强;对于某项行为的主观规范愈正向时,同样个人的行为意向也会愈强;而当态度与主观规范

---

① Fishbein M, Ajzen I. Belief, attitude, intention and behavior: an introduction to theory and research [M]. Boston: Addison-Wesley, 1975:45.

愈正向且知觉行为控制愈强时,则个人的行为意向也会愈强①。

图1-2-3 计划行为理论模型

阿杰恩和德里弗(Driver)于1992年运用TPB进行了消费者休闲活动选择的研究,认为:态度这一影响因素受到情感以及选择行为两部分总利益的影响;主观规范是相关群体在旅游决策过程中对旅游者产生影响的表现,他人的参考意见是影响主观规范的因素;在出行前,旅游者要有一切尽在掌握、一切尽在控制之中的信心,越相信自己能够在某目的地顺利完成旅程,就越感觉对旅游行为具有控制权,从而选择该目的地的可能性就越大。所以这个过程就将安全因素与旅游者目的地的选择结合起来了。因此,阿杰恩和德里弗将旅游者对选择行为进行控制的信心加入模型中,认为其是作为影响知觉行为控制的因素而存在的②,于是阿杰恩和德里弗又构建了旅游者目的地选择TPB模型,见图1-2-4。

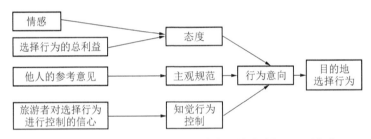

图1-2-4 阿杰恩和德里弗旅游者目的地选择TPB模型

五、旅游消费者行为理论认知

旅游消费者行为理论包括旅游消费行为的产生、过程及效果三部分。旅游消费行为的产生包括外部因素与内部因素,过程则包括旅游者决策行为及旅游消费结构,效果即旅游者满意度。

(一)旅游消费行为产生的因素

旅游消费行为受内外部两种因素的影响。内部因素包括:①人口学特征,即旅游者的性别、年龄、婚姻状况、职业、收入水平、文化程度等。旅游者的人口学特征是影响其旅

---

① 刘泽文,宋照礼,刘华山,等.计划行为理论在求职领域的应用与评价:综述[J].中国心理卫生杂志,2006(2):118-120.
② Sirakaya E, Woodside A G. Building and testing theories of decision making by travelers[J]. Tourism Management, 2005, 26(6):815-832.

游消费行为的直接或间接因素,也是旅游业划分旅游市场的参考因素之一,如儿童市场、青少年市场、中青年市场、老年市场就是依据年龄这一人口学特征划分的。②心理特征,包括旅游动机、学习、态度等个人因素。其中,旅游动机的不同往往使得人们选择不同类型的旅游产品。身体不适的人更倾向于选择度假游、娱乐消遣游、康体游、避暑游或者避寒游等;文化需要得不到满足的人会偏好历史遗迹、艺术文化等类型的旅游产品;有意向维护或者拓展人际关系的旅游者会倾向于以探亲访友、旧地重游等方式开展社交活动。从消费行为的角度,学习是指个体获得关于购买与消费的知识和经验,包括从他人身上习得的及个人所体验总结的,因此学习可以理解为是旅游者积累历史经验,并将其应用于相关消费行为的过程。旅游者在旅游过程中所表现出的行为特征往往受历史经验的影响。态度作为旅游者对某客观事物或观念一贯的评价、感觉及行动倾向,一旦形成,一般很难改变,会逐渐形成一个固定的模式,使得旅游者对类似的事物表现出大致相同的看法和行动。

外部因素包括文化因素、社会因素、政治因素、经济因素、信息因素等等。其中,社会因素中的家庭因素对旅游消费行为产生的影响越来越大。同时,在互联网时代,时间、收入、距离、产品等信息因素对旅游消费行为的影响也越来越大。

(二)旅游者决策行为

旅游者决策行为包括认识需要、信息搜集、判断选择、购买决策、购后评价等五个阶段。其中信息搜集大致分为两类:一是内部寻求,即根据个人经验;二是外部寻求,主要涵盖亲友同事的介绍、公众信息等。购后评价是对购买决策的反馈,是影响其下一次决策的关键因素之一。

(三)旅游消费结构

旅游消费结构是指旅游者在旅游过程中所消费的各种旅游资料的比例和内在联系。旅游消费资料按用途可分为食、住、行、游、购、娱等六大方面,旅游者根据自身的个人喜好和需要、经济基础、闲暇时间等进行旅游消费,进而表现出不同比例的饮食支出、住宿支出、交通支出、游览支出、购物支出、娱乐支出。

(四)旅游者满意度

旅游者满意度是其旅游体验与旅游期望之间的感知比较,是一个心理过程。前者若大于后者,旅游者获得满足感,表现出满意;反之,则不满意。满意度的高低取决于两者差别的大小。

【案例】[①]

白凯等以北京市为例,得出入境游客消费决策行为影响研究结论:总体来

---

① 白凯,马耀峰,周忠学.入境游客消费决策行为影响研究:以北京市为例[J].北京社会科学,2005(3):66-71.

看,安全性、好客程度、旅游景点、价格等因素在环境感知和旅游行为决策中具有重要的作用,而距离、目的地天气与气候、设施等因素的作用相对较小。遴选的11个因素按照重要程度排序为:安全性＞好客程度＞旅游景点＞服务水平＞时间＞价格＞交通＞出入境手续＞设施＞目的地天气与气候＞距离。基于上述重要度的排序,将北京入境游客目的地环境感知因素分为以下三个层次。第一层次:安全性、好客程度、旅游景点;第二层次:服务水平、时间、价格、交通;第三层次:出入境手续、设施、目的地天气与气候、距离。从以上层次的划分可以清楚地发现,对入境游客消费决策行为影响最大的是安全性、好客程度、旅游景点。安全性位于第一,旅游过程中的人身安全是游客应该得到的基本保障之一。特别对于入境游客而言,"9·11"恐怖袭击事件、2003年2月至2003年中期肆虐中国及东南亚国家的传染性非典型肺炎(SARS)、2004年12月的印度洋海啸灾难等,都使旅游安全问题备受入境游客关注。而好客程度位于旅游景点之前,反映出入境游客的旅游需求并不仅仅局限于我国国际旅游发展初期时的只是偏重于对北京旅游景点的参观游览,更多的是能亲身和当地居民进行交流,了解旅游目的地常住居民的生活和文化,进行主客交流活动。传统的旅游景点还是促成入境游客选择北京作为旅游目的地的主要原因之一。服务水平、时间、价格、交通也对入境游客消费决策影响甚大,这些因素同时对游客消费决策起到至关重要的作用。这些因素位于第一层次之后也正好印证了入境游客在选择旅游目的地时充分考虑了北京所提供的旅游产品的性价比的合理程度。也就是我们经常提及的,游客在进行旅游决策时所考虑的在一定资金和时间限制下所追求的最大效益原则。在游客充分考虑第一、二层环境感知因素的情况下,出入境手续、设施、目的地天气与气候、距离就显得不如上述旅游目的地环境感知因素影响程度那么大了。

第三节 旅游目的地形象理论

一、基本概念

旅游目的地形象研究始于20世纪70年代初[①]。学者分别从目的地客观属性和游客主观感知两个维度界定旅游目的地形象。从游客主观感知角度界定的目的地形象被称

---

① Pike S. Destination image analysis: a review of 142 papers from 1973 to 2000[J]. Tourism Management, 2002, 23(5):541-549.

为感知形象或接受形象,其代表人物的观点有:比涅(Bigné)等①提出目的地形象是个体对某地事物的总体认知和全部印象总和。巴洛格鲁(Baloglu)等②认为旅游目的地形象是个体对旅游目的地的认识、情感和印象。克朗普顿(Crompton)③认为目的地形象是一个人对目的地信念、想法和印象的总和。依据目的地客观属性界定的目的地形象被称为投射形象或广告形象④,即通过对旅游地本身的地脉和文脉进行分析、提炼,用广告宣传形式对旅游者进行传播的形象。格罗斯皮奇(Grosspietsch)⑤认为投射形象是按营销商意图在旅游者心目中树立的形象。

旅游目的地形象按照研究尺度不同,有国家旅游形象、洲或省旅游形象、海岛旅游形象、城市旅游形象以及景区旅游形象等。冈恩⑥把旅游者或潜在旅游者形成的旅游目的地形象概括为原生形象和诱导形象,原生形象是潜在旅游者还未到目的地之前所形成的形象,而诱导形象则是在旅游者实地旅游之后形成的。费克耶(Fakeye)、克朗普顿⑦在此基础上,进一步把旅游者和潜在旅游者所形成的旅游目的地形象概括为原生形象、诱导形象和复合形象,即除上述两类外,旅游者到目的地实地旅行后,通过自己的经历,结合以往的知识会形成一个更综合的复合形象。加特纳(Gartner)等⑧在此研究基础上提出本底感知形象、决策感知形象、实地感知形象。巴洛格鲁等⑨将旅游者的感知形象又分为认知形象和情感形象。其中,认知形象主要基于旅游者对旅游地属性的认识,而情感形象则是旅游者对旅游地的一种感情。

---

① Bigné J E, Sánchez M I, Sánchez J. Tourism image, evaluation variables and after purchase behaviour: inter-relationship [J]. Tourism Management, 2001(22): 607-616.
② Baloglu S, McCleary K W. A model of destination image formation [J]. Annals of Tourism Research, 1999, 26(4): 868-897.
③ Crompton J L. An assessment of the image of Mexico as a vacation destination and the influence of geographical location upon that image[J]. Journal of Travel Research, 1979, 17(1): 18-23.
④ Britton R A. The image of the Third World in tourism marketing[J]. Annals of Tourism Research, 1979, 6(3): 318-329.
⑤ Grosspietsch M. Perceived and projected images of Rwanda: visitor and international tour operator perspectives[J]. Tourism Management, 2006, 27(2): 225-234.
⑥ Gunn C A. Vacationscape: designing tourist regions [M]. Austin: Bureau of Business Research, University of Texas, 1972: 20-55.
⑦ Fakeye P C, Crompton J L. Image differences between prospective, first-time, and repeat visitors to the lower Rio Grande Valley[J]. Journal of Travel Research, 1991, 30(2): 10-16.
⑧ Gartner W C, Shen J Q. The impact of Tiananmen Square on China's tourism image[J]. Journal of Travel Research, 1992, 30(4): 47-52.
⑨ Baloglu S, McCleary K W. A model of destination image formation[J]. Annals of Tourism Researeh, 1999, 26(4): 868-897.

二、旅游目的地形象的影响因素

旅游目的地形象在形成的过程中受诸多因素的影响,主要包括旅游者偏好、受教育程度、收入水平、生活方式、经验、动机、期望、满意度、情感、目的地熟悉度以及目的地可达性、资源条件、设施状况、服务质量、居民态度等。巴洛格鲁、麦克利里(McCleary)[1]把影响因素归纳为信息因素和旅游者个人因素两大类。菲尔普斯(Phelps)[2]把信息分为一手信息和二手信息,前者来自实地游览,后者来自各种常规信息渠道如宣传手册和导游册,以及非常规信息渠道,如与朋友的交流。旅游者个人因素主要表现为旅游者的心理特征(如价值观、动机、个性等)和社会特征(如年龄、受教育程度、社会阶层、生活方式等)两个重要方面。动机、文化价值观等心理因素对旅游者的访问前形象具有显著影响。年龄和受教育程度等社会因素既影响旅游者的认知形象,也影响其情感形象,而旅游动机仅影响其情感形象。

基于消费价值理论,塔帕猜(Tapachai)和瓦雷沙克(Waryszak)[3]提出影响旅游者访问某个特定旅游地的目的地形象因素包括五个维度:①功能维度,如异国风味的食物、友好的当地居民、历史景点、美丽的风景、未开发的原始风貌、迷人的购物环境;②社会维度,如适合所有年龄层;③情感维度,如放松、平静;④认知维度,如感受不同的文化和气候;⑤条件维度,如目的地距离、旅行价格、到邻近国家的可能性。

时间和空间对目的地形象有明显影响。在时间维度方面,刘睿文等[4]研究发现,旅游者对不同旅游目的地形象感知的先后顺序会对旅游目的地的形象认知产生影响。在空间维度方面,张宏梅等[5]的研究发现,随着距离的增加,感知形象、情感形象的美誉度会提升,但对感知形象和情感形象的知晓度会降低,亦即存在距离衰减规律。

三、旅游目的地形象的构成要素

目的地形象是多维度的。米尔曼(Milman)和皮扎姆(Pizam)[6]提出目的地形象由三

---

[1] Baloglu S, McCleary K W. A model of destination image formation[J]. Annals of Tourism Research,1999,26(4):868-897.

[2] Phelps A. Holiday destination image:the problem of assessment:an example developed in Menorca [J]. Tourism Management, 1986, 7(3):168-180.

[3] Tapachai N, Waryszak R. An examination of the role of beneficial image in tourist destination selection[J]. Journal of Travel Research, 2000,39(1):37-44.

[4] 刘睿文,吴殿廷,肖星,等. 旅游形象认知的时间顺序对旅游目的地形象认知影响研究:以银川沙湖与榆林红碱淖为例[J]. 经济地理,2006(1):145-150.

[5] 张宏梅,陆林,章锦河. 感知距离对旅游目的地之形象影响的分析:以五大旅游客源城市游客对苏州周庄旅游形象的感知为例[J]. 人文地理,2006(5):25-30.

[6] Milman A, Pizam A. The role of awareness and familiarity with a destination:the central Florida case [J]. Journal of Travel Research,1995,33(3):21-27.

个维度组成:①产品维度,如吸引力种类、价格、独特性和使用者的种类等;②行为和态度维度,如目的地的当地人的行为和态度;③环境维度,如天气、风景、食宿和人身安全性等。张建忠[①]把旅游目的地形象的构成要素分为旅游景观形象、旅游设施形象、旅游服务形象、旅游环境形象以及旅游文化形象等五个维度。每个维度各分为两个次一级维度,如图1-2-5所示。每个次一级维度还可以由多个指标构成。利用目的地形象的构成要素,可以对目的地形象进行评价或塑造。

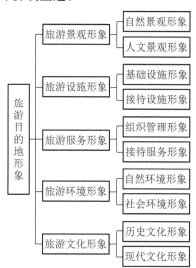

图1-2-5 旅游目的地形象的构成要素

四、旅游目的地形象的基本特征

(一) 主观性

旅游目的地形象的形成依赖于游客的认知与评价,不同游客对旅游目的地形象的认知水平和评价不尽相同,主观感受差异明显,导致旅游目的地形象具有主观性的特点。同时,很容易因为一些小细节上的问题而导致游客对整个旅游目的地形象大打折扣,比如游客很可能因为和当地旅游从业人员的一次不愉快的争吵而导致对旅游目的地的美好印象破灭。

(二) 动态性

旅游目的地形象的动态性是指旅游目的地形象不是固定不变的,它会随着时间的推移而发生变化。这种发展既有微观的局部改变,又有宏观的整体变化,并且形象变化往往由量变积累到质变。旅游资源、旅游媒介、饭店、交通等会随着时间、季节以及社会经济的发展而发生一定的变化。旅游资源的美学价值不断地被发现和认识,也会使旅游区

---

① 张建忠.旅游区形象建设的初步研究[J].泰安师专学报,1997(2):134-137.

产生新的形象。另外,游客自身的审美能力、文化修养也会随着时代的进步而提高,因此旅游目的地形象在游客心目中也会发生相应的变化。

(三) 整体性

旅游目的地形象的构成要素包括旅游景观形象、旅游服务形象、旅游设施形象、旅游环境形象以及旅游文化形象等,旅游目的地形象是由这些因素构成的整体大系统。如果其中一个要素的子系统形象出现问题,将影响整个系统的形象。因此,不管是对旅游地进行旅游形象策划,还是考虑如何维持良好的旅游形象,都要从整体出发,做好景观资源的合理规划和开发,同时处理好和其他构成要素之间的相互关系,维护旅游目的地形象的整体性和协调性。

(四) 感知性和不可感知性

旅游目的地形象一部分是由旅游者可感知的因子组成的,包括旅游吸引物因子,即旅游资源、旅游设施、旅游产品组合、基础设施等;另一部分是由旅游者不可感知的因子组成的,包括非物质形态的旅游资源,如旅游文化、目的地环境影响(当地治安状况、地区环境、卫生条件)、居民态度等等。由于有可感知因子和不可感知因子,因此旅游目的地形象也相应地具有可感知性和不可感知性。

五、旅游目的地形象理论认知

旅游目的地形象是游客对目的地认知的基础,良好的旅游目的地形象对旅游目的地发展起到举足轻重的作用。对目的地形象策划进行研究具有重要意义,目的地形象策划也是旅游区旅游规划的重要议题和内容。

陈传康等[1]发表的《神仙世界与泰山文化旅游城的形象策划(CI)》一文被认为是国内第一篇关于旅游目的地的形象策划研究的文章。后续有诸多学者对旅游目的地形象策划进行了研究,其中苗学玲[2]总结了众多学者旅游形象策划经验,形成旅游目的地形象策划简化模型,即分析-定位-本地塑造-对外传播。

(一) 旅游目的地形象分析

自然资源、人文景观和历史沿革是旅游目的地形象的三大来源。因此,旅游目的地形象定位前需要对目的地的地脉、文脉、史脉进行详细的调查与分析,同时还要对旅游目的地的人脉和商脉以及旅游目的地形象的受众和替代性进行调查和分析。

(二) 旅游目的地形象定位

旅游目的地形象定位指在分析的基础上将旅游目的地的核心理念概括出来,浓缩为

---

[1] 陈传康,王新军. 神仙世界与泰山文化旅游城的形象策划(CI)[J]. 旅游学刊,1996(1):48-52.
[2] 苗学玲."旅游地形象策划"的 10 年:中国期刊全文数据库 1994—2003 年旅游地形象研究述评[J]. 旅游科学,2005,19(4):64-70.

一个形象口号。形象定位主题口号在遵从内容源自地脉和文脉、人脉和商脉,表达针对游客,语言紧扣时代,形式借鉴广告等原则的同时,应做到新颖、准确、简洁、响亮[①]。旅游目的地形象定位及口号设计应满足独特性、社会性、吸引性、认同性、整体性、层次性、艺术性的要求。旅游目的地形象定位分为领先定位、比附定位、逆向定位、空隙定位和更新定位五种[②]。

(三) 旅游形象塑造

殷柏慧[③]构建了区域旅游形象策划的 RIS (Regional Identity System,区域形象识别系统)框架,即区域旅游形象涵盖横向、纵向两个维度。其中,横向维度包括理念识别系统(MI)、行为识别系统(BI)、文化识别系统(CI)和视觉识别系统(VI)四个方面;纵向维度包含总体旅游形象策划(GI)、一级子系统形象策划(FI)、二级子系统形象策划(SI)和精品旅游线路形象策划(LI)四个层面。区域旅游形象策划的横向维度只是将区域作为一个整体从横向角度对其进行观察与分析,它还需要从系统构成单元大小的纵向角度来进行分析。她同时提出 RIS 框架应该延伸到旅游品牌策划以及品牌的营销和管理层次。

(四) 旅游形象传播

目前国内最有影响力的旅游传播理论是旅游目的地营销系统,简称 DMS (Destination Marketing System)。此概念由世界旅游组织于 1997 年提出。关于 DMS 的概念虽然还没有统一的表述,但是基本内涵包括以下几点:一是 DMS 是一种现代旅游信息化的应用系统,它以互联网为平台,由政府主导、企业参与建设;二是以旅游者需求为核心,为旅游者提供及时、准确的目的地信息,提供目的地旅游产品的在线预订服务;三是 DMS 通过提供信息服务和电子商务等营销活动,对旅游目的地进行整体形象的塑造和宣传,使目的地旅游产业在旅游市场上形成整体的竞争优势。

第四节 竞争力理论

一、产生背景

国外关于"竞争力"的研究始于 20 世纪 80 年代前后。1980 年,在达沃斯举办的欧洲管理论坛(于 1987 年更名为"世界经济论坛",后文统称"世界经济论坛")年会上,与会者对"国际竞争力"这一概念表现出极大兴趣,会后将其作为一个重要课题开展了研究,并

[①] 赵煌庚. 城市旅游形象定位探讨[J]. 云梦学刊, 2001, 22(6):28-30.
[②] 金颖若. 旅游地形象定位及形象口号设计的要求[J]. 北京第二外国语学院学报, 2003(1):45-47.
[③] 殷柏慧. 区域旅游形象策划的 RIS 框架构建[J]. 玉溪师范学院学报, 2004(3):43-45.

于1986年发表了首份国际竞争力报告,从此,每年都会发布国际竞争力排名。英国经济和社会研究理事会委托若干大学和研究机构进行了20多项这一领域相关项目的研究,并于1986年在比利时布鲁塞尔举行国际研讨会对竞争力的概念、竞争力的研究对象等问题进行了研讨。从此,竞争力成为许多国家政府和企业界讨论的热点话题。我国学术界对竞争力问题的研究始于20世纪90年代初,原国家科学技术委员会成立了课题组研究重大软科学课题"国际竞争力的研究",重点研究了国际竞争力的概念、定义及度量方法,决定国际竞争力的各种因素,设立了指标分析方法[①]。

二、理论内涵

竞争力通常是指市场竞争的能力。竞争力研究先驱迈克尔·波特(Michael Porter)教授认为存在四种范围的竞争力:企业竞争力、产业竞争力、区域竞争力和国家竞争力。金碚[②]认为企业是产业竞争的实体,产品(服务)是产业竞争的最终比较物,国家的国际竞争力概念必须以工业品、企业和产业的国际竞争力为基础。世界经济论坛和瑞士洛桑国际管理发展学院认为,国际竞争力是指一国或一公司在世界市场上均衡地生产出比其竞争对手更多财富的能力。世界经济论坛1985年发布的《关于竞争力的报告》中提出,国际竞争力是"企业主目前和未来在各自的环境中以比他们国内和国外的竞争者更有吸引力的价格和质量来进行设计、生产并销售货物以及提供服务的能力和机会"。美国《关于工业竞争力的总统委员会报告》认为,"国际竞争力是指在自由良好的市场条件下,能够在国际市场上提供好的产品、好的服务的同时又能提高本国人民生活水平的能力"。

三、竞争力理论认知

(一)产业竞争力的衡量指标

经济活动的关键是生产效率和市场营销,产业国际竞争力最终通过产品的市场占有份额来衡量和检验。产业国际竞争力研究的客观观测资料就是相关国家特定产业的产品的国际市场占有率和盈利率。这是产业国际竞争力最终的实现指标,反映了产业国际竞争的实际结果,因而是产业国际竞争力强弱的最具显示性的检验标准。产业或产品的市场竞争力主要取决于两个直接因素:一是成本;二是产品的差异性(质量、性能、品种、品牌、服务等)。裴长洪等[③]指出,产业国际竞争力的指标可以分成两类:①显示性指标,它说明国际竞争力的结果。它可通过市场占有率指标、利润率指标和价值增加指标或增值率指标来衡量。②分析性指标,它用来解释为什么具有国际竞争力。分析性指标又可

---

① 任宁. 乡村旅游地竞争力影响因素研究[D]. 杭州:浙江大学,2008.
② 金碚. 产业国际竞争力研究[J]. 经济研究,1996(11):39-44,59.
③ 裴长洪,王镭. 试论国际竞争力的理论概念与分析方法[J]. 中国工业经济,2002(4):41-45.

以分为直接原因指标和间接原因指标。其中,直接原因指标可以分成三大类:第一类是与生产率有关的各项指标,如劳动生产率、成本、价格、企业规模等;第二类是与市场营销有关的各项指标,如品牌商标、广告费用、分销渠道等;第三类是与企业的组织管理有关的各项指标,如售后服务网点和全球质量保证体系。间接原因指标包括四类:第一类是生产要素指标,如申请专利技术项目及其估价、研究开发费用占生产总成本的比重、做出过技术发明和技术创新的工程技术人员的数量及其在专业人才中的比重等;第二类是需求因素指标,包括需求规模指标和需求增长速度指标、产品系列化指标;第三类是相关产业因素指标,可以由相关产业和供货商的工业产出绝对额及其占一地区或一国的工业产出比重来反映;第四类是企业组织、战略和竞争状态因素指标,如行业平均工资水平指标、企业债务率和企业资本结构指标、行业的市场结构指标等。

(二) 产业竞争力要素构成

著名的产业国际竞争力专家、美国哈佛大学教授迈克尔·波特对许多国家的产业国际竞争力进行了研究,他指出,一国的特定产业是否具有国际竞争力取决于六个因素:生产要素,需求条件,相关产业与支持性产业的状况,企业战略、结构与竞争对手,政府行为以及机会。这六个因素构成著名的产业国际竞争力"钻石模型",见图1-2-6。波特认为,产业国际竞争力的第一个关键要素是生产要素,生产要素可以分为基本生产要素、高级生产要素和专业生产要素三个层次。基本生产要素主要包括天然资源、气候、地理位置、非技术工人、资金、基础设施和基本教育等;高级生产要素主要包括现代通信、信息、交通、受过高等教育、人力资源和研究机构等;专业生产要素包括高级专业人才、专业研究机构、专业技术和专用软硬件设施等。波特认为:以基本生产要素为基础形成的产业竞争优势最易被模仿;以高级生产要素为基础形成的竞争优势持续时间较长;专业生产要素是形成产业持续竞争优势的最关键要素。产业国际竞争力的第二个关键要素是需求条件,即本国市场对产业提供的产品或服务的需求程度。波特认为,产业全球性竞争

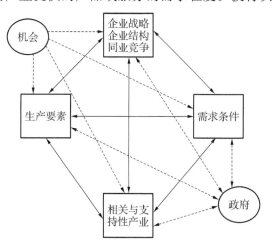

图1-2-6 产业国际竞争力"钻石模型"

并没有削弱国内市场的重要性,国内企业可以比国外竞争对手更及时、更深刻地了解国内市场需求,表现为:①内行而挑剔的客户是本国企业追求高质量、完美产品造型和精致服务的动力源;②国内市场规模大,市场需求的成长速度快;③具有市场的预期性需求,即如果本地顾客需求优先于其他国家,就能带动未来国外其他地区同类型市场需求,具备国内市场需求转换为国际市场需求的能力。波特认为,产业国际竞争力的第三个关键要素是相关产业和支持性产业。国家若能够为产业提供健全的相关产业和支持性产业体系,就可以为该产业带来国际竞争力优势。相关产业和支持性产业的影响表现为:①相关产业和支持性产业具有竞争力可以给企业带来潜在优势;②可以带动上下游产业的创新和国际化;③可以使下游企业在源头上就具有反应早且快速、能够提高效率和降低成本等特征。供应商是重要的相关产业和支持性产业要素。本国供应商是产业竞争力的重要因素,因为与国外供应商相比,本国供应商具有稳定性高、对市场认识更真实、较容易预测、文化背景一致、设备网络信息更相容以及执行沟通成本更低等特征。如果本国供应商具有国际竞争力,则能促进企业竞争力的提升。波特认为,产业国际竞争力的第四个关键要素是企业战略、结构与竞争对手,包括如何创立、组织和管理公司以及竞争对手的条件如何。产业成功的前提是在制定企业发展战略时,善用本身条件,把企业的战略目标与竞争优势充分结合起来。国内市场上具有强有力的竞争对手是创造与持续发展产业竞争优势最大的关联因素,因为强有力的竞争对手能提供给企业不断创新和改进的原动力,促使企业降低成本,提高产品和服务质量,研发新产品和新工艺流程。模型中政府的作用主要体现在:一方面,通过政策工具,比如对金融市场、税制、产业发展等方面的政策和法规的制定影响产业发展;另一方面,政府本身也是市场上重要的客户,政府采购有严格的标准,其扮演了挑剔型顾客的角色,同时,采购程序有利于竞争和创新。机会可以通过促使四大要素发生变化从而影响企业发展。波特指出,对企业发展而言,形成机会的可能情况大致有以下几种:基础科技的发明创造;传统技术出现断层;外因导致的生产成本突然提高(如石油危机);金融市场或汇率的重大变化;市场需求的剧增;政府的重大决策;战争。机会的影响是双向的,它往往在新的竞争者获得优势的同时,使原有的竞争者丧失优势,只有能满足新需求的厂商才能有发展机会。波特教授以这一分析范式为基本框架展开了他的全部研究过程,对产业国际竞争力研究作出了非常有价值的贡献。

(三)旅游竞争力要素构成

利珀(Leiper)[①]认为,形成旅游核心竞争需要三个条件,即人的需求、地方的吸引性、相关信息的推介,三者共同构成旅游吸引力系统,这样才能使潜在旅游行为变成现实

---

① Leiper N. The framework of tourism: towards a definition of tourism, tourist and tourist industry [J]. Annals of Tourism Research,1979,6(4):390-407.

旅游行为。恩莱特(Enright)和牛顿(Newton)[1]认为,一个旅游目的地是否具有竞争力,要看其是否能够对潜在的旅游者产生吸引力。卡内斯特雷利(Canestrill)和科斯塔(Costa)[2]提出,一个旅游目的地的竞争力,不仅体现在暂时旅游流的增加上,更体现在旅游业长远的发展能力上,此时可持续发展理论在旅游研究中成为热点。里奇(Ritchie)和克劳奇(Crouch)[3]在"The competitive destination: a sustainability perspective"(《竞争性旅游目的地:可持续性透析》)一文中认为,一个地区的旅游业要有竞争力,它的旅游产业的发展必须是可持续的,而且不光是在生态和经济发展两个方面,在社会、文化和政治发展方面也要具有可持续性。由此可以看出,一个地区旅游竞争力强弱的衡量标准取决于该地区的经济是否长期繁荣,是否能够长期并且持续地为当地社会和居民创造福利与经济效益。恩莱特和牛顿[4]从实践层面对目的地的旅游竞争力进行了研究,认为旅游目的地竞争力的影响因素不仅包括目的地的吸引物特性,还包括产业管理等因素。

进入21世纪后,国内关注旅游竞争力问题的学者开始增多,研究的重点直接指向旅游产业核心竞争力的构成要素。罗引青[5]指出,旅游企业的核心竞争力包括旅游产品创新能力、旅游客流管理能力和旅游资源整合能力。冉恒[6]认为旅游企业核心竞争力的构成要素包括四个方面:核心企业文化、核心特色服务、核心组织能力和核心营销能力。伍进[7]认为资源吸引力、开发能力、市场营销能力、制度管理能力和环境能力是景区核心竞争力的构成要素。吴立鹏等[8]提出培育旅游企业核心竞争力的途径在于构建和打造难于仿制的核心能力、精心设计企业组织和人才培养机制、建立知识扩散保护机制和创新旅游企业管理新价值观。邵金萍[9]认为旅游企业核心竞争力由策划能力、服务能力、企业文化、整合能力四个基本因素构成,其中企业策划能力是最为重要的因素。孟祥伟[10]认为构成旅游产业核心竞争力的主要因素有旅游资源、旅游企业、旅游基础设施、旅游环境、政

---

[1] Enright M J, Newton J. Tourism destination competitiveness: a quantitative approach[J]. Tourism Management, 2004, 25(6): 777-788.
[2] Canestrill E, Costa P. Tourism carry capacity: fuzzy approach[J]. Annals of Tourism Research, 1991, 18(2): 377-398.
[3] Ritchie J R B, Crouch G I. The competitive destination: a sustainability perspective[J]. Tourism Management, 2000, 21(1): 1-7.
[4] Enright M J, Newton J. Determinants of tourism destination competitiveness in Asia Pacific: comprehensiveness and universality[J]. Journal of Travel Research, 2005, 43(4): 339-350.
[5] 罗引青. 浅析培育旅游企业核心竞争力的策略[J]. 保险职业学院学报, 2006(4): 21-22.
[6] 冉恒. 旅游企业核心竞争力的初步研究[J]. 南宁职业技术学院学报, 2006, 11(4): 56-59.
[7] 伍进. 旅游景区核心竞争力构建探析[J]. 特区经济, 2006(1): 210-211.
[8] 吴立鹏, 刘合群, 熊曦. 旅游企业核心竞争力培育的几点思考[J]. 企业科技与发展, 2007(16): 26-27.
[9] 邵金萍. 旅游企业核心竞争力研究[D]. 西安: 西北大学, 2007.
[10] 孟祥伟. 旅游产业核心竞争力与区域经济发展:以保定市为例[D]. 天津: 河北工业大学, 2010.

府的管理和决策五个方面,由此得出一个旅游产业核心竞争力要素模型,见图1-2-7。

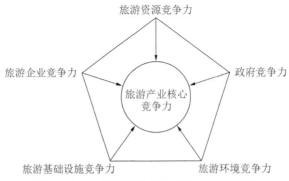

图1-2-7 旅游产业核心竞争力要素模型

在旅游区和旅游发展等规划中,需要对规划区的旅游竞争力进行研究,为规划区的旅游战略体系规划提供依据。规划区各要素竞争力研究可以依据竞争力理论或旅游竞争力的要素构成确定评价指标体系,通过定性或定量方法对规划区各影响旅游竞争力的因子进行评价,找出规划区旅游发展优势因子和不足因子,并在此基础上提出旅游区发展战略。

第五节 体验经济理论

一、产生背景

美国未来学家阿尔文·托夫勒(Alvin Toffler)于20世纪70年代提出了体验业概念,被公认为体验经济理论的直接奠基人。他[①]认为人类社会发展在经历了农业经济、工业经济以及服务经济等形态后,将进入体验经济时代。1998年美国战略地平线LLP公司的共同创办人B.约瑟夫·派恩二世(B. Joseph Pine II)与詹姆斯·H.吉尔摩(James H. Gilmore)在美国《哈佛商业评论》双月刊7—8月号中撰文指出:体验式经济时代已经来临[②]。随后,他们在1999年合著的《体验经济》一书中对"体验经济"进行了较为系统的阐述。他们[③]认为,体验事实上是一个人达到情绪、体力、智力甚至是精神的某一特定水平时他的意识中所产生的美好感觉,并且,当体验展示者的工作消失时,体验的价

---

① 托夫勒.未来的冲击[M].孟广均,吴宜豪,黄炎林,等译.北京:新华出版社,1996:4.
② Pine II B J, Gilmore J H. Welcome to the experience eeonomy[J]. Harvard Business Review,1998 (7/8):97-105.
③ 派恩,吉尔摩.体验经济[M].夏业良,鲁炜,等译.北京:机械工业出版社,2002.

值仍弥留延续;还认为当企业有意识地以服务业为舞台,以商品为道具,使消费者融入其中时,体验经济也就产生了。他们将体验经济这一经济形态解释为,卖家通过个性化的舞台展示,为买家提供难忘的体验,突出感受,创造更多的价值。他们还提出体验是继服务之后的第四种经济提供物,并认为体验将会成为一种新的价值源泉;提出体验由四部分组成,即娱乐、教育、遁世和审美,并且认为同时涵盖四个方面的体验是最佳状态,即"甜蜜地带"(sweet spot)。他们还提出了塑造体验的五种方法:体验主题化、以正面线索强化主题印象、淘汰消极印象、提供纪念品、重视对游客的感官刺激。他们将体验生产分为三个"S",即满意(satisfaction)、代价(sacrifice)、惊奇(surprise)。其中,满意是消费者期望与实际感知之间的差距,代价是顾客需求与顾客付出的成本之间的差距,惊奇是消费者最终的感知与期望之间的差距。

二、理论内涵

体验的英文"experience"的释义,从动词的角度讲,就是去实地在实践中获得个人深刻印象的经历和认识;从名词的角度讲,就是一种经历、感受、印象等,归根结底,是指个人参与性的一种内心感知。

旅游的本质就是体验,所以旅游体验概念的提出早于体验经济的概念。布尔斯廷(Boorstin)[1]把旅游体验定义为一种流行的消费行为,旅游者经历的是旅游企业已经设计好的、失真的体验。李一平(Yiping Li)[2]则认为,人们在现代生活中有各种各样的烦恼,旅游则是通过追求"真实性"经历,来克服这些烦恼和困惑的积极手段。科恩(Cohen)[3]认为,旅游体验是个人与各种"中心"之间的关系,体验的意义源自个人的世界观,取决于个人是否依附于某个"中心"。1990年,美国心理学家米哈里·契克森米哈赖(Mihaly Csikszentmihalyi)在其专著 *Flow: the psychology of optimal experience*(《心流:最优体验的心理学》)中,从心理学的角度对休闲体验的性质做了深入的研究,提出了最优的体验标准"畅"(flow),即具有"适当的"挑战性而能让一个人深深沉浸其中,以至忘记了时间的流逝,意识不到自己的存在。"适当的"挑战指活动的难度与一个人所掌握的技能相适应,太难的活动会让人感到紧张和焦虑,而太容易的活动则会让人感到厌烦,都不能令人获得快乐体验[4]。

---

[1] Boorstin D J. The image: a guide to pseudo-events in America[M]. New York: Harper & Row, 1964.
[2] Li Y. Geographical consciousness and tourism experience [J]. Annals of Tourism Research, 2000, 27(4): 863-883.
[3] Cohen E. A phenomenology of tourist experiences [J]. Sociology, 1979, 13(2): 179-201.
[4] Csikszentmihalyi M. Flow: the psychology of optimal experience[M]. New York: Harper & Row, 1990.

随着体验经济概念的提出,2000年以来,国内外对旅游体验的研究逐渐进入新的阶段。切特里(Chhetri)等[1]将旅游体验看作旅游者在某种境遇中对可感知和可认知事物的总体印象,并伴随不同水平的愉快及舒适程度。纳坦·乌列(Natan Uriely)[2]对旅游体验概念发展进程进行了总结。谢彦君[3]在1999年提出旅游体验的概念,后续又对旅游体验做了深入的研究,并不断更新旅游体验内涵所包含的内容。其最新的表述是,旅游体验是指处于旅游世界中的旅游者在与其当下情境深度融合时所获得的一种身心一体的畅爽感受。就其概念被引用频次看,该表述受到广泛认可。本书认同此概念,因为其不但符合体验的内涵,也与派恩二世和吉尔摩提出的体验经济的核心内容一致。

旅游的本质是体验的观点得到学界广泛认同,但是本书认为,体验经济背景下的旅游体验与一般的旅游体验有着本质区别。一般旅游体验更强调对旅游产品和服务的购买与消费,比如对吃、住、行、游、购、娱等产品与服务的购买与消费,所以在旅游体验过程中才会出现游后印象不深,甚至是上车睡觉、下车拍照、回家什么都不知道的情况以及"黑导"事件。而体验经济背景下的旅游体验强调的是旅游过程、旅游感受、游客与旅游情境深度融合后产生的愉快畅爽的心情。对这两个概念作区别,不但有助于理解体验经济背景下的旅游体验的内涵,而且对特色旅游体验产品开发具有指导意义。

三、旅游体验经济理论认知

(一) 旅游体验的本质特征

陈兴[4]认为,体验经济是人类需要层次升华的必然发展趋势,体验经济追求的最大特征是消费和生产的"个性化",体验经济的本质特征是消费者为体验付费。皮平凡[5]认为,人们需要更加个性化、人性化的消费来实现自我,消费方式从大众化的简单划一的"标准化消费"转向旨在让人性获得全面发展的"个性化消费",体验经济正是适应这种消费变化而出现的。陈旭等[6]认为,自我实现的需要就是一种体验,是一种个性化的服务需求,消费者不再仅仅关心产品或服务的质量等因素,而更关注消费过程所带来的体验和感受,并且这种消费过程可以为自己留下美好的、值得珍藏的回忆,他们愿意为这种"美妙

---

[1] Chhetri P, Arrowsmith C, Jackson M. Determining hiking experiences in nature-based tourist destinations [J]. Tourism Management,2004,25(1):31-43.
[2] Uriely N. The tourist experiences: conceptual development [J]. Annals of Tourism Research,2005,32(1):199-216.
[3] 谢彦君. 基础旅游学[M]. 3版. 北京:中国旅游出版社,2011:242,251-252.
[4] 陈兴."体验经济"背景下基于人类学视角的我国"旅游体验"研究[D]. 成都:四川师范大学,2006.
[5] 皮平凡. 体验经济时代的旅游产品开发探索[J]. 学术交流,2005(2):66-69.
[6] 陈旭,陈建勋. 旅游业发展模式的转变:体验经济下旅游业发展模式的调整[J]. 市场周刊·财经论坛,2004(8):135-136.

的感觉"多付出成本。王兴斌[①]认为,在"体验经济"中,以货币换感受、换快乐、换体验,不是传统意义上的换取物品或服务。伍晓奕[②]提出,相对于体验经济而言的传统经济主要注重产品功能的强大、外形的美观、价格的优势、服务的周到,而体验经济则是从生活与情境出发,注重消费者感官体验与思维或文化认同的塑造,并以此抓住消费者的注意力,改变消费者的消费行为,为产品找到新的价值与生存空间。柴伟[③]提出,体验经济强调每一个服务对象是服务与被服务双方缔结新的契约关系的活动中的参与者,这些参与者以得到某种体验的机会和条件而消费,满足度越高,则体验感越强。

(二)旅游体验维度

基于体验经济背景,学者们从旅游动机、功能、内容以及过程等不同视角对旅游体验进行分类。派恩二世和吉尔摩将旅游体验分为娱乐、教育、逃避和审美四个方面,而包含四方面内容的"甜蜜体验"是最丰富的体验类型。邹统钎等[④]把旅游体验分为五种类型,即娱乐、教育、逃避、美感和移情。宋咏梅等[⑤]把旅游体验划分为"5E"体验,即消遣娱乐、逃逸放松、知识教育、审美猎奇和置身移情。窦清[⑥]通过对旅游与体验的整合分析,认为可将旅游体验分为九类:情感体验、文化体验、生存体验、民族风情体验、学习体验、生活体验、自然体验、梦想实现体验和娱乐体验。陈伟[⑦]根据马斯洛需求层次理论把旅游体验分为身体体验、安全体验、爱和归属体验、尊重体验、认知体验、审美体验、价值体验和情感体验等八个维度。

(三)旅游体验媒介

在体验经济时代,旅游规划和开发的任务就是为游客创造"体验"的媒介,让游客的体验与感受产生共鸣。旅游体验的媒介主要由环境体验媒介、活动体验媒介、设施体验媒介和服务体验媒介组合而成,旅游规划和开发需要依据相关理论和技术设计并开发出能够引起游客共鸣的体验环境、体验活动、体验设施和体验服务,促使游客的娱乐体验、教育体验、避世体验、审美体验四种感知的提升,引发游客精神领域的共鸣[⑧]。

---

① 王兴斌."体验经济"新论与旅游服务的创新:《体验经济》读书札记[J].桂林旅游高等专科学校学报,2003(1):16-20.
② 伍晓奕.体验式旅游的革新战略[J].当代经济管理 2005(5):56-58.
③ 柴伟.体验经济与云南旅游业的发展[J].学术探索 2003(8):18-20.
④ 邹统钎,吴丽云.旅游体验的本质、类型与塑造原则[J].旅游科学,2003(4):7-10.
⑤ 宋咏梅,孙根年.论体验旅游的理论架构与塑造原则[J].社会科学家,2006(6):115-119.
⑥ 窦清.论旅游体验[D].南宁:广西大学,2004.
⑦ 陈伟.旅游体验及其影响因素与游后行为意向的关系研究:以大湄公河次区域中国游客为例[D].昆明:云南大学,2015.
⑧ 胡瑶婷.以文化体验为特色的重庆步行商业街研究[D].重庆:重庆大学,2015.

第六节 全域旅游理论

一、产生背景

2008年爆发全球性的金融危机之后,我国政府采取了一系列措施,经济得到快速发展,度假需求快速增长,我国旅游业出现从观光为主转向深度观光、休闲度假、自驾游、房车游等齐头并进的趋势。旅游目的地为了提升游客满意度和感知价值,纷纷提出从全城或全区域视角为游客提供满意服务。比如2008年浙江绍兴提出的"全城旅游"战略,在《绍兴全城旅游区总体规划》中得以体现[①]。2010年前后,在《大连市旅游沿海经济圈产业发展规划(2011—2020)》中,首先明确提出了"全域旅游"的概念,以求转变旅游发展理念,促进大连城市化建设[②]。2013年2月2日国务院颁布的《国民旅游休闲纲要(2013—2020)》中明确指出,满足人民群众日益增长的旅游休闲需求,促进旅游休闲产业健康发展,推进具有中国特色的国民旅游休闲体系建设。到2020年,职工带薪年休假制度基本得到落实,城乡居民旅游休闲消费水平大幅提升,健康、文明、环保的旅游休闲理念成为全社会的共识,国民旅游休闲质量显著提高,与小康社会相适应的现代国民旅游休闲体系基本建成,这更激发了旅游目的地全面提升旅游服务质量,创建全域旅游示范区的积极性。

2015年中央经济工作会议上明确提出中国经济社会发展应坚持瞄准全面建成小康社会目标,牢固树立和贯彻落实创新、协调、绿色、开放、共享的发展理念。"全域旅游"战略则是旅游领域贯彻五大理念的具体方式和途径。"全域旅游"是我国旅游界推崇的全新旅游开发理念。一方面,"全域旅游"战略的实施能够有效促进三产融合发展,对实现三产的结构性调整和提质增效具有积极的现实性意义;另一方面,国内旅游已经由组团式的观光旅游,转变到以休闲体验为主的大众化多元化旅游,全域旅游的发展理念可以系统改善旅游目的地环境和丰富完善旅游体验内容。

在此背景下,2016年2月,全国首批262个"国家全域旅游示范区"创建单位正式对外公布。2016年9月,习近平总书记宁夏视察时指出,"发展全域旅游,路子是对的,要坚持走下去"。习近平总书记的肯定,将全域旅游工作推上了新的高度[③]。

---

① 蒙欣欣. 解析全域旅游发展模式[J]. 旅游纵览月刊,2016(4):20-21.
② 大连市旅游沿海经济圈产业发展规划:2011—2020[EB/OL]. (2012-08-10)[2023-07-10]. http://www.dlpdi.com/chengguo/city/2012-08-10/71.html.
③ 咸辉. 坚定不移朝全域旅游发展的路子走下去[N]. 中国旅游报,2016-09-07(1).

二、理论内涵

国内学者对全域旅游的概念有多种界定或解读。厉新建等[①]将全域旅游的内涵界定为"四新""八全",其中"四新"指的是全新的资源、全新的产品、全新的产业、全新的市场;"八全"是指在全行业、全部门、全居民共同参与下,利用目的地全要素,为游客提供全过程、全时空体验产品,满足全游客全方位需求的旅游方式。蒙欣欣[②]提出全景、全时、全业、全民等"四全"内涵。梁学成[③]提出全行业、全部门、全要素、全时空、全主体和全管理的"六全"内涵。张辉和岳燕祥[④]将全域旅游从"域"的角度解释为空间域、产业域、要素域和管理域。戴学锋[⑤]认为,全域旅游是指在一定区域内以旅游业为优势产业,通过旅游改革创新和要素的全方位优化提升,以旅游业带动和促进经济社会发展的一种全新的发展理念和模式。黄震方等[⑥]提出,全域旅游是将一定区域作为旅游目的地,以旅游业为优势产业,通过深化改革创新发展、整合资源统筹推进、产业融合完善供给和社会参与共建共享,实现服务要素全域优化和发展质量全面提升,以旅游业带动经济社会发展的一种新的区域旅游发展理念和模式。苏剑[⑦]把全域旅游的特征概括为:相关产业全耦合、生态环境全共生、公共服务全覆盖、体制机制全支撑、政策法规全保障、文明素质全提升。由此可见,全域旅游的内涵包含"全"和"域"两个方面,其中,厉新建等解读的"全"的内涵被较多人认可,张辉和岳燕祥解读的"域"更全面。全域旅游的社会价值在于发展全域旅游,促进区域社会经济发展,全域旅游是区域社会经济发展的新理念和新模式。

三、全域旅游理论认知

综合上述学者观点,对全域旅游理论的认知如下:

(一) 对"域"的认知

(1) 全域旅游中的"域"可以是一定的行政区域,但不拘泥于行政区域,也可以是根据旅游资源特征和旅游产业现状划分的跨行政区域的特定范围。

---

① 厉新建,张凌云,崔莉. 全域旅游:建设世界一流旅游目的地的理念创新:以北京为例[J]. 人文地理,2013(3):130-134.
② 蒙欣欣."全域旅游"中的"全"字解读[J]. 党政视野,2016(11):33.
③ 梁学成. 全域旅游发展与旅游幸福感的增强逻辑[J]. 社会科学家,2017(12):90-94.
④ 张辉,岳燕祥. 全域旅游的理性思考[J]. 旅游学刊,2016,31(9):15-17.
⑤ 戴学锋. 全域旅游:实现旅游引领全面深化改革的重要手段[J]. 旅游学刊,2016,31(9):20-22.
⑥ 黄震方,储少莹,张梦佳. 新时代全域旅游的理论认知及其高质量发展[J]. 中国名城,2022,36(1):23-31.
⑦ 苏剑. 关于全域旅游的理论认知[J]. 旅游纵览(下半月),2017(8):15-17.

(2) 旅游业在"域"中的地位是"优势产业",不一定是"主导产业",即旅游业在区域中具有较强的比较优势和竞争优势。

(二) 全域旅游的社会价值认知

发展全域旅游的社会价值表现为能够为区域的生态环境、公共服务、体制机制、政策法规、文明素质等带来优化和提升,并促进区域经济社会协调发展。

(三) 全域旅游是旅游发展理念和模式的创新

全域旅游转变以景区为主要架构、以单一旅游形态为主导、以旅游资源单一要素为核心为以部门为核心,强调空间全景化、时间全时化、服务要素全域优化、产业融合发展、社会参与共建共享、目的地社会经济资源全面优化提升的发展理念,所以全域旅游是一个新的发展理念和模式。

(四) 全域旅游区的特征

全域旅游区具有相关产业全耦合、生态环境全共生、公共服务全覆盖、体制机制全支撑、政策法规全保障、文明素质全提升的特征。其中,相关产业全耦合表现为全域旅游区实行"旅游+"发展模式,使得旅游与其他产业深度融合,激发新的生产力与竞争力。生态环境全共生表现为生态环境已经与旅游发展形成良性互动,即旅游发展使得生态环境得到人为改善,同时旅游发展已经依靠生态环境的改善而实现经济收益,两者已经形成良性的利益共同体。公共服务全覆盖是指城乡、景区内外已经能够享受到均等完善的公共服务,区域差别几乎消失。体制机制全支撑是指行政体系能够对旅游产业带动下的社会经济协调发展提供充分规范的支撑。体制机制全支撑不仅限于产业经济方面的支撑,更涉及社会发展方面的体制机制支撑和环境生态方面的体制机制支撑。政策法规全保障是指政策法规健全清晰,能为大量旅游者常年涌入而形成的动态人口社会提供有法可依、有法必依、执法必严、违法必究的有序社会经济生活。特别是在国家法律体系尚未健全的情况下,全域旅游示范区应积极完善地方政策法规,建立安全、便捷、透明、高效的"阳光"特区。文明素质全提升是指通过旅游活动的持续影响和政府、社会的有意引导,本地居民文明素质显著提升,并能够对外来游客产生积极影响,使整个区域的文明素质得到显著改善,达到中国社会文明窗口水平。

(五) 全域旅游示范区认定的条件

文化和旅游部办公厅印发的《国家全域旅游示范区验收办法和标准》(办资源〔2020〕30号)中明确提出,全域旅游示范区认定必须符合八个方面的条件,分别是体制机制、政策保障、公共服务、供给体系、秩序与安全、资源与环境、品牌影响、创新示范。具体认定条件:①体制机制。建立党政统筹、部门联动的全域旅游领导协调机制,旅游综合管理体制改革成效显著,运行有效。旅游治理体系和治理能力现代化水平高,具有良好的旅游业持续健康发展的法治环境。②政策保障。旅游业作为地方经济社会发展战略性支柱产业定位明确,在经济社会发展规划和城乡建设、土地利用、基础设施建设、生态环境保护等相关规划,以及综合性支持政策、重大项目建设等方面得到具体体现并取得实效。③公共服务。旅游公共服务体系健全,厕所、停车场、旅游集散中心、咨询服务中心、智慧旅游平台、安全救援、自驾游、自助游等设施完善,运行有效。④供给体系。旅游供给要素齐全,布局合理,结构良好,假日高峰弹性供给组织调控有效。旅游业带动性强,与文化等相关产业深度融合发展,业态丰富,形成观光、休闲、度假业态协调发展的产业结构,综合效益显著。具有不少于1个国家AAAAA级旅游景区,或国家级旅游度假区,或国家级生态旅游示范区;或具有2个以上国家AAAA级旅游景区;或具有2个以上省级旅游度假区;或具有1个国家AAAA级旅游景区和1个省级旅游度假区。⑤秩序与安全。旅游综合监管制度体系完善,市场监管能力强,投诉处理机制健全,建立旅游领域社会信用体系,市场秩序良好,游客满意度高,近三年没有发生重大旅游安全生产责任事故或重大旅游投诉、旅游负面舆情、旅游市场失信等市场秩序问题。⑥资源与环境。旅游资源环境保护机制完善,实施效果良好,近三年未发生重大生态环境破坏事件。旅游创业就业和旅游扶贫富民取得积极成效。⑦品牌影响。旅游目的地品牌体系完整,特色鲜明,识别度、知名度高,市场感召力强。⑧创新示范。大力推进改革创新,积极破除全域旅游发展的瓶颈和障碍,具有解决地方旅游业长期发展问题的突破性、实质性措施,或在全国产生重要影响的发展全域旅游的示范性创新举措。国家全域旅游示范区验收标准见表1-2-1。

表1-2-1　国家全域旅游示范区验收标准(试行)

序号	验收指标及分值(总分1200分。其中,基本项1000分,创新项加分200分)	总体要求	评分标准
1	体制机制(90分)	建立适应全域旅游发展的统筹协调、综合管理、行业自律等体制机制,现代旅游治理能力显著提升。	1. 领导体制:建立全域旅游组织领导机制,把旅游工作纳入政府年度考核指标体系。(20分)
			2. 协调机制:建立部门联动、共同参与的旅游综合协调机制,形成工作合力。(25分)
			3. 综合管理机制:建立旅游综合管理机构,健全社会综合治理体系。(20分)
			4. 统计制度:健全现代旅游统计制度与统计体系,渠道畅通,数据完整,报送及时。(15分)
			5. 行业自律机制:建立各类旅游行业协会,会员覆盖率高,自律规章制度健全,行业自律效果良好。(10分)

(续表)

序号	验收指标及分值（总分1200分。其中，基本项1000分，创新项加分200分）	总体要求	评分标准
2	政策保障（140分）	旅游业在地方经济社会发展战略中具有重要地位，旅游规划与相关规划实现有机衔接，全域旅游发展支持政策配套齐全。	1. 产业定位：旅游业被确立为主导产业，地方党委或政府出台促进全域旅游发展的综合性政策文件和实施方案，相关部门出台专项支持政策文件。（20分） 2. 规划编制：由所在地人民政府编制全域旅游规划和相应专项规划，制定工作实施方案等配套文件，建立规划督查、评估机制。（20分） 3. 多规融合：旅游规划与相关规划深度融合，国土空间等规划满足旅游发展需求。（20分） 4. 财政金融支持政策：设立旅游发展专项资金，统筹各部门资金支持全域旅游发展，出台贷款贴息政策，实施旅游发展奖励补助政策，制定开发性金融融资方案或政策。（30分） 5. 土地保障政策：保障旅游发展用地新增建设用地指标，在年度用地计划中优先支持旅游项目用地。有效运用城乡建设用地增减挂钩政策，促进土地要素有序流动和合理配置，构建旅游用地保障新渠道。（30分） 6. 人才政策：设立旅游专家智库，建立多层次的人才引进和旅游培训机制，实施旅游人才奖励政策。（20分）
3	公共服务（230分）	旅游公共服务体系健全，各类设施运行有效。	1. 外部交通：可进入性强，交通方式快捷多样，外部综合交通网络体系完善。（20分） 2. 公路服务区：功能齐全，规模适中，服务规范，风格协调。（15分） 3. 旅游集散中心：位置合理，规模适中，功能完善，形成多层级旅游集散网络。（20分） 4. 内部交通：内部交通体系健全，各类道路符合相应等级公路标准，城市和乡村旅游交通配套体系完善。（30分） 5. 停车场：与生态环境协调，与游客流量基本平衡，配套设施完善。（15分） 6. 旅游交通服务：城市观光交通、旅游专线公交、旅游客运班车等交通工具形式多样，运力充足，弹性供给能力强。（20分） 7. 旅游标识系统：旅游引导标识等系统完善，设置合理科学，符合相关标准。（25分） 8. 游客服务中心：咨询服务中心和游客服务点设置科学合理，运行有效，服务质量好。（20分） 9. 旅游厕所："厕所革命"覆盖城乡全域，厕所分布合理，管理规范，比例适当，免费开放。（30分） 10. 智慧旅游：智慧旅游设施体系完善、功能齐全、覆盖范围大、服务到位。（35分）

(续表)

序号	验收指标及分值（总分1200分。其中,基本项1000分,创新项加分200分)	总体要求	评分标准
4	供给体系（240分）	旅游供给要素齐全,旅游业态丰富,旅游产品结构合理,旅游功能布局科学。	1. 旅游吸引物:具有品牌突出、数量充足的旅游吸引物。城乡建有功能完善、业态丰富、设施配套的旅游功能区。(50分)
			2. 旅游餐饮:餐饮服务便捷多样,有特色餐饮街区、快餐和特色小吃等业态,地方餐饮(店)品牌突出,管理规范。(35分)
			3. 旅游住宿:星级饭店、文化主题旅游饭店、民宿等各类住宿设施齐全,管理规范。(35分)
			4. 旅游娱乐:举办富有地方文化特色的旅游演艺、休闲娱乐和节事节庆活动。(35分)
			5. 旅游购物:地方旅游商品特色鲜明、知名度高,旅游购物场所经营规范。(35分)
			6. 融合产业:大力实施"旅游+"战略,实现多业态融合发展。(50分)
5	秩序与安全（140分）	旅游综合监管体系完善,市场秩序良好,游客满意度高。	1. 服务质量:实施旅游服务质量提升计划,宣传、贯彻和实施各类旅游服务标准。(20分)。
			2. 市场管理:完善旅游市场综合监管机制,整合组建承担旅游行政执法职责的文化市场综合执法队伍,建立旅游领域社会信用体系,制定信用惩戒机制,市场秩序良好。(25分)
			3. 投诉处理:旅游投诉举报渠道健全畅通有效,投诉处理制度健全,处理规范公正,反馈及时有效。(20分)
			4. 文明旅游:定期开展旅游文明宣传和警示教育活动,推行旅游文明公约,树立文明旅游典型,妥善处置、及时上报旅游不文明行为事件。(20分)
			5. 旅游志愿者服务:完善旅游志愿服务体系,设立志愿服务工作站点,开展旅游志愿者公益行动。(15分)
			6. 安全制度:建立旅游安全联合监管机制,制定旅游安全应急预案,定期开展安全演练。(12分)
			7. 风险管控:有各类安全风险提示、安全生产监督管控措施。(18分)
			8. 旅游救援:救援系统运行有效,旅游保险制度健全。(10分)

(续表)

序号	验收指标及分值（总分1200分。其中，基本项1000分，创新项加分200分）	总体要求	评分标准
6	资源与环境（100分）	旅游资源环境保护机制完善，实施效果良好。旅游创业就业和旅游扶贫富民取得一定成效，具有发展旅游的良好社会环境。	1. 资源环境质量：制定自然生态资源、文化资源保护措施和方案。(24分) 2. 城乡建设水平：整体风貌具有鲜明的地方特色，城乡建设保护措施完善。(16分) 3. 全域环境整治：旅游区、旅游廊道、旅游村镇周边洁化绿化美化，"三改一整"等工程推进有力，污水和垃圾处理成效显著。(20分) 4. 社会环境优化：广泛开展全域旅游宣传教育，实施旅游惠民政策，旅游扶贫富民方式多样，主客共享的社会氛围良好。(40分)
7	品牌影响（60分）	实施全域旅游整体营销，品牌体系完整、特色鲜明。	1. 营销保障：设立旅游营销专项资金，制定旅游市场开发奖励办法。(15分) 2. 品牌战略：实施品牌营销战略，品牌体系完整，形象清晰，知名度和美誉度高。(15分) 3. 营销机制：建立多主体、多部门参与的宣传营销联动机制，形成全域旅游营销格局。(10分) 4. 营销方式：采取多种方式开展品牌营销，创新全域旅游营销方式。(10分) 5. 营销成效：市场规模持续扩大，游客数量稳定增长。(10分)
8	创新示范（200分）	创新改革力度大，有效解决制约旅游业发展瓶颈，形成较强的示范带动作用。	1. 体制机制创新：具有示范意义的旅游领导机制创新(6分)、协调机制创新(6分)、市场机制创新(6分)、旅游配套机制创新(6分)；旅游综合管理体制改革创新(6分)；旅游治理能力创新(6分)；旅游引领多规融合创新(8分)；规划实施与管理创新(6分)。(小计50分) 2. 政策措施创新：全域旅游政策举措创新(6分)；财政金融支持政策创新(6分)；旅游投融资举措创新(6分)；旅游土地供给举措创新(6分)；人才政策举措创新(6分)。(小计30分) 3. 业态融合创新：旅游发展模式创新(10分)；产业融合业态创新(10分)；旅游经营模式创新(10分)。(小计30分) 4. 公共服务创新：旅游交通建设创新(8分)；旅游交通服务方式创新(8分)；旅游咨询服务创新(8分)；"厕所革命"创新(8分)；环境卫生整治创新(8分)。(小计40分) 5. 科技与服务创新：智慧服务创新(10分)；非标准化旅游服务创新(10分)。(小计20分) 6. 环境保护创新：旅游环境保护创新(8分)。 7. 扶贫富民创新：旅游扶贫富民方式创新(8分)；旅游创业就业方式创新(4分)。(小计12分) 8. 营销推广创新：营销方式创新(10分)。

(续表)

序号	验收指标及分值（总分1200分。其中，基本项1000分，创新项加分200分）	总体要求	评分标准
9	扣分事项	不予审核项	1. 重大安全事故：近三年发生重大旅游安全生产责任事故的。 2. 重大市场秩序问题：近三年发生重大旅游投诉、旅游负面舆情、旅游市场失信等市场秩序问题的。 3. 重大生态环境破坏：近三年发生重大生态环境破坏事件的。

第七节　旅游高质量发展理论

一、产生背景

我国在过去一段时间虽然经济增长较快，但不少产业产能严重过剩，与此同时，人们真正需要的产品与服务却无法提供，出国购买成为时尚，这实际上是一种无效供给性增长。这种无效供给性增长，单靠市场调节是难以快速改变的。基于此，党中央及时提出供给侧结构性改革的战略对策以及高质量发展要求。2017年党的十九大报告就明确提出我国经济已由高速增长阶段转向高质量发展阶段。2020年党的十九届五中全会进一步提出必须把高质量发展的要求贯穿到经济、社会、文化、生态文明等各个领域。

我国旅游产业在发展过程中同样存在发展质量问题和矛盾，比如：旅游供给与需求数量方面的矛盾；旅游供给与需求质量方面的矛盾，表现为游客满意度问题、旅游产品吸引力问题、产品同质化问题；旅游供给与需求结构方面的矛盾，即产品类型、档次结构单一等问题；旅游供给与需求时间方面的矛盾，即周末"潮汐"现象、节假日"井喷"现象与淡旺季问题；旅游供给与需求空间方面的矛盾，即冷热点问题、居民与游客矛盾等。这些问题都是旅游业高质量发展所要关注的核心问题。

为了实现旅游业高质量发展，原国家旅游局出台了一系列政策。2013年国家旅游局印发《旅游质量发展纲要（2013—2020年）》，指出实施质量强旅战略、建设旅游质量强国是改善民生与提高人民生活品质的迫切需要，也是转变旅游发展方式、走规模增长与质量效益并重发展道路的内在要求，提出质量强旅战略目标，将旅游业培育成为人民群众更加满意的现代服务业。2020年，为了充分利用以互联网为代表的现代信息技术，文化和旅游部、国家发展改革委等十部门联合印发了《关于深化"互联网＋旅游"　推动旅游业高质量发展的意见》,指出将互联网作为旅游要素共享的重要平台,要实现社会效益和经济效益有机统一,坚持开放共享,加快形成以开放、共享为特征的旅游业发展新模式。2021年,文化和旅游部发布《"十四五"文化和旅游发展规划》,提出以高质量发展为核心主题,实现发展质量、结构、规模、速度、效益、安全的统一。高质量发展成为我国旅游发展的主要方向。

二、理论内涵

高质量发展是体现创新、协调、绿色、开放、共享的发展理念的发展[1]。基于高质量发展这五大理念,学者们从不同视角对旅游高质量发展内涵进行了界定。张朝枝等[2]从可持续发展视角界定了旅游高质量发展,认为旅游高质量发展是一种强可持续发展,是一种更高层次的旅游可持续发展,其核心目标是追求人的全面发展,但同时必须遵循可持续发展的经济、社会文化和环境三条底线,并保持旅游业在地方、区域、国家及全球四个空间尺度范围的可持续发展。黄震方[3]基于"双循环"新格局视角,认为旅游高质量发展包括:一是能够很好地满足人民日益增长的旅游美好生活需要的有效供给性发展;二是充分体现新发展理念,遵循旅游发展规律的科学性发展;三是投资收益高、创新能力强,体现旅游发展方式转变、产品结构优化、增长动力转换的高效率性发展;四是有效保护资源环境,实现节能环保和绿色增长的可持续发展。何建民[4]基于系统论观点,参照联合国世界旅游组织质量支持委员会对旅游产品质量的定义,认为我国旅游业高质量发展系统是旅游活动利益相关者、旅游活动利益相关者追求的各自利益与资源、社会人文环境和自然环境之间相和谐的合法(合理)的诸要素相互作用的综合体,以及参照党的十九大报告对经济高质量发展的全面要求,提出我国旅游业高质量发展系统是下列诸要素相互作用的综合体:①旅游业发展方式由粗放型外延式向集约型内涵式转变;②旅游产业结构由供求不平衡、低端化向合理化与高度化转变;③旅游业增长动力由要素投入转变为更注重创新与创意驱动;④坚持质量第一、效益优先的原则,使得游客、旅游企业、旅游社区居民多方的利益在旅游业发展与市场交易中都能得到公平实现;⑤按照上述要求实施旅游供给侧结构性改革,推动旅游业发展质量变革、效率变革、动力变革,提高全要素生产率;⑥加快建设旅游实体经济、科技创新、现代金融、人力资源协同发展的旅游产业体系;⑦着力构建旅游市场机制有效、微观主体有活力、宏观调控有度的经济体制;⑧不断增强

---

[1] 孙业礼. 新时代新阶段的发展必须贯彻新发展理念[J]. 马克思主义与现实,2021(1):1-6.
[2] 张朝枝,杨继荣. 基于可持续发展理论的旅游高质量发展分析框架[J]. 华中师范大学学报(自然科学版),2022,56(1):43-50.
[3] 黄震方,陆林,肖飞,等. "双循环"新格局与旅游高质量发展:理论思考与创新实践[J]. 中国名城,2021,35(2):7-18.
[4] 何建民. 新时代我国旅游业高质量发展系统与战略研究[J]. 旅游学刊,2018,33(10):9-11.

我国旅游业的创新力、竞争力和可持续发展力。

总的来说,旅游业高质量发展包含旅游业的创新发展、协调发展、绿色发展,坚持开放发展、共享发展成果。旅游业的创新发展是旅游高质量发展的动力和灵魂,创新发展就是要挖掘发展潜力,走创新驱动发展之路。协调发展是指注重发展机会公平、注重资源配置均衡;找出各地旅游业发展的短板,在补齐短板上多用力,通过补齐短板挖掘发展潜力,增强区域旅游业发展后劲。绿色发展即倡导绿色、生态、低碳的消费观念,践行"绿水青山就是金山银山"的发展理念。共享发展就是要以人为本,一切发展始终是为了人民,成果由人民共享,满足游客对美好生活的物质和精神双方面需求,满足人民日益增长的美好生活需要。开放发展要求旅游业发展主动顺应经济全球化潮流,坚持对外开放,充分运用人类社会创造的先进科学技术成果和有益管理经验,提升旅游业高质量发展水平。

三、旅游高质量发展理论认知

(一)旅游高质量发展,科技是灵魂

王学峰等[①]认为,在技术决定赛道的小康旅游新时代,科技对增强游客的参与感、体验感和获得感,提升游客的满意度越发重要,科技也为旅游业注入全新的动能。旅游要实现转型升级和高质量发展就必须坚定不移地推进数字化战略,让科技成为变革创新的关键支撑。通过科技促进旅游生产方式、体验方式、服务方式、管理模式的创新,提升旅游业的供给质量,将科技创新贯穿旅游发展全过程。龙毅[②]认为,实现旅游业高质量发展,需发挥现代信息技术的发展优势,围绕国家新发展格局和旅游产业发展的新需求,结合传感网、移动通信、人工智能、云计算、大数据等新技术,大力发展旅游信息化与智慧旅游,推动行业生产方式、服务方式和管理模式创新,实现旅游业的高质量发展与高效能治理。具体途径:一是建立现代科技与旅游业深度融合的多元化途径,利用科技手段进一步开发旅游资源、创新旅游产品、实现信息共享、发展智慧旅游、推动产业转型升级。二是打造可持续发展的智慧旅游集成体系,使得智慧旅游建设成为覆盖"食、住、行、游、购、娱"各行业,跨越"国家、省、设区市、县(市、区)、企业"多层次,贯通"游前、游中、游后"全过程的复杂系统工程。三是促进面向旅游行业高质量发展的智慧旅游应用,结合资源分布、行业监管等信息化平台,收集旅游资源分布数据、客流时空数据、旅游消费数据和产业运行数据,充分了解资源配置和产业结构布局状况,切实解决产业结构不合理、资源配置不科学和市场发展不平衡等问题;强化旅游资源开发与生态保护的结合,建立旅游资源开发状况与生态环境监测的指标体系,自动监测生态环境变化和产业市场发展,防止

---

① 王学峰,张辉.新时代旅游经济高质量发展的理论问题[J].旅游学刊,2022,37(2):3-5.
② 黄震方,陆林,肖飞,等."双循环"新格局与旅游高质量发展:理论思考与创新实践[J].中国名城,2021,35(2):7-18.

过度的商业开发和环境破坏,为旅游高质量发展提供科学的决策支持;打造智慧旅游管理、服务与营销集成的高性能信息化应用,推动跨类型、跨平台的多源异构旅游大数据集成与共享,建立对客服务、动态监控、预测预警和快速调控机制,满足具有地方特色的旅游业科学系统与可持续发展的需要。

(二) 旅游高质量发展,需坚持"绿色"理念

推动新时代经济的高质量发展,要把重点放在产业结构的绿色转型上,以绿色新动能把实体经济做实、做强、做优。旅游业是生态服务价值置换的有效路径,是"绿水青山就是金山银山"的转换器与放大器。旅游绿色发展不仅是生态文明建设的要求,而且是旅游高质量发展的诉求。章锦河[①]认为,旅游绿色发展途径有两个:一是推动旅游绿色生产;二是促进旅游绿色消费。推动绿色生产的措施有:一是加强绿色标准引领。制定景区、酒店、餐饮、旅游交通等不同类型旅游企业的绿色生产标准,旅游绿色企业、生态品牌、生态产品等认证标准,构建分级分类的旅游生产、认证绿色标准体系,引导旅游生产、运营各环节的"节能、降耗、减排、除污"的制度化、科学化与常态化。二是健全绿色考核机制。根据我国"力争碳排放2030年前达到峰值,努力争取2060年前实现碳中和"以及应对全球气候变化承诺的减排目标,确定我国旅游产业整体的碳排放、污染排放的可用额度,推进以"旅游生态效率""碳足迹""单位旅游收入碳排放""旅游生态补偿"等为主要指标的旅游绿色发展考核机制。三是提升绿色设施水平。充分利用新科技、新能源、新材料、新工艺,打造绿色智能、集约高效、安全可靠的现代化旅游基础设施体系,加大旅游传统基础设施的绿色化改造力度,配套旅游绿色金融政策。四是完善绿色监测体系。增加自然旅游地智慧景区建设内容,加强核心区域的生态环境信息网络基础工程的布局,建设各类各级自然保护地"天空地一体化"监测网络与生态环境大数据平台,全面监测生态系统各类要素及其变化。促进旅游绿色消费的措施有:一是加强绿色消费宣传。一方面,通过媒体矩阵,尤其可结合全国旅游日、环境日、低碳日、科技活动周、节能宣传周等,加大"文明餐桌""诚信菜单""光盘行动""绿色出行""文明燃香"等主题活动的旅游绿色消费宣传力度;另一方面,在景区景点、酒店、旅游商品专卖店、游客中心、交通枢纽等游客集中地,通过解说系统、绿色志愿公益服务、绿色旅游消费公约和消费指南、旅游绿色产品销售专区等,营造旅游绿色消费氛围,唤醒游客的绿色消费意识,扩大旅游绿色消费宣传覆盖面和影响力。二是激发绿色消费热情。旅游绿色消费需要游客精神内守,同样需要行为激励。旅游地、旅游企业可制定各类旅游绿色消费奖惩政策与措施,推动旅游景区游客"零垃圾"行动、酒店游客自带洗漱用品、餐饮光盘行动,推进国家公园生态访客制度,实施游客"碳中和"计划,鼓励游客消费有绿色认证的旅游产品,建立旅游绿色消费

---

① 黄震方,陆林,肖飞,等."双循环"新格局与旅游高质量发展:理论思考与创新实践[J].中国名城,2021,35(2):7-18.

的积分制与信用体系,开展绿色消费文明游客评选活动等,引导游客践行绿色生活方式和消费模式,规范旅游绿色消费行为,激活旅游绿色消费市场潜力与活力。

(三)旅游高质量发展,文旅深度融合是重要抓手

文旅融合发展是基于文化和旅游两者发展规律而形成的内生需求。初始阶段是现象层面的文化和旅游的相互渗透,融合程度的加深也是产业融合成效显现的过程,这既是产业发展的规律,也是产业创新的选择。文旅深度融合的标志是文旅真正成为一个完整的系统,在产业融合各个要素上都有具体体现。因而,深度融合在技术融合、产品融合、业务和组织融合、产业和市场融合、全要素融合上呈现纵深推进的过程①。两者融合程度的不断加深,使得文旅发展质态持续优化,契合了高质量发展理念的要求。从实践层面上看,文旅深度融合是以供给侧结构性改革来实现高质量发展的。分析旅游市场演化过程可以发现,当前旅游产品在类型和数量上的供给问题已基本解决,但低水平、同质化几乎是行业发展的共性问题。

第八节 可持续发展理论

一、可持续发展的缘起

20世纪人类物质文明高速发展,但生态环境和自然资源也遭到严重破坏。不可持续的经济畸增的生产模式和消费模式使人类生存与发展面临严峻挑战②。在人类可持续发展思想的形成中,有两本书具有极其重要的意义:一本是由美国海洋生物学家卡尔逊所著的被称为"改变了世界历史进程"的《寂静的春天》;另一本是由罗马俱乐部于1972年发表的《增长的极限》。基于此背景,1984年5月,联合国成立了世界环境与发展委员会(World Commisson on Environment and Development,WCED)。1987年,世界环境与发展委员会在题为《我们共同的未来》的研究报告中正式提出可持续发展概念,同年12月,该报告经过第42届联合国大会通过,在全球范围内引起了巨大的反响。1992年6月,联合国环境与发展大会(United Nations Conference on Environment and Development,UNCED)在巴西的里约热内卢举行,本次会议取得了重大的成果,通过了《21世纪议程》和《里约环境与发展宣言》两个纲领性文件以及《关于森林问题的原则声明》,签署了《生物多样性公约》和《联合国气候变化框架公约》,这些文件都以可持续发展为核心。从此

---

① 侯兵,杨君,余凤龙.面向高质量发展的文化和旅游深度融合:内涵、动因与机制[J].商业经济与管理,2020(10):86-96.
② 魏小安,刘赵平,张树民.中国旅游业新世纪发展大趋势[M].广州:广东旅游出版社,1999.

以后，可持续发展引起了各行各业的关注，可持续发展问题也成为世界各国社会经济研究的核心内容之一。

二、理论内涵

(一) 可持续发展理论

1987年，世界环境与发展委员会认为，可持续发展是指既满足当代的需求，又不对后代满足其需求能力构成危害的发展。1991年，国际自然及自然资源保护联盟(世界自然保护联盟)认为，可持续发展是在人类生存与发展不超出生态系统承载能力的条件下，提高人们的生活质量的发展。1992年的《里约环境与发展宣言》中指出，可持续发展是人类应享有的以与自然相和谐的方式过健康而富有生产成果的生活的权利，并公平地满足今世、后代在发展环境方面的需求。1992年，世界资源研究所认为，可持续发展就是建立极少产生废弃物和污染物的工艺流程和技术体系。1995年世界银行副行长萨拉杰丁(Serageldin)提出，可持续发展就是给予子孙后代和我们一样多的甚至更多的人均财富。1996年联合国开发计划署高级顾问穆纳西荷提出，可持续发展是从产出最大化转向公平增长、消除贫困、提高效率三者协同的发展范式。以上概念虽然从不同视角对可持续发展内涵进行了诠释，但是其共同点是发展必须具有发展性、可持续性和公平性。

(二) 旅游可持续发展理论

旅游可持续发展是一种经济发展模式，目标是改善当地社区居民的生活质量，为游客提供高质量的经历，维护当地社区和游客所依靠的环境的质量。世界旅游组织顾问爱德华·英斯基普认为，旅游可持续发展要保护旅游业赖以发展的自然资源、文化资源及其他资源，使其不仅能为当今社会谋利，也能为将来所用。田道勇[①]从强调代际公平的角度出发，认为旅游可持续发展是既满足当代人的旅游需求，又不损害子孙后代满足其旅游需求能力的发展。总之，旅游可持续发展不但强调其发展性、可持续性和公平性，还突出旅游资源保护与旅游环境质量保持以及游客体验质量提升和目的地居民生活质量改善的目标。

三、可持续发展理论认知

(一) 可持续发展具有公平性、发展性和持续性

为了使可持续发展理论得到有效实施与贯彻落实，学者们从不同视角提出坚持可持续发展必须遵循的原则，其中共性原则有公平性原则、发展性原则和持续性原则。

---

① 田道勇.浅谈旅游可持续发展[J].人文地理，1996，11(2):16-19.

公平性原则是指资源的利用和发展机会的分配应在当代各阶层之间以及当代和后代之间保证公平,即保持代内公平和代际公平。发展性原则是指可持续发展的核心是发展,尤其对于欠发达国家和地区,没有经济的发展,持续性也就不复存在。持续性原则是指资源的持续利用和生态系统可持续性的保持是人类社会可持续发展的首要条件。

(二)可持续发展包含经济、社会文化以及生态环境可持续

可持续发展的核心内容是经济可持续发展、社会文化可持续发展以及生态环境可持续发展。经济可持续发展要求经济发展改变传统的以"高投入、高消耗、高污染"为特征的生产模式和消费模式,实施清洁生产和文明消费,实现高质量发展以提高经济效益、节约资源和减少废物的产生。生态环境可持续发展强调环境保护,但不同于以往将环境保护与社会发展对立的做法,可持续发展要求通过转变发展模式,从人类发展源头、从根本上解决环境问题。在人类可持续发展系统中,经济可持续发展是基础,生态环境可持续发展是条件,社会文化可持续发展才是目的,所以经济、社会文化、生态环境可持续发展是可持续发展必须坚持的底线。

(三)旅游可持续发展需要实现五大目标

1990年,在加拿大召开的全球旅游可持续发展大会上,就旅游可持续发展目标达成如下共识:①使人们意识并理解旅游业能够给环境、经济做出突出贡献;②促进平等与发展;③提高旅游目的地居民的生活质量;④为旅游者提供高质量的旅游体验;⑤保持上述各目标实现所依托环境的质量。由此可见,经济产出不再是旅游开发适度评价的唯一标准,公平程度和社会秩序开始逐渐被人们重视。

(四)旅游业可持续发展的关键是旅游环境承载力的约束

旅游业对旅游资源环境的依赖性某种程度上比其他产业更强,有些旅游资源一旦被破坏,很难找到替代资源。旅游业可持续发展的关键就是旅游环境承载力约束问题。它具体包括经济承载力、生态环境承载力、资源环境承载力、社会承载力。孙睦优[1]则对旅游环境承载力做了另一种阐释,他指出:旅游环境承载力由生态环境承载力(EEBC)、资源空间承载力(REBC)、居民心理承载力(PEBC)、经济承载力(DEBC)组成,旅游环境承载力(TEBC)的综合实现就是TEBC取得上述四个分项的最小值。

---

① 孙睦优.旅游环境承载力与旅游业可持续发展[J].桂林旅游高等专科学校学报,2004,15(3):38-40.

第九节　旅游地生命周期理论

一、生命周期的缘起

"生命周期"是生物学名词,用来描述某种生物从出现到灭亡的演化过程,它被许多学科用来描述相似的变化过程。其中,德国学者克里斯塔勒(Christaller)[①]于 1963 年在对欧洲旅游发展进行研究时,提出旅游地生命周期的概念。哈佛大学教授雷蒙德·弗农于 1966 年提出产品生命周期理论,认为产品生命指的是产品在市场上的营销生命,发展过程经历导入、成长、成熟、衰退这样的周期,每一个阶段的利润率各有起伏,总体呈现出一条倒 U 型曲线模式,企业应该根据不同的阶段采取不同的经营策略。1978 年,斯坦斯菲尔德(Stansfield)在研究美国大西洋城旅游发展时提出了类似的概念。根据相关文献被引频次,由加拿大学者巴特勒(Butler)于 1980 年提出的旅游地生命周期理论及六阶段生命周期模型得到大多数学者的认可且被广泛应用于对旅游生命周期现象的解释。

二、理论内涵

巴特勒认为一个旅游地的发展循环过程经过六个阶段:探察、参与、发展、巩固、成熟、衰落或复苏阶段,详见图 1-2-8。

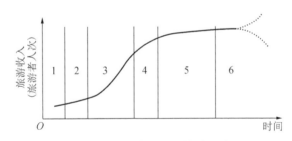

图 1-2-8　旅游地发展的循环过程

1. 探察阶段

本阶段是旅游地发展的初始阶段,其特点为:零星的旅游者做无规律的旅行游览,旅游地也没有特别的设施为旅游者服务,旅游地的自然和社会环境未因旅游而发生变化。

---

① Christaller W. Some considerations of tourism location in Europe: the peripheral regions-under-developed countries-recreation areas [J]. Papers in Regional Science Association, 1963, 12 (1): 103-105.

2. 参与阶段

在此阶段,随着旅游者的增多,旅游变得有规律,当地居民开始向游客提供一些设施和服务,许多投资开始进入,一些设施准备或开始兴建。

3. 发展阶段

发展阶段的特征是:固定的旅游市场地区已经出现,旅游者人次增长很快,外来投资骤增,本地居民简陋的设施逐渐被大规模的现代化的设施取代,大量的广告和宣传吸引人们来此旅游,旅游地的自然面貌改变比较显著。这时的发展是比较混乱的,各项法规制度还很不完善。

4. 巩固阶段

巩固阶段的特征是:旅游业的经营和系列设施已确定下来,当地经济严重依赖旅游业,旅游人数的增长率相对下降,旅游地有了界限分明的功能分区,旅游设施可能不敷需要,各项法规制度逐渐建立起来。

5. 成熟阶段

此阶段游客量增长相当缓慢,游客量达到最大,旅游地形象基本建立起来,其社会、经济和环境问题已经突出,而此时竞争者已经出现。

6. 衰落或复苏阶段

由于旅游者的兴趣发生转移或者竞争者的吸引力更强,旅游者人次逐渐减少。如果旅游地难以同新的旅游地竞争,那它就处于衰落阶段;如果旅游地增加了新的具有吸引力的旅游资源和旅游项目,也可能再次使游客量增加,进入复苏阶段。进入复苏阶段的旅游地又开始新的循环,重复上述几个阶段。

三、旅游地生命周期理论认知

(一) 旅游地生命周期还是旅游产品生命周期

旅游地生命周期这一名称受到部分学者质疑,许春晓[①]通过比较旅游空间、旅游资源以及旅游产品等概念之间的关系,认为真正具有生命周期的是旅游产品,而不是旅游地。但是国外学者,如巴特勒用的名称是"tourism area cycle of evolution",库珀和杰克逊用的名称是"destination life cycle",贝内代托和博贾尼等用的名称是"tourism area life cycle",斯坦斯菲尔德用的名称是"resort life cycle",国内学者翻译成"旅游地生命周期"。笔者认为:旅游地概念有不同尺度,比如大到大洲、国家等,小到风景名胜区,比如乌镇、黄山等,虽然称大洲或国家等大尺度目的地有生命周期不太合适,但是如果称乌镇、黄山等旅游地有生命周期完全可以;当然称产品具有生命周期是没有歧义的。因此,两个名称都可以用。

---

① 许春晓. "旅游产品生命周期论"的理论思考[J]. 旅游学刊, 1997(5):43-46.

(二) 旅游地生命周期影响因素

学者对旅游地生命周期影响因素进行了深入探索,如:库珀(Cooper)和杰克逊(Jackson)[1]对英国海滨胜地马思岛生命周期进行研究,得出英国海滨胜地总体受欢迎程度减弱,没有保持应有的竞争力,是马思岛的衰退原因。海伍德(Haywood)[2]指出,影响生命周期的因素包括:景区上游企业和中间商的议价能力,替代性的旅游产品,潜在景区的开发,现在景区间的竞争,政府或其他约束性团体的力量,旅游者的需要、感知、期望及其变迁,反对旅游业开发的环保主义者和其他相关公众的干预。盖茨(Getz)[3]在对尼亚加拉大瀑布的研究中指出,旅游地管理能力对旅游地演进有极其重要的影响。余书炜[4]认为,在不考虑外部影响的情况下,旅游资源需求和旅游需求决定着旅游吸引力的变化,进而影响旅游地生命周期。刘宇[5]在对四川古镇旅游生命周期影响因素的研究中,通过实证分析,将影响因素分为便捷因素、文化因素、感知因素、管理者因素、外围因素五大类。由此可见,影响旅游地生命周期的因素纷繁复杂。不同的旅游地,环境不同,资源特征不一样;不同的旅游产品,其需求与供给变化,都会影响旅游生命周期;这也是旅游地生命周期表现出复杂性和多样性的原因。

(三) 旅游地生命周期理论价值

旅游地生命周期理论对旅游预测、旅游产品市场营销以及旅游规划具有一定的应用价值和指导意义,受到国内外学者广泛关注。比如德贝奇研究了巴哈马天堂岛的演化过程,德本迪埃托和博贾尼研究了美国赛普里斯花园,他们的研究结论都支持了巴特勒的旅游地生命周期理论模型。但是,也有些研究成果不完全符合巴特勒模型,比如盖茨纵向研究了尼亚加拉大瀑布旅游的发展,指出该地发展过程与巴特勒旅游地生命周期理论模型不同,认为尼亚加拉大瀑布旅游区已永久地进入了成熟期,该旅游区自成熟期之后的几个阶段都永远地交织在一起,其生命周期阶段划分不完全符合巴特勒的六阶段模型,甚至很少有完全符合该模型的旅游地[6]。我国学者余书炜通过对旅游地生命周期理论进行整理后提出了双周期模型(图 1-2-9),即短周期和长周期模型。短周期是指旅游地在旅游吸引力环境保持未变的一段时期内所历经的周期,它可能完整,也可能不完

---

[1] Cooper C, Jackson C. Destination life cycle: the isle of man case study [J]. Annals of Tourism Reserch, 1989(16): 377-398.

[2] Haywood K M. Can the tourist-area life cycle be made operational[J]. Tourism Management, 1986, 7(3):154-167.

[3] Getz D. Tourism planning and destination life cycle [J]. Annals of Tourism Research. 1992,19(4):752-770.

[4] 余书炜."旅游地生命周期理论"综论:兼与杨森林商榷[J].旅游学刊,1997(1):32-37.

[5] 刘宇.四川古镇旅游地生命周期影响因素研究[D].成都:西南交通大学.2007.

[6] 张运生.旅游产品生命周期理论研究[D].开封:河南大学,2006.

整;长周期是指旅游地从起步到最终衰落或消亡的漫长的周期。旅游地生命周期的复杂性和多样性导致其应用价值和意义受到许多学者质疑。笔者认为,旅游地生命周期是客观存在的,因受到复杂因素的影响而表现出不稳定性和复杂性,探索其规律,对旅游预测、旅游产品营销以及旅游规划仍然具有指导意义。

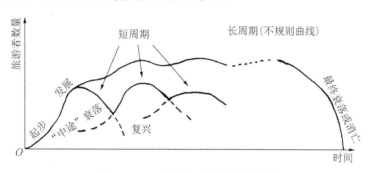

图 1-2-9 旅游地生命双周期模型

我国学者通过案例研究,提出了基于旅游地生命周期的旅游发展与开发建议。比如,类似于颐和园、黄山、乌镇等具有广域旅游市场的国际级旅游地,其生命周期在一定的社会经济条件下均会走向稳定成熟阶段。在稳定成熟阶段,旅游地在规划建设和管理方面重要的是保持自己持久连贯的旅游形象,控制好旅游环境容量,尽量避免负面影响。类似于肇庆七星岩等具有区域旅游市场的国家级旅游地,在与新旅游地的竞争中较易失去优势,其生命周期很快进入衰落阶段,要使其从衰落进入复苏,必要条件是开发新的具有吸引力的旅游资源。若旅游地没有新的具有轰动效应的旅游资源可以开发,只能选择延缓衰落的办法,如利用广告宣传、改进产品、降低成本和价格等办法,保持良好的旅游形象来达到延缓目的。对于类似于宝晶宫、古佛岩洞、狮子洞以及龙岩洞等喀斯特洞穴旅游地,从其资源特点和生命周期来看,需注意:①在同一地域出现多个喀斯特洞穴时,只能选择其中最有价值的一个开发。②旅游投入以满足基本游览条件为准则,不宜在游客量开始下降时进行大的投资以试图使游客量增长。③当游客量下降到低于需求门槛游客量而维持不了管理费时,考虑关闭洞穴。

第二篇

02

调查分析实践篇

项目一:规划区旅游资源调查

【学习目标】

1. 知识目标

(1) 理论知识目标

了解旅游资源调查概念,掌握旅游资源调查的一般内容和背景资料调查内容。

(2) 实践知识目标

掌握旅游资源室内资料收集途径、现场勘查和询问方法以及旅游资源单体调查表填写方法。

2. 职业能力目标

(1) 能利用各种途径查阅旅游资源、调查相关室内资料。

(2) 能进行现场旅游资源单体调查,并填写相应表格。

(3) 能对调查资料进行整理,写成书面调查报告。

3. 项目任务目标

任务一:规划区概况报告。

任务二:规划区基础资料整理。

任务三:规划区实地调查及资料整理。

任务四:规划区旅游资源调查报告。

第一节 旅游资源调查内容

一、旅游资源概念

旅游规划的核心是旅游产品的开发和组织,旅游资源是旅游产品的原料和形成基础。旅游资源调查的前提是搞清楚旅游资源的概念和类型。

旅游资源是指自然界和人类社会凡能对旅游者产生吸引力,可以为旅游业开发利用,并可产生经济效益、社会效益和环境效益的各种事物和因素[1]。由此概念可知,构成旅游资源的要素是:①它必须是自然界和人类社会的事物和要素;②必须对旅游者产生

---

[1] 《旅游规划通则》(GB/T 18971—2003)。

吸引力;③能为旅游业发展所利用;④能产生经济、社会和环境价值。

旅游资源具有观赏性、体验性、时限性、区域性、多样性、垄断性、不可转移性、可重复利用性等特性,而且随着旅游业的不断发展,旅游资源的变化性和创新性也表现得非常明显。旅游资源的变化性表现为一些要素,比如深海、空气等,原来对旅游者没有吸引力,但是随着人们对潜水以及养身需求等旅游动机的产生而成为旅游资源。随着科学技术的发展以及新材料的不断涌现,比如 VR 技术、4D 技术等的应用,可以开发的新的旅游资源越来越多,因此旅游资源的内涵和类型也在不断地变化和更新。

二、旅游资源类型

依据不同的标准,旅游资源可以划分为不同的类型。目前有代表性的旅游资源分类是 2017 年国家质量监督检验检疫总局、国家标准化管理委员会发布的国家标准《旅游资源分类、调查与评价》(GB/T 18972—2017)。该标准将旅游资源划分为地文景观、水域景观、生物景观、天象与气候景观、建筑与设施、历史遗迹、旅游购品和人文活动等 8 个主类及 23 个亚类,共 110 个基本类型,详见表 2-1-1。每个类别的旅游资源类型有相应的字母代号,其中第一个字母代表主类类别,第二个字母代表亚类类别,第三个字母代表基本类型。由于旅游资源具有变化性和创新性,旅游资源分类表中有不少缺项,如果发现本分类没有包括的基本类型,使用者可自行增加。增加的基本类型可归入相应亚类,置于最后,最多可增加 2 个。编号方式为:增加第 1 个基本类型时,该亚类 2 位汉语拼音字母+Z;增加第 2 个基本类型时,该亚类 2 位汉语拼音字母+Y。

表 2-1-1 旅游资源分类表

主类	亚类	基本类型		简要说明
A 地文景观	AA 自然景观综合体	AAA	山丘型景观	山地丘陵内可供观光游览的整体景观或个别景观
		AAB	台地型景观	山地边缘或山间台状可供观光游览的整体景观或个别景观
		AAC	沟谷型景观	沟谷内可供观光游览的整体景观或个体景现
		AAD	滩地型景观	缓平滩地内可供观光游览的整体景观或个别景观
	AB 地质与构造形迹	ABA	断裂景观	地层断裂在地表面形成的景观
		ABB	褶曲景观	地层在各种内力作用下形成的扭曲变形
		ABC	地层剖面	地层中具有科学意义的典型剖面
		ABD	生物化石点	保存在地层中的地质时期的生物遗体、遗骸及活动遗迹的发掘地点

(续表)

主类	亚类	基本类型	简要说明
A 地文景观	AC 地表形态	ACA 台丘状地景	台地和丘陵形状的地貌景观
		ACB 峰柱状地景	在山地、丘陵或平地上突起的峰状石体
		ACC 垄岗状地景	构造形迹的控制下长期受溶蚀作用形成的岩溶地貌
		ACD 沟壑与洞穴	由内营力塑造或外营力侵蚀形成的沟谷、劣地,以及位于基岩内和岩石表面的天然洞穴
		ACE 奇特与象形山石	形状奇异、拟人状物的山体或石体
		ACF 岩土圈灾变遗迹	岩石圈自然灾害变动所留下的表面痕迹
	AD 自然标记与自然现象	ADA 奇异自然现象	发生在地表一般还没有合理解释的自然界奇特现象
		ADB 自然标志地	标志特殊地理、自然区域的地点
		ADC 垂直自然带	山地自然景观及其自然要素(主要是地貌、气候、植被、土壤)随海拔呈递变规律的现象
B 水域景观	BA 河系	BAA 游憩河段	可供观光游览的河流段落
		BAB 瀑布	河水在流经断层、凹陷等地区时垂直从高空跌落的跌水
		BAC 古河道段落	已经消失的历史河道现存段落
	BB 湖沼	BBA 游憩湖区	湖泊水体的观光游览区与段落
		BBB 潭池	四周有岸的小片水域
		BBC 湿地	天然或人工形成的沼泽地等带有静止或流动水体的成片浅水区
	BC 地下水	BCA 泉	地下水的天然露头
		BCB 埋藏水体	埋藏于地下的温度适宜、具有矿物元素的地下热水、热汽
	BD 冰雪地	BDA 积雪地	长时间不融化的降雪堆积面
		BDB 现代冰川	现代冰川存留区域
	BE 海面	BEA 游憩海域	可供观光游憩的海上区域
		BEB 涌潮与击浪现象	海水大潮时潮水涌进景象,以及海浪推进时的击岸现象
		BEC 小型岛礁	出现在江海中的小型明礁或暗礁
C 生物景观	CA 植被景观	CAA 林地	生长在一起的大片树木组成的植物群体
		CAB 独树与丛树	单株或生长在一起的小片树林组成的植物群体
		CAC 草地	以多年生草本植物或小半灌木组成的植物群落构成的地区
		CCD 花卉地	一种或多种花卉组成的群体

(续表)

主类	亚类	基本类型	简要说明
C 生物景观	CB 野生动物栖息地	CBA 水生动物栖息地	一种成多种水生动物常年或季节性栖息的地方
		CBB 陆地动物栖息地	一种或多种陆地野生哺乳动物、两栖动物、爬行动物等常年或季节性栖息的地方
		CBC 鸟类栖息地	一种或多种鸟类常年或季节性栖息的地方
		CBD 蝶类栖息地	一种或多种蝶类常年或季节性栖息的地方
D 天象与气候景观	DA 天象景观	DAA 太空景象观赏地	观察各种日、月、星辰、极光等太空现象的地方
		DAB 地表光现象	发生在地面上的天然或人工光现象
	DB 天气与气候现象	DBA 云雾多发区	云雾及雾凇、雨凇出现频率较高的地方
		DBB 极端与特殊气候显示地	易出现极端与特殊气候的地区或地点,如风区、雨区、热区、寒区、旱区等典型地点
		DBC 物候景象	各种植物的发芽、展叶、开花、结实、叶变色、落叶等季变现象
E 建筑与设施	EA 人文景观综合体	EAA 社会与商贸活动场所	进行社会交往活动、商业贸易活动的场所
		EAB 军事遗址与古战场	古时用于战事的场所、建筑物和设施遗存
		EAC 教学科研实验场所	各类学校和教育单位、开展科学研究的机构和从事工程技术试验场所的观光、研究、实习的地方
		EAD 建设工程与生产地	经济开发工程和实体单位,如工厂、矿区、农田、牧场、林场、茶园、养殖场、加工企业以及各类生产部门的生产区域和生产线
		EAE 文化活动场所	进行文化活动、展览,科学技术普及的场所
		EAF 康体游乐休闲度假地	具有康乐、健身、休闲、疗养、度假条件的地方
		EAG 宗教与祭祀活动场所	进行宗教、祭祀、礼仪活动场所的地方
		EAH 交通站输场站	用于运输通行的地面场站等
		EAI 纪念地与纪念活动场所	为纪念故人或开展各种宗教祭祀、礼仪活动的馆室或场地
	EB 实用建筑与核心设施	EBA 特色街区	反映某一时代建筑风貌,或经营专门特色商品和商业服务的街道
		EBB 特性屋舍	具有观赏游览功能的房屋
		EBC 独立厅、室、馆	具有观赏游览功能的景观建筑
		EBD 独立场、所	具有观赏游览功能的文化、体育场馆等空间场所

(续表)

主类	亚类	基本类型	简要说明
E 建筑与设施	EB 实用建筑与核心设施	EBE 桥梁	跨越河流、山谷、障碍物或其他交通线而修建的架空通道
		EBF 渠道、运河段落	正在运行的人工开凿的水道段落
		EBG 堤坝段落	防水、挡水的构筑物段落
		EBH 港口、渡口与码头	位于江、河、湖、海沿岸进行航运、过渡、商贸、渔业活动的地方
		EBI 洞窟	由水的溶蚀、侵蚀和风蚀作用形成的可进入的地下空洞
		EBJ 陵墓	帝王、诸侯陵寝及领袖先烈的坟墓
		EBK 景观农田	具有一定观赏游览功能的农田
		EBL 景观牧场	具有一定观赏游览功能的牧场
		EBM 景观林场	具有一定观赏游览功能的林场
		EBN 景观养殖场	具有一定观赏游览功能的养殖场
		EBO 特色店铺	具有一定观光游览功能的店铺
		EBP 特色市场	具有一定观光游览功能的市场
	EC 景观与小品建筑	ECA 形象标志物	能反映某处旅游形象的标志物
		ECB 观景点	用于景观观赏的场所
		EOC 亭、台、楼、阁	供游客休息、乘凉或观景用的建筑
		ECD 书画作	具有一定知名度的书画作品
		ECE 雕塑	用于美化或纪念而雕刻塑造，具有一定寓意、象征或象形的观赏物和纪念物
		ECF 碑碣、碑林、经幢	雕刻记录文字、经文的群体刻石或多角形石柱
		ECG 牌坊牌楼、影壁	为表彰功勋、科第、德政以及忠孝节义所立的建筑物，以及中国传统建筑中用于遮挡视线的墙壁
		ECH 门廊、廊道	门头廊形装饰物，不同于两侧基质的狭长地带
		ECI 塔形建筑	具有纪念、镇物、标明风水和某些实用目的的直立建筑物
		ECJ 景观步道、甬路	用于观光游览行走而砌成的小路
		ECK 花草坪	天然或人造的种满花草的地面
		ECL 水井	用于生活、灌溉用的取水设施
		ECM 喷泉	人造的由地下喷射水至地面的喷水设备
		ECN 堆石	由石头堆砌或填筑形成的景观

(续表)

主类	亚类	基本类型	简要说明
F 历史遗迹	FA 物质类文化遗存	FAA 建筑遗迹	具有地方风格和历史色彩的历史建筑遗存
		FAB 可移动文物	历史上各时代重要实物、艺术品、文献、手稿、图书资料、代表性实物等,分为珍贵文物和一般文物
	FB 非物质类文化遗存	FBA 民间文学艺术	民间对社会生活进行形象的概括而创作的文学艺术作品
		FBB 地方习俗	社会文化中长期形成的风尚、礼节、习惯及禁忌等
		FBC 传统服饰装饰	具有地方和民族特色的衣饰
		FBD 传统演艺	民间各种传统表演方式
		FBE 传统医药	当地传统留存的医药制品和治疗方式
		FBF 传统体育赛事	当地定期举行的体育比赛活动
G 旅游购品	GA 农业产品	GAA 种植业产品及制品	具有跨地区声望的当地生产的种植业产品及制品
		GAB 林业产品与制品	具有跨地区声望的当地生产的林业产品及制品
		GAC 畜牧业产品与制品	具有跨地区声望的当地生产的畜牧业产品及制品
		GAD 水产品及制品	具有跨地区声望的当地生产的水产品及制品
		GAE 养殖业产品与制品	具有跨地区声望的养殖业产品及制品
	GB 工业产品	GBA 日用工业品	具有跨地区声望的当地生产的日用工业品
		GBB 旅游装备产品	具有跨地区声望的当地生产的户外旅游装备和物品
	GC 手工工艺品	GCA 文房用品	文房书斋的主要文具
		GCB 织品、染织	纺织及用染色印花织物
		GCC 家具	生活、工作或社会实践中供人们坐、卧或支撑与贮存物品的器具
		GCD 陶瓷	由瓷石、高岭土、石英石、莫来石等烧制而成,外表施有玻璃质釉或彩绘的物器
		GCE 金石雕刻、雕塑制品	用金属、石料或木头等材料雕刻的工艺品
		GCF 金石器	用金属、石料制成的具有观赏价值的器物
		GCG 纸艺与灯艺	以纸材质和灯饰材料为主要材料制成的平面或立体的艺术品
		GCH 画作	具有一定观赏价值的手工画成作品

(续表)

主类	亚类	基本类型	简要说明
H 人文活动	HA 人事活动记录	HAA 地方人物	当地历史和现代名人
		HAB 地方事件	当地发生过的历史和现代事件
	HB 岁时节令	HBA 宗教活动与庙会	宗教信徒举办的礼仪活动,以及节日或规定日子里在寺庙附近或既定地点举行的聚会
		HBB 农时节日	当地与农业生产息息相关的传统节日
		HBC 现代节庆	当地定期或不定期的文化、商贸、体育活动等

注:如果发现本分类没有包括的基本类型时,使用者可自行增加。增加的基本类型可归入相应亚类,置于最后,最多可增加2个。编号方式为:增加第1个基本类型时,该亚类2位汉语拼音字母+Z;增加第2个基本类型时,该亚类2位汉语拼音字母+Y。

三、旅游资源调查一般内容

旅游资源调查是指按照旅游资源分类标准,即根据中华人民共和国国家标准《旅游资源分类、调查与评价》(GB/T 18972—2017),对旅游资源单体进行踏勘和记录。旅游资源调查是对旅游资源进行评价和开发规划的基础。旅游资源调查的一般内容有:

(一)旅游资源形成环境调查

1. 自然环境调查

自然环境调查主要指调查规划区的地质地貌、水文、动植物、气象气候特征、环境因素。其中,水文调查内容包括水位、水文、水质等;气象气候调查内容包括温度、湿度、降水、方向、风速等;地质地貌调查内容包括火山、地震、断层、滑坡、水土流失以及地貌特征等;动植物调查内容包括动植物种类、种群以及生态系统等;环境因素调查内容包括大气环境、水环境以及生态环境等。

2. 人文环境调查

人文环境调查主要指调查规划区所在地的历史沿革、社会文化、经济要素。其中,历史沿革调查内容为被调查区的发展历史,包括建制形成、行政区划的历次调整、历史事件、调查区内名人及其活动。经济状况调查内容为所在地区经济水平及产业状况、国民经济发展状况、居民收入水平、工农业生产总值、三次产业产值及构成状况、物价水平、就业、劳动力和价格等。社会文化环境调查内容为所在区内学校、邮政、电信、医疗、环卫、安全、民族等机构或行业的职业构成、受教育状况、宗教信仰、风俗习惯、社会价值观念、审美等。

（二）旅游资源赋存状况调查

旅游资源赋存状况调查主要指调查规划区旅游资源的类型、数量、规模、结构、级别、成因等，内容主要包括与当地旅游资源有关的重大历史事件、社会风情、名人活动、文化作品的情况以及调查区的资源分布等。

（三）旅游资源外部开发条件调查

旅游资源外部开发条件调查内容包括调查区和所依托城镇与中心城市的距离，所依托城镇的经济状况、接待条件、社会治安、民族团结、文化素养、物产情况等，调查区与外部的交通通信联系状况等。

上述调查内容中，可以分为基础资料调查和旅游资源单体实地调查两个部分。

四、基础资料调查内容

（一）当地社会经济发展资料

包括有关年度国民经济统计资料和年鉴、当地主要城市规划的最新修编资料、当地最新的地形图和现状图等。

（二）当地领导和有关部门对旅游发展的思考

包括党政领导关于旅游的讲话、报告，近几年各级有关部门（人大、政协、政研室等）关于旅游发展的调研报告，对旅游规划的建议和要求等。

（三）旅游政策法规和上位规划

包括近年出台的与旅游相关的法律法规文件、国家标准以及各级政府制定的相关上位规划。

1. 法律法规、国际公约

包括《中华人民共和国森林法》《中华人民共和国环境保护法》《中华人民共和国城乡规划法》《中华人民共和国文物保护法》《中华人民共和国水法》《中华人民共和国土地管理法》《风景名胜区条例》《保护世界文化和自然遗产公约》《生物多样性公约》等。

2. 国家标准

包括《旅游规划通则》（GB/T 18971—2003）、《旅游资源分类、调查与评价》（GB/T 18972—2017）、《环境空气质量标准》（GB 3095—2012）、《声音环境质量标准》（GB 3096—2008）、《地表水环境质量标准》（GB 3838—2002）、《生活饮用水卫生标准》（GB 5749—2022）、《旅店业卫生标准》（GB 9663—1996）等。

3. 相关规划

旅游区所在区域和上级区域的经济社会发展规划、国民经济与社会发展五年规划及中长期发展规划、旅游业发展规划、城市总体规划、城镇体系规划、土地利用规划及交通、文保、水利、林业等相关行业规划。

根据《风景名胜区总体规划标准》(GB/T 50298—2018),国家风景名胜区总体规划需要调查的基础资料清单如表 2-1-2 所示。

表 2-1-2 国家风景名胜区总体规划基础资料调查内容

大类	中类	小类
一、测量资料	1. 地形图	小型风景区图纸比例为 1:2 000～1:10 000; 中型风景区图纸比例为 1:10 000～1:25 000; 大型风景区图纸比例为 1:25 000～1:50 000; 特大型风景区图纸比例为 1:50 000～1:200 000
	2. 专业图	航片、卫片、遥感影像图、地下岩洞与河流测图、地下工程与管网等专业测图
二、自然与资源条件	1. 气象资料	温度、湿度、降水、蒸发、风向、风速、日照、冰冻等
	2. 水文资料	江河湖海的水位、流量、流速、流向、水量、水温、洪水淹没线;江河区的流域情况、河道整治、防洪设施;海滨区的潮汐、海流、浪涛;山区的山洪、泥石流、水土流失等
	3. 地质资料	地质、地貌、土层、建设地段承载力;地震或重要地质灾害的评估;地下水存在形式、储量、水质、开采及补给条件
	4. 自然资源	景源、生物资源、水资源、土地资源、农林牧副渔资源、能源、矿产资源、国有林、集体林、古树名木、植被类型等的分布、数量、开发利用价值等资料;自然保护对象及地段
三、人文与经济条件	1. 历史与文化	历史沿革及变迁、文物、胜迹、风物、历史与文化保护对象及地段
	2. 人口资料	历年常住人口的数量、年龄构成、劳动力构成、教育状况、自然增长和机械增长;服务人口和暂住人口及其结构变化;游人及结构变化;居民、服务人口、游人分布状况
	3. 行政区划	行政建制及区划、各类居民点及分布、城镇辖区、村界、乡界及其他相关地界
	4. 经济社会	有关经济社会发展状况、计划及其发展战略;风景区范围的国民生产总值、财政、产业产值状况
	5. 企事业单位	主要农林牧副渔和教科文卫军与工矿企事业单位的现状及发展资料,风景区管理现状
四、设施与基础工程条件	1. 交通运输	风景区及其可依托的城镇的对外交通运输和内部交通运输的现状、规划及发展资料
	2. 旅游服务设施	风景区及其可以依托的城镇的旅行、游览、餐饮、住宿、购物、娱乐、文化、休养等设施的现状及发展资料
	3. 基础工程	水电气热、环保、环卫、防灾等基础工程的现状及发展资料

(续表)

大类	中类	小类
五、土地与其他资料	1. 土地利用	规划区内各类用地分布状况,历史上土地利用重大变更资料,用地权属、土地流转情况,永久性基本农田资料,土地资源分析评价资料
	2. 建筑工程	各类主要建(构)筑物、园景、场馆场地等项目的分布状况、用地面积、建筑面积、体量、质量、特点等资料
	3. 环境资料	环境监测成果,三废排放的数量和危害情况;垃圾、灾变和其他影响环境的有害因素的分布及危害情况;地方病及其他有害公民健康的环境资料
	4. 相关规划	风景区规划资料,与风景区相关的行业、专项等规划资料

五、旅游资源单体调查内容

根据国家标准《旅游资源分类、调查与评价》(GB/T 18972—2017)中的规定,旅游资源单体调查内容有以下九个方面。

(一)旅游资源名称

旅游资源名称是指旅游资源单体名称,比如"珍禽自然保护区""麋鹿自然保护区""陆秀夫读书处"等。

(二)主管部门

目前我国旅游资源存在多头管理现象,比如,森林公园和自然保护区属于林业部门管理,部分自然保护区属于环保部门管理,风景名胜区属于建设部门管理等。由于同一风景名胜区包含多种类型旅游资源,因此就可能存在多个部门管理同一个风景名胜区不同类型旅游资源的情况。比如,以森林旅游资源为依托的旅游区内,除了森林旅游景观外,还有文物、水利等旅游资源,其管理部门可能有林业部门、文物部门、水利部门、建设部门和环保部门。旅游资源调查时需要搞清楚旅游资源的具体管理部门。

(三)经纬度位置

调研时可以利用专业设备或者手机自带定位功能测定旅游资源准确的经纬度。地理位置数据可用于旅游资源分布图以及等级评价图的制作。

(四)旅游资源类型

旅游资源类型应按照《旅游资源分类、调查与评价》(GB/T 18972—2017)中规定的类型名称进行分类和命名。每个旅游资源单体都要隶属于旅游资源的大、中、小类。

(五)性质与特征

旅游资源单体的性质与特征调查内容包括单体性质、形态、结构、组成成分的外在表现和内在因素以及单体形成过程、演化历史、人事影响等主要环境因素。①外观形态与结构包括：旅游资源单体的整体状况、形态和突出（醒目）点；代表形象部分的细节变化；整体色彩和色彩变化，奇异华美现象，装饰艺术特色等；组成单体整体各部分的搭配关系和安排情况，构成单体主体部分的构造细节、构景要素等。②内在特征是指旅游资源单体的特质，如功能特性、历史文化内涵与格调、科学价值、艺术价值、经济背景、实际用途等。③组成成分包括构成旅游资源单体的组成物质、建筑材料、原料等。④成因机制与演化过程包括：表现旅游资源单体发生、演化过程，演变的时序数值；生成和运行方式，如形成机制、形成年龄和初建时代、废弃时代、发现或制造时间、盛衰变化、历史演变、现代运动过程、生长情况、存在方式、展示演示及活动内容、开放时间等。⑤规模与体量包括：表现旅游资源单体的空间数值，如占地面积、建筑面积、体积、容积等；个性数值，如长度、宽度、高度、深度、直径、周长、进深、面宽、海拔、高差、产值、数量、生长期等；比率关系数值，如矿化度、曲度、比降、覆盖度、圆度等。⑥环境背景是指旅游资源单体周围的境况，包括：所处具体位置及外部环境如目前与其共存并成为单体不可分离部分的自然要素和人文要素，如气候、水文、生物、文物、民族等；影响单体存在与发展的外在条件，如特殊功能、雪线高度、重要战事、主要矿物质等；单体的旅游价值和社会地位、级别、知名度等。

（六）旅游区域及进出条件

旅游区域是指旅游资源单体所在地区的具体部位；进出条件包括进出交通、与周边旅游集散地和主要旅游区（点）之间的关系等。

（七）开发现状

开发情况包含旅游资源经营管理单位、开业时间、累计投入、发展过程、近三年经营情况等。

（八）保护基本情况

保护基本情况包括旅游资源单体保存现状、保护措施、环境治理及绿化状况。

（九）共有因子评价问答项调查

共有因子评价问答项调查是对资源要素价值、资源影响力以及环境保护与安全等内容进行调查。共有因子具体包括旅游资源单体的观赏游憩使用价值、历史文化科学艺术价值、珍稀或奇特程度、规模丰度与概率、完整性、知名度和影响力、适游期和使用范围、环境保护与环境安全等八项。

第二节　旅游资源调查方法与步骤

一、基础资料调查方法

（一）互联网搜索相关资料

通过互联网搜索旅游规划相关基础资料，包括所在区域统计年鉴、社会经济发展公报、国家五年发展规划、相关上位规划文本和规划图以及政府关于旅游业发展工作报告等内容。

（二）要求甲方提供相关资料

列出规划区所需基础资料清单，请甲方（委托方）提供。尤其是在互联网收集资料有困难的情况下，甲方有义务也有能力提供相关资料。

（三）请相关部门提供资料

有些基础资料，比如规划区旅游接待服务设施中的住宿、餐饮、购物等的数量、类别、经营数据等资料，需委托方协调主管部门提供。

二、旅游资源单体调查方法

（一）现场调查方法

对旅游资源单体本身性质和特征以及相关信息的获取，需要进行现场观察、询问、深度访谈，并利用相关技术手段获取经纬度数据、规模数据以及组成成分等。

（二）室内二手资料收集

对于上述旅游资源单体调查内容，如果现场无法确定，可以通过查找相关资料或者向相关部门咨询，进一步完善调查内容。

（三）GIS（地理信息系统）辅助调查法

旅游资源实地考察可能受到许多环境因素的限制，如分布在人迹罕至、深山老林里的旅游资源就很难勘察。对这些进入性较差的旅游资源，可借助遥感图片对其信息进行提取。目前我国卫星成像技术已经能够精确到 0.5 m 以内，这对于旅游资源的远距离高精度调查有很大帮助。这种方式不仅能收集到旅游资源单体信息，且能对旅游资源单体做定性和定量的分析，还可以发现新的旅游资源。

三、调查步骤

(一) 前期准备阶段

成立调查小组,准备现场调查资料,包括调查地图、调查问卷等,制定调查方案,准备现场调查需要的仪器设备。

(二) 实地调研阶段

实地调研的主要内容包括资源单体调查、环境调查、开发条件调查以及共有因子调查等。调查时需对所有调查单体进行拍照或者录像保存。

(三) 填写《旅游资源单体调查表》

旅游资源单体调查表,详见表 2-1-3。

表 2-1-3 旅游资源单体调查表

旅游资源名称	
主管部门	
地理位置	经度　　　　　　　　　　　　　纬度
行政位置	乡镇(街道办事处)　　　　　村　　　　村组　小地名:
资源类型	主类:　　　　亚类:　　　　基本类型:
性质与特征	外观形态: 内在特征: 组成成分: 成因机制与演化过程: 规模数量: 环境背景:
开发条件	交通区位优势: 周边环境: 其他:
开发现状	行政归属单位:　　　　　　　　　　经营管理单位: 开业时间:　　　　　　　　　　　　累计投入: 发展过程: 近三年经营情况: 其他:

(续表)

保护基本情况	保存现状： 保护措施： 环境治理及绿化状况		
共有因子评价问题	（你认为本单体属于下列评价项目中的哪个档次，应该得多少分，在最后的一列内写上分数）		
评价项目	档次	本档次规定得分	你认为应得的分数
单体为游客提供的观赏价值，或游憩价值，或使用价值	全部或其中一项具有极高的观赏价值、游憩价值、使用价值	30～22	
	全部或其中一项具有很高的观赏价值、游憩价值、使用价值	21～13	
	全部或其中一项具有较高的观赏价值、游憩价值、使用价值	12～6	
	全部或其中一项具有一般观赏价值、游憩价值、使用价值	5～1	
单体蕴含的历史价值，或文化价值，或科学价值，或艺术价值	同时或其中一项具有世界意义的历史价值、文化价值、科学价值、艺术价值	25～20	
	同时或其中一项具有全国意义的历史价值、文化价值、科学价值、艺术价值	19～23	
	同时或其中一项具有省级意义的历史价值、文化价值、科学价值、艺术价值	12～6	
	历史价值、文化价值、科学价值或艺术价值具有地区意义	5～1	
物种珍稀性、景观奇特性、现象遍在性在各地的常见性	有大量珍稀物种，或景观异常奇特，或此类现象在其他地区罕见	15～13	
	有较多珍稀物种，或景观奇特，或此类现象在其他地区很少见	12～9	
	有少量珍稀物种，或景观突出，或此类现象在其他地区少见	8～4	
	有个别珍稀物种，或景观比较突出，或此类现象在其他地区较多见	3～1	

(续表)

评价项目	档次	本档次规定得分	你认为应得的分数
个体规模大小、群体结构丰满性和疏密度、现象常见性	独立型单体规模、体量巨大；组合型旅游资源单体结构完美、疏密度优良级；自然景象和人文活动周期性发生或频率极高	10～8	
	独立型单体规模、体量较大；组合型旅游资源单体结构很和谐、疏密度良好；自然景象和人文活动周期性发生或频率很高	7～5	
	独立型单体规模、体量中等；组合型旅游资源单体结构和谐、疏密度较好；自然景象和人文活动周期性发生或频率较高	4～3	
	独立型单体规模、体量较小；组合型旅游资源单体结构较和谐、疏密度一般；自然景象和人文活动周期性发生或频率较小	2～1	
自然或人为干扰和破坏情况、保存完整情况	保持原来形态和结构	5～4	
	形态与结构有少量变化,但不明显	3	
	形态与结构有明显变化	2	
	形态与结构有重大变化	1	
知名度和品牌度	在世界范围内知名,或构成世界承认的名牌	10～8	
	在全国范围内知名,或构成全国性的名牌	7～5	
	在本省范围内知名,或构成省内的名牌	4～3	
	在本地区范围内知名,或构成本地区名牌	2～1	
适游时间或服务游客情况	适宜游览的日期每年超过300天,或适宜于所有游客使用和参与	5～4	
	适宜游览的日期每年超过250天,或适宜于80%左右的游客使用和参与	3	
	适宜游览的日期每年超过150天,或适宜于60%左右的游客使用和参与	2	
	适宜游览的日期每年超过100天,或适宜于40%左右的游客使用和参与	1	
受污染情况、环境条件及保护措施	已受到严重污染,或存在严重安全隐患	－5	
	已受到重度污染,或存在明显安全隐患	－4	
	已受到轻度污染,或存在一定安全隐患	－3	
	已有工程保护措施,环境安全得到保证	3	
本单体得分	本单体可能的等级　　级	填表人	调查日期　年　月　日

(四) 调查资料整理

旅游资源调查结束后,要及时对调查资料进行整理,如果发现资料收集不全,需要及时补充调查。调查资料整理目录如下:

任务一:规划区概况资料整理目录

1. 历史沿革
2. 自然环境
(1) 地质地貌
(2) 气候
(3) 动植物
(4) 水文
(5) 生态环境
3. 经济环境
(1) 经济总量
(2) 三个产业现状
(3) 交通运输
4. 社会文化环境
(1) 社会环境
(2) 文化环境

任务二:规划区基础资料整理内容

1. 当地社会经济发展资料整理

包括有关年度国民经济统计资料和年鉴,当地主要城市规划的最新修编资料,当地最新的地形图和现状图等。

2. 当地领导和有关部门对旅游发展的思考资料整理

包括:党政领导关于旅游的讲话、报告;社会经济发展大局对旅游业的要求;从国民经济和第三产业发展看旅游业的未来地位;近几年各级有关部门(人大、政协、政研室等)关于旅游发展的调研报告;对旅游规划的建议和要求。

3. 旅游规划和旅游政策法规

包括近年人大、政府出台的旅游发展政策、法规文件以及各级政府制定的旅游发展规划文本与图纸。

(1) 法律法规、国际公约

包括《中华人民共和国森林法》《中华人民共和国环境保护法》《中华人民共和国城乡规划法》《中华人民共和国文物保护法》《中华人民共和国水法》《中华人民共和国土地管理法》《风景名胜区条例》《保护世界文化和自然遗产公约》《生物多样性公约》等。

(2) 国家标准

包括《旅游规划通则》(GB/T 18971—2003)、《旅游资源分类、调查与评价》(GB/T 18972—2017)、《环境空气质量标准》(GB 3095—2012)、《声音环境质量标准》(GB 3096—2008)、《地表水环境质量标准》(GB 3838—2002)、《生活饮用水卫生标准》(GB 5749—2022)、《旅店业卫生标准》(GB 9663—1996)等。

(3) 相关规划

旅游区所在区域和上级区域的经济社会发展规划、国民经济与社会发展五年规划及中长期发展规划、旅游业发展规划、城市总体规划、城镇体系规划、土地利用规划及交通、文保、水利、林业等相关行业规划。

任务三：规划区实地调查资料整理要求

1. 旅游资源单体资料按照表2-1-4整理

表2-1-4 旅游资源单体调查整理

序号		旅游资源名称		主管部门	
地理位置		行政位置		类型	
纬度：	经度：				
图片或影像资料					
性质与特征	外观形态： 内在特征： 组成成分： 成因机制与演化过程： 规模数量： 环境背景：				
开发条件	交通区位优势： 周边环境： 其他：				

(续表)

开发现状	行政归属单位： 　　　　　　　经营管理单位： 开业时间： 　　　　　　　　　累计投入： 发展过程： 近三年经营情况： 其他：
保护基本情况	保存现状： 保护措施： 环境治理及绿化状况：

共有因子	观赏游憩使用价值	历史文化科学艺术价值	珍稀或奇特程度	规模、丰度与概率	完整性	知名度和影响力	适游期或使用范围	环境保护与环境安全	总分
评价得分									

2. 清绘旅游资源分布图

任务四：规划区旅游资源调查报告目录

1. 前言

包括：调查任务来源、目的、要求；调查区位置、行政区划与归属、范围、面积、调查人员组成、工作期限、工作量和主要资料及其成果。

2. 调查区旅游环境

包括区域自然地理特征（地形、水系、气象气候和动植物等）、交通状况和社会经济发展概况等。

3. 旅游资源开发历史和现状

对调查区旅游资源以及旅游服务设施开发历史和现状进行概述。

4. 旅游资源的情况

包括旅游资源成因、类型、数量、分布位置、规模、形态和特征。

5. 旅游资源保护与开发建议

将调查工作中所发现的关于旅游资源开发利用中存在的问题进行概括总结，以引起开发者和管理者的注意，同时须提出相应开发规划的建议和保护性措施。

项目二：规划区旅游资源评价

【学习目标】

1. 知识目标

（1）理论知识目标

理解并掌握旅游资源评价的概念、原则和内容。

（2）实践知识目标

理解并掌握旅游资源的定性和定量评价方法。定性评价方法主要有："三三六"评价方法和"六字七标准"评价方法。定量评价方法主要有：旅游区气候适宜性评价方法、旅游资源单体综合评价方法、层次分析评价法、模糊综合评价法。

2. 职业能力目标

（1）能根据旅游资源调查资料，对旅游资源进行科学评价。包括"三三六"评价、"六字七标准"评价、旅游区气候适宜性评价、旅游资源单体综合评价、层次分析评价、模糊综合评价。

（2）能撰写相应的旅游资源评价报告。

3. 项目任务目标

任务一：对规划区旅游资源进行"旅游资源单体综合"评价。

任务二：基于"三三六"评价法或"六字七标准"评价法对规划区旅游资源进行定性综合评价。

任务三：对规划区进行旅游区气候适宜性评价。

任务四：基于层次分析评价法对规划区旅游资源进行定量综合评价。

第一节　旅游资源评价内容

一、旅游资源评价概念

为了给旅游规划和开发以及管理提供科学的依据，需要对旅游资源进行科学评价。旅游资源评价就是从合理利用和保护旅游资源及取得最大社会经济效益的角度出发，运用某种方法，对一定区域内的旅游资源本身的价值及其外部开发条件等进行综合鉴定和评判的过程。

二、旅游资源评价原则

(一) 客观实际原则

旅游资源评价要从客观实际出发,对现实的资源情况进行实地考察调研,同时对资源价值和开发前景的评价要做到实事求是,既不夸大,也不缩小。

(二) 全面系统原则

旅游资源评价要从全局的高度出发,以系统论方法进行全面的综合评价。旅游资源评价指标的确定既要考虑具体资源本身的价值,又要考虑资源形成的经济环境、社会环境和自然环境等背景,同时还要评价资源开发条件,如资源本身的价值、资源组合的价值、交通环境、地理位置、客源市场、当地民俗等。

(三) 效益估算原则

旅游资源评价的目的就是进行合理的旅游规划和开发,从而带动地区经济、社会和环境的综合发展。在旅游资源评价中,需要考虑其经济效益、社会效益和生态效益,估算财务上的投入产出比。

(四) 定性与定量结合原则

在传统的评价方法中既有定量的评价方法,又有定性的评价方法,但两种方法都有自身的不足和局限。为了全方位地进行旅游资源综合评价,要有机结合这两种评价方法,从而达到取长补短的效果。

(五) 针对性原则

评价指标体系的建立,应尽可能全面准确地反映被评价对象的主要特征。针对不同的旅游资源,构建不同类型的评价指标体系,比如对于历史文化旅游资源应该侧重于历史文化方面的价值和科学教育价值,对于生态旅游资源应该侧重其生态价值和教育价值等。

三、旅游资源评价内容

旅游资源评价主要内容有旅游资源本身价值评价、旅游资源形成环境条件评价以及旅游资源开发条件评价三个方面。

(一) 旅游资源价值评价

旅游资源价值主要体现在以下三个方面:

1. 旅游资源的特色

旅游资源的特色是吸引游客的重要因素,主要从新、奇、特、绝等方面评价旅游资源的特色。

2. 旅游资源的价值和功能

旅游资源的价值主要包括艺术欣赏价值、文化价值、科学价值、美学价值、生态价值等。

旅游资源的功能有观光功能、体验功能、休闲度假功能等。旅游资源的价值与功能是相对应的,比如:艺术和美学价值高的旅游资源,观光功能比较突出;科学价值比较高的资源,科学考察功能和教育功能比较高;生态价值高的旅游资源,休闲度假功能比较突出。旅游资源的价值和功能是吸引游客的重要因素,同时也是反映旅游资源质量水平的重要因子。

3. 旅游资源的数量、密度和布局

旅游资源的数量是指调查区旅游资源单体的数量。旅游资源的密度是指单位面积内旅游资源的数量。旅游资源的布局是指旅游资源的空间分布和结构组合特征。一般来说,旅游资源单体数量多,密度高,布局合理,其开发的可行性就大。

(二)旅游资源环境条件评价

1. 自然环境

旅游区的自然环境包括地质地貌、水文、动植物、气象气候、环境因素等。自然环境因素可能通过游客的各个感觉器官影响游客游玩的舒适度和情绪,甚至是安全。有些环境也可能直接成为景区重要的旅游吸引物。对旅游区自然环境进行评价,一方面,可以挖掘自然环境中的旅游吸引因素,另一方面,指出环境中对旅游开发可能带来的不利因素,提出良好的建议。

2. 经济环境

旅游资源开发的经济环境是指旅游资源所在区域的经济发达程度,主要指标有国内生产总值、国民收入、恩格尔系数、经济结构以及特色产业等。这些指标反映了旅游资源开发投资能力、当地居民的消费水平,同时间接反映了区域人力资源保障水平等。

3. 社会文化条件

社会文化条件主要包括旅游资源所在区域的人口、政治局势、政策法令、社会治安、政府及当地居民对旅游业的态度、卫生保健状况、地方开放程度、宗教以及风俗习惯等。良好的社会文化环境可以促进区域旅游业发展。

(三)旅游资源开发条件评价

1. 区位条件

旅游资源开发的区位条件包括旅游资源的地理区位条件、交通区位条件以及旅游区位条件。其中地理区位条件包含自然地理区位条件和经济地理区位条件。交通区位条件包括铁路、公路和航空等。旅游区位条件是指旅游资源在空间位置上与邻近区域旅游资源的组合关系和相对价值。区位因素对旅游业的发展具有推动或制约作用:良好的区位条件能够推动旅游业的发展;相反,则制约旅游业的发展。

2. 客源条件

旅游资源开发的客源条件主要包括客源腹地大小、腹地经济实力以及腹地居民闲暇时间和出游率。客源数量直接关系旅游资源开发的经济效益。一般客源腹地越大,人口总量越大,经济发展水平越高,闲暇时间越多以及出游率越高的客源地区,其客源市场条件就越好,反之则越差。我国人口分布和经济发展存在着巨大的地域差异。东部、南部沿海区域出游率和出游人数明显高于中西部地区。

3. 投资条件

旅游资源开发的投资条件主要包括政府的旅游投资政策以及目的地经济发展水平。若区域政府制定旅游投资优惠政策,投资渠道畅通,旅游投资主体较多,则区域旅游投资条件就比较好。旅游目的地经济发展水平高,投资资金充足,投资条件就好。

4. 建设施工条件

旅游资源开发过程中有系列工程项目,包括游览项目、娱乐项目、设施项目以及道路建设等。项目建设过程中对地质、地形、土质和供水等条件要求较高,这些影响因素不但会影响工程建设难度,甚至可能会影响项目的可行性。因此,需要对项目建设施工过程中的交通距离远近及难易程度、公用市政工程的建设条件、基本供给设施建设的条件等进行评价。

第二节　旅游资源评价方法

一、旅游资源观光价值评价方法

旅游资源的一般评价都是基于旅游资源观光价值进行的,以下重点介绍旅游资源单体综合评价法、层次分析评价法、模糊综合评价法等三个定量评价方法以及卢云亭"三三六"评价法、黄辉实"六字七标准"评价法等两个定性评价方法。

（一）旅游资源单体综合评价法

旅游资源单体综合评价是在国家标准《旅游资源分类、调查与评价》（GB/T 18972—2017）（以下简称"国标"）评价法的基础上,根据旅游资源单体本身的性质特征,对规划区旅游资源进行综合性的评价,主要分为以下六个步骤。

1. 评价指标体系设计

国标中评价指标体系共设"评价项目"和"评价因子"两个层次（见表2-2-1）。其中,评价项目包含三个维度,分别是资源要素价值、资源影响力和附加值。其中,"资源要素价值"维度中包含"观赏游憩使用价值""历史文化科学艺术价值""珍稀奇特程度""规模、丰度与概率""完整性"等五个评价因子。"资源影响力"维度中包含"知名度和影响力""适游期或使用范围"等两个评价因子。"附加值"维度包含"环境保护与环境安全"一个评价因子。共计八个评价因子。

2. 评价分值的分配

国标中把资源要素价值和资源影响力总分值设为100分,其中"资源要素价值"为85分,"资源影响力"为15分。"附加值"中"环境保护与环境安全",分正分和负分。具体的分值的分配如表2-2-1所示。

表 2-2-1 旅游资源评价赋分标准

评价项目	评价因子	评价依据	赋值/分	实际分值
资源要素价值（85分）	观赏游憩使用价值（30分）	全部或其中一项具有极高的观赏价值、游憩价值、使用价值	30~22	
		全部或其中一项具有很高的观赏价值、游憩价值、使用价值	21~13	
		全部或其中一项具有较高的观赏价值、游憩价值、使用价值	12~6	
		全部或其中一项具有一般观赏价值、游憩价值、使用价值	5~1	
	历史文化科学艺术价值（25分）	同时或其中一项具有世界意义的历史价值、文化价值、科学价值、艺术价值	25~20	
		同时或其中一项具有全国意义的历史价值、文化价值、科学价值、艺术价值	19~13	
		同时或其中一项具有省级意义的历史价值、文化价值、科学价值、艺术价值	12~6	
		历史价值、文化价值、科学价值或艺术价值具有地区意义	5~1	
	珍稀奇特程度（15分）	有大量珍稀物种，或景观异常奇特，或此类现象在其他地区罕见	15~13	
		有较多珍稀物种，或景观奇特，或此类现象在其他地区很少见	12~9	
		有少量珍稀物种，或景观突出，或此类现象在其他地区少见	8~4	
		有个别珍稀物种，或景观比较突出，或此类现象在其他地区较多见	3~1	
	规模、丰度与概率（10分）	独立型旅游资源单体规模、体量巨大；集合型旅游资源单体结构完美、疏密度优良；自然景象和人文活动周期性发生或频率极高	10~8	
		独立型旅游资源单体规模、体量较大；集合型旅游资源单体结构很和谐、疏密度良好；自然景象和人文活动周期性发生或频率很高	7~5	
		独立型旅游资源单体规模、体量中等；集合型旅游资源单体结构和谐、疏密度较好；自然景象和人文活动周期性发生或频率较高	4~3	
		独立型旅游资源单体规模、体量较小；集合型旅游资源单体结构较和谐、疏密度一般；自然景象和人文活动周期性发生或频率较小	2~1	
	完整性（5分）	形态与结构保持完整	5~4	
		形态与结构有少量变化，但不明显	3	
		形态与结构有明显变化	2	
		形态与结构有重大变化	1	

(续表)

评价项目	评价因子	评价依据	赋值/分	实际分值
资源影响力（15分）	知名度和影响力（10分）	在世界范围内知名，或构成世界承认的名牌	10～8	
		在全国范围内知名，或构成全国性的名牌	7～5	
		在本省范围内知名，或构成省内的名牌	4～3	
		在本地区范围内知名，或构成本地区名牌	2～1	
	适游期或使用范围（5分）	适宜游览的日期每年超过300天，或适宜于所有游客使用和参与	5～4	
		适宜游览的日期每年超过250天，或适宜于80%左右的游客使用和参与	3	
		适宜游览的日期每年超过150天，或适宜于60%左右的游客使用和参与	2	
		适宜游览的日期每年超过100天，或适宜于40%左右的游客使用和参与	1	
附加值	环境保护与环境安全	已受到严重污染，或存在严重安全隐患	－5	
		已受到中度污染，或存在明显安全隐患	－4	
		已受到轻度污染，或存在一定安全隐患	－3	
		已有工程保护措施，环境安全得到保证	3	
总分	—	—	—	

3. 计算得分

根据对旅游资源单体的现场考察以及专家组意见，对每个调查的旅游资源单体进行人为赋分，并最终计算每个旅游资源单体评价总得分。

4. 等级划分

国标中，依据旅游资源单体评价的总分，将其分为五级，从高级到低级为：五级旅游资源，得分值域大于或等于90分；四级旅游资源，得分值域为75～89分；三级旅游资源，得分值域为60～74分；二级旅游资源，得分值域为45～59分；一级旅游资源，得分值域为30～44分。此外，还有未获等级的旅游资源，得分小于或等于29分。

在此评价中，五级旅游资源被称为"特品级旅游资源"；五级、四级、三级旅游资源被统称为"优良级旅游资源"；二级、一级旅游资源被统称为"普通级旅游资源"。

5. 旅游资源单体调查及评价汇总

根据旅游资源单体调查、评价以及等级划分，从旅游资源单体名称、位置、类型、得分、等级和特色等六个维度，对旅游资源单体调查及评价结果进行汇总，如表2-2-2。

表 2-2-2 旅游资源单体调查及评价汇总表

序号	名称	位置	类型	得分	等级	特色
1						
2						
3						
4						
5						
…						
…						
…						

6. 旅游资源单体综合评价

根据旅游资源单体调查及评价汇总表信息,对规划区旅游资源单体分别从类型、等级、分布和特色四个方面进行综合评价。

(二) 层次分析评价法

层次分析评价方法又称解析递阶过程,是美国著名的运筹学家、匹兹堡大学教授萨蒂(Saaty)于 20 世纪 70 年代提出的一种系统分析方法,主要用于求解层次结构或网络结构的复杂评估系统的评估问题,已在我国的科技、管理、军事等领域得到了广泛应用。

层次分析评价法是对与决策有关的元素进行层次分解,在此基础之上进行定性和定量分析的评价方法。其基本思路是根据系统的具体性质和要求,将要识别的复杂问题分为若干层次,建立层次模型,再由专家和决策者对所列指标通过两两比较重要程度而逐层进行判断评分,确定评价因子的权重,进而利用计算判断矩阵的特征向量确定下层指标对上层指标的贡献程度,得到基层指标对总体目标或综合评价指标重要性的排序结果。层次分析评价法在目前的旅游资源评价、旅游环境承载力、生态预警等方面都有运用,往往与德尔菲法结合使用。应用层次分析评价法评价旅游资源的步骤如下:

1. 建立多目标决策树

建立多目标决策树,即对研究问题的各种影响因素进行归类和层次划分,在总目标(最高层)之下划分出准则层、约束层以及决策层等,不同层次间的因素构成多目标决策树。包继刚[①]将旅游资源评价分成四层,构成旅游资源评价模型树,如图 2-2-1 所示。

---

① 保继刚. 旅游资源定量评价初探[J]. 干旱区地理,1988(3):60-63.

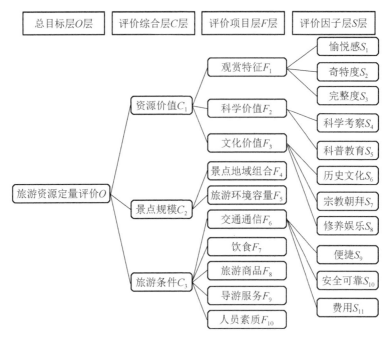

图 2-2-1 旅游资源评价模型树

2. 构建判断矩阵

对决策树中的总目标及子目标(准则、约束等)分别建立反映影响因素之间关系的判断矩阵。具体操作方法是邀请专家同等重要、稍显重要、明显重要、重要得多、极其重要等评判级别,分别以1、3、5、7、9或其倒数作为量化标准(表2-2-3),对同一层次的各因素间相对于上一层次的某项因素的相对重要性给予判断,并构造判断矩阵(表2-2-4)。

表2-2-3 判断矩阵数值及其含义

两两比较关系	极其重要	重要得多	明显重要	稍显重要	同等重要	稍不重要	不重要	很不重要	极不重要
标准值	9	7	5	3	1	1/3	1/5	1/7	1/9

表2-2-4 判断矩阵样式示意图

	B_1	B_2	…	B_n
B_1	b_{11}	b_{12}	…	b_{1n}
B_2	b_{21}	b_{22}	…	b_{2n}
…	…	…	…	…
B_n	b_{n1}	b_{n2}	…	b_{nn}

3. 计算权重

根据判断矩阵,计算权重。依据图2-2-1旅游资源评价模型树,对评价综合层、评价项目层以及评价因子层的权重计算结果①见表2-2-5～表2-2-7。

表2-2-5　评价综合层排序权重及位次一览表

项目	代号	权重值	位次	总权重	均值
资源价值	C_1	0.724 1	1	$\sum_{i=1}^{3} C_i = 1$	0.333 3
景点规模	C_2	0.158 4	2		
旅游条件	C_3	0.117	3		

表2-2-6　评价项目层排序权重及位次一览表表

项目	代号	权重值	位次	总权重	均值
观赏特征	F_1	0.447 9	1	$\sum_{i=1}^{10} F_i = 1$	0.1
科学价值	F_2	0.076 5	4		
文化价值	F_3	0.199 5	2		
景点地域组合	F_4	0.088 5	3		
旅游环境容量	F_5	0.066 9	5		
交通通信	F_6	0.057 9	6		
饮食	F_7	0.026 3	7		
旅游商品	F_8	0.006 4	10		
导游服务	F_9	0.011 9	9		
人员素质	F_{10}	0.014 9	8		

表2-2-7　评价因子层排序权重及位次一览表

项目	代号	权重值	位次	总权重	均值
愉悦感	S_1	0.205 8	1	$\sum_{i=1}^{11} S_i = 0.781\ 9$	0.071 1
奇特度	S_2	0.121 0	2		
完整度	S_3	0.025 1	3		
科学考察	S_4	0.151 4	8		
科普教育	S_5	0.095 9	6		
历史文化	S_6		4		
宗教朝拜	S_7	0.037 5	7		
修养娱乐	S_8	0.066 3	5		
便捷	S_9	0.024 8	9		
安全可靠	S_{10}	0.008 2	10		
费用	S_{11}		11		

---

① 方幼君. 旅游资源定量评价体系及方法研究[D]. 杭州:浙江大学,2006:11-12.

4. 计算综合评价值

在确定各因子权重值和各因子评价分值后即可采用如下模型计算综合评价值。

$$E = \sum_{i=1}^{n} Q_i P_i$$

式中:E 为旅游资源综合评价值;P_i 为第 i 个评价因子的评价值;Q_i 为第 i 个评价因子的权重;n 为评价因子数目。

也可以根据其权重排序,按权重赋予各个因素分值,得到表2-2-8。根据该表,可以按一定的给分标准对旅游资源进行分项评价打分,得到综合结果[1]。

表2-2-8 旅游资源定量评价参数表

评价综合层	分值	评价项目层	分值	评价因子层	分值
资源价值	72	观赏特征	44	愉悦感	20
				奇特度	12
				完整度	12
		科学价值	8	科学考察	3
				科普教育	5
		文化价值	20	历史文化	9
				宗教朝拜	4
				修养娱乐	7
景点规模	16	景点地域组合	9		
		旅游环境容量	7		
旅游条件	12	交通通信	6	便捷	3
				安全可靠	2
				费用	1
		饮食	3		
		旅游商品	1		
		导游服务	1		
		人员素质	1		
合计	100		100		

(三) 模糊综合评价法

模糊综合评价法以模糊数学为理论基础,通过数量化的描述和运算,对系统中多个相互影响的因素进行综合评价。模糊综合评价法的基本原理是将评价对象视为由多种

---

[1] 方幼君. 旅游资源定量评价体系及方法研究[D]. 杭州:浙江大学,2006:13.

因素组成的模糊集合评价指标集,通过建立评价指标集到评语集的模糊映射,分别求出各指标对各级评语的隶属度,构成评判矩阵或模糊矩阵,然后根据各指标在系统中的权重分配,通过模糊矩阵合成,得到评价的定量解值。模糊综合评价法根据模糊隶属度理论将定性评价转化为定量评价,较好地处理了多因素、系统模糊及评价的主观判断等问题,实现了定性与定量的有机结合。其具体评价步骤如下:

1. 建立旅游资源评价指标体系

根据被评价的旅游资源,建立评价指标体系,被评价的旅游资源类型不同,评价指标体系应该有所区别。图2-2-2是张东明等[①]建立的秦皇岛三大景区多级综合评价指标体系。该旅游资源评价指标体系由资源条件(F_1)、环境条件(F_2)和旅游条件(F_3)三个维度构成,每个维度分为若干个次维度,每个次维度又分成若干个指标,分别为$C_1,C_2,\cdots,C_{17}$。

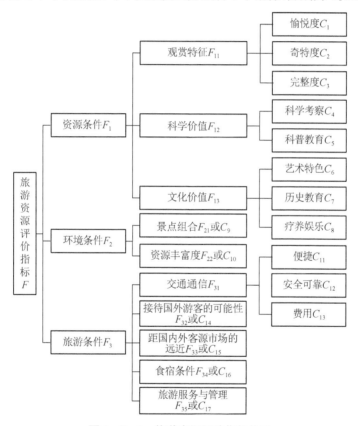

图2-2-2 旅游资源评价指标体系

2. 确定指标体系的权重

邀请专家对各个因素的重要性打分并对旅游资源进行评分,利用层次分析评价法求

---

① 张东明,赵本谦.旅游资源评价方法研究:以秦皇岛三大景区为例[J].燕山大学学报(哲学社会科学版),2008(3):91-93.

出各个因素权重,权重与评价矩阵的对应关系见表 2-2-9。

表 2-2-9 指标体系因素集、权重和评判矩阵的对应关系

因素集 F	权重 A	评价矩阵 R
$F=(F_1,F_2,F_3)$	$A=(0.673,0.1047,0.2583)$	R
$F_1=(F_{11},F_{12},F_{13})$	$A_1=(0.625,0.109,0.266)$	R_1
$F_2=(C_9,C_{10})$	$A_2=(0.700,0.300)$	R_2
$F_3=(F_{31},F_{32},F_{33},F_{34},F_{35})$	$A_3=(0.308,0.154,0.269,0.154,0.115)$	R_3
$F_{11}=(C_1,C_2,C_3)$	$A_{11}=(0.425,0.225,0.350)$	R_{11}
$F_{12}=(C_4,C_5)$	$A_{12}=(0.571,0.429)$	R_{12}
$F_{13}=(C_6,C_7,C_8)$	$A_{13}=(0.647,0.118,0.235)$	R_{13}
$F_{31}=(C_{11},C_{12},C_{13})$	$A_{31}=(0.500,0.250,0.250)$	R_{31}

3. 建立诸因素评判指标集 V

综合权衡旅游资源评价指标体系的各分量指标,结合专家的综合评断,拟对风景区旅游资源指标体系中的各指标的监测等级 V 分为 5 级,即 $V=\{V_1,V_2,V_3,V_4,V_5\}$,分别对应旅游资源体系中各指标处于"差""一般""较好""好""很好"等级。结合专家意见,设定其等级加权向量,依次为[0,0.1]、(0.1,0.3]、(0.3,0.5]、(0.5,0.7]、(0.7,1]。

4. 构建旅游资源单因素评判矩阵 R

采用专家评分法确定指标等级的隶属度向量,案例邀请 20 位专家对其进行评判,结果见表 2-2-10。根据公式 $r_{ij}=m/20$,m 表示在对第 C_i 个指标所处的等级进行评判时,有 m 个专家认为该指标属于第 V_j 等级,根据公式可以得到隶属度矩阵,如针对评价指标 C_1,C_2,C_3 的隶属度矩阵为:

$$R_{11}=\begin{bmatrix} 0.1500 & 0.3000 & 0.4500 & 0.1000 & 0.0000 \\ 0.3000 & 0.3500 & 0.3500 & 0.0000 & 0.0000 \\ 0.2500 & 0.4000 & 0.2500 & 0.1000 & 0.0000 \end{bmatrix}$$

表 2-2-10 旅游资源指标调查汇总表

指标 C_i	等级 V_j				
	V_1	V_2	V_3	V_4	V_5
C_1	3	6	9	2	0
C_2	6	7	7	0	0
C_3	5	8	5	2	0
C_4	4	5	7	3	1
C_5	1	2	9	5	3
C_6	0	1	8	7	4
C_7	14	6	0	0	0

(续表)

指标 C_i	等级 V_j				
	V_1	V_2	V_3	V_4	V_5
C_8	0	1	8	7	4
C_9	2	8	6	4	0
C_{10}	1	4	11	3	1
C_{11}	0	3	10	5	2
C_{12}	0	2	9	7	2
C_{13}	8	7	4	1	0
C_{14}	0	2	15	2	1
C_{15}	0	3	14	3	0
C_{16}	0	4	11	5	0
C_{17}	5	13	2	0	0

5. 旅游资源模糊综合评判

$B_{11} = A_{11} \circ R_{11} = (0.2188, 0.3463, 0.2575, 0.0775, 0.0000)$

$B_{12} = A_{12} \circ R_{12} = (0.1357, 0.1857, 0.3929, 0.1982, 0.0929)$

$B_{13} = A_{13} \circ R_{13} = (0.0826, 0.0795, 0.3528, 0.3087, 0.1764)$

$B_{31} = A_{31} \circ R_{31} = (0.1000, 0.1875, 0.4125, 0.2250, 0.0750)$

则有：

$$R_1 = \begin{bmatrix} B_{11} \\ B_{12} \\ B_{13} \end{bmatrix} = \begin{bmatrix} 0.2188 & 0.3463 & 0.2575 & 0.0775 & 0.0000 \\ 0.1357 & 0.1857 & 0.3929 & 0.1982 & 0.0929 \\ 0.0826 & 0.0795 & 0.3528 & 0.3087 & 0.1764 \end{bmatrix}$$

同理有：

$B_1 = A_1 \circ R_1 = (0.1737, 0.2546, 0.2989, 0.1515, 0.1482)$

$B_2 = A_2 \circ R_2 = (0.0850, 0.3400, 0.3750, 0.1800, 0.0495)$

$B_3 = A_3 \circ R_3 = (0.0596, 0.1902, 0.5221, 0.1626, 0.0311)$

所以有：

$$R = \begin{bmatrix} B_1 \\ B_2 \\ B_3 \end{bmatrix} = \begin{bmatrix} 0.1737 & 0.2546 & 0.2989 & 0.1515 & 0.1482 \\ 0.0850 & 0.3400 & 0.3750 & 0.1800 & 0.0495 \\ 0.0596 & 0.1902 & 0.5221 & 0.1626 & 0.0311 \end{bmatrix}$$

$B = A \circ R = (0.1349, 0.2508, 0.3646, 0.1573, 0.1076)$

若等级化值为 $F = (0.1, 0.3, 0.5, 0.7, 1.0)$，则北戴河鸽子窝景区的优先度为

$N_{鸽子窝} = B \circ F^v = (0.1349, 0.2508, 0.3646, 0.1573, 0.1076) \circ (0.1, 0.3, 0.5, 0.7, 1.0)^v$

$= 0.4887$

同样的方法可得到南戴河国际娱乐中心、天下第一关景区的资源优先度分别为：$N_{南戴河国际娱乐中心}=0.7014$，$N_{天下第一关}=0.6088$。

通过计算可以看出，旅游资源的优先度排列顺序为南戴河国际娱乐中心、天下第一关景区、北戴河鸽子窝景区。

(四) 卢云亭"三三六"评价法

卢云亭提出"三三六"评价方法，该方法从旅游资源的历史文化价值、艺术欣赏价值和科学研究价值等三大价值，经济效益、社会效益和环境效益等三大效益，地理位置和交通条件、旅游资源类型和地域组合条件、旅游资源容量条件、旅游资源客源市场条件、旅游开发投资条件和施工难易条件等六大开发条件全面系统地评价旅游资源，属于综合定性评价法。

1. 三大价值的评价

旅游资源的历史文化价值、艺术欣赏价值以及科学研究价值反映旅游资源的禀赋特征，是评判旅游资源是否值得开发利用的重要指标。旅游区资源在开发前必须对其做客观、科学的评价。

历史文化资源是人类在历史上所创造的，经过开发后能激发人们旅游动机和滞留愿望的一切物质财富与精神财富的历史文化古迹，具有历史价值和文化价值，具有游客观光和科学考察功能。艺术欣赏价值包括艺术价值和欣赏价值，具有观光功能。旅游资源的科学研究价值包括旅游资源本身的科学价值和考察研究价值，比如：火山地质资源具有地质科学价值的同时，还具有火山考察研究价值；生物资源具有多样性科学价值的同时，还具有生态环境考察研究价值；宗教文化资源具有宗教文化价值的同时，还具有宗教文化考察研究价值；等等。

2. 三大效益的评价

经济效益是旅游资源经过开发后带来的市场价值，是游客在目的地消费带来的直接经济效益和间接经济效益以及诱导经济效益的总和。在评价经济效益时，甲方特别关注游客在景区购买吃住行游娱产品时带来的直接经济效益。社会效益是旅游资源经过开发后给目的地居民带来的就业机会、居民收入的增加、居民文化体育活动内容的丰富、居民幸福指数的提升以及居民文化素养的提高等等。环境效益是旅游资源开发以及开发后对目的地生态环境、大气环境、水环境等带来的积极和消极影响。

3. 六大条件的评价

地理位置和交通条件反映旅游资源开发的区位条件。优越的区位条件，可为游客出游提供便捷。旅游资源类型丰富，而且地域组合优越，可为旅游吸引物策划提供良好资源条件。旅游资源客源市场条件主要包括客源腹地大小和腹地经济实力两个因子。如果目的地客源腹地大，人口数量多，同时客源地居民收入高，有吸引力和竞争力的旅游产品不愁卖不出去，开发经营者更不愁赚不到钱。旅游开发投资条件主要考虑投资渠道的畅通程度和政府对旅游投资的政策。建设施工条件主要指地质、地形、土质和供水等条件对产品开发建设的影响。

有些区域旅游资源具有很高的历史文化价值、艺术欣赏价值和科学研究价值,但是由于其地理位置偏僻,交通不便,或者旅游资源类型单一,地域组合条件不好,或者旅游资源容量条件差,或者客源市场腹地小,经济不发达,或者旅游开发投资条件差,抑或施工难等,给旅游资源开发利用造成诸多困难,因此,即便资源价值再高,也不能对其进行开发,否则会对三大效益造成损害。

(五) 黄辉实"六字七标准"评价法

黄辉实"六字七标准"评价方法主要从旅游资源独特价值和旅游资源开发环境两个方面对旅游资源进行综合定性评价。

1. 资源独特价值评价

主要采用了美、古、名、特、奇、用六个标准,来对区域旅游资源本身的价值进行评价。其中,美即旅游资源给人的美感;古即有悠久的历史;名即具有名声或与名人有关的事物;特即特有的、别处没有的或少见的稀缺资源;奇即给人新奇之感;用即有应用价值。

2. 旅游资源开发环境评价

主要从旅游资源所处的七个环境要素进行评价,即从季节性、污染状况、联系性、可进入性、基础结构、社会经济环境以及市场状况七个方面综合评价资源开发的环境条件。

二、旅游资源度假价值评价方法

(一) 气候适宜性评价法

1. 宜人气候的含义

宜人气候是指人们无须借助任何消寒、避暑的装备和设施,就能保证一切生理过程正常进行的气候条件。气候是否宜人是根据一定气压条件下皮肤的温度、出汗量、热感和人体热量调节系统所承受的负担来确定的。它主要取决于气温、湿度与风效三个因素。

2. 宜人气候的测定方法

(1) 温湿指数法

公式一:$THI = t - 0.55(1-f)(t-14.74)$

公式二:$THI = t - 0.55(1-f)(t-58)$

式中,t 为干球温度,f 为相对湿度。公式一数值介于 15~27 或公式二数值介于 65~60 为旅游适宜气候。

(2) 舒适指数法

舒适指数是指人们对周围空气环境感觉舒服的程度。用气温和相对湿度的不同组合来表示。根据多数人的感觉,把气温和相对湿度的不同组合分为 11 类,见表 2-2-11。

表 2-2-11 舒适指数分级表

代号	−6	−5	−4	−3	−2	−1	0	+1	+2a	+2b	+3
大多数人的感觉	极冷	非常冷	很冷	冷	稍冷	凉	舒适	暖	热	闷热	极热

根据目的地气温和相对湿度数据,查舒适指数列线图(图 2-2-3),获得舒适指数代号,根据表 2-2-11,查得人体舒适度。舒适度代号为 0 的季节是最佳旅游季节,代号在 −1～+1 之间是适合旅游的季节。

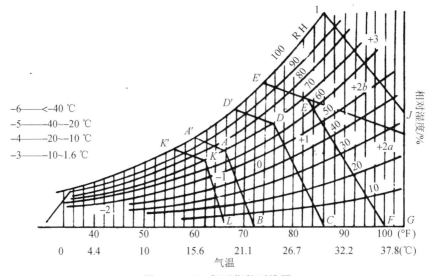

图 2-2-3 舒适指数列线图

(3) 风效指数法

风效指数是指人们的裸露皮肤在气温和风速不同组合的作用下感觉冷暖的程度。根据多数人的感觉,将气温与风速的组合分为 12 类,见表 2-2-12。

表 2-2-12 风效指数分级表

代号	4.18 kJ/(m²·h)	大多数人的感觉	代号	4.18 kJ/(m²·h)	大多数人的感觉
−h	<−1 400	外露皮肤冻伤	−b	−200～−300	舒适风
−g	−1 200～−1 400	极冷风	−a	−50～−200	暖风
−f	−1 000～−1 200	很冷风	n	+80～−50	不明显风
−e	−800～−1 000	冷风	a	+160～+80①	热风
−d	−600～−800	稍冷风	b	+160～+80②	不舒适热风
−c	−300～−600	凉风	c	>+160③	非常不舒适热风

注:①气温 30～32.7 ℃;②气温>32.8 ℃;③气温>35.6 ℃。

根据目的地气温和风速数据,查风效指数列线图(图 2-2-4),获得风效指数代号,再查表 2-2-12 得到人体舒适度。风效指数代号为 −b 是最佳旅游季节,代号在 −a～−c 之间是适合旅游的季节。

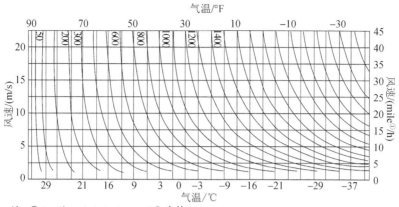

注：① 1 mile=1 609.344 m(准确值)。

图 2-2-4 风效指数列线图

(二) 海水浴场适宜性评价

1970 年，乔戈拉斯(Georgulas)在研究旅游地一般特征时，提出了如下的一级海滩（以海浴为主要功能）评价标准：海滩沙质细洁，海滩长至少 91 m，宽 15 m；沙滩在全年至少有 80%的时间免于曝晒；后腹地有遮掩，有树木，环境幽雅，无人工废弃物和自然危害物；坡度小于 15°，具有开发潜力。

以游泳为主要功能时，海滩的评价标准如下：海滩的性质同上，但要更长更宽；水底没有或很少有淤泥；水质无色，无味，大肠杆菌含量小于 50～100 个/mL，无生物垃圾；高潮时深 8 ft(约合 2.44 m)的海底无珊瑚和尖石，无危险性激流；与水域邻近海滩坡度不大于 8°。此外，一年中应有 9 个月的时间适宜游泳。

美国制定的海水浴场的适宜性评估标准如表 2-2-13 所示。按照此标准评分，海滩等级分为：

A 级海滩，分数为 26～29；

B 级海滩，分数为 21～25；

C 级海滩，分数为 13～20。

表 2-2-13 美国海水浴场适宜性评价标准

决定因素	评估标准及积分		
水质	清澈(5)	混浊(4)	污染(1)
危险性	无(5)	有一点(4)	有一些(1)
水温	>22.5 ℃(5)	19.4～22.5 ℃(4)	<19.4 ℃(1)
颜色与混浊度	清明(3)	稍混浊(2)	混浊(1)
风	全季适宜(3)	>1/2 季适宜(2)	<1/2 季适宜(1)
1.5 m 深水域(距海岸线)	>30.5 m(3)	15.25～30.5 m(2)	9.15～15.25 m(1)
海滩状况	良好(5)	一般(4)	差(1)

注：表中海滩状况包括坡度、平滑、稳定性、障碍性。良好级海滩：坡度低于 10%，海岸平滑、稳定，障碍物少且易于移除。"一般"级与"差"级依此类推。

(三) 滑雪旅游资源的技术性评价

美国土地管理局的土地供游憩活动适宜性评估系统中,对滑雪旅游资源的技术性评价选取了七个因素,即雪季长短、积雪深度、干雪保留时间、海拔、坡度、气温、风力。每个指标分为四个等级进行打分,最终根据总分将滑雪旅游资源分为三个等级,即:

A 级滑雪场地,分数为 29~33;

B 级滑雪场地,分数为 21~28;

C 级滑雪场地,分数为 8~20。

表 2-2-14　美国滑雪旅游资源的技术性评估标准

决定因素	评价标准与积分			
雪季长度	6 个月(6)	5 个月(5)	4 个月(4)	3 个月(2)
积雪深度	>1.22 m(6)	0.92~1.22 m(4)	0.61~0.92 m(2)	0.305 m(1)
干雪保留时间	3/4 季节时间(4)	1/2 季节时间(3)	1/4 季节时间(2)	0 季节时间(1)
海拔	>762.5 m(5)	457.6~762.5 m(4)	152.5~457.5 m(2)	45.75~152.5 m(1)
坡度	很好(4)	好(3)	一般(2)	差(1)
气温	>10 ℃(3)	−17.8~6.7 ℃(2)	<−17.8 ℃(1)	—
风力	轻微(4)	偶尔变动(3)	偶尔偏高(2)	易变(1)

注:最理想的坡度须兼具下列三等坡度。①初等坡度(10%~20%)占全区的 15%~25%;②中等坡度(20%~35%)占全区的 25%~40%;③高等坡度(35%~65%)占全区的 30%~40%。

(四) 空气质量评价

钟林生等[①]指出,空气质量对旅游者的吸引力之一在于空气中负氧离子含量适宜。空气负氧离子浓度如果在每立方厘米 1 000 个以上,将有利于人体健康。关于旅游环境中空气负氧离子的评价方法,章志攀等[②]提出以下三种:

1. 单极系数(q)法

单极系数(q)即空气中正氧离子数与负氧离子数的比值,即 $q=n^+/n^-$,式中 n^+ 为空气中正氧离子数,n^- 为空气中负氧离子数。q 值应小于或等于 1,才能给人以舒适感。

2. 空气质量评价指数(CI)法

空气质量评价指数(CI)由日本学者安培提出,公式为:$CI=$(被测空气中负氧离子浓度/1 000)$\times(1/q)$。式中,1 000 为满足人体生物学效应最低需求的空气负氧离子浓度。由此计算得到的 CI 值可以作为制定空气质量标准的评价指标,如日本建议的标准规定:

---

① 钟林生,吴楚材,肖笃宁. 森林旅游资源评价中的空气负离子研究[J]. 生态学杂志,1998(6):57-61.

② 章志攀,俞益武,孟明浩,等. 旅游环境中空气负离子的研究进展[J]. 浙江林学院学报,2006,23(1):103-108.

CI 值大于 1.0 时为最清洁;在 0.7~1.0 之间时为清洁;在 0.50~0.69 之间时为中等;在 0.30~0.49 之间时为允许;小于 0.29 时为临界值。

3. 森林空气离子评价指数(FCI)法

根据森林环境中空气离子的特性,在安培空气离子评价模型的基础上,石强等[①]提出森林空气离子评价模型,表达式为 $FCI = P \cdot n^-/1000$,其中 P 为空气负氧离子系数。森林空气离子评价指数分级标准(EISGFA)见表 2-2-15。根据该标准,可以将森林游憩区空气负氧离子浓度(单位:个/cm^3)划分为三个区:低于 400 为临界浓度区;在 400~1 000 之间为允许浓度区;高于 1 000 为保健浓度区。

表 2-2-15 森林空气离子评价指数分级标准

等级	n^-/(个/cm^3)	n^+/(个/cm^3)	p	FCI
1	3 000	300	0.8	2.4
2	2 000	500	0.7	1.4
3	1 500	700	0.6	0.9
4	1 000	900	0.6	0.5
5	400	1200	0.4	0.16

资料来源:石强,舒惠芳,钟林生,等.森林游憩区空气负离子评价研究[J].林业科学,2004(1):36-40.

陆地上空气负氧离子的平均浓度为 650 个/cm^3,但分布很不均匀,特定的地区具有一定水平的负氧离子浓度。海滨、森林、瀑布、湖滨、乡村等地区一般都有较高浓度的负氧离子(表 2-2-16),因而这些地区往往成为旅游发展的重点地区。

表 2-2-16 不同环境中空气负氧离子浓度

单位:个/cm^3

环境状况	空气负氧离子浓度	环境状况	空气负氧离子浓度
城市居民房间	40~100	森林、海滨	1 000~3 000
机关办公室	100~150	疗养区	10 000
城市街道绿化带	100~200	喷泉	>10 000
城市公园	400~600	瀑布	>50 000
郊区、旷野	700~1 000		

资料来源:章志攀,俞益武,孟明浩,等.旅游环境中空气负离子的研究进展[J].浙江林学院学报,2006,23(1):103-108.

---

① 石强,舒惠芳,钟林生,等.森林游憩区空气负离子评价研究[J].林业科学,2004(1):36-40.

项目三：规划区旅游市场调查、预测及定位

【学习目标】

1. 知识目标

（1）理论知识目标

理解并掌握旅游市场调查内容，掌握影响旅游市场预测的主要因素及其影响。

（2）实践知识目标

掌握旅游客源市场调查方法、旅游市场预测的主要定性与定量方法。

2. 职业能力目标

能撰写客源市场调查问卷和调查提纲，能实施客源市场调查及撰写调查报告。能够对规划区旅游客源市场进行预测。

3. 项目任务目标

任务一：规划区客源市场调查与分析。

任务二：规划区旅游市场规模预测。

任务三：规划区旅游市场分析与定位。

第一节　旅游市场调查与分析理论

一、市场调查基础知识

（一）市场调查的含义

市场调查是伴随市场营销而产生和发展的。美国市场营销协会1988年将市场调查定义为：用信息将市场与营销管理者连接起来的职能活动，市场调查的目的是向营销管理者提供信息，以便营销管理者发现和确定营销机会、拟定和评估营销方案、监控营销方案的实施和增强对整个营销过程的理解。根据《市场营销辞典》，市场调查的职能是确定营销管理需要的信息并计划、组织和实施信息的搜集、分析和提供。旅游市场调查除了为旅游产品市场营销提供信息，还为旅游规划与开发提供相关信息。

（二）市场调查的内容

市场调查的范围涵盖了市场运营的各个方面。主要包括以下内容：

1. 调查产品的市场容量

市场容量是指在不考虑产品价格或供应商的策略的前提下,市场在一定时期内能够吸纳某种产品或劳务的单位数目,市场容量实际上相当于需求量。没有市场容量的商品生产,是不能实现最终交易的生产,因此在产品策划、生产前需要对该产品的市场容量进行调查。调查内容主要包括购买者的欲望和购买力。

2. 调查目标市场特征

市场特征调查主要包括对购买者、客源地、消费者的购买动机、购买产品偏好以及购买行为偏好等特征进行调查,了解市场的需求特征,以便生产适销对路的产品。

3. 调查企业品牌和企业形象

良好的企业品牌和企业形象是企业取胜的法宝。对企业品牌和形象进行调查,知晓企业品牌创建状况,了解企业形象定位的科学性与精准性,为进一步创建品牌和塑造形象提供一手数据。

4. 调查营销效果

研究企业的促销组合,分析企业的广告、人员推销、销售促进和公关活动对销售额的影响,根据研究结果对促销策略进行适当的调整。

5. 调查分析竞争对手的状况

只有随时了解竞争对手的动态,才能在市场竞争中取得主动,最终获得胜利。因此,对竞争对手的优劣势、发展战略的动态变化等进行调查,为营销策划和产品定位等提供有力支撑。

6. 调查市场营销环境

市场营销环境调查包括外在环境和内在条件的调查。外在环境包括社会文化环境、经济环境、人口环境、政治法律环境、自然技术环境等;内在条件主要是指企业自身的管理和经营环境。

(三) 市场调查的类型

划分角度不同,市场调查可以分为不同类型。从调查功能视角,可以将市场调查划分为探索性调查、描述性调查以及因果性调查。

1. 探索性调查

探索性调查是通过对一个问题或一种状况进行探索和研究,从而达到对其有所了解,通常用于发现问题的端倪,用于大型调查项目的开端。探索性调查一般采用简便易行的调查方法,如二手资料的收集、小规模的试点调查、专家座谈等。

2. 描述性调查

描述性调查通常是针对市场的特征和功能等进行调查,对调查的各种变量做尽可能准确的描述,其结果一般说明事物的表征,但不涉及事物的本质及影响事物发展变化的内因。

3. 因果性调查

因果性调查旨在确定有关事物的因果联系,直接目的有两个:一是了解哪些变量是原因性因素即自变量,哪些变量是结果性因素即因变量;二是确定自变量和因变量之间相互联系的特征。

(四) 市场调查方法

市场调查方法按资料的来源渠道可以分为文案调查和实地调查。文案调查是指利用企业内部和外部现有的各种信息、情报资料,对调查内容进行研究的一种调查方法,也称间接调查法、室内调查法、桌面调查法。实地调查法是调查人员通过现场调查收集资料的方法,基本方法可概述为:

1. 询问调查法

询问调查法是指调查人员通过各种方式向调查者发问或征求意见来搜集所需市场信息的一种调查方法。这种方法一般要根据所要了解的问题列出调查表或问卷。根据调查人员和被调查者之间的接触方式,询问调查法又可具体分为面询、书询、电话询问、深度访谈、问卷调查等。其中,深度访谈作为一种重要的定性研究方法,通常是由访问者针对研究目的与受访者进行互动,对访问主题进行深度追问。这种研究方法的优点是得到的资料比较真实。问卷调查是通过发放问卷收集相关数据的方法。

2. 观察调查法

观察调查法是指调查人员到调查现场,直接或借助观察仪器观察、记录被调查者的行为和表情,从而获得有关市场信息的一种调查方法。

3. 实验调查法

实验调查法是指通过实际的、小规模的营销活动来调查关于某一产品或是某项营销措施实施效果等市场信息的一种调查方法。实验内容包括产品的质量、品种、商标、外观、促销方式和销售渠道等。常做的实验是新产品的试销或展销,借此检验新产品的受欢迎程度。

4. 固定样本连续调查法

固定样本连续调查法,又称固定样本小组调查法,是指从总体抽出若干样本组成固定的样本小组,在一定时间内,通过对样本小组反复的调查来测定市场趋势的方法。

5. 网络调查法

网络调查法是指将网络技术和传统调查技术相结合的、具有良好交互界面的、为适应网络时代而出现的一种现代调查技术[①]。随着因特网的普及,网络调查越来越受到青睐,在组织实施、信息采集、信息处理、调查效果等方面具有明显优势,具体体现在没有时空限制、费用低、效率高、客观性强、网络上被调查者资源丰富、便于对调查质量进行控制

---

① 唐毅. 网上调查利弊分析及对策[J]. 情报杂志. 2002(3):29-31.

和检验、便于开展追踪调查等方面。网络调查形式多样,目前比较流行的形式有问卷星和网络文本数据收集。

问卷星是一个专业的在线问卷调查、考试、测评、投票平台,专注于为用户提供功能强大、人性化的在线设计问卷、采集数据、自定义报表、调查结果分析等系列服务。与传统调查方式和其他调查网站或调查系统相比,问卷星具有快捷、易用、低成本的明显优势,已经被企业和个人广泛使用。

网络文本数据收集是指从相关数据平台收集相关文字数据,然后通过分析软件从中抽取特征词进行量化以表示文本信息,即将无结构化的原始文本转化为结构化、高度抽象和特征化的、计算机可以识别和处理的信息,进而利用机器学习、分类聚类等算法,再对文本进行分析处理,提取特征词。该方法现已经在广告推荐和舆情监测方面实现应用。旅游网络文本分析是指通过对游客微博资料等网络文本的选取,应用 ROST 内容挖掘系统(ROST Content Mining System)进行分析,得到相关研究结论。

(五)调查问卷的设计

调查问卷是调查者和调查对象之间信息交流的纽带,其设计是否科学,直接关系到调查的效果和所取得资料的真实性、准确性和针对性,也直接影响调查报告的内容以及研究结论的科学性。调查问卷设计不科学,往往会造成调查资料遗漏、偏差、重复,甚至造成该收集的数据没有收集到,不需要的数据却收集了许多。问卷的主体内容是问题和答案,因此问题和答案设计是问卷设计的重中之重。

1. 问卷问题设计

(1)问卷问题类型

问卷问题类型有三种,即开放性问题、封闭性问题以及量表问题。开放性问题也称自由问答题,只提问题,不提供可选择的答案,应答者用自己的语言自由地回答,如:"你认为后疫情时代,中国旅游业发展最重要的问题是什么?"封闭性问题是指事先将问题的各种可能答案列出,由被调查者根据自己的意愿选择答案,如:"请问您目前有出国旅游的打算吗?"选项为:A. 是;B. 否。量表问题是由调查者划分的等级来表示研究对象的属性,比如满意度与忠诚度以及游客感知调查等,可以采用李克特五级量表来设计答案。

(2)设计原则

问卷的问题设计首先应坚持系统性原则,即问题设计要系统地反映研究主题。其次应坚持通俗性原则,即问卷的文字要设计得通俗易懂,一方面要把问题设计得清楚明确,另一方面要避免生字和太过专业化的术语。最后是可接受性原则,即问卷设计要让调查对象能够理解,并能消除调查对象的顾虑,让他们积极配合,故设计问卷时语气要亲切和诚恳。

(3) 设计思路

科学的问卷设计思路是：首先，在研究综述的基础上，梳理出研究主题的维度和指标；其次，通过专家咨询修正、旅游者深度访谈、微博分析等方法，完善研究主题的维度和指标；再次，初步设计调查问卷；最后，通过预调研修订和完善问卷的信度和效度，提高问卷的可靠性和科学性。

2. 问卷答案设计

开放性问题由被调查者自由表达意见，对其回答不做任何限制。封闭性问题的答案可以设计成单选题和多选题。选择题答案要具备以下特点：①完备性与互斥性，答案应包括所有可能的情况，但不能重复；②被选择的答案不宜过多，一般不应超过8个；③量表答案设计成由表示不同等级的形容词组成，并按照一定的程度排序，由被调查者依次选择。

3. 问卷设计注意事项

问题要通俗易懂，尽量不要用专业术语；问题要客观中立，避免倾向性；问题要单一，不能包含两个问题；问题中数字要准确，不要重复；不要用形容词、副词，尽量用量词。

问卷书写格式应注意两点：一是问题不要太多、太密，字体不要太小；二是同一行尽量不要出现两个问题，如果出现了，往往后一个问题容易被忽视。

二、旅游市场调查与分析

（一）旅游客源市场调查与分析

旅游客源市场调查主要采用问卷调查方式对客源市场游客需求特征进行调查，具体内容包括游客人口学特征、购买行为、游客消费结构以及旅游服务评价等四个维度。客源市场数据为规划区旅游产品定位、旅游形象定位、旅游产品和项目策划以及市场营销提供了有力的数据支撑。

1. 游客人口学特征调查

该部分内容包括游客来源地、年龄、性别、职业、收入水平以及文化程度等。

2. 购买行为调查

调查内容包括出游动机、出游时间、逗留时间、出游方式、交通方式、偏好、能够接受的价格、购买习惯和频率、搜索信息渠道、休闲度假需求、餐饮需求、酒店需求等。其中，出游方式是指与家人、朋友、同学、同事、情侣旅游还是独自一人出游；时间与路程偏好是3天以下的短途旅游还是3天以上中长途旅游；偏好包括住宿和美食有哪些偏好、旅游产品有哪些偏好，是喜欢高端度假、亲子体验、自驾游、运动休闲、乡村度假、观光还是休闲商务，以及住宿和娱乐花费偏好等。

3. 游客消费结构调查

游客消费结构调查包括：吃、住、行、游、购、娱六要素消费结构；基本消费与非基本消费结构。

4. 旅游服务评价

旅游服务评价是旅游者对旅游接待地的感知满意程度和认知程度。调查内容包括：游客对旅游接待地吃、住、行、游、购、娱等六要素服务满意度以及总满意度；游客对目的地感知的正负面评价等。

（二）旅游供给市场调查与分析

主要是对规划区供给的历史数据进行收集，具体包括：

1. 旅游业发展现状调查

该调查主要对规划区所在区域年接待人次和旅游收入总量的连续数据进行收集，这些数据反映了目的地的旅游业总体发展态势。根据这些数据可以对规划区未来旅游业发展做进一步预测。

2. 旅游供给市场特征调查

主要调查旅游服务部、旅游点、旅游村或度假村、旅游镇、旅游城和旅游市等的餐饮设施、住宿设施、娱乐设施以及购物设施等的数量、价格、分布、可进入性等。对这些数据进行调查和分析，可以了解目的地旅游接待设施特色和优势以及存在的问题，为后续接待设施规划提供数据支撑。

（三）专项旅游市场数据收集与分析

观光、休闲度假和商务会展这三种旅游产品都属于目前较主流的旅游方式，这三种旅游的参与人数较多，是旅行社及其他旅游企业的主打产品，这些产品往往是标准化和程序化的，因此可称为常规旅游产品。与常规旅游产品相对应的其他旅游形式统称为专项旅游和特殊兴趣旅游。专项旅游的特点是以某项主题或专题作为自己的核心旅游活动。在专项旅游活动过程中，人们的旅游行为具有明显的指向性，即为了满足自身某一特殊需要，如：宗教旅游是以朝圣、求法、布道、拜佛、取经或宗教考察为主要目的的旅游活动；科考旅游则是以科技交流和科学考察为主题的旅游活动；特种旅游是旅游者为了寻求新鲜刺激，对挑战极限怀着强烈的兴趣，对神秘境地充满好奇从而进行的探险旅游活动，以满足自己寻求刺激、新鲜和快感的需要。专项旅游的主要形式有文化旅游、康养旅游、亲子游、艺术旅游、民俗旅游、修学旅游、乡村旅游、探险旅游、生态旅游、红色旅游、工业旅游、农业旅游、自驾车旅游、社会旅游等。

随着影响人们旅游需求特征因素的变化，顾客旅游需求随之发生改变。调查各个专项旅游市场所占份额、变化趋势以及需求特征，了解专项旅游市场发展现状，可为旅游产品开发定位提供依据。专项旅游市场调查与分析内容主要包括专项市场变化趋势以及主要专项市场需求特征两个方面。

1. 专项市场变化趋势调查与分析

专项市场变化趋势调查包括主要专项旅游市场构成以及近年市场变化情况调查。专项旅游产品是旅游业者通过开发、利用旅游资源提供给旅游者的旅游吸引物与服务的组合，即旅游目的地向游客提供一次旅游活动所需要的各种服务的总和。在专项旅游活动过程中，人们的旅游行为具有明显的指向性，是为了满足自身某一特殊的需要而旅游。根据腾讯新闻网发布的2022年各个专项旅游市场旅游人数数据，求得各个专项旅游人次占2022年全年旅游总人次（32.46亿人次）的比例，如图2-3-1所示。其中休闲度假旅游占比近60%，红色旅游占比11%，乡村旅游占比约25%，生态旅游占比近62%，研学旅游占比小于1%，商务旅游占比12%，养生保健旅游占比35%，探险旅游占比4%，自驾车旅游占比18%。由此可见，目前我国专项旅游市场主要包括研学旅游、乡村旅游、探险旅游、生态旅游、红色旅游、农业旅游、自驾车旅游等。

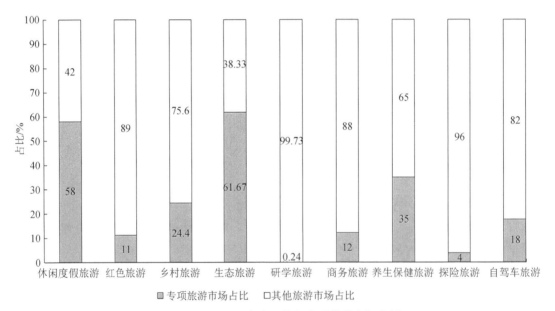

图2-3-1 2022年中国热门专项旅游市场比例

我国红色专项旅游市场近年变化趋势见图2-3-2。2015—2017年，我国红色旅游市场开始进入快速增长期，年均增长率为17.8%；2017—2019年，进入加速增长期，年均增长率为27.1%；而2019—2020年出现迅猛增长情况，一年间增长率为71.0%。红色旅游市场增长迅速，其主要原因是受到新中国成立70周年、建党100周年等重大事件影响。预计未来红色旅游市场仍然保持快速增长态势。图2-3-3是我国研学旅游市场2015—2019年变化态势。我国近年研学旅游市场发展势头迅猛，其主要原因是研学旅游得到政府大力支持，以及课外辅导教育市场进一步规范化，使得青少年学生有时间参与研学旅游活动，实现"读万卷书，行万里路"的梦想。

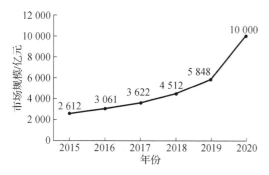
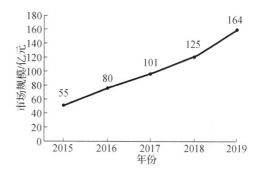

图 2-3-2 2015—2020 年我国红色旅游市场规模　　图 2-3-3 2015—2019 年我国研学旅游市场规模

乡村旅游市场因其特殊的乡村环境吸引大量游客前往观光、休闲和度假,图 2-3-4 是我国 2012—2019 年乡村旅游市场规模变化趋势,我国乡村旅游发展势头总体良好,虽然 2017—2019 年增长势头减缓,但是 2019 年乡村旅游几乎占据我国国内旅游半壁江山,所以其每年增长的绝对量还是很大的。

由图 2-3-5 可知,我国生态旅游市场近年表现出稳步增长态势,其主要原因有两个:一是良好的生态环境对游客具有强大的吸引力;二是生态旅游也是对广大青少年学生进行生态环境教育的重要内容,有较多研学旅游选择生态环境教育主题。

专项旅游市场随着时间推移会出现不同的变化趋势。在旅游规划与开发过程中,要及时根据专项旅游市场变化趋势,对专项旅游市场未来变化态势做出准确研判,为旅游产品策划提供科学依据。

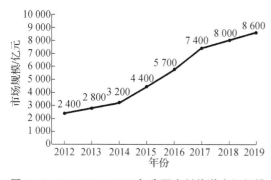
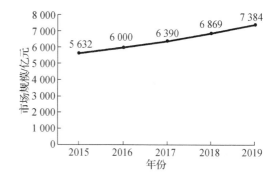

图 2-3-4 2012—2019 年我国乡村旅游市场规模　　图 2-3-5 2015—2019 年我国生态旅游市场规模

2. 专项旅游市场特征调查与分析

专项市场特征调查是对份额较大且逐年增长的专项旅游市场的需求特征进行调查,内容包括游客的人口学特征、出游动机、游客行为以及出游偏好等。比如,表 2-3-1 是对我国近年自助自驾游市场、乡村休闲游市场、养生度假市场以及亲子家庭游市场需求特征的调查结论。

表 2-3-1 专项市场特征调查

专项市场	自助自驾游市场	乡村休闲游市场	养生度假市场	亲子家庭游市场
市场特征	男性多于女性;以25~45岁中青年为主;出游动机为追求自由、个性化、私享性;人均消费300~600元/天,出游时间以1~3日为主,周末车程150~300 km,小长假在600 km范围内	旅游产品以田园观光、康体健身、民俗文化、科普休闲为主;产品偏好为野炊、民俗风情、徒步健身、品尝采摘、绿色购物;出游动机为缓解工作压力、领略田风光、体验乡村生活;消费特征为本土化、重复性消费、消费水平低;出游时间为周末、节假日近郊游	中国人口约70%处于亚健康状态;有老年人的家庭去乡村度假养老;人群特征为以中老年人为主体,高级知识分子、企业管理人员、科技人员居多;出游动机为缓解压力、交际、民俗体验、康体养生;消费特征为大众化的乡村度假和小众化的高端康疗度假	以3~14岁为主;旅游偏好为公园游乐、乡村农业游、科普教育、户外运动;出游动机是益智、娱乐、科普、教育;出游特点是安全、寓教于乐、情感互动体验;时间特点是以寒暑假为主

(四) 竞争对手调查与分析

市场竞争对手调查内容包括识别竞争者,比较与竞争对手之间的优势和劣势,估计竞争者反应模式,找到扬长避短的突破口和取胜的途径,具体内容见图 2-3-6。

图 2-3-6 竞争者分析模式图

三、影响旅游市场的因素分析

制约和影响旅游市场需求变化的因素主要有四个维度,即客源地、目的地和旅游者自身以及突发事件。客源地因素主要有客源地的政治、社会、经济、文化等因素。目的地因素主要是目的地的旅游资源的吸引力、目的地形象、距离、旅游价格、货币利率、国际及地区间交通费、娱乐和购物设施、食物和住宿以及道路和通信设施、接待能力、品牌形象等。旅游者自身方面的因素,主要包括旅游者的性别、年龄、职业、兴趣爱好、文化水平、闲暇时间和周围人的影响。突发因素包括自然因素和人为因素。自然因素包括地震、洪涝、干旱、严寒、虫灾等方面的因素;人为因素主要包括战争、恐怖活动、紧张的国际关系、动荡的国内政局、经济危机、金融危机、流行性疾病等。

(一) 客源地因子

客源地的政治环境对客源市场影响显著。稳定的政局有助于形成稳定的客源市场，反之，客源市场规模显著缩小，甚至有些市场会出现短暂停滞现象，比如俄乌冲突、叙利亚内战等使得乌克兰和叙利亚的客源很少。

根据经典的旅游需求理论，客源地居民可自由支配收入是产生旅游动机、需求和实现个人需求的首要条件，决定了居民的消费能力和水平，因此，客源地居民的收入状况决定着其在目的地旅游消费水平的高低以及目的地目前及未来的市场规模大小。

客源地人口是旅游市场分析的重要因子，人口规模决定了市场需求总量的大小。目的地要形成一定规模的旅游市场，必须以客源地具备一定数量的人口作为基础。目前，中国是世界第一人口大国，庞大的人口规模和持续增长的出游率，成为推动世界旅游市场发展的重要动力。

客源地居民文化会影响居民的需求层次，宗教信仰和风俗习惯会禁止或抵制某些活动的进行，价值观会影响居民对组织目标、组织活动以及组织存在本身的认可与否，审美观则会影响人们对组织活动内容、活动方式以及活动成果的态度。因此，客源地的文化环境是影响目的地的旅游产品开发的重要因素之一。

(二) 旅游者因子

旅游者的性别、年龄、文化程度、收入以及职业等人口学特征对旅游市场有明显影响。张琪[1]基于人口学特征对嵩山少林寺游客重游意愿进行了研究，发现学历、收入、家庭结构与重游意愿存在显著相关性，其中低学历者、中等收入者、三代同堂家庭结构的游客对嵩山少林寺的重游意愿最大。李双[2]基于个人特征对中国游客赴泰国旅游消费进行了研究，认为赴泰游客的年龄、性别、文化水平、收入、职业等个人特征对旅游消费决策行为产生了影响，从而导致旅游消费水平差异化明显。黄宇[3]对西安国际旅游目的地消费者行为进行了研究，发现：西安入境旅游者中男性占55%，女性为45%；从年龄构成看，35岁至55岁的游客占42.2%，比重最大，25岁至35岁的游客占26.9%；社会文化因素影响旅游者的消费习惯和具体消费结构。廉晓利[4]对高铁背景下游客旅游目的地选择行为的影响机制进行了研究，发现不同年龄、性别、职业、文化程度以及收入的人群在高铁开通之后的旅游行为意向呈现差异规律，具体表现为：女性在高铁开通之后更容易改变自己的周末出游目的地，即女性群体中周末出游由不出市变为出市的比例较男性大。年

---

[1] 张琪.基于人口学特征的嵩山少林寺游客重游意愿研究[J].科教文汇(下旬刊)，2015(5)：187-188.
[2] 李双.基于个人特征中国游客赴泰旅游消费研究[J].商场现代化，2019(11)：111-112.
[3] 黄宇.西安国际旅游目的地消费者行为研究[J].网友世界，2012(23)：45,51.
[4] 廉晓利.高铁背景下旅客旅游目的地选择行为的影响机制研究[D].福州：福建师范大学，2011.

龄在25岁以下的游客群体的周末旅游目的地容易受到高铁开通的影响,由不出市游变为出市游,年龄在26~40岁之间游客群体的国庆长假旅游目的地容易受到高铁影响由不出省游变为出省游。文化程度越高的游客群体,其旅游目的地越容易受到高铁开通的影响而改变,大专或本科文化程度的游客,其周末和国庆长假出游目的地均最容易受到高铁开通的影响,其次为硕士及以上文化程度的游客,受影响最小的是初中以下文化程度的游客。职业为专业技术人员、企业管理人员的游客的国庆假期出游目的地容易受高铁开通的影响,由不出省变为出省的比例较大,制造业服务业从业人员、学生群体的周末出游目的地容易受高铁开通的影响。对于低收入人群来讲,他们的周末出游目的地容易受到高铁开通的影响,由不出市变为出市。

(三) 目的地因子

目的地因素主要是目的地的旅游资源的吸引力、目的地形象、距离、旅游价格、货币利率、国际及地区间交通费、娱乐和购物设施、食物和住宿、道路和通信设施、接待能力、品牌形象等。

在旅游六要素"食、住、行、游、购、娱"中,"行"是整个旅游业发展的先导条件,与旅游市场需求规模的发展有着直接的联系。一方面,在旅游目的地的选择上,交通的便捷程度除了影响旅游者对实现从居住地到目的地之间合理规划的正确决策外,同时也决定了能否满足旅游者娱乐、游览以及体验的多种需求;另一方面,交通是旅游供给和旅游市场需求之间的桥梁,对实现旅游者在旅游地与客源地之间的流动起着非常关键的作用。在影响旅游市场的因素中,大多数学者认为交通是最为重要的因素,但也有少数学者在交通基础设施对促进旅游市场和经济快速发展的实证研究方面存在一些分歧。萨尔马通过对印度西北部地区旅游的研究发现,交通是吸引游客前来观光旅游和决定旅游目的地竞争力的重要驱动因素。陈晓和李悦铮[1]认为,城市交通和城市旅游二者之间互相作用和影响,寻找彼此之间的平衡点是促进旅游市场健康发展的必要前提。

改革开放以来,经过40多年的发展,旅游消费升级和散客自助化成为中国旅游业两大突出的特征,而传统的两大旅游方式,即依靠定点购物回扣运营的零负团费模式和上车睡觉、下车拍照的传统旅游方式即将退出舞台。市场和游客都呼唤新型的旅游产品和体验方式来满足自身的心理需求,尤其是要营造良好的旅游氛围,重新塑造旅游者、导游和旅行社之间的和谐关系,因此,优质的旅游产品和优惠的服务价格就显得更为重要。旅游产品是一种特殊产品,以旅游资源为基础,包括旅游服务、旅游设施、旅游商品以及旅游吸引物,是符合旅游市场需求和为游客服务的集合体。同时要注意的是旅游需求价格是旅游产品价格的上限,主要表现为旅游者的支付能力和需求程

---

[1] 陈晓,李悦铮.城市交通与旅游协调发展定量评价:以大连市为例[J].旅游学刊,2008,23(2):60-64.

度,如果超过了上限(旅游者的支付能力和意愿),旅游活动会因游客兴趣和支付能力的下降会减少,即便再有特色的旅游产品也会无人问津,最后会制约旅游市场的发展。由此可以看出,旅游产品价格是一种综合价格,影响着国内旅游市场需求,表现为:第一,旅游产品同其他商品以及旅游产品内部之间存在某种替代或者互补关系,这些商品价格的变化以及旅游产品自身价格的变动都会影响人们对旅游产品需求量的变化;第二,由于人们的可支配收入是有限的,在其他条件不变的情况下,旅游产品价格上涨,会让人们就近寻找其他替代品来满足自身心理需求,从而会减少人们外出旅游的需求,影响旅游市场规模的发展。

(四) 突发因素

旅游业很重要的特点之一是具有脆弱性,容易受到突发事件的影响,比如,我国在2008年,迪庆州冰雪灾害、西藏拉萨"3·14"打砸抢烧暴力事件、"5·12"汶川地震等突发事件对当地旅游市场需求产生了重要影响。另外,2008年国际金融危机、2020年开始的新冠疫情等突发事件对全世界旅游市场产生了致命性的影响。

四、旅游推拉理论

美国学者丹恩(Dann)首次将推拉理论从研究人口领域引荐到研究旅游领域,提出了旅游驱动因子理论,他认为旅游是由内外因素共同作用产生的。旅游愿望是内在因子不平衡而引起的需求,主要是生理需求。旅游动机是由拉动因素即外在因子引起的,是由外在的吸引而产生的认知,在目的地的选择上起重要作用。之后在旅游推拉理论的研究中,多数学者认为,推动因素是激励游客寻找满足需求活动的驱动因素,而拉动因素是目的地吸引力和游客持有的与目的地相关的动机。可见,推动因素属于游客内部的动机,如好奇、休闲、求知等,拉动因素大部分是外部因素,是由目的地吸引力产生的结果,如生态环境、旅游服务、旅游交通等。一般来讲,推动因素主要在旅游决策阶段驱动旅游需求,拉动因素则在旅游目的地选择阶段发挥作用,但推动因素和拉动因素都是积极的,无论是内部需求还是对旅游目的地的向往都会促使游客做出出游选择。

早期学者多将研究的重点放在推拉动机的各自影响因子上,而且认为推拉因素两者相互独立,推力作用在前,拉力作用在后,且大部分学者重视推力因素在旅游动机方面的作用。近年来,学者则更多地定量分析推力和拉力二维影响下的游客旅游,且重点研究了推动因素和拉动因素之间的显著相关性。

第二节 旅游市场数据收集与规模预测

一、旅游市场数据收集

(一) 旅游客源市场数据收集

旅游客源市场数据收集的主要方法是问卷调查法。

1. 调查问卷的设计与发放

问卷调查法主要是对客源市场游客需求特征以及认知度进行调查。问卷调查法需要对问卷做精心设计。

(1) 问卷设计

旅游规划与开发市场调查内容中的客源市场调查需要对客源市场人口学特征、购买行为特征、消费结构、市场认知等四个维度进行调查。每个维度包含的指标见表2-3-2。

表2-3-2 旅游市场调查问卷框架

维度	指标	问题
人口学特征	性别	
	年龄	
	收入	
	职业	
	学历	
	来自哪里	
购买行为特征	出游动机	
	搜索信息渠道	
	出游时间	
	出游方式	
	交通方式	
	购买习惯和频率	
	产品偏好	
	能够接受的价格	

(续表)

维度	指标	问题
消费结构	总消费	
	餐饮花费	
	住宿花费	
	交通花费	
	门票花费	
	娱乐花费	
	购物花费	
市场认知	满意度	
	正面评价	
	负面评价	

(2) 问卷发放与回收

问卷可以线下随机发放,也可以线上以问卷星形式填写,还可以邮寄问卷调查、网上访问问卷调查、电话访问调查和座谈会问卷调查等。有效问卷数量一般以题目数的5～10倍为宜,一份标准的问卷题目数普遍在30题以上,所以样本量在150～300个之间比较适合。考虑到问卷调查时可能出现的没有填清楚问卷、题目填错或样本不具备研究的背景性质(如研究对象为女性,部分样本为男性,则此部分为无效样本)等情况,发放的问卷数最好在200～400份。

回收的问卷首先需要剔除无效问卷,再统计有效问卷份数,计算有效问卷占比。

2. 问卷信度和效度分析

问卷试题是否可信有效,要进行问卷信度、效度检验分析。

信度即可靠性,是指使用相同指标或测量工具重复测量相同事物时,得到相同结果的一致性程度。一个好的测量工具,对同一事物进行反复多次测量,其结果应该始终保持不变才可信。例如,我们用一把尺子测量一张桌子的高度,今天测量的高度与明天测量的高度不同,那么我们就会对这把尺子产生怀疑。因此,一张设计合理的调查问卷应该具有可靠性和稳定性。

目前最常用的是 Alpha 信度系数,一般情况下主要考虑量表的内在信度,即项目之间是否具有较高的内在一致性。通常认为,信度系数应该在0～1之间。如果量表的信度系数在0.9以上,表示量表的信度很好;如果量表的信度系数在0.8～0.9之间,表示量表的信度可以接受;如果量表的信度系数在0.7～0.8之间,表示量表中有些项目需要修订;如果量表的信度系数在0.7以下,表示量表中有些项目需要抛弃。

效度即有效性,用于衡量综合评价体系是否能够准确反映评价目的和要求,是指测量工具能够测出所要测量的特征的正确性程度。效度越高,表示测量结果越能显示所要测量的特征,反之,则效度越低。常用于调查问卷效度分析的方法主要有以下几种。

(1) 单项与总和相关效度分析

这种方法用于测量量表的内容效度。内容效度又叫表面效度或逻辑效度,是指所设计的题项能否代表所要测量的内容或主题。对内容效度常采用逻辑分析与统计分析相结合的方法进行评价。逻辑分析一般由研究者或专家评判所设题项是否"看上去"符合测量的目的和要求。统计分析主要采用单项与总和相关分析法获得评价结果,即计算每个题项得分与题项总分的相关系数,根据相关性是否显著判断是否有效。若量表中有反意题项,应将其逆向处理后再计算总分。

(2) 准则效度分析

准则效度又叫效标效度或预测效度。准则效度分析是根据已经得到确定的某种理论,选择一种指标或测量工具作为准则(效标),分析问卷题项与准则的联系,若二者显著相关,或者问卷题项对准则的不同取值、特性表现出显著差异,则为有效的题项。评价准则效度的方法是相关分析或差异显著性检验。在调查问卷的效度分析中,选择一个合适的准则往往十分困难,这使这种方法的应用受到一定限制。

(3) 结构效度分析

结构效度是指测量结果体现出来的某种结构与测值之间的对应程度。结构效度分析所采用的方法是因子分析法。有的学者认为,效度分析最理想的方法是利用因子分析测量量表或整个问卷的结构效度。因子分析的主要功能是从量表全部变量(题项)中提取一些公因子,各公因子分别与某一群特定变量高度关联,这些公因子即代表了量表的基本结构。通过因子分析可以考察问卷是否能够测量出研究者设计问卷时假设的某种结构。在因子分析的结果中,用于评价结构效度的主要指标有累积贡献率、共同度和因子负荷。累积贡献率反映公因子对量表或问卷的累积有效程度,共同度反映由公因子解释原变量的有效程度,因子负荷反映原变量与某个公因子的相关程度。

进行因子分析的一般做法是,先根据 KMO 抽样适度检验和巴特利(Bartlett)检验判断因子模型是否有效,再观察其结构效度。KMO 值大于 0.9,表示非常适合因子分析;KMO 值为 0.9～0.8,表示适合因子分析;KMO 值为 0.8～0.7,表示适合度一般;KMO 值为 0.7～0.6,表示适合度较低;KMO 值小于 0.6,表示适合度很低。计算出公因子后衡量其效度结构时,至少要符合以下标准:公因子共同度大于 0.4,公因子的累积贡献率至少 40%。其中,共同度越高,说明题目间相关性越高;累积贡献率越高,说明因子与相应条目关系越密切,则效度越高。

(二) 网络文本数据收集与分析

1. 旅游网络文本数据类型

旅游网络文本数据主要包含旅游消费者交易信息、消费者基本信息、企业的产品信息与交易信息,也包括旅游消费者评论信息、行为信息、社交信息和地理位置信息等内容。这些信息可以概括为旅游产品数据、旅游客户基本信息数据、旅游交易数据以及旅游客户评价数据四种类型。

(1) 旅游产品数据

在进行旅游电子商务活动之前,各旅游企业、商家将旅游产品的相关数据录入电商平台数据库中,进而在网页中呈现出来。一般地,旅游产品数据在一定时期内是相对稳定的。旅游产品数据主要包括旅游产品分类、旅游产品档次、旅游产品价格、旅游产品特色等内容,主要有文字描述、具体数值、图片等数据格式。对旅游产品数据的采集主要是获取不同类目、档次、特色等的旅游产品对销售量和销售额的影响,以便调整运营策略,实施销售计划。

(2) 旅游客户基本信息数据

目前,各大旅游电子商务平台的访问均需客户进行注册,其中不乏用户的隐私信息,如用户联系电话、电子邮件和通信地址等。同时通过线上交易、线下运行,可以获取更完整的客户数据,主要包括姓名、性别、年龄等内在属性数据,城市、受教育程度、工作单位等外在属性数据,首次注册时间、VIP等级、消费频率、购买金额等业务属性数据。了解客户的过程,实际上是一个为用户打上不同标签并进行分群的过程。对这些数据的采集,有利于分析客户消费行为和消费倾向等特征。

(3) 旅游交易数据

当客户在旅游电子商务平台上产生购买行为之后,会产生购买时间、购买频率、购买数量、支付金额、支付方式等交易数据。对交易数据的采集是促进通过数据分析评估客户价值,将潜在客户变为现实客户的重要环节。旅游电子商务网络营销最主要的目的是促进旅游产品销售,因此按照客户对旅游产品的购买情况,可对当前和这个旅游产品相关的营销策略及其实施效果进行评价,以便进行相应的调整。

(4) 旅游客户评价数据

21世纪经济研究院发布的《2017年电商消费十大趋势》中显示,"80后""90后""00后"的消费者更愿意在互联网上分享自己的真实购物体验,并且消费评价成为其产生购买行为的重要影响因素。这些评价数据主要以文本的形式体现,包含旅游产品品质、对客服务等方面的内容。对评价数据的采集,可以帮助平台商家更好地与消费者沟通,了解消费者的需求、完善产品、提高服务水平。

旅游电子商务数据主要可以归类为由文字、数值组成的文本类型数据,同时还包括图片、视频等多媒体数据。因此,对旅游电子商务数据的采集,可以参考文本数据和多媒体数据的采集方法。

2. 网络文本数据收集与分析工具

（1）数据爬虫工具

根据研究需要，利用爬虫工具直接爬取所需数据。以"八爪鱼"为例，它可以很方便地从网站上将需要的内容按二维结构表的形式（比如 Excel）下载保存。

（2）文本分析工具

文本分析工具 ROST 的功能完善，在文本数据量不太大的情况下基本能满足中文文本分析的需要。如果对于文本分析结果有更高的要求，可使用 Python 语言、R 语言等编程语言进行处理。利用文本分析工具，可以进行分词处理、词频分析、语义网络分析等，挖掘潜藏其中的关键信息，把握深层的关系和结构。

（3）文本数据可视化工具

文本数据可视化工具可以将文本分析结果以可视化的形式呈现出来，便于从中直观地发现价值点。如 ROST 工具可以做词云图、语义网络图，也可以直接用微词云、九数云、易词云等词云软件实现文本分析数据的可视化。

3. 网络文本数据收集与分析

（1）数据爬虫

明确分析的目的和需求后，筛选数据来源渠道，获取用户相关数据。旅游电子商务平台以及旅游企业网站等上的购买体验文本信息都是可以用爬虫工具直接爬取的。

（2）文本清洗和预处理

用户在网络上的书写表达非常随意多样，汉字中夹杂数字、字母、符号等，语句、段落的表达间断不完整，还会出现大量重复的短语短句，比如有的人会评论"棒棒棒棒""太太太太差了"。文本清洗首要任务是把这些噪声数据清洗掉。ROST 的文本处理功能可以用来进行文本清洗。

（3）分词

分词就是把一段中文文本切割成单独的词。中文分词的难点在于书写中文时字词之间并没有明显的间隔或划分，比如短语"南京市长江大桥"中由于有些词语存在歧义，计算机的分词结果可能是"南京市/长江/大桥"也可能是"南京/市长/江大桥"。显然第一种情况是正确的，但如果算法还不够完善，计算机就可能出错，毕竟两种结果基于汉语构词和语法规则都是说得通的。可见在具体进行分词的时候，结果可能存在一些不合理的情况。基于算法和中文词库建成分词系统后，还需要通过不断的训练来提高分词的效果，如果不能考虑到各种复杂的汉语语法情况，算法中存在的缺陷很容易影响分词的准确性。

（4）词频和关键词

词频就是某个词在文本中出现的频次。简单来说，一个词在文本中出现的频次越多,这个词在文本中就越重要,就越有可能是该文本的关键词。在词频统计之前需要过滤掉文本中的停用词,比如"啊""的""在""而且"这样的语气词、介词、连词等等。过滤停用词需要的停用词表、词库都可以在网上下载。实际应用的过程中,我们还可以在停用词表中添加或删减特定的词汇,使之更加完善或具有针对性,符合当前研究的实际需要。分词、过滤停用词、统计高频词在内的这些操作,都可以通过ROST的分词工具完成。

(5) 语义网络分析

语义网络分析是指筛选统计出高频词以后,以高频词两两之间的共现关系为基础,将词与词之间的关系数值化处理,再以图形化的方式揭示词与词之间的结构关系。基于这样一个语义网络结构图,可以直观地对高频词之间的层级关系、亲疏程度进行分析。其基本原理是统计出文本中词汇、短语两两之间共同出现的次数,再经聚类分析,梳理出这些词之间关系的紧密程度。一个词对出现的次数越多,就表示这两个词之间的关系越密切。每个词都有可能和多个词构成词对,也会有些词两两之间不存在任何共现关系。关键词共现矩阵就是统计出共现词对出现的频率,并将结果构建成二维共现词矩阵表。再经聚类分析处理,将关键词共现矩阵转化为语义关系网络,揭示出各节点之间的层级关系、远近关系。需要特别强调的是,语义网络分析只是根据节点的分布情况来揭示它们之间关系的紧密程度,并不能表示节点之间存在因果关联。基于共现矩阵的关键词语义网络分析,同样也可以通过ROST中的语义分析工具来完成,生成语义网络结构图供分析。

比如赵春艳等[①]以贵州西江千户苗寨为例,基于网络文本分析对其旅游体验感知进行语义网络分析,见图2-3-7。图中,词条连接的线条数目越多,词频就越高;共现频率越高,表明两者之间的关联度也越高。图中苗寨是突出的中心位置,其点度中心性较大,是网络中重要的节点。图中共有6个图层,它们构成游客在西江千户苗寨旅游感知体验中最关注的因素。第一层为核心层,即图中的中心——"苗寨",它的子群范围最大,反映了游客对苗寨的整体认知和旅游时对苗寨感知程度较高、印象最为深刻。第二层为右上角部分是次核心层,由"西江""苗族""景区""夜景""观景台""商业化""地方""特色"这几部分组成,体现了游客对西江千户苗寨的旅游吸引物、地方特色文化的感知程度。第三层为左上角部分,是次核心层的延伸节点,由"中国""晚上""村寨"组成,是对核心层和次核心层的深入讨论,展示了西江千户苗寨的旅游知名度,也反映了这里的夜景景观是游客旅游体验感知的重要组成部分。第四层是正上方部分,由"门票""文化""景色"组成,这部分体现了游客对西江千户苗寨的服务设施、文化、旅游吸引物的感知。第五层是右侧部分,与核心层"苗寨"和次核心层"景区"的关联度最高,说明游客对西江千户苗寨的

---

① 赵春艳,王丽萍.基于网络文本分析的旅游体验感知研究:以贵州西江千户苗寨为例[J].湖北理工学院学报(人文社会科学版),2021,38(2):7-12,19.

民族文化关注度较高,游客的旅游偏好在于对少数民族文化的体验与感知。第六层为正下方、左侧、左下方部分,这部分围绕着核心层"苗寨"展开:高频词"建筑""吊脚楼"体现了游客对苗寨建筑文化的关注与喜爱;"酒店""住宿"则反映了游客对苗寨住宿的评价;"体验""感受""值得"则反映了游客对西江千户苗寨的旅游活动和娱乐体验的认可度,也是对西江千户苗寨旅游服务质量的反馈。

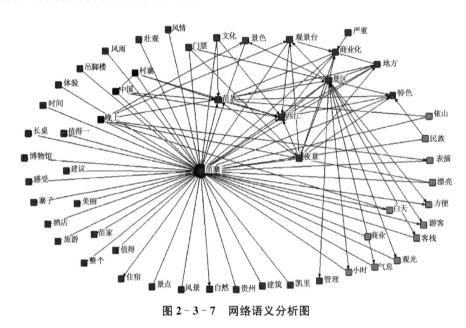

图 2-3-7 网络语义分析图

(三)其他市场数据收集与分析

市场供给调查、竞争对手调查、基本社会经济文化以及科学技术资料收集、旅游专项市场调查等相关的专项数据主要通过二手甚至是三手资料进行收集,主要途径有互联网、图书馆、政府统计机构、国际行业机构、专业机构、大数据等;专业机构文案调查的数据来源主要有中国知网、易观智库、阿里研究院、万方数据库等。

二、旅游市场规模预测

(一)定性预测方法

1. 消费者意向调查法

本方法可以对消费者的购买动机、购买对象、购买数量、购买时间、购买地点等意向进行调查。具体操作步骤如下:

(1)明确调查意向

明确消费者的具体意向,比如对消费者购买北京目的地的意向调查,可以提问"明年你是否打算去北京旅游?"

(2) 选择调查方法

通常采用购买意向概率调查表进行调查,形式如表 2-3-3 所示,把消费者意向分为不可能、可能性很小、可能性平平、很可能、非常可能和肯定六种类型,并赋予不同的概率。

表 2-3-3 消费者意向调查表

意向	不可能	可能性很小	可能性平平	很可能	非常可能	肯定
概率	0	0.2	0.4	0.6	0.8	1
样本	X_1	X_2	X_3	X_4	X_5	X_6

(3) 进行预测调查

可以采用当面询问、电话询问、写信、发放调查表以及开座谈会等方式,调查并统计每种意向的样本数 X_1、X_2、X_3、X_4、X_5、X_6。

(4) 计算预测值

设 $X_1+X_2+X_3+X_4+X_5+X_6=X$,则调查区域明年去北京旅游的人口比例

$$Y=0\times X_1/X+0.2\times X_2/X+0.4\times X_3/X+0.6\times X_4/X+0.8\times X_5/X+1\times X_6/X$$

用比例 Y 乘某区域人口总数,可以得到某区域出游北京的总人数。

2. 销售人员综合意见法

销售人员对产品市场需求了解比较全面,对于不同的影响因素产生的影响判断经验比较丰富,因此销售人员对产品市场的需求预测具有一定的可靠性。此方法预测步骤如下:

(1) 选定销售人员

选择熟知相关旅游市场并长期从事旅游销售以及对旅游市场发展态势有兴趣的销售人员,参与相关旅游市场预测。销售人员的经验丰富程度是影响预测数据准确性的重要因素。

(2) 进行销售预测

请销售人员分别预测相关旅游市场的前景概率及其销售额,前景一般分为:好(最高)、一般以及不好(最低)三种情况(表 2-3-4)。

(3) 计算预测值

计算各位销售人员在不同市场情况下的销售量及其期望值以及多位销售人员预测的平均值,得出预测结果。

表 2-3-4　销售人员综合意见法预测某产品销售量

销售人员	预测项目	销售量/万人次	出现概率	销售量×概率/万人次
A	最高销售量	1 000	0.3	300
A	一般销售量	700	0.5	350
A	最低销售量	400	0.2	80
A	总计	—	—	730
B	最高销售量	1 200	0.2	240
B	一般销售量	900	0.6	540
B	最低销售量	600	0.2	120
B	总计	—	—	900
C	最高销售量	900	0.2	180
C	一般销售量	600	0.5	300
C	最低销售量	300	0.3	90
C	总计	—	—	570

3. 德尔菲法

德尔菲法,也称专家调查法,由美国兰德公司于 1946 年创建。该方法是由企业组成一个专门的预测机构,其中包括若干专家和企业预测组织者,按照规定的程序,背靠背地征询专家对未来市场的意见或者判断,然后进行预测的方法。其预测步骤如下:

(1) 邀请不同领域专家若干名,人数为奇数,通常不少于 5 名。

(2) 由各位专家对所要预测的问题独立地提出自己的估计数据并书面提交主持人。

(3) 专家根据主持人汇总的意见,修改上一轮预测结果。

(4) 重复上述做法,直到专家不再修改自己的意见为止。最终以最后一轮预测的中位数作为预测结果。

4. 情景预测法

情景预测法是一种新兴的预测方法,它通过对未来时间尺度上的发展场景进行预设,以对未来的变化做出合乎情理的判断。由于它不受任何条件限制,应用起来灵活,能充分调动预测人员的想象力,考虑较全面,因此有利于决策者更客观地进行决策,在制定宏观政策和战略等方面有很好的应用效果。主要预测步骤如下:(1) 确定预测主题;(2) 分析未来情景;(3) 寻找影响因素;(4) 具体分析;(5) 预测。

20 世纪 80 年代末,施瓦宁格(Schwaninger)应用情景预测法分析讨论了西欧工业化国家在 2000—2010 年间旅游业可能出现的变化趋势,他分析了经济、社会文化、生态、技术和政治等各种层面的变化对旅游业可能产生的影响以及旅游业的可能变化趋势。70 年代末,巴伦(Baron)也使用情景预测法对泰国旅游业的发展进行了预测研究。

(二) 定量预测方法

旅游市场预测研究常用的定量预测方法有灰色理论模型、人工智能模型、时间序列模型等,旅游规划中使用较多的方法是时间序列模型。

时间序列模型主要是根据按时间顺序排列的数据变动的方向和程度,对旅游市场或其他经济活动进行外延或类推,可以有效地消除或减少随机成分的影响,预测结果可以较好地反映平均需求水平。时间序列模型在短期旅游规划中的预测应用效果较好,但随着预测期的延长,它的准确性和可靠性迅速下降,因此不太适用于中长期预测。传统统计学应用的时间序列预测方法包括无改变法、比例改变法、指数预测法、指数平滑法等。

1. 无改变法

该方法运用的前提是 $t+1$ 段时间内的旅游需求 V_{t+1} 与 t 段时间内的旅游需求 V_t 相等,即 $V_{t+1}=V_t$。这种方法虽然显得有些理想化,但是威特认为,它是所有预测方法中最为准确的。

2. 比例改变法

旅游需求随时间的推移有一定百分比的改变,其预测模型为:$V_{t+1}=V_t[1+(V_t-V_{t-1})/V_{t-1}]$,其中 V_{t+1} 为 $t+1$ 期的预测值,V_t 为现值,V_{t-1} 为 $t-1$ 期的需求量。

3. 指数预测法

预测模型为:$X_t=Q_{t_0}\times(1+p)^{(t-t_0)}$,其中 X_t 为预测值,Q_{t_0} 是预测基数,p 是年均增长率,t 为预测年时间,t_0 为基数年时间。

4. 指数平滑法

指数平滑法[①]是移动平均法中的一种,其特点在于给过去的观测值赋予不一样的权重,即较近期观测值的权数比较远期观测值的权数要大。根据平滑次数不同,指数平滑法分为一次指数平滑法、二次指数平滑法和三次指数平滑法等。但它们的基本思想都是:预测值是以前观测值的加权和,且对不同的数据赋予不同的权数,新数据赋予较大的权数,旧数据赋予较小的权数。指数平滑法预测模型为:

$$S_t=a\times y_t+(1-a)\times S_{t-1}$$

式中:S_t 为 t 期的平滑值;y_t 为 t 期的实际值;S_{t-1} 为时间 $t-1$ 期的平滑值;a 为权系数(平滑系数),其取值范围为[0,1]。

当时间序列无明显的趋势变化,可用一次指数平滑法预测。其预测模型为:

$$y'_{t+1}=a\times y_t+(1-a)\times y'_t$$

式中:y'_{t+1} 为 $t+1$ 期的预测值,即本期(t 期)的平滑值 S_t;y_t 为 t 期的实际值;y'_t 为 t 期的预测值,即上期的平滑值 S_{t-1}。

例如:已知某种产品最近 15 个月的销售量如表 2-3-5 所示:

---

① 预测算法:指数平滑法[EB/OL].(2018-04-17)[2022-04-10]. https://blog.csdn.net/meng_shangjy/article/details/79972512.

表 2-3-5　产品销售量　　　　　　　　　　　　　　　　　　　　　单位：万台

时间序号(t)	1	2	3	4	5	6	7	8	9	10	11	12	13	14	15
销售量(y_t)	10	15	8	20	10	16	18	20	22	24	20	26	27	29	29

数据来源：预测算法：指数平滑法[EB/OL]．(2018-04-17)[2022-04-10]．https://blog.csdn.net/meng_shangjy/article/details/79972512．

用一次指数平滑值预测下个月的销售量 y_{16}。

为了分析权系数 a 的不同取值的特点，分别取 $a=0.1, a=0.3, a=0.5$ 计算一次指数平滑值，并设初始值为最早的三个数据的平均值，以 $a=0.5$ 的一次指数平滑值计算为例，有：

$$S_0^{(1)} = \frac{y_1 + y_2 + y_3}{3} = 11.0 (万台)$$

$$S_1^{(1)} = ay_1 + (1-a)S_0^{(1)} = 0.5 \times 10 + 0.5 \times 11.0 = 10.5 (万台)$$

$$S_2^{(1)} = ay_2 + (1-a)S_1^{(1)} = 0.5 \times 15 + 0.5 \times 10.5 \approx 12.8 (万台)$$

以此类推，求得 $a=0.5, a=0.1, a=0.3$ 时的一次指数平滑值数列，计算结果如表 2-3-6 所示。

表 2-3-6　一次性指数平滑值计算表　　　　　　　　　　　　　　　　单位：万台

时间序号(t)	1	2	3	4	5	6	7	8	9	10	11	12	13	14	15
销售量(y_t)	10	15	8	20	10	16	18	20	22	24	20	26	27	29	29
$S_t^{(1)}(a=0.1)$	10.9	11.3	11.0	11.9	11.7	12.1	12.7	13.4	14.3	15.3	15.8	16.8	17.8	18.9	19.9
$S_t^{(1)}(a=0.3)$	10.7	12.0	10.8	13.6	12.5	13.6	14.3	16.0	17.8	19.7	19.8	21.7	23.3	25.0	26.2
$S_t^{(1)}(a=0.5)$	10.5	12.8	10.4	15.2	12.6	14.3	16.2	18.1	20.1	22.0	21.0	23.5	25.3	27.2	28.1

按表 2-3-6 可得，时间序号第 15 个月对应的 19.9、26.2、28.1 可以分别根据预测公式来预测第 16 个月的销售量。

以 $a=0.5$ 为例：$y_{16} = 0.5 \times 29 + (1-0.5) \times 28.1 = 28.55 (万台)$

由上述例题可得以下结论：

(1) 指数平滑法对实间序列具有平滑作用，权系数（平滑系数）a 越小，平滑作用越强，但对实际数据的变动反应较迟缓。

(2) 在时间序列的线性变动部分，指数平滑值序列出现一定的滞后偏差的程度随着权系数（平滑系数）a 的增大而减少，但当时间序列的变动出现直线趋势时，用一次指数平滑法来进行预测仍将存在明显的滞后偏差，因此也需要进行修正。修正的方法是在一次指数平滑的基础上再进行二次指数平滑，利用滞后偏差的规律找出曲线的发展方向和发展趋势，然后建立直线趋势预测模型，故称为二次指数平滑法。

第三节　旅游市场定位

在上述旅游资源和旅游市场两大板块调查与分析的基础上,需要对规划区客源市场、目标人群以及旅游产品等进行定位。

一、客源市场定位

美国著名旅游市场学家埃塞尔等人,按旅游者流向将客源市场分为:一级市场,即游客人数占目的地接待总人数比例最大的客源市场;二级市场,即游客人数在目的地接待总人数中占相当比例的客源市场以及当前游客数量尚较少的机会市场。结合我国情况,原则上把占比为60%~80%的客源地定为一级目标市场(核心市场),其余占比地区定为二级目标市场(开拓市场),剩余零星客源地定为三级目标市场(机会市场)。规划区客源地定位的数据来自客源市场调查中的客源地数据。

二、目标人群定位

对规划区产品主要购买人群进行定位,又称游客画像。其依据是客源市场调查中的五大人口学特征和消费行为特征。按照年龄、性别、职业和收入、家庭结构、出游方式、购买动机以及消费层次等标准,可以确定目标游客群体。比如:按年龄划分,有老中青三大市场;按性别划分,有男女两种市场;按出游方式划分,有跟团游和自助游两种市场;按购买动机划分,有观光、购物、度假、探亲访友、会议和商务旅游等市场。比如,2020年1月1日,携程发布的《2020元旦中国人全球"跨年旅游"报告》中显示,中国游客2020年元旦"跨年"画像如下:①出游人群画像:"00后"成新势力。2020年的跨年旅游成为"90后"和单身人士的狂欢。开始迈入30岁门槛的"90后"2020年元旦跨年旅游首次超过"80后",在旅游者中占比最高。同时,随着单身经济崛起,独自上路的旅游者占到16%。②出游地画像:温暖是首选。在国内的跨年旅游目的地中,2020年元旦三亚热度最高。携程数据显示,元旦跨年旅游境内城市前十名依次是三亚、广州、昆明、北京、丽江、哈尔滨、厦门、桂林、上海、重庆。③出游消费画像:全球购更受欢迎。跨境旅游的同时,购物也是中国游客热衷的跨年项目之一。根据携程旗下购物平台"全球购"用户领券相关数据统计,2020年元旦期间,购物排行榜前十名依次是:东京、大阪、中国澳门、名古屋、札幌、普吉岛、曼谷、中国香港、新加坡、迪拜。

三、旅游产品定位

产品市场定位就是规划者根据规划区资源特色以及市场需求特征,并结合市场的竞争情况，确定规划区旅游产品开发的主题形象和地位，即通过对客源市场的了解和掌握，为规划区产品树立区别于竞争对手的形象，帮助游客寻找与竞争产品的差异性，在游客心中形成与众不同的印象，获取更多的游客认同感。规划区开发旅游产品时，应该针对重点产品进行总体主题形象定位，其依据为规划区旅游资源特色、游客对规划区产品的偏好、专项市场发展趋势以及竞争对手的产品定位等。

项目四：规划区旅游市场营销策划

【学习目标】
1. 知识目标
(1) 理论知识目标
理解并掌握营销组合理论、市场细分理论、目标市场选择理论以及市场选择波士顿模型。
(2) 实践知识目标
掌握旅游市场营销 STP 定位策略和营销组合策略。
2. 职业能力目标
能够对规划区旅游产品进行营销方案策划。
3. 项目任务目标
制定规划区旅游产品市场营销策划方案。

第一节 旅游市场营销策划理论

一、4P、4C、4R 理论

(一) 4P 理论

营销组合理论的出现引发了 4P 理论的诞生。1953 年,尼尔·博登(Neil Borden)提出了"市场营销组合"这个术语,指出市场需求在一定程度上受到"营销变量""营销要素"的影响。企业为了赢得积极的市场反馈,应该对这些变量、要素进行组合,从而获取最大利润。营销组合含有几十个要素,博登提出的要素为 12 个。1960 年出版的《基础营销》中,作者杰尔姆·麦卡锡(Jerome McCarthy)将众多要素归为 4 类——产品(product)、价格(price)、渠道(place)和促销(promotion),这就是经典的 4P 理论。

在旅游市场营销中,影响旅游企业的市场营销活动的因素分为可控因素(产品、价格、渠道和促销)、不可控因素(社会、经济、人口、政治、技术、法律、环境、道德和地理)。旅游企业经营者为了获得经济利益,将产品、价格、渠道和促销这 4 个因素组成一个组合,吸引游客进行旅游方面的消费。4P 理论把许多影响旅游市场营销的因素概括成 4 点,对旅游企业来说简单明了,有益于企业理解,并可以指导旅游企业根据 4P 来定位自己的企业营销策略。4P 在一定程度上起了理论框架指导的作用,并能够帮助旅游企业建立有效的旅游市场营销组合。

6P 是菲利普·科特勒(Philip Kotler)在 4P 的基础上又加上 2 个"P":政治力量(political power)和公共关系(public relations)。科特勒认为,旅游行业应该影响营销环境的发展,而不只是顺应营销环境。政治力量方面如政府已经认识到旅游是拉动当地经济的抓手,所以政府的介入对旅游业的影响也是不容忽视的,如《国务院关于推进海南国际旅游岛建设发展的若干意见》对海南发展旅游业起到了正向、积极的推动作用。而公共关系方面工作的良好开展能够帮助旅游企业塑造良好的社会形象。例如 2018 年 11 月 17 日凌晨东航机票系统漏洞导致了国内航线头等舱机票价格低至 90 元,面对这种突发状况,东航当天就及时作出回复:售出机票全部有效。这个回复为东航赢得了良好的游客口碑,"超低价机票"危机事件展现出了东航良好的公共关系营销策略,所以旅游企业应该利用好公共关系,做好旅游市场营销工作。

在旅游业发展早期,旅游产品属于稀缺品,供小于求,4P 理论是适用的。这一时期的旅游企业提供的旅游产品是什么,游客就接受什么,例如:以前旅行社统一的"八菜一汤",上车睡觉、下车拍照的游览模式。但是,随着旅游市场的更新、富饶经济学的出现、消费者个性旅游的突出等,4P 理论的局限性逐渐凸显,因为 4P 理论在营销方面注重从旅游企业的角度去研究,而忽略了从市场角度、消费者旅游偏好等方面进行研究。

从富饶经济学的角度来看,旅游企业应从游客或者旅游行业市场需求出发进行相关考虑,而 4P 和 6P 只考虑旅游行业本身,这是不够的,旅游市场营销过程是服务交换关系的过程,而 4P、6P 只是从单一视角出发考虑问题,无法满足服务市场交换关系的需要,所以从这一方面来说,4P、6P 理论无法满足旅游市场营销的需要。

(二) 4C 理论

1990 年,美国的营销专家罗伯特·劳特朋(Robert Lauterborn)提出了 4C 理论,4C 即消费者(customer)、成本(cost)、便利(convenience)和沟通(communication)。该理论以消费者需求为导向,提出企业不应再将目光放在自己的产品上,而是要针对顾客需求来生产产品,此外,其还将市场营销组合的 4 个要素重新进行了界定。顾客满意度是 4C 理论侧重的内容,该理论认为应通过降低顾客的购买成本和提高购买过程中的便利程度,以及与顾客保持沟通,从而进行有效的市场营销。与 4P 理论不同的是,该理论不从企业的角度出发制定市场营销策略。

4C 理论的出现很好地诠释了以游客为导向的重要性,其提出以游客所希望的价格去定价(例如:游客希望可以抱团定制价格,那么旅游企业就应该根据游客购买能力开发线路),还要方便游客购买(要使游客在线上和线下都可以购买到旅游服务,都可以参团),以及更多以游客沟通为主的游客导向观点。4C 理论强调了 4P 理论忽略的游客市场,但是 4C 理论过于强调游客,而且只以游客为中心,也存在一定的弊端。比如,游客希望以超低的价格购买高质量的产品,具体而言就是希望例如团费越低越好,而住的酒店越高级越好。根据马斯洛需求层次理论,游客的要求是逐步得到满足和发展的,最初游客旅游,只是走走看看,"到此一游"之类,早期的游客对于旅游行业的认知较为模糊,没有具体的概念界定,所以只能选择旅游企业能够提供的旅游产品来进行体验。而在4C理论下,游客已经由较低层次的注重旅游的可得性转变为追求旅游的个性化以及从中得到的旅游体验及心理满足感,而旅游行业在其中只能被动接受游客的主观意识导向,"被游客牵着走"。而且在社会主义市场经济条件下,无数旅游企业争相出现,例如携程、去哪儿、阿里旅行等线上旅游企业,如果旅游行业只关注游客,不关注同类型旅游企业间的竞争,那么将很难发展,因为游客对于旅游的高品质体验的要求是逐渐提高并难以控制的,可见,4C理论对于旅游企业来说也是不完善的理论。

(三) 4R理论

过度以消费者为中心的4C理论,使得旅游企业的发展较为被动,美国学者唐·舒尔茨(Don Schultz)在此基础上提出了4R理论,4R即关联(relevance)、反应(reaction)、关系(relationship)和回报(reward)。该理论强调关系营销,侧重于企业和顾客关系的互动,不仅从企业的利润角度进行考虑,而且也能考虑到消费者的需求,所以更为实际可行。现行旅游业态的发展使得旅游企业不能只关注游客,而必须以快于竞争者对手的速度实现与顾客良好的互动,以实现自身目标。"互联网+旅游"的提出,使得企业与客户互动成为可能并得到迅速发展。例如:携程从以前无限制地在机场、酒店派发小卡片进行市场营销,发展到线上营销,通过定制旅游线路、酒店团购、机票团购和各种旅游攻略的推广等旅游营销策略来提高游客的黏性,将游客在旅游过程中可能的旅游需要一一进行覆盖,这就是一种关系营销,而不是单纯地为游客提供旅游参团服务。线上企业马蜂窝是一家以内容和用户为主的旅游网站,游客社群关系营销是它的特点。共享经济的产生使得众多游客不仅是游览活动的参与者,更是游览活动的生产者,游客参与旅游,通过平台预定旅游产品,完成旅游消费体验并把旅游活动写成游记分享到马蜂窝平台上,这使旅游企业与游客之间实现了良好的关系互动。

4R理论提出旅游企业应该注重竞争,并强调旅游关系营销。从营销关系来看,这是一种新的尝试,而对旅游关系营销如何实现,旅游企业与游客如何实现共赢等方面的研究,4R理论有待加强。随着大众旅游消费时代的到来,黄晓玲[①]认为,4P理论是发展旅游行业、做好旅游市场营销的基础,其他理论都是由该理论派生而来的,而且4P理论具有很强的可操作性。6P理论注重外部环境的影响,4C理论强调游客,4R理论强调游客关系营销,它们都是从单方面切入旅游市场,而如何在旅游市场营销中运用这些理论

---

① 黄晓玲. 理论指导下旅游市场的营销分析:以 4P、6P、4C、4R 为例[J]. 旅游纵览(下半月),2019,289(2):19,21.

还有待实践。不论怎样,旅游企业要想实现良好的旅游市场营销就必须通过4P理论来开展相关工作,其他理论的研究者应该研究如何从不同方面去完善4P理论。4P、4C和4R存在实质上的关联:从思考如何设计和研发"产品"到强调从"顾客"需求的角度思考如何设计和研发产品,再到强调从企业和顾客"关联"的角度设计和研发产品;从考虑如何制定产品的"价格"到强调从消费者"成本"的角度考虑如何制定最合理的价格,再到强调从为消费者和企业带来"回报"的角度制定价格;从"促销"到强调从与消费者如何实现"沟通"的角度思考促销的方式,再到强调从与消费者建立长期"关系"的角度思考促销;从建立营销"渠道"到强调从消费者购买的"便利性"的角度来确立营销渠道,再到强调从提高市场"反应"速度的角度来确立营销渠道。4C和4R仍然没有跳出4P确立的营销框架,只是对4P内涵的丰富和发展①。总之,旅游市场营销组合理论虽在不断发展,但万变不离其宗。4P理论是旅游市场营销组合理论的经典,它奠定了其他理论的基础,其他理论是对4P理论范畴的扩展或内涵的丰富和发展。由于旅游产品的特殊性,旅游产品这一营销变量本身可能延伸扩展出新的营销变量,7P中的另外3P[(people(人)、process(过程)、physical evidence(有形展示)]和8P中的另外4P[partnership(合作)、people(人)、packaging(项目包装)、programming(活动策划)]都是旅游产品范畴的扩展。

二、旅游市场细分理论

(一)市场细分的概念

市场细分就是将一个大市场划分为若干小市场的过程,就把在某一方面具有相同或相近的需求、价值观念、购买心态、购买方式的消费者分到一起。旅游市场细分是指旅游经营者根据旅游者特点及其需求的差异性,将一个整体市场划分为两个或两个以上具有相似需求特点的旅游者群体的活动过程。这些群体可能需要不同的产品组合或营销组合。

(二)市场细分的原则

1. 可衡量性原则

可衡量性指细分市场的规模和购买力能够予以衡量的程度。市场的划分对于企业来讲必须有一定的市场吸引力,即细分出来的市场要有明显的范围,而且该市场的规模及其购买力的大小也能估量,从而可以计算出这个市场能为企业创造的价值。有些市场细分变量很难衡量。比如,因反抗父母而饮酒的青少年细分市场的规模,就很难予以衡量。

2. 可进入性原则

可进入性指细分市场可以进入并为之服务的程度。细分市场必须是企业可以进入

---

① 许刚. 旅游市场营销组合理论综述[J]. 北方经贸,2010(5):131-132.

的,并且对于企业来说机会成本是比较低的,企业通过适当的营销组合策略和利用企业的资源条件是可以达到占领目标市场目的的。比如,有20%的大学餐馆的顾客属于常客,但是常客没有任何共同的特征,他们中既有大学教职员工,也有学生。在学生的兼修、全修或年级方面,并没有什么有用的区别。尽管该细分市场已经被识别出来,却无法进入。

3. 可盈利性原则

可盈利性是指细分市场在规模和可盈利性方面值得作为目标市场的程度。所选择的细分市场要有足够的需求,并且有一定的发展潜力,使企业获得稳定的利润。一个细分市场应该是一个大的同质群体,并且从经济的角度看值得为它制订专门的营销计划。比如,在大都市地区,可以开各种不同国家居民所喜欢的餐馆。但在小城镇里,泰国餐馆、越南餐馆和摩洛哥餐馆就都难以生存了。

4. 可行动性原则

可行动性原则是指不同细分市场的特征必须是非常明显的,划分要素是非常清楚的,如按性别划分、按年龄划分、按心理划分等,而且这种划分是有效的,可以为企业的生产和产品销售指明方向。比如,一家小型航空公司识别出七个细分市场,但公司的人员力量和资金能力都不足以制订出能分别为每个细分市场服务的营销计划。

(三) 旅游市场细分

通常用于细分旅游消费者市场的主要变量包括地理变量、人口统计学变量、心理变量以及行为变量。

1. 地理细分

地理细分是企业按照旅游者所在的地理位置来细分旅游市场,以便企业从地域的角度研究各细分市场的特征。通常地理细分依据有:①按主要地区细分。世界旅游组织将国际旅游市场划分为六大区域,即欧洲区、美洲区、东亚及太平洋区、南亚区、中东区、非洲区。据有关统计数据,欧洲区和北美区出国旅游者及所接待的国际旅游者人数最多,国际旅游收入也最高。而近20年来,旅游业发展和增长最快的地区则是东亚及太平洋区。②按国家细分。这是旅游业最常用的一个细分标准。把旅游者按其国别划分,有利于旅游地或旅游企业了解主要客源国市场情况,从而针对特定客源国市场的需求特性,制定相应的市场营销策略,提高市场营销效果。③根据客源国与接待国之间的距离细分。可分为远程市场、中程市场、近程市场(或称邻近国市场)。④根据旅游者的流向细分。比如根据旅游者的流向可将旅游市场分为一级市场、二级市场和机会市场。

2. 人口统计细分

人口统计细分指根据人口统计变量,如年龄、性别、家庭生命周期、收入、职业、教育、宗教、种族和国籍,对市场进行细分。人口统计因素是划分消费者群体最为通行的依据,原因有二:一是消费者的需要、欲望和购买频率的变化往往与其人口统计变量密切相关;

二是人口统计变量与其他许多变量相比更加容易衡量,即使是先使用其他变量,如个性或行为作为划分市场的依据,也必须用人口统计特征来衡量目标市场的规模,以便有效进入目标市场。通常人口细分依据有:①按年龄、性别与家庭生命周期进行细分。其中,按年龄细分可分为 6 岁以下、6~11 岁、12~19 岁、20~34 岁、35~49 岁、50~64 岁、65 岁及以上等,或者可分为儿童市场、青年市场、中年市场、老年市场等。按性别细分,如参加探险旅游的多为男性,而女性外出旅游时则更注重人身财产安全;公务旅游以男性为主,家庭旅游时间和旅游目的地的选择也一般由男性决定,在购物方面女性通常有较大的发言权;在购买旅游产品时,男性通常对价格反应较迟钝,而女性则较敏感。②按收入、职业、民族、宗教、受教育程度和社会阶层进行细分。其中,按收入细分,如收入较高的人往往喜欢到高档饭店消费,往往愿意选择豪华型旅游产品和服务,而收入较低的人则通常在普通饭店消费,更愿意选择经济型旅游产品和服务。按种族或民族细分,可以更好地满足不同种族或民族游客的不同需求,从而进一步扩大旅游企业的产品市场规模。按职业细分,可分为专业技术人员、管理人员、官员和老板、普通职员、农民、退休人员、学生、家庭主妇、失业人员等;按受教育程度细分,一般可分为小学或以下学历、中学学历、中专学历、大专和大学学历、硕士及以上学历等;按宗教细分,可分为佛教、基督教、犹太教、伊斯兰教、印度教等。

3. 心理细分

心理细分指按心理因素进行细分,即按照旅游者的生活方式、态度、个性等心理因素来细分旅游市场。通常心理细分依据有:①生活方式,即人们生活和花费时间及金钱的模式,是影响旅游者的欲望和需要的一个重要因素。目前,越来越多的企业按照旅游者的不同生活方式来细分旅游市场,并且针对生活方式不同的旅游者群体来设计不同的产品和安排市场营销组合。例如,家庭观念强的旅游者外出旅行时更多的是家庭旅游,事业心重的游客外出旅游则以公务旅游、修学旅游为主。针对生活方式不同的旅游者群体,不仅设计的产品不同,而且产品价格、经销方式、广告宣传等也有所不同。许多企业从生活方式细分中发现了更多、更有吸引力的市场机会。②态度,即旅游者对企业及其产品和服务的态度,如对待"我曾听说过某品牌,但我并不真正了解它"之类持中间态度的旅游者,应通过提供详细资料,大力开展有说服力的促销活动;对待"某品牌是市场上最好的"之类持积极态度的旅游者,应利用持续的促销活动和与旅游者签订合同的办法加以巩固;对于"某品牌比另外某品牌差"之类持消极态度的旅游者,要改变其态度是较困难的,应把促销工作做细,并改进产品质量,提高企业形象。一般来说,企业放弃持"消极态度"的细分市场是合适的,因为企业进行市场细分,并不是要企业利用一种营销努力来满足所有旅游者群体的要求。

4. 行为细分

行为细分是根据旅游者对旅游产品的了解程度、利益、消费情况或反应,将旅游者划分为不同的群体。行为变量主要有行为目的、时机、利益、使用者状况、使用率、忠诚状况等。通常行为细分依据有：①按一般旅游者外出旅游的目的来细分市场，大体上可划分为以下几种：度假旅游、商务旅游、会议旅游、工作假期旅游、宗教或精神探索旅游、探险旅游、体育保健旅游、探亲访友、外出购物旅游、以教育为目的的旅游。这些细分市场，由于旅游者购买目的不同，对旅游产品的需求特点也有差异。如度假旅游者需要较高的服务含量，在做决定时需要时间和指导意见，并不断做价格比较，通常度假时间较长，且受季节变化影响。而商务旅游者则做决定较快，通知的提前时间较短，出行时间短、次数多，对价格的敏感性不高，不受季节变化影响，他们需要的是快捷、方便、灵活和单据齐全。②按购买时机细分市场。根据旅游者产生需要并购买或消费产品和服务的时机，可将他们区分开来。例如，某些产品和服务主要适用于某些特定的时机，诸如"五一"国际劳动节、国庆节、春节、寒暑假等。旅游企业可以把购买时机作为细分指标，专门为某种特定时机的特定需求设计和提供旅游服务，如专门为学生提供寒暑假特别旅游服务等。③按旅游者寻求的利益细分市场。即按旅游者对产品和服务追求的不同利益，将其归入各群体。一般来说，旅游者购买某种产品，是在寻求某种特殊的利益。因此，企业可以根据旅游者对所购产品追求的不同利益来细分市场。旅游企业在采用这种方法时，要判断旅游者对旅游产品所追求的最主要利益是什么，他们各是什么类型的人，企业的各种旅游产品提供了什么利益，旅游者追求的利益与企业提供的利益是否匹配等。只有了解了旅游者寻求的真正利益，企业才能通过为旅游者提供最大的利益来实现自身的营销目标。④按使用者状况细分市场。旅游市场可被细分为某一产品和服务的从未使用者市场、曾经使用者市场、潜在使用者市场、首次使用者市场和经常使用者市场等五类。在某种程度上，经济状况将决定企业把重点集中在哪一类使用者群体的身上。在经济增长缓慢时，企业要把重心放在首次使用者群体上，或在生命周期中进入新阶段的人。为了保持市场份额，企业应该在维护品牌知名度和阻止忠诚客户转移上做工作。⑤按使用率细分市场。使用率是指旅游者使用某种产品和服务的频率，据此，旅游市场被细分为少量使用者市场、中度使用者市场和大量使用者市场等三类。例如，一份旅游业的研究报告指出，旅行社的经常性旅客在假日旅游上比不经常旅游的旅客投入更多，更喜好变革，更具有知识和更喜好成为意见带头人。这些旅客经常旅游，常常从报刊、书籍和旅游展示会上收集旅游信息。很显然，旅行社应该指导其营销人员主要通过电信营销、特定合作和促销活动把重点放在经常性旅客群体身上。⑥按旅游者忠诚程度细分市场。旅游者忠诚程度是指一个旅游者更偏好购买某一品牌产品和服务的一种持续信仰和约束的程度。根据旅游者的忠诚状况，将他们分为四类：坚定忠诚者，即始终不渝地购买一种品牌的消费者；中度的忠诚者，即忠诚于两种或三种品牌的消费者；转移型的忠诚者，即从偏爱一种品牌转换到偏爱另一种品牌的消费者；多变者，即对任何一种品牌都不忠诚的消费者。

三、目标市场选择理论

目标市场是指通过市场细分被企业所选定的,企业准备以相应的产品和服务去满足其现实的或潜在的消费需求的一个或几个细分市场。目标市场由一些具有相同需要或特征的购买者组成,他们是企业决定为之服务的对象。

(一) 目标市场选择依据

目标市场选择依据主要有三个,分别是:①细分市场的规模与潜力,应尽量选择规模和潜力都比较大的市场作为目标市场;②企业在细分市场上的竞争力,即企业在该目标市场上是否有相应的产品,是否具有竞争力;③企业的目标与资源,即企业的目标和资源是否能满足市场需要。可以由图 2-4-1 矩阵进行选择。

图 2-4-1 目标市场分析模式

(二) 目标市场选择模式

1. 密集单一市场

密集单一市场模式也称为产品或市场集中型模式,是指企业只为某一类顾客群供应一种产品。这种模式通常为小企业所采用。

2. 产品专业化

产品专业化模式是指企业向各类顾客群供应同一系列产品。

3. 市场专业化

市场专业化模式是指企业为某一类顾客群供应多种产品,满足其多种需求。

4. 有选择的专业化

有选择的专业化模式是指企业选择多个细分市场,为每个细分市场供应不同的产品,每个细分市场之间很少有或者根本没有任何联系。

5. 完全掩盖市场

完全掩盖市场模式是指企业打算为需求不同的各种群体供应各种不同的产品,力求满足顾客全部的需求。

各模式图解见图 2-4-2。

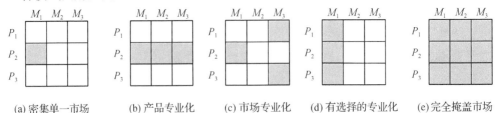

图 2-4-2 目标市场选择模式

(三) 目标市场选择策略

1. 无差异市场策略

无差异市场策略是指企业不考虑细分市场的差异性,把整个市场看作一个具有相同或近似需求的大的目标市场,并以单一的市场营销组合去满足该市场的需要。这种策略要依赖具有广泛性的分销渠道和具有大众性的广告宣传,力图在人们的心目中建立一个稳固的产品形象。采取无差异市场策略时,由于不必进行市场细分,营销调研和产品开发费用也能节省下来。

2. 差异性市场策略

差异性市场策略是指企业选择几个细分市场作为目标市场并分别为每个目标市场设计营销方案的一种策略。比如,雅高酒店集团是一家法国公司,经营着四十多个具有不同商标名称的产品,管理着不同品牌和类型的酒店。其中包括一些豪华酒店、三星级酒店、二星级酒店、有限服务酒店以及以老年人群体为市场的延期逗留饭店。这种细分策略使雅高集团跻身于全球最大的酒店集团之列。差异性市场策略针对不同目标市场的特点,分别制定出有针对性的市场营销组合,以尽可能地满足目标顾客的不同需求。

差异性市场策略正好符合了旅游需求多样性的特点,有利于吸引更多的旅游者,强化旅游地形象和提高市场竞争力,进而更多地促进销售。但是,差异性市场策略同时会带来成本的增加。调整产品使之符合不同子市场的需要,通常会涉及额外的研究与开发、工程或特殊手段所需要的费用,而且通过多种营销途径去影响不同的子市场,也会增加市场运营成本。

3. 集中性市场策略

集中性市场策略即选择一个或少量几个细分市场作为目标市场,以便集中全部精力,凭借有限的人、财、物取得较高的市场占有率。运用这种策略的企业不是要去占领一个大市场中的小份额,而是追求一个或几个小市场中的大份额。通过集中性市场策略的实施,旅游目的地在目标市场中能取得强有力的位置。由于市场营销过程具有较高的专业性与针对性,因此经济性较强,投资回收率也较高。但集中性市场策略的风险相对较大。

(四) 目标市场营销策略选择

企业在选择市场覆盖策略时要考虑五项重要因素:一是企业资源。当企业资源有限时,最适合的策略就是集中性营销策略。二是产品同质程度。对于同质性产品,比较适合的策略是无差异营销策略。在设计上有所不同的产品,如餐馆,更适合选择差异性或集中性营销策略。三是产品所处的生命周期阶段。当企业生产一种新产品时,比较可行的是只推出一种型号的产品,并且无差异或集中性营销策略可能是最合适的策略。在产品的成熟期,差异性营销变得更加可行。四是市场的同质性。如果购买者有同样的品位,购买同样数量的产品时,对营销策略做出同样的反应,那么,无差异营销策略就是适合的。五是竞争者策略。当竞争者采用市场细分策略,那么自身采用无差异营销策略就无异于自杀。相反,倘若竞争者采用无差异营销策略,则自身采用差异性或集中性营销策略就能赢得某种优势。

四、波士顿矩阵及其构建

波士顿矩阵是美国波士顿咨询集团公司于1970年开发的一种分析和规划企业产品组合的方法,常用于业务投资组合的分析。其特点是根据市场成长率和相对市场占有率把组合划分为四种类型,即明星市场、金牛市场、问题市场、瘦狗市场。根据各市场所处状态实施相应的战略并加以调整,以实现市场整体的合理发展。近年,波士顿矩阵分析法被扩展应用于不同的研究领域。如图2-4-3(a)所示,其横轴代表相对市场占有率,纵轴代表市场成长率,四个象限分别为明星市场、金牛市场、问题市场、瘦狗市场。从市场成长率和相对市场占有率的高低来看,明星市场是双高,主要采取发展战略;金牛市场是高占有率、低成长率,主要采取维持战略;问题市场是高成长率、低占有率,根据实际情况,可采取发展战略或放弃战略;瘦狗市场是双低,采取放弃战略。

波士顿矩阵是一个不完全的循环系统,因为瘦狗市场处于"双低"状态,在无望的时候是无法实现转移的,最终要被淘汰。而其他三个市场则至少有"一高",因而具有实现转移的基本条件。如图2-4-3(b)所示的变化图,一般情况下,一个市场的兴起会在初期阶段实现较高的成长率,而其相对市场占有率是低的。依据波士顿矩阵,其为问题市场。如果是发展前景好的问题市场,在实施一定的促进措施后会实现相对市场占有率的增长,从而进入明星灰色系统模型市场。如果是没有发展前途的问题市场,随着成长率的降低,其将下降到瘦狗市场。而明星市场在高成长的同时,其相对市场占有率也会逐步稳固。相对市场成长率达到一定的限度后会逐渐降低,随之而来的是进入高占有率、低成长率的金牛市场。金牛市场凭借其高市场占有率将会处于一个相对稳定的现金收获阶段,从而可以为其他市场的发展提供资金方面的支持。当金牛市场的相对市场占有率稳定时,如果出现新的增长点,会随着市场成长率的增加而返回明星市场。如果其相对市场占有率处于下降阶段,会随着新增长点市场成长率的提高而进入问题市场。如果没有新的增长点,其相对市场占有率会随着市场成长率的降低而下降,从而萎缩至瘦狗市场。瘦狗市场如果出现新的增长点,随着市场成长率的提高,其有可能返回问题市场。如果没有新的增长点,其将被淘汰。市场顺利稳定发展的关键是避免进入瘦狗市场。明星市场份额充足显示的是市场发展前景看好,金牛市场份额充足显示的是资本市场有一定的实力,而问题市场份额充足显示的是市场发展期阶段的不稳定性。

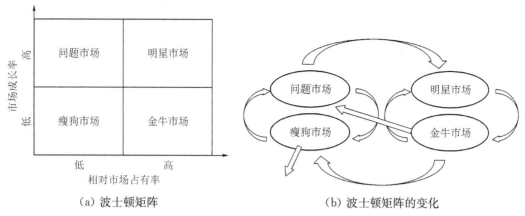

图 2-4-3 波士顿矩阵及其变化

第二节 旅游市场营销策划实践

旅游市场营销策划要坚持一个理念,即以游客需求为导向;实现两个维度目标,即企业发展与游客满意;树立三个思想,即定位思想、战略思想和竞争思想;采取 4P/4C/4R 策略,开展的营销活动。本书采用 STP 策略对旅游市场进行定位,采用 4P 营销组合策略进行营销方案策划。

一、STP 营销定位

STP 中的 S 指 segmenting market,即市场细分,T 指 targeting market,即选择目标市场,P 为 positioning market,即市场定位。STP 策略最早是由美国营销学家温德尔·R. 史密斯(Wendell R. Smith)于 1956 年提出,后由菲利普·科特勒进一步发展和完善。STP 策略是指企业通过市场细分、评估细分市场,选择一个或几个细分市场作为目标市场,并以此为依据对产品市场进行定位,设计相应的产品,确定有关产品细节,开展市场营销活动。旅游 STP 策略的实施步骤为:首先,对旅游目标进行市场细分;其次,对每个细分市场的吸引力进行评价;再次,选择一个或几个细分市场作为企业销售目标的细分市场;最后,对所选择的旅游目标市场进行产品竞争性定位。

(一)旅游市场细分

根据细分市场理论,进行客源市场调查,获取旅游消费者和旅游产业市场相关数据,再根据市场细分的原则和步骤对旅游市场进行细分。市场细分策略主要有:

1. 单一变量法

单一变量法是指根据用户的某一个因素进行市场细分。如儿童玩具,可以用"年龄"这个变量来进行细分。现实的市场细分很少使用单一变量,因为这样的划分办法过于简单,不满足市场需要。

2. 综合变量法

综合变量法是指按影响需求的两种以上的因素进行市场划分。例如,在上例中,除了年龄以外,还可以加入性别、收入和消费习惯等因素。

3. 系列变量法

系列变量法是指根据企业营销的需要,按照影响需求的各种因素由大到小排列、由粗到细进行市场划分。

4. 多因素分析法

多因素分析法是指综合考虑市场因素对产品销售的影响,在不断变化的市场中寻找对产品销售影响最大的因素加以分析。

(二) 评估旅游细分市场

不是每个细分市场都值得企业进入,在进行目标市场选择前,必须先对细分的各个市场进行评估,因为企业一旦选择了某个市场作为自己的目标市场就意味着企业要投入资源进行市场运作,如果目标市场选择错误则企业必将承担由此造成的巨大损失。在评估不同的细分市场时,必须考虑其是否具备以下三个要素:一是有一定的市场规模和发展潜力;二是细分市场具有良好的吸引力;三是符合旅游景区的目标和资源能力。如果一个细分市场符合企业的目标,接下来就必须确定它是否拥有足以使它在该市场获得成功的技能和资源。如果缺乏在该市场竞争成功的优势,而且还不能轻易赢得这种优势,那么就不要进入这个细分市场。只有在某个细分市场上能够提供超过竞争者提供的价值并拥有多种优势时,企业才能进入该市场。

(三) 旅游目标市场选择

目标市场是企业打算进入的细分市场或者是打算满足的客户群体。企业进行市场细分的目的就是对目标市场进行选择。企业营销主体在分析判断的基础上,选择和决定最有利于企业发展的细分市场作为目标市场。

1. 单一市场集中模式

单一市场集中模式指营销主体立足自身资源和旅游产品的优势,从市场和需求的角度出发,将目标集中在某一特定的细分市场,集中力量为之服务。这种模式可以使营销主体更加了解自己所选择的细分市场的需求,从而采取更加有针对性、预见性和实效性的营销组合策略,往往会达到市场占有力强、声誉好、效益佳的目标,但由于产品单一、市场特定,因此也有较大的风险。这种模式适合资源有限、产品相对较少、规模有限的营销主体。

2. 产品专门化模式

产品专门化模式是指营销主体在某一个阶段同时为几个不同细分市场的消费群体设计和推出同一种旅游产品。由于是面对不同的消费群体,营销主体可以在同一种旅游产品的档次、内涵、质量、功能、价格等方面做出调整和优化,以实现一种产品功能和潜能发挥最大化,比较容易打造出精品,获得较高的评价和声誉。这种模式极其有利于产品的高度黏合和深度开发。由于市场面的扩大,营销主体可以摆脱对个别细分市场的依赖,减少经营风险,但因为忽略了消费者的不同需求,很难让所有旅游消费者都满意。这种模式比较适合具有垄断性或明显竞争优势的营销主体,如世界遗产类景区。

3. 市场专业化模式

市场专业化模式是指营销主体为了满足某个细分市场的需求,为该市场设计和推出了各有侧重、各成系列的产品,立足自身资源实际和旅游产品特点,最大化地满足该市场消费群体的各种需要。这种模式能够满足各类游客的全部需求,并能建立与游客之间的良好关系,降低成本。这种模式要求营销主体有十分丰富的旅游资源和产品,有很强的旅游产品设计和开发能力。

4. 专业化模式

专业化模式是指营销主体有计划、有针对性地同时选择若干不同的细分市场群体,立足自身实际和消费者的消费需求,设计和推出不同的旅游产品。这种模式是当前营销主体普遍采取的一种模式。优点是自己能有多种旅游产品针对多个市场,实行多元化经营,能分散经营风险,即使某一个细分市场的营销不见成效,还能通过在其他细分市场的努力,获得总体效果和盈利。但问题是它会分散营销主体的力量,而且要在不同的市场同时面对多个竞争对手。这种模式适合资源相当丰富、产品相对较多、有较大规模的营销主体,如省一级旅游部门和大型旅游综合体、景区。

5. 全面化模式

全面化模式是指营销主体将所有的旅游消费市场作为目标市场,进行全面营销,设计和推出面向所有细分市场消费群体的不同的成系列的旅游产品。这种模式一般只有已经成熟的旅游目的地或者具有强大综合实力的营销主体才能采取,如杭州市。该模式的优点是旅游产业和企业发展多元化、专业化和产业化,效益明显。缺点是前期需要专业人才和团队进行大量的调研和论证工作,营销工作中要不断进行调整和优化,投入的财力、人力和物力巨大。

(四) 旅游目标市场定位策略

目标市场选定后,需要根据目标市场上的旅游者偏好、竞争状况和自身优势,确定自身产品在目标市场中应有的竞争位置[1],即进行市场定位或产品定位或竞争性定位,其目的是塑造规划区产品与众不同的个性或形象并传递给目标游客,使该产品在细分市场上占有强有力的竞争位置。市场定位可以基于多种角度,如质量、价格、服务、包装等。市场定位的类型有:使用者需求定位、购买者需求定位、使用者行为定位、购买者行为定位、

---

[1] 郭英之,张丽.旅游市场营销[M].长沙:湖南大学出版社,2005:99-109.

产品属性定位、针对竞争定位。定位内容有：产品定位，即产品实体定位；景区定位，即规划景区形象塑造；竞争定位，即确定规划景区相对于竞争者的市场位置；消费者定位，即规划景区目标顾客群。市场定位策略有差异化策略和竞争性策略。差异化策略是指采取与竞争对手不同的方式；竞争性策略指采取与竞争对手相同的方式，如竞争对手降价，规划景区也降价。

二、4P营销策划

（一）产品策略

产品策略是市场营销4P组合的核心，是价格策略、渠道策略和促销策略的基础。产品策略是指企业制定营销战略时，首先要明确企业能提供什么样的产品和服务去满足消费者的要求。从一定意义上讲，企业能否成功与发展的关键在于产品满足消费者的需求的程度以及产品策略正确与否。美国著名管理学家李维特曾说过："新的竞争不在于工厂里制造出来的产品，而在于工厂外能够给产品加上包装、服务、广告、咨询、融资、送货或顾客认为有价值的其他东西。"因此，产品策略不是狭义的产品质量提升，而是广义的顾客感知得到的产品价值。

1. 产品组合策略

产品组合是指销售者出售给购买者的一组产品，包括所有产品线和产品项目。产品组合具体是指企业生产经营的全部产品线、产品项目的组合方式，包括产品组合的宽度、深度、长度和关联度。产品组合的宽度是指企业生产经营的产品线的多少。产品组合的长度是指企业所有产品线中产品项目的总和。产品组合的深度是指产品线中每一产品有多少品种。产品的关联度是各产品线在最终用途、生产条件、分销渠道和其他方面相互关联的程度。产品组合的四个维度为企业制定产品战略提供了依据。进行产品组合的基本方法是增减产品线的宽度、长度、深度或产品线的关联度。对旅游规划区的产品进行组合是旅游规划区产品营销的基础。而要使得规划区产品组合达到最佳状态，即各种产品项目之间质的组合和量的比例既能适应市场需要，又能使景区盈利最大化，需采用一定的评价方法进行选择。其评价的标准有许多选择。从市场营销的角度出发，按产品销售增长率、利润率、市场占有率等几个主要指标进行分析，旅游规划区产品组合的策略有：①规划区产品组合的延伸策略，即在现有产品基础上，向产品的上下游增加产品，比如溧阳天目湖在溧阳天目湖风景名胜区景区产品基础上，增加吃、住、行、游、购、娱等上下游产品，为顾客提供一站式服务。②规划区产品组合的填充策略，即在现有产品基础上，继续增加有形或无形的产品项目，增加产品的多样性，比如溧阳天目湖景区淡季增加众多游乐项目。③规划区产品组合的缩减，即景区为了实现经营目标，必须缩减利润率比较低的景区产品。

2. 产品生命周期策略

(1) 投入期策略

产品投入期具有销售量(额)较低、经营成本高、利润低、竞争者尚未加入等特点。其营销策略为：①加强对产品的介绍和宣传，即加大促销力度，使消费者熟悉、信赖并购买企业所推出的新产品，吸引潜在顾客。②控制投资规模，待收益明显增加时再逐步扩大。③收集顾客旅游后的反馈信息，改正缺陷，保证质量。④可以全面铺开，也可以先在区域市场推出，再逐步扩大。

(2) 成长期策略

产品成长期的特点为销售额(量)迅速增加、利润迅速增加、成本迅速下降、竞争者开始加入。其营销策略有：①提高产品质量及服务质量，并进一步改进产品功能、增加旅游产品品种，提供更多的满足旅游者需要的服务项目等。②努力开拓新市场，除了维持并提高已有市场份额以外，还要采用适当的营销策略，扩大市场区域范围，进一步做好市场细分工作，争取更多的消费者。③促销宣传的重点应由介绍旅游产品转为树立产品形象，宣传产品特色，增强旅游消费者对旅游企业和产品的信任感，提高产品及企业知名度，创立名牌，使消费者产生偏爱。④适当调整价格，在销量不断增加，成本不断下降的基础上，可适当降低价格，以吸引对价格敏感的消费者，同时抑制竞争；对前期价格较低的产品和服务，可适当提高价格，以提升产品形象。

(3) 成熟期策略

产品成熟期的特点是销售额(量)达到最高、经营成本最低、利润达到最高点、竞争异常激烈。其营销策略为：①改革市场；②改革产品和服务；③改革市场营销组合。

(4) 衰退期策略

产品衰退期的特点是销量开始下降、成本费用开始上升、利润明显下降、竞争格局已明朗，胜负已成定局。这一时期的营销策略重点是抓住时机，退出市场。

旅游产品生命周期策略的典型案例是乌镇。乌镇从1999年尚未开发的衰败古镇，到21世纪初成为享誉国内外的风情旅游古镇，并被联合国专家考察小组誉为"乌镇模式"，乌镇用几年的时间创造了中国旅游的奇迹。乌镇在不断完善和充实景区品牌文化内涵上进行创意突破，除向世人展示乌镇特有的民居水阁、老宅深巷、船拳皮影和民间作坊以外，还深层次地挖掘了民间传统文化，把许多鲜为人知的民间节俗、寿俗、礼俗、婚俗、衣俗等和丰富多彩的"蚕文化"推向旅游前沿，让茅盾笔下的"老通宝家乡风情"走出尘封千百年的古镇。乌镇还举办了第五届茅盾文学奖颁奖仪式；连续几年举行了民俗风情浓郁的"乌镇香市"，从而获得了媒体及游客的极大关注。

3. 产品品牌策略

品牌对企业有很多好处，但建立品牌的成本和责任需要慎重考虑。如果企业决定使用品牌，则面临着使用自己的品牌还是别人品牌的决策，如使用特许品牌或中间商品牌。

实力雄厚、生产技术和经营管理水平俱佳的企业，一般都使用自己的品牌。品牌策略类型主要有：①多品牌策略，即旅游企业同时拥有两种或者两种以上互相竞争的品牌，其目的在于获得更大的市场占有率。②统一品牌策略，即所有旅游产品均使用一个品牌，这样可以使推广新产品的成本降低，节省大量广告费用。③延伸品牌策略，是指旅游企业将某一有影响力的品牌使用到与原来产品不同的产品上。延伸品牌既可大大降低广告宣传等促销费用，又可使新产品更容易被消费者接受，这一策略运用得当，将有助于企业的发展。但延伸品牌策略的风险较大，品牌延伸不当还会影响原品牌的形象。

产品策略营销的典型案例是作为中国第一主题公园品牌的欢乐谷。一方面，欢乐谷通过娱乐品牌的打造，提升了"欢乐谷"品牌的核心竞争力和认知度，从而有效地与中国上千家主题公园进行了定位区隔，并形成了强大的品牌影响力和识别体系。多年来，欢乐谷一直坚持自己的"繁华都市开心地"的品牌核心价值定位，并通过种种活动与公关策划，不断强化着自己的这一品牌定位，并将最积极的声音传递给游客：欢乐谷能让你从繁忙的都市工作生活中解脱出来，释放自己。想释放自己，就到欢乐谷。另一方面，欢乐谷在硬件上不断推出新项目，且每一个项目力求让游客有身临其境的感觉。比如，过山车的环境布置为18世纪美国淘金热时期的情景，急流勇退则预示逃难过程的艰辛。在软件上，针对不同的节日策划具有不同文化内涵的表演，例如，一些极限运动、魔术表演等，让"欢乐谷"更时尚、更前卫。

（二）价格策略

价格策略是指企业在一定市场环境条件下，为实现长期营销目标，协调配合营销组合其他方面的策略，进行价格决策的全过程。企业常用的价格策略有新产品定价策略、心理定价策略以及价格调整策略。

1. 新产品定价策略

新产品定价策略主要包括两种类型：一是撇脂定价策略，即企业以高价格把产品投放到市场，以攫取最高利润；二是渗透定价策略，即将新产品以低价格投放市场，目的是迅速占领市场，取得较高的市场占有率。

2. 心理定价策略

心理定价策略主要有尾数定价策略和声望定价策略两种。尾数定价策略指利用消费者对数字认知的某种心理，尽可能在数字上不进位而保留零头，使消费者产生价格低廉和卖主经过认真的成本核算才定价的感觉，从而使消费者对企业产品及其定价产生信任感。声望定价策略指利用消费者仰慕名牌、名店的心理为产品制定价格，故意把价格定成整数或高价。

3. 价格调整策略

价格调整策略包括降价策略和提价策略两种。企业在面对以下三种情况时通常采用降价策略：①竞争压力大，市场占有率下降，为了保持市场占有率而被迫降价；②生产能力过剩,需要扩大销售时考虑降价;③生产成本比竞争者低时,为了打败竞争者而发动降价攻势。通常企业提价的原因如下:①当面对通货膨胀、物价上涨、企业的生产成本大大提高时,企业不得不考虑提高产品价格;②当企业的产品供不应求,不能满足所有顾客的需求时,也会提价以限制部分顾客的购买。

价格策略典型案例是杭州。2002年起,杭州放弃了以往的"门票经济型发展模式",陆续免费开放了沿西湖周边大大小小的各类景点,到2004年,整个西湖免费开放的总面积已超过20 km²。尽管西湖景区免票令杭州每年失掉数千万元的收入,然而西湖景区免费却为杭州带来了旅游的迅速发展,2004年杭州宾馆、饭店价格比2003年增长11.4%,客房出租率增长5.8%,星级宾馆、酒店的入住率达到90%以上,游客在杭州平均逗留时间延长到两天,游客人均消费达到1 317元,比2003年增长12.95%。少了数千万元的门票收入,却吸引了更多的游客,延长了他们的逗留时间,使餐饮、旅馆、零售等行业获得了新的发展空间,最终也给杭州带来了上亿元的综合收益。

除西湖外,杭州还免费开放了六大博物馆、纪念馆,并通过构建旅游宣传品的免费发放网络,为游客提供免费的"贴身导游"服务。如今,游客在杭州三星级以上的宾馆酒店、机场车站、旅游咨询点,都可以免费索取印制精美、便携实用的杭州旅游手册。

从西湖景区免费开放游览到开发社会资源作为旅游产品,杭州旅游实现了由"门票经济型发展模式"向"区域经济发展模式"的转变,并由"景区旅游"转变成真正的"目的地旅游",在这基础之上,如今的杭州正朝着"东方休闲之都、生活品质之城、人间幸福天堂"的国际化都市迈进。

(三) 渠道(即分销渠道)策略

1. 分销渠道内涵

菲利普·科特勒认为:"一条分销渠道是指某种货物或劳务从生产者向消费者移动时取得这种货物或劳务的所有权或帮助转移其所有权的所有企业和个人。因此,一条分销渠道主要包括商人中间商(取得所有权)和代理中间商(帮助转移所有权)。此外,它还包括作为分销渠道的起点和终点的生产者和消费者,但是,它不包括供应商、辅助商等。"以此类推,旅游分销渠道是指旅游产品从生产者向消费者转移的过程中帮助其实现转移的所有旅游中间商,他们是处在旅游企业和旅游者之间、参与产品交换、促使买卖行为发生和实现的组织与个人。分销渠道具有三个特征:一是分销渠道的起点是生产者,终点是消费者;二是分销渠道是一组路线,即生产者—商人中间商或代理中间商—消费者;三是在分销渠道中生产者向消费者转移产品或劳务应以所有权的转移为前提。

分销渠道策划是企业市场营销策划的重要组成部分。在现代企业市场营销过程中,渠道已经成为企业最重要的资源之一,渠道成员在客观上已经成了企业成员的一个组成部分。渠道是企业产品与消费者联系的纽带,是企业产品实现其自身价值的必经之路,营销渠道策划的目的在于为企业找到一种适合企业产品和企业资源的最佳销售模式和最好的合作伙伴,在共同开发市场的过程中实现双赢和达成各自的企业战略目标。

2. 分销渠道类型

分销渠道具有层次与宽度。分销渠道的层次是指,在产品从生产者转移到消费者的过程中,任何一个对产品拥有所有权或负有销售责任的机构就叫作一个渠道层次。其包括:零层渠道,即直接分销渠道,从生产者到消费者;一层渠道,即含有一个销售代理机构,从生产者到销售商再到消费者;二层渠道,即含有两个销售代理机构,从生产者到批发商到零售商最后到消费者;三层渠道,即含有三个销售代理机构,从生产者到代理商到批发商到零售商最后到消费者,或从生产者到批发商到专业批发商到零售商最后到消费者。渠道宽度是指每个层次拥有同种类型中间商数目的多少。据此,分销可以分为三种类型:①密集分销,即尽可能多地选择批发商和零售商推销产品;②选择分销,即在某一地区精心挑选几个最适合的中间商推销产品;③独家分销,即在某一地区仅选择一家中间商推销产品。目前旅游分销渠道主要有旅游经营商、旅游零售商、预定网络以及营销联合体等几种。

3. 分销渠道策略

旅游分销渠道策略主要有分销渠道设计策略以及渠道管理策略等。

(1) 分销渠道的设计策略

首先确定渠道目标。渠道目标是企业预期达到的顾客服务水平及中间商应执行的职能。有效的渠道设计,应以确定企业所要达到的市场为起点。其次是明确各种渠道方案。渠道方案设计主要考虑以下三个因素:一是选择中间商的类型,即确定渠道的层次。不需要中间商时,采用直接分销渠道;使用中间商时,根据"能高效地将产品送至不同市场"原则,列出可供选择的中间商类型。二是选择中间商的类型和数目,即确定中间商的宽度,是密集分销还是选择分销或者独家分销。三是规定渠道成员的条件与责任。包括价格政策,即制定出中间商认为公平合理的价格目录和折扣表;销售条件,即付款条件和生产者的承诺;经销商的区域权利,即是否给经销商以特许权,经销商应达到的销售业绩;各方应执行的服务项目,即具体明确地规定相互应提供的服务项目和应承担的责任。最后是评估各种可能的渠道交替方案。可以按照三个标准,即经济性、控制性、适应性,对渠道方案进行评估,最后选择合适的渠道方案进行营销。

(2) 分销渠道的管理策略

面对日益成熟的买方市场,营销人员在分析了选择分销渠道应考虑的因素,正确进行了分销渠道设计后,必须加强对渠道成员的选择、激励、协调和评估等方面的管理,制定相应管理策略,以确保货畅其流。

第一是选择渠道成员的管理策略。生产者在招募中间商时,必须对中间商进行慎重选择。一般来说,应考虑的因素主要有:中间商的信誉和知名度;中间商的实力;对企业产品的熟悉程度;预期合作程度。

第二是激励渠道成员的管理策略。处理好产销矛盾,让中间商能努力为生产企业推销商品,是激励渠道成员的重要手段之一。行之有效的激励措施主要有:提供适销对路的优质产品;共同搞好推销,如刊登广告,引导顾客去购买,举办商品展销,培训销售人员等;商品数量充足,价格合理,必要时再适当让利;帮助中间商改进经营管理;减少中间商的风险,如允许中间商销售商品后再付款,对不合格及残损商品予以退换,提供相应的维修、安装、使用服务等。生产者必须尽量避免激励过分与激励不足两种情况。

第三是协调与渠道成员关系的管理策略。生产者在处理自己与中间商的关系时,常依不同情况而采取不同的形式,通常有以下两种形式,即合作与合伙。产销双方是既相互依存又相互对立的关系,生产企业对中间商应贯彻"风险共担,利益共享"的原则,减少和缓和产销之间的矛盾,双方密切协作,共同搞好营销工作。

第四是评估渠道成员的管理策略。生产者除了选择和激励渠道成员外,还必须定期评估他们的绩效。检测中间商的绩效,主要有两种方法。第一种是将每一中间商的销售绩效与其上期的绩效进行比较,并以整个群体的升降百分比作为评价标准。第二种是将各中间商的绩效与该地区基于销售潜量分析所设立的配额相比较。增加或减少渠道成员、局部修正某些渠道,或全面修正分销渠道系统等比较重大的决策,应慎重进行,通常是由企业的最高管理层做出的。

分销渠道策略的典型案例是江苏常州恐龙园。在一个没有恐龙化石资源,且没有多少自然旅游资源的常州市,运营 20 余年的中华恐龙园年接待游客 200 多万人次,成功打破了国内主题公园"一年兴,两年平,三年衰,四年关门"的生命周期。可以说这和恐龙园的营销是分不开的。常州中华恐龙园的成功原因很多,其中,常州运用形式多样的分销手段是取得成功的关键因素。具体做法是,常州中华恐龙园将自己的目标市场按区域划分,每一个城市或区域都有自己的营销经理,同时与旅行社等建立了良性互动的合作体系,引来大量客流。

(四) 促销策略

旅游促销是旅游企业通过一定的传播媒介,将旅游企业、旅游目的地及旅游产品的信息传递给消费者,促使其了解、信赖本企业的产品,同时激发他们的购买欲望与兴趣,达到消费者购买旅游产品的目的。旅游促销实质上就是旅游营销者和消费者之间的一种信息沟通。旅游促销的作用有:传递产品信息,让消费者知晓产品,并引起他们的注意;突出产品特色,塑造与众不同的形象,以吸引消费者的目光,促使消费者做出购买决策;激发消费者的购买欲望,增加其旅游需求。目前主要旅游促销策略有:广告策略、营业推广策略、营销公关策略以及人员推销策略等。

1. 广告策略

旅游企业通过媒体,以支付费用的方式将本企业产品或服务的有关信息传递给消费者。其特点是,广告媒体众多,信息覆盖面广,感染力强,但效果具有滞后性。旅游企业

在实施广告策略时,通常要对以下五个方面进行决策:

(1) 广告目标决策

广告目标是旅游企业在整个市场营销组合的基础上,针对自己的目标顾客所要完成的特定的传播任务。一般来说,旅游企业有以下三种广告目标:一是通知型广告,目的在于树立企业品牌,推出新产品;二是说服型广告,目的在于激发消费者的购买热情,从而选择本企业产品;三是提醒型广告,目的在于加深消费者对企业或产品的记忆和印象,提醒消费者购买本企业的产品。

(2) 广告预算决策

广告预算是旅游企业投入广告活动的费用计划,它规定了广告投入期的经费总额和使用范围。预算决策方法有三个:一是销售比例法,预测出本年度的销售量,再根据上年度广告费用占销售额的百分比,推算出本年度的广告费用;二是量力而行法,完全根据企业的财务状况来决定广告的投入费用;三是竞争比较法,根据企业主要竞争对手的广告经费投入来确定本企业的经费规模。

(3) 广告信息决策

广告信息是广告决策的核心,是整个广告决策过程中最具有创意的部分,也是广告是否成功的最关键环节。广告信息应具有创意性、吸引力、可信性等特点。

(4) 广告媒体决策

选择广告媒体要考虑目标市场的媒体习惯、产品特点、广告信息内容、广告费用等因素。

(5) 广告效果评估

广告效果一般从沟通效果和销售效果两方面进行评估。其中,沟通效果是指旅游广告对消费者知晓、认识和偏好的影响。销售效果是指广告对企业产品销售业绩的影响。

2. 营业推广策略

营业推广又称销售促进,它是为了在短期内刺激消费者和中间商的购买行为而采取的一系列促销活动。营业推广是一种短期行为,是旅游企业在特定时间向消费者提供的某种激励,是针对目标顾客的心理而量身制作的,方式灵活多样。

营业推广具有有助于消费者试用和了解新产品、鼓励预订、大批量购买或重复购买、增加消费以及应付竞争等特点。营业推广方式主要有两个:一是针对旅游消费者的营业推广,其目的是鼓励老顾客继续购买、使用本企业产品,激发新顾客试用本企业产品,其方法主要有赠送样品、赠送优惠券、赠送礼品。二是针对旅游中间商的营业推广,其目的是促使中间商积极经销本企业产品,其方法主要有购买折扣、销售奖励、提供资助。

3. 营销公关策略

公关策略是通过一定的信息传播,建立企业与公众良好关系的一种手段。其目的是建立、维护、改善或改变企业和产品的形象,为企业的发展创造天时、地利、人和的社会环境。公关策略有三个显著特点,即真实可信、花费少以及促销效果好。公关策略决策程序为:首先,明确公关对象和公关目标。公关人员必须首先了解所面对的公众群体,并了解公众群体对企业和产品的态度。企业公关策略目标为:提高企业或产品的知名度;节约促销费用;激励营销人员和中间商等。其次,策划公关活动行动方案。旅游公共关系活动是由一系列活动项目组成的,如新闻发布会、展览会、庆祝活动等。

4. 人员推销策略

人员推销是指企业通过派出推销人员与一个或一个以上可能成为购买者的人交谈,做口头陈述,以推销商品,促进和扩大销售。人员推销一般有三种设计方法:一是建立自己的销售队伍来推销产品;二是使用专业合同制推销人员推销产品;三是雇用兼职的售点推销员推销。

随着网络和新媒体的发展,以微信为代表的社交软件为媒介,通过建群,使得人员推销直播,实现了商家与用户之间线上24小时的互动关系。直播无时无刻无处不在、无所不用的特点,打破了传统的时空限制,真正做到了"时刻陪伴而不打扰",链接效能成倍放大,一个微信客户群就可以超越过去500个电话沟通所带来的传播效果。典型案例是梁建章40余场直播,GMV(Gross Merchandise Volume,成交总额)超11亿元,带活供应商,带火目的地。

5. 创新型推销策略

随着时代发展和创新驱动战略的实施,在旅游产品和目的地营销过程中,涌现出众多创新型推销策略,比如事件营销策略、KOL(关键意见领袖)营销策略、IP(知识产权)营销策略、跨界营销策略以及体验式营销策略等,并且大获成功。

(1) 事件营销策略

事件营销是指景区通过策划、组织和利用具有新闻价值、社会影响以及名人效应的人物或事件,吸引媒体、社会团体和消费者的兴趣与关注,以求提高景区或产品的知名度、美誉度,树立良好品牌形象,并最终促成景区产品或目的地产品销售的手段和方式。

旅游景区事件营销成功案例如以下几例。1999年,"张家界世界特技飞行大奖赛"正式开幕,飞机成功飞跃天门洞,不仅创造了人类历史的奇迹,张家界更是因此"一飞惊人",由一颗"养在深闺人未识"的风景明珠,迅速成为人气飙升的热门景区。一时间,国内外游客慕名而至,张家界游客接待量连续几年保持50%以上增速,旅游收入由1999年9.46亿元升至2000年19.41亿元[①]。2003年和2005年,在凤凰古城举行的"棋行大地"世界围棋巅峰对决,同样是创新型事件营销的经典之作。在南方古长城脚下,红石砂岩铺就的世界上最大棋盘上,世界围棋界两大绝顶高手,以武童作棋子对弈,一时轰动海内外,刷新了世界围棋转播赛的收视纪录。凤凰古城借赛事隆重亮相,又一次抓住了无数

---

① 夏赞才. 张家界现代旅游发展史研究[M]. 长沙:湖南师范大学出版社,2006.

游客的眼球。一时间,游客蜂拥而至,凤凰县年旅游综合收入迅速超过10亿元,成为全国首批17个"中国旅游强县"之一。

(2) KOL 营销策略

KOL(Key Opinion Leader)即关键意见领袖,指拥有更多、更准确的产品信息,且为相关群体所接受或信任,并对该群体的购买行为有较大影响力的人。KOL 营销是指利用 KOL 能够发挥社交媒体在覆盖面和影响力方面的优势,KOL 站台发声,能够为品牌建立起属于自己的高度忠诚的"粉丝后援团",口碑驱动形成品牌效应。典型案例是"品牌美国"(美国旅游促进会旗下主营品牌)邀请了在国际旅游界有影响力的人物,对五大著名的旅行线路进行实地体验。参与的名人为"品牌美国"收集旅途中所见所闻,不断将旅途中的照片和视频发布到社交媒体,在各类社交媒体上获得数以百万计的观点、评论和印象,带来巨大的品牌效应。

(3) IP 营销策略

IP(Intellectual Property)是知识产权的英文缩写,引申出来的意思是自带流量的人格。IP 营销的商业逻辑就是品牌捆绑 IP,从而实现人格化,即把品牌想象成为一类人,它的价值观、外表、行为等方面应该具备什么特征,并将之贯穿到品牌建设与维护的全过程。打造品牌人格化可以使品牌与消费者之间的链接从人与物之间的链接,回归到人与人之间的链接,赋予产品人格魅力。当消费者使用一款产品的时候,会浮现出自己与这个 IP 之间的链接与记忆。典型案例是"故宫淘宝",它是故宫博物院销售周边产品而打造的文创 IP。腾讯巧妙运用互联网思维,借势故宫强大的流量 IP,推出"贱萌的复古"风格,并整合"穿越"及"说唱"等新兴内容,发布《穿越故宫来看你》H5,该作品迅速霸屏。H5 与短视频的结合做到天衣无缝,说唱与画面更是相得益彰,新的前端技术的运用恰到好处,这样的惊喜牢牢抓住了受众的眼球,强吸引强互动,仅上线一天访问量就突破300万次,实现现象级的品牌推广效果。

(4) 跨界营销策略

跨界营销意味着需要打破传统的营销思维模式,避免单独作战,寻求非业内的合作伙伴,发挥不同类别品牌的协同效应,实现多个品牌从不同角度诠释同一个用户特征的目的。跨界合作对于品牌而言最大益处是让原本毫不相干的元素,相互渗透相互融合,从而使品牌具备立体感和纵深感。可以建立"跨界"关系的不同品牌,一定是具有互补性而非竞争性品牌。所谓的互补,并非功能上的互补,而是用户体验上的互补,创造1+1>2的效果。典型案例是,上海迪士尼乐园携手康师傅,一个是全球最大的主题公园运营商,一个是国内最具影响力的快消品品牌之一。在开园时,康师傅成为度假区内首要饮品供应商,在园区推出"一瓶迎客茶"活动,使游客在游玩的同时能够享受康师傅旗下各类饮品;不仅如此,康师傅冠名园内"漫月轩"景点,并包下唯一直达迪士尼园区的地铁11号线的广告,不仅为迪士尼带去了强有力的曝光,而且康师傅也把自己的产品融入上海迪士尼乐园。

(5) 体验式营销策略

在全民体验时代,营销应快速转变固有的"观光"思维,通过看、听、用、参与等手段,充分刺激和调动消费者的感官、情感、思考、行动、联想等向社会化、生活化发展。旅游体验营销是根据游客情感需求的特点,结合旅游产品、服务的属性(卖点),策划有特定氛围的营销活动,让游客参与并获得美好而深刻的体验,满足游客的情感需求,从而扩大旅游产品和服务销售的一种新型的营销活动方式。典型案例是丽江雪山小镇水墨求婚 18 式。水墨求婚 18 式走红网络,丽江雪山小镇瞄准事件热点,联系求婚情侣,拍摄水墨风求婚 18 式版权视频。视频将"水墨求婚 18 式"对应的画面一一呈现,利用男女之间的亲密互动切换场景,使视频更具有沉浸感。通过情节的安排,将丽江雪山小镇的度假体验实景呈现,视频作为声光电的结合体,给人以十分全面的感官体验,令人印象深刻。通过这一波视频热点营销,丽江雪山小镇以精准的人群定位和快速的执行力,不仅追赶上了事件的热度,更将品牌与热点形成关联,实现了热度最大化,牢牢抓住了最佳时机。

三、旅游市场营销策划书要求

(一) 封面要求

(1) 策划名称——规划区旅游产品营销策划方案。

(2) 策划者名称——类属部门、职位、姓名要写清楚。如果有外界人士参与,则要特别注明。

(3) 完成的日期——一般填写审议日期或前一日,如果策划书很早以前就完成了,可以填写完成日期和审议日期以博得审议者的好感。

(二) 正文内容

1. 策划目的与策划内容概要

(1) 策化目的

(2) 策化内容概要

2. 分析当前营销环境

(1) 当前市场状况及市场前景分析

①市场状况分析;

②产品分析;

③竞争企业分析;

④企业形象分析;

⑤消费者分析。

(2) 产品市场影响因素分析

3. 市场机会与问题分析

(1) 针对产品目前营销现状进行问题分析

(2) 针对产品特点分析优劣势

4. 营销战略

(1) 营销宗旨

(2) 市场、消费者分析

(3) 市场细分及定位

(4) 营销组合策略

①产品策略；

②价格策略；

③渠道策略；

④促销策略。

5. 行动方案

行动方案需要设计整个营销策化活动的实施步骤，实施的时间、地点以及活动内容等。

6. 策划方案各项费用预算与控制措施

尽可能根据值得信赖的资料取得对策划方案费用的预测，做到尽可能准确，给审议者以信心，但切忌胡说，要依据客观事实说明自己的预算。

(1) 费用预算

(2) 控制措施

项目五:旅游规划与开发的 PEST 和 SWOT 分析

【学习目标】

1. 知识目标

(1) 理论知识目标

理解并掌握 SWOT 与 PEST 分析方法的含义和内容。

(2) 实践知识目标

掌握 SWOT 分析工具。

2. 职业能力目标

能够对规划区旅游规划与开发进行 SWOT 与 PEST 分析,并提出发展策略。

3. 项目任务目标

任务一:规划区旅游规划与开发的 PEST 分析。

任务二:规划区旅游规划与开发的 SWOT 分析。

第一节　PEST 分析

一、PEST 含义

PEST 是政治(political)、经济(economic)、社会(social)和技术(technological)四大类宏观背景环境要素的简称,是全方位分析企业或者区域发展环境条件时经常使用的方法。SWOT 中的机会和威胁往往也是从 PEST 四个维度进行分析的。

二、PEST 分析内容

(一) 政治法律环境

政治法律环境对旅游市场的影响主要表现为以下三个方面:一是政局环境,即国际、国内、地方局势和形势对旅游发展的影响;二是政策环境,即国际国内的社会、政治、经济等政策对旅游业发展的影响;三是国际、国内的法律环境,即法律法规条例中规范游客、供应商等的行为的相关规定。

国内外的政局环境对旅游市场影响显著。稳定的国内外政局有利于旅游市场的正常增长,反之则产生负面影响,甚至有些市场出现短暂停滞。

各国政府制定的旅游服务贸易政策和制度广泛影响着国际游客的出入境游。比如各国自由贸易政策、保护贸易政策、国际出入境旅游政策、旅游要素进出口政策、旅游服务贸易国别政策以及护照签证制度、关税制度以及配额旅游服务贸易制度等,影响国际游客出入境的便捷程度和对旅游商品的购买数量等。同样,国内相关旅游政策对旅游业的发展也有深刻影响,这在客源地旅游影响因素中已经述及。

国际国内旅游法律环境对规范旅游市场运作、旅游市场行为以及企业行为有着直接作用。立法在经济上的作用主要体现在维护公平竞争、维护消费者利益、维护社会最大利益三个方面,因此企业在制定战略时,要充分了解既有的法律规定,特别要关注那些正在酝酿之中的法律,这是企业在市场中生存、参与竞争的重要前提。

(二) 经济环境

国内外经济环境对旅游市场需求量有较大的影响。大量研究已经证实,旅游需求收入弹性表现为富有弹性,即收入有微小变化时,旅游需求量有较大的变化:当人们经济收入有少量增加时,旅游需求量就会有较大幅度增长;反之,人们收入有小幅降低时,旅游需求量会大幅减少。

一般而言,随着可自由支配收入的增加,人们的消费层次会逐渐提高,用于购买生存资料的支出所占的比重会下降,而用于购买发展资料和享受资料的支出所占的比重会逐渐增加(恩格尔系数下降),就会追求更高层次的需求,其中包括社交需求以及自我价值的实现需求。旅游属于高层次需求,因此可自由支配收入增加,旅游人数也会随之增加。同时,可自由支配收入的不同还会影响旅游者的餐饮条件、住宿方式、消费模式以及旅游目的地的选择等。

在旅游规划与开发前,需要了解国际国内经济形势以及发展态势,判断近期旅游发展态势,以便为旅游区的旅游开发规模和开发时序决策提供参考。

(三) 社会文化环境

人口规模决定了市场需求总量的大小。市场发展潜力和人口规模成正比,人口基数大就意味着社会购买力强。因此,对规划地及其目标市场人口规模的考察能够提供有关市场规模方面的信息。

客源地的家庭因素会对旅游者的消费行为造成影响。在家庭生命周期的各个阶段,家庭成员人数和家庭成员年龄不同,其消费行为各具特点。比如亲子游家庭和非亲子游家庭,其消费行为区别明显。亲子游家庭在购买产品时,更多地考虑孩子的需求特征,而非亲子游家庭购买产品时主要考虑参与者自身的需求特征。因此,在设计旅游产品时,要充分考虑社会家庭因素的特征。

文化环境包括一个国家或地区居民的文化水平、宗教信仰、风俗习惯、审美观点、价值观念等。文化水平会影响居民的需求层次,宗教信仰和风俗习惯会禁止或抵制某些活动的进行,价值观念会影响居民对组织目标、组织活动以及组织存在本身的认可与否,审美观点则会影响人们对组织活动内容、活动方式以及活动成果的态度。

旅游规划与开发的社会文化环境着重分析规划旅游区客源地的人口环境和文化环境,为后续策划特色旅游产品和规避文化冲突提供依据。

(四)技术环境

迈克尔·波特认为,在国际竞争中,随着科技的进步,一国(产业)要取得竞争优势,其高级要素比基本要素更为重要。目前,技术因素对旅游业发展的作用越来越显现,具体表现为技术对旅游业的影响已经表现在各个方面,概括起来有:对旅游产品开发的影响、对旅游市场营销的影响、对旅游企业经营管理的影响等。许多备受游客青睐的旅游产品是利用新技术开发而成的,比如VR沉浸式旅游体验、人工智能酒店、机器人送餐服务、酒店与景区线上预定预售服务、景区信息查询服务、声光电旅游产品开发、在线旅游消费、景区智慧运营、智能导游导览等等。在旅游企业管理中,更是充分利用各种信息平台进行有效管理,同时还可以收集到顾客的反馈意见等。目前以"二微一抖"为主要形式的新媒体营销非常火爆,互联网营销也备受游客喜爱。

第二节 SWOT分析

一、SWOT含义

SWOT是优势(strength)、劣势(weakness)、机会(opportunity)和威胁(threat)的简称。SWOT分析是指通过分析研究对象内部的优势和劣势以及外部环境中的机会与威胁,以便在未来行动中,充分发挥优势,利用机会,尽量规避威胁,减轻劣势,最终实现发展目标。对旅游开发项目进行SWOT分析,可以把握旅游项目开发的内外环境和条件,增加旅游项目开发的成功性和竞争力。如何全面和准确地把握旅游项目内部和外部环境中的主要要素,要依靠策划者和规划者的经验和知识积累,因此策划者和规划者需要对规划区做详细的调研,准确把握规划区优劣势、威胁和机会要素,为规划区产品开发和项目策划提供科学依据。

二、SWOT分析内容

(一)优势分析

优势是研究对象的内部因素,从企业竞争视角来看,优势分析内容包括有利的竞争态势、充足的资金来源、良好的企业形象,以及技术力量、规模经济、产品质量、市场份额、成本优势、广告攻势等;从旅游规划与开发视角来看,优势分析内容主要有规划区区位优势、交通条件优势、生态优势以及当地环境优势、旅游资源优势、旅游品牌形象优势、市场优势、当地人才与技术优势等。

(二) 劣势分析

劣势也是研究对象的内部因素。从企业竞争视角来看,劣势分析内容包括管理混乱、缺少关键技术、研究开发落后、资金短缺、经营不善、产品积压、竞争力差等;从旅游规划与开发视角来看,劣势分析内容主要有规划区区位、交通条件、生态以及当地环境、旅游资源、旅游品牌形象、市场当地人才与技术等方面存在不足,还要从市场营销、产品开发条件等方面挖掘不足。

(三) 机会分析

机会是研究对象的外部因素。从企业视角来看,机会分析内容主要有新产品、新市场、新需求、外国市场壁垒解除、竞争对手失误等;从旅游规划与开发视角来看,机会分析内容主要包括分析 PEST 宏观环境为旅游业发展带来的机遇,以及市场需求变化为旅游业发展带来的机遇。

(四) 威胁分析

威胁也是研究对象的外部因素。从企业视角来看,其分析内容应包括新的竞争对手出现、替代产品增多、市场紧缩、行业政策变化、经济衰退、客户偏好改变、突发事件发生等;从旅游规划与开发视角来看,其主要分析 PEST 宏观环境对旅游业发展产生的障碍以及竞争对手的威胁。

三、SWOT 分析工具

SWOT 分析法是一种很有效的问题分析工具,可以通过搭建简单的分析模型来处理非常复杂的事情,具体分析步骤如下。首先,通过调查分析列举研究对象的优劣势、机会和威胁,并依照矩阵排列成表 2-5-1 形式。其次,用系统分析的思想,把各种因素相互匹配起来加以分析,从中得出一系列相应的结论。结论通常带有一定的决策性。运用这种方法,可以对研究对象所处的情境进行全面、系统、准确的研究。最后,根据研究结果制定相应的发展战略、计划以及对策等,如图 2-5-1 中的 SO 增长性战略、WO 扭转性战略、ST 多元化战略、WT 防御性战略。与其他的分析方法相比,SWOT 分析法具有显著的结构化和系统性的特征。就结构化而言,首先,在形式上,SWOT 分析法表现为构造 SWOT 结构矩阵,并对矩阵的不同区域赋予了不同分析意义;其次,在内容上,SWOT 分析法的主要理论基础也强调从结构分析入手对企业的外部环境和内部资源进行系统分析。SWOT 分析法的重要贡献就在于用系统的思想将这些似乎独立的因素相互匹配起来进行综合分析,使得企业战略计划的制订更加科学全面。所以,SWOT 分析法的优点在于考虑问题全面,是一种系统思维,而且可以把对问题的"诊断"和"开处方"紧密结合在一起,条理清楚,便于检验。

表 2-5-1　SWOT 分析矩阵

外部环境	内部条件	
	优势(S)	劣势(W)
机会(O)	SO 战略选择	WO 战略选择
威胁(T)	ST 战略选择	WT 战略选择

图 2-5-1　SWOT 分析模型图

第三节　旅游规划与开发 SWOT 分析实践

在旅游规划与开发中,应用 SWOT 分析工具对旅游区开发优劣势、机会以及面对的威胁进行分析,提出旅游业发展对策,主要步骤如下。

一、规划区内部优势和劣势条件分析

根据前期对规划区旅游资源及其开发条件的调查与评价、旅游市场调查与分析、预测等,深挖规划区旅游开发的优势和不足,具体挖掘的点有旅游资源的类型及地域组合、质量、价值、"新奇特绝"、区位条件、市场条件、开发带来的三大效益、交通条件优势、生态优势以及当地环境、旅游品牌形象、当地人才与技术、市场营销、产品开发条件等。比如,在南京高淳国际慢城概念规划与旅游策划中,对慢城旅游的优势分析为:①"国际慢城"带来的巨大知名度和国际影响力;②中国唯一一个慢城的"首位效应"将带来可挖掘的巨大文化资本;③原生态的山水格局,是高淳全国生态县以及南京人文绿都的重要标识区;④位于长三角城镇密集区的中心区域,旅游消费需求旺盛;⑤初步形成"政府主导、市场运作、民众参与"全社会共同发展旅游的良好格局。劣势分析为:①旅游产业链不完整、层次较低,国际性、高端化旅游产品缺失;②区域内生态资源需整合,生物多样性有待加强,景观连续度不够;③区域内旅游产品类型同质化现象严重;④文化内涵与地方特色在旅游项目开发时体现不足;⑤高素质旅游人力资源开发滞后,缺失系统化的"国际慢城"

品牌管理。

二、规划区开发的外部机会与威胁分析

基于前期旅游规划与开发的宏观背景环境(PEST)分析以及旅游市场调研与分析，深挖当下旅游发展外部机会和面对的威胁因素，主要挖掘的点有国内外的政治环境因素、国内的政策因素、国内的法律法规因素、国内外的经济因素、当地社会文化因素、科学技术在旅游业中的应用、国内外旅游市场需求变化、专项旅游市场特征以及竞争对手等。比如，在南京高淳国际慢城概念规划与旅游策划中，对慢城旅游的机会分析为：①宏观政策环境利好：大力发展旅游业、促进县域经济发展、加快新农村建设等。②长三角旅游市场转型，居民的需求从观光旅游转变为生态旅游、休闲度假。③交通区位显著改善：芜太高速、宁宣高速、246省道、市域S1轨道线的相继开工彻底改变了高淳交通区位长期偏弱的状况。④2014年青奥会的举办带来南京城市功能与综合竞争力的全面提升。面对的威胁有：①旅游项目开发与生态环境位置之间的平衡与博弈；②生态禀赋不具有唯一性，一旦其他地区申请慢城成功，先发优势将不复存在；③存在同类型旅游地的竞争，特色竞争力亟待建构；④媒体关注度下降，慢城的轰动效应正在减弱；⑤缺少整体视角的零散开发，可能会降低其整体价值。

三、构造SWOT矩阵

将调查分析得出的各种因素根据轻重缓急或影响程度等排序方式，构造SWOT矩阵。在此过程中，将那些对景区发展有直接的、重要的、大量的、迫切的、久远的影响的因素优先排列出来，而将那些间接的、次要的、少许的、不急的、短暂的影响因素排列在后面。比如，据对高淳国际慢城内部优劣势以及外部机会和威胁的分析，构建SWOT分析矩阵(表2-5-2)。

四、制订行动计划

在完成SWOT各因子分析和构造分析矩阵后，便可以制订出相应的行动计划。制订计划的基本思路是：发挥优势因素，克服劣势因素，利用机会因素，化解威胁因素；考虑过去，立足当前，着眼未来。运用系统分析的综合分析方法，将排列与考虑的各种环境因素相互匹配起来加以组合，得出一系列未来发展的可选择对策。其具体行动计划包括SO战略、WO战略、ST战略、WT战略。其中SO战略是发挥组织内部优势、利用组织外部环境机会的战略；WO战略是通过利用外部环境机会来扭转、克服组织内部劣势的战略；ST战略是利用本组织的优势，同时回避或减弱外部环境威胁因素的战略；WT战略是通过各种手段去克服组织内部的弱点，同时又要认清外部环境的威胁，并采取各种规避手段的防御性战略。

表 2-5-2　南京高淳国际慢城 SWOT 分析矩阵

	规划区内部条件	
	内部优势： (1)"国际慢城"带来的巨大知名度和国际影响力； (2)中国唯一一个慢城的"首位效应"将带来可挖掘的巨大文化资本； (3)原生态的山水格局，是高淳全国生态县以及南京人文绿都的重要标识区； (4)位于长三角城镇密集区的中心区域，旅游消费需求旺盛； (5)初步形成"政府主导、市场运作、民众参与"全社会共同发展旅游的良好格局	内部劣势： (1)旅游产业链不完整、层次较低，国际性、高端化旅游产品缺失； (2)区域内生态资源需整合，生物多样性有待加强，景观连续度不够； (3)区域内旅游产品类型同质化现象严重； (4)文化内涵与地方特色在旅游项目开发时体现不足； (5)高素质旅游人力资源开发滞后，缺失系统化的"国际慢城"品牌管理
规划区外部环境		
外部机会： (1)宏观政策环境利好：大力发展旅游业、促进县域经济发展、加快新农村建设等； (2)长三角旅游市场转型，居民的需求从观光旅游转变为生态旅游、休闲度假； (3)交通区位显著改善：芜太高速、宁宣高速、246省道、市域S1轨道线的相继开工彻底改变了高淳交通区位长期偏弱的状况； (4)2014年青奥会的举办带来南京城市功能与综合竞争力的全面提升	SO战略： (1)充分利用国际慢城的知名度，把桠溪打造成长三角乃至全国甚至世界级生态旅游目的地和休闲度假旅游目的地； (2)充分利用慢城生态环境优势和长三角市场优势，发挥慢城的区位优势，以及县域经济和农村发展机遇，大力开发农家乐、房车露营基地、高档民宿等度假设施，提高居民的收入水平和幸福指数	WO战略： 抓住宏观环境有利机会，积极提升人才培养质量，开发特色慢生活旅游产品，拉长旅游产业链条，促进县域经济和农业经济发展
外部威胁： (1)旅游项目开发与生态环境位置之间的平衡与博弈； (2)生态禀赋不具有唯一性，一旦其他地区申请慢城成功，先发优势将不复存在； (3)存在同类型旅游地的竞争，特色竞争力亟待建构； (4)媒体关注度下降，慢城的轰动效应正在减弱； (5)缺少整体视角的零散开发，可能会降低其整体价值	ST战略： (1)旅游开发尽量突出慢城慢生活特色，避免与其他地区产品同质； (2)大力宣传高淳桠溪慢城的"首位效应"以及"中国慢城总部效应"，提升高淳桠溪慢城的引领作用	WT战略： 旅游开发中，一定要坚持保护生态环境，实施可持续发展战略

根据表 2-5-2,对于高淳国际慢城而言,SO 战略为:①充分利用国际慢城的知名度,把桠溪打造成长三角乃至全国甚至世界级生态旅游目的地和休闲度假旅游目的地;②充分利用慢城生态环境优势和长三角市场优势,发挥慢城区位优势,以及县域经济和农村发展机遇,大力开发农家乐、房车露营基地、高档民宿等度假设施,提高居民的收入水平和幸福指数。WO 战略为:抓住宏观环境有利机会,积极提升人才培养质量,开发特色慢生活旅游产品,拉长旅游产业链条,促进县域经济和农业经济发展。ST 战略为:①旅游开发尽量突出慢城慢生活特色,避免与其他地区产品同质;②大力宣传高淳桠溪慢城的"首位效应"以及"中国慢城总部效应",提升高淳桠溪慢城的引领作用。WT 战略为:旅游开发中,一定要坚持保护生态环境,实施可持续发展战略。

第三篇

03

规划实践篇

项目六:规划区旅游发展战略体系规划

【学习目标】

1. 知识目标

(1) 理论知识目标

理解并掌握规划区旅游战略体系规划的内涵和内容,包括指导思想、战略目标、战略重点、战略选择、战略措施。

(2) 实践知识目标

掌握规划区旅游规划与开发战略体系规划的程序和方法。

2. 职业能力目标

能够对规划区旅游开发进行战略体系规划。

3. 项目任务目标

某规划区旅游战略体系规划。

第一节 旅游发展战略体系规划理论

一、基本概念

(一) 旅游发展战略

加拿大麦吉尔大学教授亨利·明茨伯格(Henry Mintzberg)在20世纪90年代初从五个角度对战略进行了"5P"定义,如表3-6-1所示。明茨伯格认为,人们在谈及战略时只是在谈论"5P"中的某一个和某几个的含义,实际上,战略具有多重含义,既应准确理解每个含义,又应将多个含义联系起来以形成整体的战略概念。据此,旅游发展战略可以界定为规划区旅游业发展的计划、策略、计谋和发展定位等含义。

表3-6-1 明茨伯格"5P"战略定义

概念	定义
计划(Plan)	在时间和程序上的总体安排或者设想
计谋(Ploy)	能够有效实施的方式方法
定位(Position)	就是要选好竞争图景中的位置
模式(Pattern)	在决定某种决策中而形成的一些共性
观念(Perspective)	思维方式的一致

(二）旅游发展战略体系规划

旅游规划和开发需要解决规划区旅游业的发展问题，提出规划区旅游发展战略和具体实施措施，其包含规划区旅游发展的思路、产品开发原则和主题形象、实现的目标和具体战略措施等内容体系，即旅游发展战略体系。旅游规划与开发中的战略体系规划就是对规划区旅游开发的指导思想、开发定位、战略目标以及发展战略等战略体系进行谋划和设计。

二、战略体系规划的内容

（一）指导思想

指导思想是围绕总体目标而提出的发展思路和原则性要求。旅游规划和开发的指导思想内容包括规划依据的理论（或政策）、坚持的原则、规划中的应坚持的规划区的优势特色、重要举措以及意愿强度等五个方面。

（二）开发定位

开发定位主要是对规划区旅游开发的主题形象进行定位。旅游地形象定位有助于地方旅游决策部门和公众对区域旅游有较深的理解，为旅游者的出游决策提供信息帮助，为旅游企业提供产品与销售支持。因此对目的地旅游形象进行定位研究具有重要意义。

（三）战略目标

1. 总体目标

总体目标又称终极目标或战略总目标，其含义是旅游地经过长期的开发和发展后要达到的要求，其内容通常包括旅游产品体系开发目标、旅游产业结构目标以及意愿目标等。

2. 阶段目标

阶段目标又称分目标，包括远、中、近期目标。阶段目标制定是以总体目标为方向，以基础条件和可能手段为依据，预测和识别发展状态的有序性变化，把总体目标分解为数个阶段目标组。其中，近期目标以基础设施、旅游项目以及接待设施等硬件项目建设以及市场营销策划等目标为主，其目的是在近期尽快实现开门迎客必须完成的工作任务。中远期目标主要是旅游经营目标、旅游形象塑造目标以及最终需要实现的其他目标等。

3. 指标目标

指标目标是指可以用具体指标来表述的目标，包括总量型目标、速度型目标和结构型目标。旅游总量型目标有规划期内游客的总人次目标、旅游总收入目标等；旅游速度型目标有规划期内游客年增长率目标、旅游收入的年增长率目标等；旅游结构型目标有吃住行游购娱消费结构目标、基本收入与非基本收入结构目标等。

4. 属性目标

属性目标是指旅游发展目标的属性类别,一般分为经济目标、社会目标、环境目标和文化发展目标等四大类[①],每一大类有数个具体指标,详见表3-6-2。

表3-6-2 旅游发展属性目标分类

旅游发展属性目标	经济目标	境内外旅游者人数
		旅游总收入与创汇额
		地方居民收入水平
		占GDP比重
		投资回收期
		投资收益率
		乘数效应
	社会目标	提供的就业机会
		地方居民的支持率
		社会风气
		旅游者满意度
		从业人员服务质量
	环境目标	自然风景资源保护
		历史文化资源保护
		环境综合整治指标
		绿色覆盖率
		水资源环境
		大气资源环境
	文化发展目标	当地文化的完整性
		文化个性
		文化整合的程度
		交叉文化的吸引力

(四)发展战略

发展战略是指区域发展具体战略、措施和途径,即为实现战略目标提出的策略和对策建议。旅游发展战略指规划区旅游业发展的战略和措施,是解决规划区旅游业发展问题的重要举措。

---

① 马勇,李玺. 旅游规划与开发[M]. 3版. 北京:高等教育出版社,2012.

第二节　旅游发展战略体系规划实践

本节重点对规划区旅游开发的指导思想、战略目标以及发展战略进行规划和设计。主题形象定位实践另有章节阐述。

一、指导思想设计

旅游规划的指导思想设计应基于规划区旅游开发的宏观背景环境分析、旅游规划区的优势和劣势以及机会和威胁分析,从规划依据的理论(或政策)、规划中应坚持的原则、如何充分利用规划区优势、提出主要规划举措以及最终意愿等五个方面组织语言。比如,《南京市高淳区"十三五"旅游发展规划》的指导思想表述为:"十三五"期间,高淳旅游业发展的指导思想是,坚持以科学发展观为统领,以可持续发展为原则,按照"产业强区、生态立区、特色旺区、富民兴区"战略,充分发挥"国际慢城"品牌优势,紧扣全城旅游的战略导向,紧密衔接"三区同创"的目标,依托高淳山水生态和文化资源优势,以旅游业创新突破和转型发展为主线,以精品旅游项目开发建设为重点,进一步优化高淳全域旅游空间布局,研究构建高淳国际慢城的"慢游"体系,强化"慢游"特色产品开发、完善"慢游"产业培育、推动"慢游"要素构建、注重"慢游"服务品质升级,全面提升高淳旅游的综合竞争力,并强化"旅游+"产业融合效应的发挥,将高淳建成中国首个"国际慢城特色旅游城市"和长三角地区独特的"慢生活"旅游休闲目的地,把旅游业培育成全区国民经济战略性支柱产业和人民群众更加满意的现代服务业。再比如《南京市江宁汤山温泉旅游度假区旅游专题规划》的指导思想表述为:以科学发展观为指导,以旅游市场需求为导向,依托汤山温泉旅游度假区高品质的特色资源条件和深厚的文化底蕴,利用度假区开发的现有基础、项目招商建设成果和已经形成的广泛经济联系,以及优越的区位交通条件,在汤山原有多层次城市规划成果的基础上,围绕打造真正意义的"中国经典温泉旅游度假区"目标,突出"动""静"结合的分区布局思路,通过系统梳理整合、科学有序推进、产品结构完善、产业业态优化、品牌形象塑造、功能人本配置的统筹规划布局,塑造"千年温泉仙都,国际度假天堂"的旅游形象,形成旅游产业发展与城市功能完善协调统一,以及可持续发展的全新格局,将汤山温泉旅游度假区建设成以温泉度假为核心,融康体、会务、休闲、科普、娱乐、购物、观光等功能于一体的"国内一流、国际知名"的温泉旅游度假胜地。

二、战略目标规划

战略目标规划主要包括三个方面:一是总体目标规划;二是阶段目标规划;三是属性目标规划。

(一) 总体目标规划

总体目标规划就是对规划区经过长期的开发和发展后要达到的要求进行设计。通常从旅游产品体系开发目标、旅游产业结构目标以及意愿目标等进行语言组织。比如南京高淳"十三五"的旅游业发展总体目标是积极推进国际慢城发展理念向高淳全域拓展，不断完善旅游产品体系，培育大旅游产业格局，力争到"十三五"期末，将高淳打造成为中国首个国际慢城特色旅游城市、国家全域旅游示范区和全国旅游改革创新先行区，并将旅游业培育成全区国民经济战略性支柱产业和现代服务业的龙头产业。再比如，高淳桠溪慢城旅游总体目标[①]为：以"神仙散步的地方"和"东方主义田园生态慢城"为旅游定位，将桠溪打造成以"国际慢城"称号为引擎、以"生态之旅"景区为依托、以"东方慢城文化"为特色的原生态人文旅游目的地和新农村建设特色创新示范区。

(二) 阶段目标规划

阶段目标规划就是对规划区旅游业发展的远、中、近期目标进行设计。其中，近期目标规划对基础设施、旅游项目以及接待设施等硬件项目建设等目标进行设计；中远期目标主要是对中远期的旅游经营目标、旅游形象塑造目标以及最终需要实现的其他目标等进行设计。比如高淳桠溪慢城旅游发展阶段目标表述为：

(1) 第一阶段目标——在国际上叫响桠溪(2011—2012年)

第一阶段的旅游发展目标是"在国际上叫响桠溪"，通过"高点定位"法则直接把桠溪推向国际市场，通过优质的旅游服务环境直接吸引境外游客，目标是每年吸引 5 000～10 000人次境外游客来桠溪度假。在吸引国际游客的同时，把桠溪"生态之旅"打造为：①南京市民首选的都市圈乡村旅游目的地；②长三角知名的新兴自驾游特色度假目的地；③中国"慢城运动"参观考察与学习游示范区。

第一阶段在桠溪"生态之旅"景区内发展以下工作重点：①大力发展大山、吕家、石家、瑶宕四个新农村示范点，以"吃点农家饭，买点农家货，看点农家乐，做点农家事"为目标打造四个集农家乐、乡村旅游、民宿型酒店、新农村建设于一体的复合型乡村文化度假区；②重建并重现"七彩桥里"生态农园景观，完善大山村大地艺术、有机茶园、"黑桃皇后"葡萄采摘园等观光农业景点的旅游服务功能配套，创造都市自驾游市场的近期热点引爆项目；③建设"东方慢城生活园"一期，建成东方民俗文化主题的慢生活街区、慢食养生馆、慢阅读文化旅舍、东方国学馆，展示东方慢城文化元素；④依托现有天地戏台、文化林广场、桃花扇广场开发东方慢城特色的系列表演艺术产品，丰富景区旅游观光功能，同时提供夜间表演项目，让留宿景区的人们夜间也有表演可看，从而延长生态旅游的夜晚经济链；⑤以低投入方案开发大矿洞文化遗址，打造垂直岩壁上的"慢行"惊险体验步道，

---

① 《中国桠溪"国际慢城"概念规划与旅游策划》(南京大学城市科学研究院)。

连通至矿坑底部水塘的通路,形成以矿洞徒步冒险和采矿文化体验为特色的唯一性景观和"矿洞奇观"之景。⑥引入2家以上五星级酒店和1家以上全球连锁品牌的超星级精品酒店,借助高端酒店品牌自身的客源影响力和品牌力量,直接吸引高端国际游客,初步具备中等规模以上的国际商务政务会议接待功能。

(2)第二阶段目标——创建世界唯一的桠溪(2013—2015年)

该阶段的目标是"创造世界唯一的桠溪",在旅游项目上强调"精品项目、唯一性项目、独创型项目、复合型项目",通过地域文化特色的全方位融入,打造一个"梦幻乌托邦"一般的世外桃源,目标是所有旅游产品都能做到"与众不同、独具风情",在2015年实现全部项目建成目标,之后一段时间内不再进行大面积新建工作,维持景区环境的适度稳定。同时,将"生态之旅"打造成:①让江苏引以为豪的全国知名旅游景区;②与江西婺源齐名的"中国最美丽的乡村";③中国人一生中至少来一次的东方人文旅游胜地。

第二阶段的工作重点概括为:①在其周边适度开发旅游地产,引入会议会展旅游综合体(MICE①),进一步提升景区的整体服务品质和国际化接待水准。②成立国际慢城投资管理公司,在高淳全县建立多个"桠溪慢城飞地",把桠溪模式复制到全县,把桠溪的慢城文化与高淳旅游发展模式相结合,让高淳从桠溪"国际慢城"中汲取发展的文化动力,实现高淳区域和桠溪本地的特色竞争力双赢局面。③成立桠溪慢城研究院,在全国推广"东方慢城模式",把"生态之旅"的发展模式输出至全国,颁布首批10个"东方慢城"。

(3)第三阶段目标——代表人类共同理想的天人合一的桠溪(2015—2020年)

第三阶段是桠溪"国际慢城"的建成发展期,发展目标是成为能够"代表人类理想的天人合一的桠溪",把桠溪打造成:①世界知名的东方主义田园生态慢城;②西方游客最向往的东方旅游胜地;③全球慢食运动爱好者和"国际慢城迷"的旅游必达地;④中国最具国际化气息和地方精神的东方慢城;⑤一个完整的、可参考的东方慢城发展模板。

(三)属性目标规划

属性目标规划就是对旅游发展的属性类别目标进行设计,主要从经济目标、社会目标、环境目标和文化发展目标等四个维度进行设计。比如南京高淳"十三五"期间的旅游业发展属性目标为:①经济目标:以现有的客源市场状况为基础,综合考虑高淳的旅游资源条件、旅游设施建设、旅游投资状况和市场发展潜力,本着实事求是、适度超前的原则,充分考量高淳旅游四大板块全面开发后所带来的吸引力的提升,以及国际国内市场消费逐步实现向质量效益型转变的趋势,同时结合《高淳旅游业发展总体规划(2009—2020)》中对高淳旅游市场的预测,确定高淳区"十三五"期间前三年游客量的年均增长率为

---

① MICE,即Meetings(会议)、Incentives(奖励旅游)、Conventions(大型企业会议)、Exhibitions-Events(活动展览-体育赛事)的第一个字母大写组成,是会展的英文缩写,也包括在举办会展的过程中所涉及的其他活动,如奖励旅游及节事活动等。

23%,旅游收入的年均增长率为27%,后两年游客量年均增长率为18%,旅游收入年均增长率为24%,实现旅游产业数量型扩张与质量型升级并进发展的格局。②环境目标:"十三五"期间,积极优化高淳旅游发展的社会环境、经济环境、文化环境和生态环境。重点保护和进一步提升高淳的生态环境,推进生态文明建设,大力发展低碳旅游、生态旅游,实施旅游节能节水减排工程,至2020年将星级饭店、A级景区相对于"十二五"期末用水用电量降低20%以上,使旅游业成为高淳重要的绿色产业。③社会目标:进一步优化社会环境,提升城市旅游形象,扩大对外交流,提高高淳的知名度和美誉度;扩大旅游企业对劳动力的吸纳力度,旅游就业显著增长,到2020年,全区旅游直接就业人数达到1万~1.2万人,旅游带动间接就业岗位力争达到全区人口的20%以上。提升高淳城市的宜居度和居民生活质量、生活品位,将高淳打造成南京都市圈乃至整个长三角地区最宜游、宜闲、宜居的城市之一。进一步推动城乡一体化,促进城乡经济发展。④文化发展目标是:努力培育和积淀高淳独具特色的"慢"文化,形成完善且丰富的"慢"文化脉络体系,并促进高淳传统文化的保护和传承,培育和强化高淳的历史和民俗风情文化特色,开发富有地方特色的文化旅游产品,促进文化与旅游深度融合,并积极促进文化旅游产业发展。通过文化旅游项目开发和文化旅游节庆的举办,促进文化交流和社会对高淳的文化认同。积极培育新的旅游文化消费热点,营造旅游文化氛围,促进旅游文化繁荣和文化旅游产业的发展。

三、发展战略规划

发展战略规划就是制定规划区旅游业发展的具体发展战略、措施和途径。在旅游规划和开发中,需要根据规划区的实际情况、战略目标以及主题形象塑造,提出具体发展战略、措施和途径。比如《南京高淳国际慢城旅游度假区总体规划(2012—2025)》提出的发展战略是:①品牌驱动战略,即进一步弘扬"国际慢城"的品牌称号,积极挖掘高淳国际慢城旅游度假区优越的绿色生态资源,以创建"国家旅游度假区、国家AAAAA级景区"为目标,全面系统提升高淳国际慢城旅游度假区的软硬环境,提高度假区的知名度与美誉度。②文化引领战略,即突出以慢生活文化为引领,以乡村田园文化、地方美食文化、特色民俗文化、乡村聚落文化、宗教体验文化、绿色生态文化为支撑的文化内涵,形成特色鲜明的慢文化体验及乡村休闲度假产品体系,全面提升高淳国际慢城旅游度假区的核心竞争力。③项目推动战略,坚持高标准、高起点的开发理念,积极推进特色重点项目、引擎项目的开发建设,以特色引擎旅游项目建设为抓手,全面推动高淳国际慢城旅游度假区的旅游开发建设。④产业融合战略,整合度假区内的村庄、农田资源,强化旅游业与一产、二产、三产之间的产业融合,延长休闲旅游产业链,构建国际慢城的特色产业集群。再比如,河南省发展规划中提出的战略措施是:①观念突破战略,包括:突破就资源论开发、就旅游讲发展的发展观,形成发展大旅游的大思路;突破循序渐进的发展阶段观,实现同步并进的跨越式发展;突破狭隘的旅游项目观,将旅游开发融于区域建设之中;突破狭隘的旅游区域观,以现代竞合理念推动产品整合;突破本位式管理观,围绕全省旅游业的共同目标,实现全局性的发展。②机制创新战略,包括:从政府主导型向政策导向型过渡,推进市场经济规范下的大旅游发展;加强旅游发展整体动力的培育,实现旅游与区域社会经济的可持续发展;实施区域旅游大协作战略,推动内部整合与外部协作的竞合机制形成;实施环境致胜战略,积极营造旅游发展的生态、社会、经济、文化大环境;疏通融资渠道,推动多元化投融资体系的形成;实施科教文化兴旅战略,通过人才战略和科技战略推动河南旅游的现代化发展;强化旅游管理部门的机构能力建设,加强旅游宏观管理,实现有效管理;推进旅游企业改革,抓大放小,推动集团化与个性化同步发展。③产品创新战略,包括:以整合与优化推动现有品牌的提升,重点打造区域整体的旅游大品牌;重视景区内涵提升,重点建设精品景区;资源开发与新项目建设并重,推动产品更新;重视城市旅游产品和非物质性旅游产品;同步推动社会产品旅游化和区域整体的旅游产品整合。④管理创新战略,包括:加快管理体制改革,将旅游企业全面推向市场;强化旅游管理部门的协调管理职能,推进旅游行业标准化建设;实施全面质量管理,规范旅游经营行为;以本底素质和理念形象培育为主,实施形象工程,增强形象驱动力;加强旅游发展的政策法规保障体系建设,加大执法力度,规范旅游环境。

项目七:规划区旅游形象策划

【学习目标】

1. 知识目标

(1) 理论知识目标

理解并掌握目的地形象概念、形象感知理论、"四脉"理论、"形象遮蔽"与"形象叠加"理论以及企业形象识别理论。

(2) 实践知识目标

掌握旅游形象定位的程序和方法。

2. 职业能力目标

能够为目的地设计旅游形象。

3. 项目任务目标

某规划区旅游形象策划。

第一节 旅游形象策划理论

大量研究表明,目的地旅游形象是游客选择旅游目的地的重要影响因素之一,目的地之间的竞争在很大程度上是目的地形象的竞争。对旅游目的地进行形象设计既有助于目的地进行营销宣传,塑造目的地旅游产品形象,又有利于游客识别旅游目的地,为旅游者的出游决策提供参考依据。因此,对目的地旅游形象进行策划与设计具有重要意义。

一、旅游形象含义

美国学者亨特(Hunt)[1]最早提出旅游形象概念,他认为旅游形象是人们对非居住地以外的地区所持有的印象。金(Kim)等[2]认为旅游形象是个体关于目的地的印象、信念、思想、期望以及感情的总和。我国学者王克坚在其主编的《旅游辞典》中将旅游形象定义

---

[1] Hunt J D. Image as a factor in tourism development[J]. Journal of Travel Research,1975,13(3):1-7.

[2] Kim H,Richardson S L. Motion picture impacts on destination images[J]. Annals of Tourism Research,2003,30(1):216-237.

为,旅游者对某一旅游接待国或地区总体旅游服务的看法或评价。综上,旅游地形象核心思想可以概括为旅游者通过感知所获得的关于某一旅游地的印象。旅游形象感知的主体是人,包括旅游者、旅游地居民和从事旅游设计规划活动的人(设计师或规划师)。从目的地经济效益视角,更多关注的是旅游者感知主体。旅游形象感知客体是旅游目的地。一方面旅游目的地有不同的层次,包括区域旅游形象(如欧洲旅游形象)、国家旅游形象、地区旅游(如长江三角洲旅游形象)、省旅游形象、城市旅游形象、县域旅游形象、风景名胜区旅游形象等;另一方面,旅游地的任何信息都有可能被旅游者感知,包括目的地环境和设施等硬件形象,以及市民素质、民俗民风、服务态度等软件形象。因此,旅游目的地形象塑造要更多关注旅游者感知主体,同时也要非常重视不同层次区域的软硬件要素形象建设。

二、形象感知理论

根据旅游者实际感知的过程,感知形象可分为初期的本底感知形象、准备阶段的决策感知形象和在旅游地停留阶段的实地感知形象。本底感知形象是长期形成的关于某一地理区域(国家、民族、城镇等)及自然景观(河流、山脉等)的总体认识。本底感知形象是一种缓慢的、潜移默化的在长期生活中逐渐积累起来的,不大引起人们的注意。本底感知形象的信息来源渠道有阅读、看电视、听广播、看电影、聊天、学校教育等等。决策感知形象是指旅游者在每一次具体的旅游购买之前,主动收集关于目的地的旅游信息从而形成的关于该次旅行比较明确的预想和期望。决策感知形象的信息来源渠道主要包括:商业广告、人际信息源(去过该地旅行的人的讲述和介绍)和公共信息源(从公共服务机构获取的关于目的地的资料和信息)。实地感知形象是旅游者到达目的地,通过各种感觉器官和知觉过程形成的对旅游地的感知形象以及对本次旅行的感知结论。实地感知形象的信息源来自"人-地感知"要素和"人-人感知"要素。"人-地感知"要素即可见、可听等可感觉的自然、景观、符号等实体要素;"人-人感知"要素即旅游者对旅游服务的感受和对地方性、地方精神、旅游氛围等的抽象感受等较深层次的心理要素。

三、"四脉"理论

"四脉"理论是旅游目的地形象定位需要考虑的四个要素[①],即地脉、文脉、商脉和人脉。地脉是指旅游目的地自然地理脉络,由地理位置、气候状况、地质地貌、生态环境、生物种类等因素构成;文脉是指社会人文脉络,包括旅游目的地有形的历史文化遗产和无形的非物质文化遗产,包括历史遗迹、文化风俗、古代建筑、园林等因素;人脉是指目的地

---

① 熊元斌,柴海燕. 从"二脉"到"四脉":旅游目的地形象定位理论的新发展[J]. 武汉大学学报(哲学社会科学版),2010(1):156-160.

居民和其他利益相关者对旅游目的地形象的心理判断和接受度,目的地居民是当地旅游产品的消费者,也是目的地环境重要的组成部分,他们与旅游地之间存在一种情感和心理上的依恋。只有旅游目的地的形象定位和景观设计体现了当地居民对目的地的感知,才能得到社区居民对目的地定位的认同,有助于形成积极的旅游态度,热情招待、包容外来游客,为旅游产业的发展创造良好的社会氛围。同时,目的地居民与社区的风俗习惯和生活方式是作为一种重要的文化资本参与到旅游业经营之中去的,它对游客在目的地的旅游经历做出重大的贡献,理应在涉及目的地旅游发展的重大事务中发挥作用。另外,目的地形象定位也关系到其他利益相关者的福祉,有必要听取他们的意见。商脉是指旅游目的地形象定位中的市场性分析,即分析潜在游客对目的地形象的认知、认同和接受,以及竞争者的形象定位。"四脉"构成详见图3-7-1。

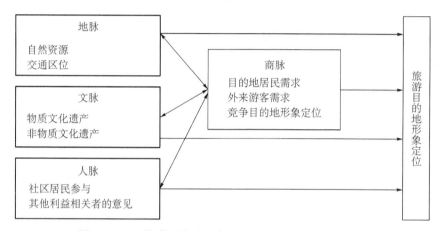

图3-7-1 旅游目的地形象定位的"四脉"构成及关系图

"四脉"中,地脉是旅游地形象的物质基础,其他的一切形象要素都建立在该基础之上。旅游目的地各区域地域性差异,决定其所处的位置、地位、资源禀赋等有所不同,形成的旅游形象也就明显不同。但是熊元斌等[①]认为,"四脉"中商脉居于核心地位,统率其他"三脉"因子。根据现代市场营销理念,实现组织诸目标的关键在于正确确定目标市场的需求和欲望,并且比竞争对手更有效、更有力地传送目标市场所期望的东西[②]。但商脉必须与地脉、文脉和人脉相结合,有可以依托的优势旅游资源和社会氛围,否则就是无源之水、无本之木。

四、形象遮蔽与形象叠加理论

在一定的地域空间范围内,分布着若干的风景区、旅游区,旅游者的行为规律决定了

---

① 熊元斌,柴海燕. 从"二脉"到"四脉":旅游目的地形象定位理论的新发展[J]. 武汉大学学报(哲学社会科学版),2010(1):156-160.
② 科特勒,凯勒. 营销管理[M]. 梅清豪,译. 上海:上海人民出版社,2006.

不可能将这一区域内的所有风景区、旅游区作为自己的旅游目的地,因而客观上这些风景区、旅游区之间存在着市场竞争,这首先表现为风景区、旅游区之间的形象竞争,其次是产品竞争。杨振之等[1]认为,不同的旅游地形象,根据旅游地旅游资源的品级、旅游产品的品牌效应以及旅游地之间的市场竞争三个主要因素,可以分为两种情况:一是相互竞争可能导致形象遮蔽;二是以整合为主导致形象叠加。如果在同一区域内不同的旅游地进行差异化形象定位,会使每一个旅游地的形象影响力都大增,进而形成一种叠加的合力,产生爆发性的影响力。比如四川九环线景区里的武侯祠、杜甫草堂、青城山、都江堰、卧龙、四姑娘山、黄龙、九寨沟、李白故里、三星堆,每一个旅游区都有不同的形象,产生合力,形成形象叠加效应,即在同一区域内不同旅游地的差异化形象定位,使每一个旅游地具有各自的形象,最终不同的形象形成合力叠加。如果同一区域内分布着若干旅游区,旅游资源级别高的、特色突出的、品牌效应强的,会对资源等级低的、特色不明显的、品牌效益弱的旅游区产生形象替代作用,从而使后者形象不明显,前者对后者形成形象遮蔽效应,即在一定区域内分布着若干旅游地(风景区),其中旅游资源级别高、特色突出或者产品品牌效应大、市场竞争力强的一个旅游地(风景区)在旅游形象方面会更突出,从而对其他旅游地(风景区)的形象形成遮蔽效应[2]。

形成形象遮蔽有三种情况:一是同一区域内,不管旅游资源是否具有相似性,级别、品质高的景区一般会对其他景区形成"形象遮蔽";二是旅游资源特色相似,两者或更多的旅游地都可以用同一形象,就看谁率先树立起形象,抢先树立起形象者由于品牌效应就会对其他旅游地形成形象遮蔽;三是资源特色相近,品牌影响力相差不大,市场竞争力强的景区对其他景区形成遮蔽。在旅游地的竞争中始终存在着形象遮蔽与被遮蔽的关系,形象越鲜明、越彰显,影响力越大的旅游地的遮蔽空间就越大,处于被遮蔽的旅游地在竞争中处于守势,并将不断衰落。对于这些旅游地而言,继续生存下去的出路就在于重新树立差异性的旅游形象。一个旅游地的形象所遮蔽的空间越大,其知名度就越高,对客源市场的吸引力也就越大。处于同一区域内的被遮蔽的旅游地,必须树立独特的差异化的形象,以摆脱"形象遮蔽",确立自身的形象遮蔽空间。哪怕这一形象空间不大,它也会成为某一细分市场的目的地而维持生存。对于资源雷同的,应对形象重新进行定位;对于资源有较大差异的,应强化其不同的旅游形象。

五、企业形象识别(CIS)理论

企业形象识别系统(Corporate Identity System,CIS),最早源于20世纪初,欧美国家为了提高产品竞争力而对企业标识进行设计以提高企业形象,从而扩大企业的影响力,

---

[1] 杨振之,陈谨."形象遮蔽"与"形象叠加"的理论与实证研究[J]. 旅游学刊,2003(3):62-67.
[2] 杨振之. 旅游资源开发与规划[M]. 成都:四川大学出版社,2002.

获得良好的销售业绩。20世纪90年代初,广东太阳神集团成功导入CI(Corporate Identity)战略,迅速获得市场和消费者的认可,在短时间内取得骄人的成绩。

CIS主要由理念识别(Mind Identity,MI)、行为识别(Behavior Identity,BI)、视觉识别(Visual Identity,VI)三部分构成。MI、BI、VI三者是紧密相连、密不可分的。其中MI是整个系统的核心部分,其优劣直接关系到企业的发展方向及未来的前途;BI是整个系统的载体、媒介,是架设MI和VI之间的桥梁;VI是整个系统的具体表现,将MI和BI反映在最直观的视觉信息符号中。企业理念识别系统包括企业的核心价值观、企业文化、经营哲学、企业精神、企业使命等指导性思想意识,它是企业的灵魂,企业用它来指导具体的经营管理等活动。企业视觉识别系统是理念识别系统和行为识别系统的具象化、视觉化表现,由基本要素和应用要素两部分组成。企业行为识别系统建立在理念的基础之上,用于规范企业员工的行为和企业自身行为。

六、旅游目的地形象系统(TDIS)模式

旅游目的地形象系统(Tourist Destination Image System,TDIS)模式是对旅游地形象系统进行策划的模式,是李蕾蕾在其发表的博士论文《旅游目的地形象策划:理论与实务》中提出的。TDIS模式的旅游地形象系统设计包括四个步骤,分别是:①旅游形象调查与地方性分析。其内容包括对旅游地旅游资源的调查与分析、对旅游地地脉和文脉的调查与分析,以及对旅游者、当地居民以及形象策划设计师的感知调查与分析等。②形象定位与形象口号。在旅游地旅游形象与地方性调查与分析的基础上,将旅游地的核心理念概括出来,并浓缩为一句形象口号,作为旅游地形象定位。③"人-地感知"形象要素设计和"人-人感知"形象要素设计。"人-地感知"要素是旅游地所在地理景观的感知要素;"人-人感知"要素是人与人之间关系的感知要素。"人-地感知"形象要素设计即对地理景观要素的设计;"人-人感知"形象要素设计即对人工符号进行设计以及对旅游服务者、旅游者和当地居民的形象进行设计。④形象传播,即选择适当的传播手段去影响受众。

第二节　旅游形象策划实践

旅游目的地形象策划是指,策划主体为实现旅游目的地旅游发展目标,在充分调查的基础上对旅游目的地形象战略和具体塑造进行谋划、计划和设计的运作活动。本书把旅游目的地形象策划程序概括为调查(Investigation)、分析(Anlysis)、定位(Position)、设计(Design)、传播(Promulgation)等五个阶段,简称"IAPDP"模式。

一、目的地形象调查

目的地形象策划相关资料调查与收集的内容包括目的地现有形象定位调查、目的地"四脉"调查、目的地旅游资源调查以及游客对目的地形象感知调查。

（一）现有形象定位调查

旅游目的地现有形象定位调查内容不仅包含目的地本身现有形象定位，还包含目的地所在区域其他竞争对手现有形象。一般而言，目的地自古至今会无意识或者有意识地形成一个或者多个形象表述，比如：苏州旅游形象有"上有天堂、下有苏杭""小桥、流水、人家""江南水乡"等；南京旅游形象有"江南佳丽地、金陵帝王州""六朝古都、十朝都会""博爱之都"等；南京江宁方山旅游形象有"国家地质公园""北少林、南定林""天印樵歌"等。旅游目的地现有形象表述有可能偏于某一方面地理文脉，不能全面反映目的地现有形象特征，需要对目的地形象重新进行策划；现有形象表述也有可能非常准确反映现有形象特征，不需要再进行旅游形象策划。因此，在进行旅游目的地形象策划前需要对现有资料进行收集与评价。调查途径为二手资料调查，包括百度搜索、学者研究成果搜索以及图书资料查找等。

（二）旅游目的地"四脉"调查

（1）地脉调查，主要调查内容有目的地的地理位置、气候状况、地质地貌、生态环境、生物种类以及自然旅游资源等。调查途径包括百度搜索、学者研究成果搜索、图书资料查找以及现场考察等。

（2）文脉调查，主要调查内容有目的地的历史遗迹、文化风俗、古代建筑、园林以及其他人文旅游资源等。调查途径包括百度搜索、学者研究成果搜索以及图书资料查找以及现场考察等。

（3）人脉调查，主要调查内容有社区居民参与以及其他利益相关者的意见。其中社区居民因子包括居民对文化的认同、风俗习惯以及生活方式等内容调查。调查途径为二手资料调查和问卷调查。

（4）商脉调查，主要调查内容有目的地居民需求、外来游客需求以及竞争对手目的地形象定位，调查途径主要是问卷调查。

（三）旅游目的地形象游客感知调查

旅游目的地形象游客感知调查主要采用问卷调查形式，内容包括游客人口学特征，游客行为特征（动机、信息收集渠道、出游方式），目的地知名度、美誉度、认可度等。

二、目的地形象分析

目的地形象策划的第二阶段工作就是在相关调查基础上，对信息进行科学分析。

(一) 现有形象分析

现有形象分析内容有两个方面：一是对目的地现有形象定位进行逐条准确客观分析，既肯定现有形象定位的优点，同时也指出其不足；二是对目的地所在区域形象遮蔽和形象叠加进行分析，即对同一地域竞争对手形象进行分析。

(二) 旅游目的地"四脉"分析

对目的地"四脉"信息和数据进行分析时，既要有原始数据支撑，同时也要进行高度概括，把目的地地方性特色高度提炼出来。

(三) 旅游目的地形象游客感知分析

根据问卷调查数据，对游客基本信息、游客购买行为特征、游客对目的地的知名度、美誉度、认可度，以及游客对目的地形象要素总体感知进行分析。

旅游地的知名度是旅游者和潜在旅游者对旅游目的地知晓程度的衡量，其公式为：

$$知名度 = (知晓旅游地的人数/总人数) \times 100\%$$

需要注意的是，知名度分为好的知名度和不好的知名度，不论是美名还是臭名，都可以提高知名度。

旅游地的美誉度是旅游者和潜在旅游者对旅游地是否喜爱和认可的衡量，其公式是：

$$美誉度 = (赞赏旅游地的人数/知晓旅游地的人数) \times 100\%$$

知名度和美誉度组合构成了旅游地形象的四种状态，见图3-7-2。

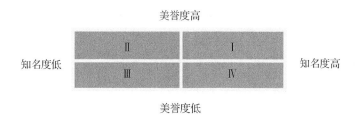

图 3-7-2 形象识别象限图

图 3-7-2 中，Ⅰ表示旅游地具有广为人知的良好形象（美名远扬）；Ⅱ表示形象好但不出名；Ⅲ表示形象差也不出名；Ⅳ表示具有众所周知的坏形象（臭名远扬）。

认可度是对旅游者把旅游地的产品和服务纳入自己的消费对象的可能性程度的衡量，其计算公式为：

$$认可度 = (行为人数/知晓人数) \times 100\%$$

旅游者并不是一定选择知名度和美誉度高的旅游地作为最终目的地，因为他们的决策最终受到经济条件的限制，或产生心理形象偏差而不愿将旅游地列入计划之中。比如说，法国的巴黎素有浪漫之都、时尚之都之称，其知名度和美誉度都相当高，但是到巴黎的出境旅游费用也相对较高,这是很多人没有选择前往的一大原因。因此,很多人还是选择了那些近一些,消费价格适中,在其承受范围内的旅游地。旅游地形象状态和旅游者的选择行为的对应关系如表3-7-1所示。

表3-7-1 旅游地形象状态和旅游者的选择行为的对应关系

知名度	美誉度	认可度	旅游地形象状态	旅游者选择可能性
＋	＋	＋	好且游人如织	＋＋最大
＋	＋	－	好但游人不多	－小
＋	－	－	臭名远播,难改变	－－最小
－	＋	＋	美名未远扬,可提高	＋大
－	－	－	臭名未远播,可转变	－小

注:＋表示高,－表示低。

三、目的地旅游形象定位

目的地旅游形象定位是指在形象调查与分析的基础上,以旅游目的地文化为背景,以地方特色资源为基础,以客源市场为导向,通过对区域旅游资源及产品特色的高度概括,达到既体现地方性,又在潜在旅游者心目中建立与众不同地位的目标,最终用一句主题口号表述旅游目的地形象的谋划活动。旅游形象定位是旅游地形象设计的前提,形象定位为形象设计指明方向。

(一) 目的地旅游形象定位的原则

1. 资源特色和市场导向相结合的原则

旅游资源特色原则是指旅游区旅游形象定位必须考虑旅游区的资源特色。坚持旅游资源特色原则需要对旅游资源特色进行提炼,同时需要考量资源能否转化为旅游产品以及转化成本大小。市场导向原则是指策划的旅游形象是否符合市场上旅游消费者认知的形象以及是否能够引导消费者需求的形象。在进行旅游形象策划时,要把资源的特色和市场需求特征有机地结合起来考虑,即策划的形象既能代表旅游区资源特色,同时又是市场上消费者认可的形象。

2. 易识别性和难以替代相结合的原则

旅游形象的易识别性原则就是在设计旅游形象时,努力用最浅易的方式传达相关信息,让历史变得时尚、让文化变得轻松,切忌太抽象,导致游客无法理解。但是,易识别往往也意味着容易被复制,这就要求定位前要抓住特质,考虑该地旅游产品有哪些与众不同之处;即便同质,也要运用特殊的语言、特殊的标识与竞争对手加以区分,使得竞争对手无法替代本旅游形象,所以旅游形象设计要塑造出"人无我有,人有我特,人特我新,人新我优"的差异化形象,克服"替代效应"。以《香格里拉县旅游发展规划》为例,规划者发现香格里拉县(现为香格里拉市)是全世界人与自然和谐发展的典范地区之一,因此,提出如梦如初,走进永远的香格里拉,高原雪域冰川湖、森林草甸藏族风,人神共存秘境地,香格里拉世人梦等区域旅游总体形象感召词①。这些形象表达,无法替代。

3. 整体性和层次性相结合的原则

在进行旅游形象策划时,首先要从整体视角策划旅游形象,不能是各个要素的简单拼凑和堆积,"应该在更高的层面上进行归纳总结,进一步提炼,或忍痛割爱以突出最具有代表性的特色"②。比如,新疆民族旅游形象不能罗列为"丝绸之路,民族风情,边界贸易,沙漠绿洲",不妨归纳突出"西域"特色。"西域"一词只有新疆与之匹配,并且从整体上反映新疆的形象。旅游形象有不同层次,有第一层次形象(主题形象、国际形象、国内形象和区域形象)和第二层次形象(内部各区域形象、线路形象、产品形象)。比如,乌鲁木齐国内旅游形象为"面向世界的大漠之星、充满生机的西部民族家园";区内旅游形象口号表述为"休闲健身第一处,碧野仙境新丝路"。次一级层次形象设计应该围绕总体形象展开,与总体形象相一致③。

(二) 目的地旅游形象定位的方法

1. 领先定位法

领先定位法是指占据原有形象阶梯的最高位的定位方法,适用于独一无二、不可替代的旅游资源或旅游产品,追求占据旅游者心目中旅游形象阶梯的第一位置。比如,黄山形象为"五岳归来不看山,黄山归来不看岳",九寨沟形象为"黄山归来不看山,九寨归来不看水",云台山瀑布形象为"亚洲第一瀑"等。

2. 比附定位法

比附定位法是指通过与知名形象建立一种内在联系,使自身的形象迅速进入旅游者的心中并占领一个牢固的位置,借势使自身的形象生辉的定位方法。比如牙买加形象为"加勒比海中的夏威夷",小浪底形象为"黄河三峡",苏州形象为"东方威尼斯"等。

3. 逆向定位法

逆向定位法是指打破一般思维模式,以相反的内容和形式标新立异地塑造旅游地形象,以凸显特色的定位方法。比如深圳野生动物园形象定位是:人在"笼"(车)中,动物在"笼"外。

4. 空隙定位法

空隙定位法是指选择旅游市场上的空缺,树立自己的特色优势,从新角度出发进行立意,创造鲜明的形象的定位方法,比如遂宁市大英县形象为"中国死海"。

5. 目的地旅游形象的表述

形象定位的最终表述往往是一句主题口号。口号设计应遵循以下原则:①突出地方

---

① 赵飞羽.区域旅游形象的传播学特征及其传播初步研究[D].昆明:云南师范大学,2003:13.
② 徐学书.旅游资源保护与开发[M].北京:北京大学出版社,2007:210.
③ 吴必虎.区域旅游规划原理[M].北京:中国旅游出版社,2001:204.

特征,简明扼要;②突出行业特征,表达针对游客;③突出时代特征,富有个性;④具有广告效应,独特鲜明。比如:瑞士形象的表述是"世界的公园,瑞士、瑞士、还是瑞士";夏威夷形象的表述是"夏威夷是微笑的群岛,这里阳光灿烂";香港形象的表述是"魅力香港、万象之都、动感之都";泰国形象的表述是"Amazing Thailand(神奇的泰国)";新加坡形象的表述是"无限的新加坡,无限的旅游业,尽情享受,难以忘怀,新亚洲-新加坡,新感觉";澳大利亚形象的表述是"令人心旷神怡的澳大利亚";美国佛罗里达州形象的表述是"佛罗里达,与众不同"等。

【案例】旅游地旅游形象 USP 策划

独特的销售主张(Unique Selling Proposition, USP),是美国广告"科学派"旗手雷斯(Rosser Reevers)在 20 世纪 50 年代提出的。戴继洲等[①]认为,通过旅游地旅游形象的 USP 研究,即旅游地形象的"独特点"的研究,从游客感知印象、形象特色、地脉、文脉与周边竞争者的替代效应等因素综合分析得出旅游地所凸显的、能够被人们关注的不同之处,可以为旅游地确立特色鲜明的旅游形象和策划别具一格的产品提供一种新视野和新思维。

戴继洲等对内蒙古克什克腾旗旅游形象 USP 定位策划过程如下:

(1) 克什克腾旗地脉分析

旅游地地处内蒙古草原、大兴安岭山脉、燕山山脉三大地貌接合部,地貌类型多样,中沙北草,融西部草原、南部熔岩台地和北部丘陵山区于一体,自然资源丰富多样。旅游地有天然草牧场 180 万 hm^2,国家级旅游风景名胜区乌兰布统草原被称为"离北京最近最美的草原",旗内拥有全国唯一以行政区整体命名的世界地质公园——克什克腾旗世界地质公园,拥有北方最大的天鹅湖——达里诺尔湖和世界罕见的白音敖包沙地云杉两个国家级自然保护区,拥有黄岗梁和桦木沟两个国家级森林公园,还拥有全国第二大温泉——热水塘温泉。同时旗内的西拉木伦河是中华三大文明之一游牧文明的摇篮。可见,克什克腾旗地脉所依托的自然资源品位均较高,因此可将其地脉特点概括为草原、石林、峡谷、河流、湖泊、森林、温泉、沙地。

(2) 克什克腾旗文脉分析

"克什克腾"即"亲兵""卫队"之意。顺治九年(1652 年)建置,迄今已有 370 多年历史。如果说黄河是中华民族的摇篮,那么西拉木伦河则孕育了马背上的民族。先后有东胡、乌桓、鲜卑、契丹、蒙古等善于骑射、游猎的游牧民族在他们

---

① 戴继洲,徐升艳. 旅游地旅游形象 USP 与产品策划研究:以内蒙古克什克腾旗为例[J]. 资源与产业,2007,9(2):90-93.

伟大首领的带领下在这块土地上繁衍生息。克什克腾旗境内西拉木伦河流域是我国游牧文化和中原农耕文明交汇的主要地点，西拉木伦河流域文明的变迁集中代表了我国游牧文明的兴衰。由于诸如辽太祖、辽太宗、成吉思汗、康熙、乾隆、嘉庆等先后在克什克腾旗进行过重大活动，他们的身影至今仍清晰地印在克什克腾旗的土地上，为这里增添了皇家的雄风、贵族的气象，因此，皇室"御"文化已成为克什克腾旗文化的特色。

(3) 克什克腾旗核心旅游资源特色分析

克什克腾旗拥有较多品位极高的旅游资源，通过综合分析，可知核心旅游资源为草原、石林、游牧文明，理由如下：①克什克腾旗旅游地开发是在内蒙古大草原的整体背景下进行的，草原是其最具特色的地脉特点，从旅游者的心理考虑，草原是他们神往的乐园，且游牧文化最重要的载体是大草原，因此，草原是克什克腾旗旅游形象的主要基调，也是旅游产品策划的主要载体。②由于阿斯哈图石林是全国唯一的花岗岩石林，是全国20个世界地质公园之一，属于世界级旅游资源，完全具备垄断性、唯一性和排他性的特点，因此可以被判读为克什克腾旗核心旅游资源。③游牧文明是目前学术界公认的除黄河文明、长江文明之外的第三大文明，因此，游牧文明被称为克什克腾旗核心旅游资源也当之无愧，"御"文化是游牧文明在这里的特色文化。④其他资源虽属于品位较高资源，但由于其不具备全国旅游市场的垄断性、唯一性和排他性特点，因此只能居于这三种资源之下。如热水塘温泉虽然是全国第二大温泉，但由于温泉只能是区域性旅游产品，对全国其他地区缺乏吸引力，因此，不能被判读为核心资源，这在后续的旅游市场调查中得到了印证。

(4) 竞争者现状比较分析

区域内竞争对象主要以呼伦贝尔和锡林郭勒大草原为主，通过综合比较，得出如下结论：①克什克腾旗、呼伦贝尔及锡林郭勒盟，都有自己独特的旅游优势资源，但是又有其相似的民宅建筑和传统的民族风情。②被称为世界三大草原之一的呼伦贝尔大草原和被誉为"天堂草原"的锡林郭勒大草原，发展较为成熟，旅游形象主打"大草原"和"少数民族风情"两张牌。③从文化底蕴来看，克什克腾旗文化底蕴丰厚，是与黄河文化、长江文化并起的游牧文明之源，呼伦贝尔和锡林郭勒盟是少数民族成长摇篮，但整体文化内涵稍显薄弱。④从旅游产品开发看，克什克腾旗旅游资源门类齐全，品味高档，适合开展多形式多组合的旅游项目，呼伦贝尔和锡林郭勒大草原旅游资源组合度不高、产品开发单一。目前，主要旅游开发以游览为主的观光旅游和体验少数民族风情的民族风情游为主。总之，克什克腾旗旅游形象USP必须在草原的基调上寻求特色，可以依托多样的资源载体开发多形式多组合的旅游项目，以形成比较优势，如"母亲的河""乌兰布统草原,距离北京最近最美的草原""阿斯哈图石林,全国唯一的花岗岩石林"等等。

(5) 旅游形象 USP 初次定位和产品初次策划

在以上分析的基础上,作者进行了旅游形象和旅游产品的初次策划,为了避免偏颇,把非核心旅游资源也列入策划之列,具体策划如下。旅游形象:草原魂、御乐园;父亲的草原、母亲的河;快乐草原、生态大观;游牧文明之源、世界奇观之首;世界地质奇观、全国第二大温泉;快乐草原、文明之旅;草原明珠、内蒙古缩影等。旅游产品:地质奇观观光产品、自然风光观光产品、生态休闲度假产品、康体疗养产品、探险科考产品、影视寻梦产品、文化体验产品、商务旅游产品。针对以上策划,作者设计了详细的旅游问卷,准备在潜在客源市场进行受众调查,以检测旅游形象 USP 初次定位和产品初次策划的合理性,并根据问卷调查结果修正和提炼旅游形象 USP。

(6) 潜在客源市场受众分析

由于克什克腾旗的旅游定位是国内顶级、世界一流旅游目的地,因此作者把国内潜在客源市场定位在京津塘、长三角、珠三角区域,为此选取北京、天津、唐山、上海、南京、杭州、苏州、广州、深圳九个城市进行了问卷调查,关于旅游形象和旅游产品的部分调查结论如下:①受调查者对克什克腾旗旅游业的感知是大草原,对"草原魂、御乐园""快乐草原、文明之旅"两个形象定位较感兴趣。这种调查结果反映了"人是追求快乐的和旅游者渴望实现南北空间互换的心理"。②对地质类旅游资源存在一定抵触情绪,地质景观对大众旅游者缺乏足够吸引力,即使是世界地质公园也同样如此。因此,受调查者对"世界地质奇观"之类的形象定位和纯粹的地质旅游产品兴趣不大,但对体验性地质旅游产品有一定兴趣。③带有"全国第二大温泉"的形象定位仅仅对京津塘地区具备吸引力,对长三角、珠三角地区吸引力不大,这种调查结论再一次证明了温泉是一种区域旅游产品。④受调查者对游牧文明存在着浓厚兴趣,渴望在旅游中通过旅游活动得到体验。由于"御"包含着深厚的中国古代皇室文化的特色,因此御文化对旅游者特别是商务旅游者有着非凡的吸引力。

(7) 最终旅游形象 USP

通过对克什克腾旗地脉、文脉、核心旅游资源、竞争者现状、潜在客源市场等进行分析,并对初次旅游形象 USP 进行摒弃、提炼、升华,最后把克什克腾旗旅游地形象 USP 确定为"草原御乐源",突现草原特色、产品特色及游客体验。这种定位基于以下考虑。草原:摒弃了以世界地质公园、全国第二大温泉等进行定位的思想,突出了草原,满足了人们神往草原、体验草原的心理需求,体现了克什克腾旗旅游形象的大背景。御:"御"文化是游牧文明在此地的特色,

"御"与"娱"同音,"御乐源"就是创造快乐、享受快乐的地方,"御"具有深厚的中国古代皇室文化底蕴,说明建造的克什克腾旗旅游地是国际一流的旅游目的地,开发的是顶级的旅游产品,带给游客的是皇帝般的享受。乐:体现了"人是追求快乐的"的理念,整天奔波的人们,身心已十分疲惫,到克什克腾旗旅游,通过快乐体验,能够达到愉悦身心的娱乐目的。源:源就是源头的意思,说明克什克腾旗是快乐之源,游牧文明之源。

四、目的地形象设计

旅游目的地形象设计可以从"人-地感知"形象和"人-人感知"形象两个方面进行。

(一)"人-地感知"形象设计

"人-地感知"形象设计是在理念形象系统的指导下,以人地协调为原则,根据旅游者对旅游地的形象感知,在旅游地地理空间的范围内将理念系统和行为系统具体化、直观化,主要包括视觉景观形象设计、视觉符号设计以及其他感知要素设计。

1. 视觉景观形象设计

凡是旅游者所游览过的地方,都会直接影响他们对目的地的形象感知,旅游者对不同区域所形成的视觉效应有差异。依据旅游功能分区使旅游者产生的感受强弱不一,可将旅游地视觉景观形象区划分为核心区与边缘区。边缘区是旅游者较少进入的区域,对整体旅游形象的影响不大。核心区的旅游形象,应从以下几个方面进行设计:①第一印象区。即旅游者最先达到或进入的,对旅游地产生首次形象感知的区域,并且会影响旅游者在旅游过程中以及旅游后的印象评价。因此,该区域对旅游者尤其是首游者形成旅游形象感知具有决定性的作用。②光环效应区。即指游客根据个人的好恶对众多旅游目的地印象评价较好,且能决定旅游地综合印象的区域,通常是指主要景点的所在地。只要游客对这个区域形象的评价为"好",这个区域就会产生"光环"包围着游客,从而使游客对整个旅游地形象的评价都为"好";如果游客对这个区域的评价为"坏",那么即使其他区域的形象再好,游客都会对整个旅游地产生不好的印象和评价。③地标区。即旅游地中独有的、体现整个目的地旅游标志性形象的区域。地标区是旅游地形象标志和传播的象征,体现目的地的地域精神和审美价值,是旅游者心目中的代表性区域,也是其必到的地方,并且在其心目中形成区别于其他目的地和便于记忆的视觉形象符号。④最后印象区。即游客返回原地与目的地最后接触的区域,此区多数情况下与第一印象区相重合。对于首游者而言,因为有先入为主的效应,第一印象区的形象比最后印象区的意义更重大;但是对于重游者而言,它的形象比第一印象区具有更重要的影响作用,因为最后印象往往会改变原有印象,并将最后印象传递给其他人。因此,除了要提升第一印象区的形象之外,还要全面考虑最后印象区的形象,以做到尽善尽美,避免出现不必要的负面效应。

2. 视觉符号形象设计

旅游视觉符号形象设计主要包括以下几个方面：①旅游地标徽。旅游地标徽是旅游地旅游信息浓缩的载体，是旅游地的名片，是塑造和提升旅游形象的重要工具。旅游地标徽的设计要求彰显旅游地主流元素、知名元素以及遵循大众性原则。②旅游纪念品。旅游纪念品是指旅游者在旅游活动中购买的具有地域性、艺术性和纪念性的有形商品。它不仅具有欣赏和纪念的作用，还是延伸和传播旅游地形象的媒介，是旅游地形象的艺术表现形式。因此，开发独具特色的旅游纪念品有利于当地旅游形象的塑造和传播。③旅游地吉祥物。旅游地吉祥物因其独特、鲜明的个性，夸张、幽默的表现形式容易博得大众的喜爱，实现与游客的沟通和理解，给游客留下深刻的印象，实现旅游地形象的有效传播，与旅游口号相比，可以跨越语言的障碍传达旅游信息。同时，它还具有经济功能，可以衍生出众多以吉祥物为元素的首饰、玩具、纪念品等旅游商品，增加旅游产业附加值。④旅游地象征人物。即将名人的公众形象与旅游地结合起来，尤其是与当地旅游有关联的名人，其作为旅游地象征性人物，是旅游形象传播的重要媒介，使人们只要接触该名人就会想到该旅游地。例如，香港由国际著名演员成龙担任旅游形象大使，其国际影响力增强了香港旅游形象的感召力；北京聘请诺贝尔文学奖获得者莫言担任旅游形象大使，并由其出席相关的旅游宣传活动。实践证明，利用名人效应可以加大旅游地的宣传力度，吸引更多的游客前来游览观光。⑤旅游地户外广告。户外广告分布在旅游地各个地方，其覆盖面广、影响力大，对经过或停留在这个地区的公众形成强大的视觉形象，是旅游形象的构成要素。户外广告主要有路牌广告、灯箱广告、墙体广告、导游图等等。它不仅传递着广告信息，为游客在游览观光过程中提供向导，更是与旅游地融为一体，展现旅游地精神和旅游形象。因此，旅游地如果不能给游客提供详细的信息解释系统，会影响其形象感知。

3. 其他感知要素设计

其他感知要素设计有：①听觉。从旅游地形象的角度来看，听觉形象是指游客在观光体验时，由人的耳朵直接感受到的旅游地的方言、戏曲、主题曲等声音所形成的感知形象。听觉形象可以营造温馨欢快的旅游气氛，游客在游览的过程中享受旅游地背景音乐或者主题曲，能够感受到与旅游地相和相谐、融为一体。②味觉。在旅游形象中，味觉虽然不能创造旅游形象，但能增强旅游形象识别和联想。味觉主要体现在游客对当地特色风味食品的品尝上。因此，可以通过味觉来增强游客对旅游地的形象感知。③嗅觉。在人类全部感官中，嗅觉是最灵敏的，也是与记忆和情感联系最密切的感官，最能激发人的情绪，从而产生对周围环境的各种情感。在旅游形象系统中，注意嗅觉形象的设计有助于提升游客对旅游地的整体形象。

(二)"人-人感知"形象设计

"人-人感知"形象设计主要由政府行为、旅游从业人员的服务行为、居民行为构成。

1. 政府行为

地方政府行为对当地旅游业的发展往往起到主导性作用。在目的地旅游形象设计上,政府应充分发挥其宏观调控、行政干预和法律手段的行政职能,通过"政府搭台,企业唱戏"创造一个规范有序的旅游市场。因此,政府在目的地旅游形象的塑造上发挥着重要的作用,主要体现在宏观调控和微观规制两个层面。

2. 服务行为

旅游服务行为一般包括旅游企业提供的交通运输、住宿餐饮等接待服务和游客在游览、娱乐时所接受的景区服务两大类,此外还包括在团队旅游中的导游服务。旅游服务行为与游客产生最直接、最正面的接触,对旅客产生的感知形象具有重要的影响作用。

3. 居民行为

当地居民的思想行为特征都能影响游客对整个目的地旅游形象的总体评价。它是旅游形象系统中一个重要的因素,也是目的地吸引游客的重要因素和游客满意度的重要来源。它主要体现在居民对目的地旅游的思想和行为两个方面。因此,居民形象的塑造要从思想和行为两方面着手。在思想上,首先,全面推进基层文化设施建设,使市民具有"崇文厚德、包容四海、敬业乐群"的精神,树立"文明城市"形象,让居民认识到个人形象关系到旅游的整体形象的思想;其次,加大旅游意识教育和宣传力度,提高居民的旅游参与意识和好客度,形成"全民办旅游"的社会氛围;最后,倡导市民弘扬目的地本地人与外地人兼容并蓄的精神。在行为上,首先,要倡导居民遵守文明行为规范,形成良好的社会风尚,在居民文明的言行举止中体现目的地人民热情、友好的待客之道;其次,推广普通话和文明礼貌用语,形成热情服务、礼貌待客的良好风貌;最后,建立健全相应的法规,对游客不文明行为或其他有损旅游形象的行为予以制止,严禁欺诈游客行为的发生。

五、目的地形象传播

传播是一种社会性交流信息的行为,是个人之间、群体之间、组织之间及个人与群体、组织和社会之间通过有意义的符号所进行的信息传递、接受与反馈等行为的总和。

旅游形象传播体现出宽渠道、多信息的特点,但媒体选择的重点除了电视、网络和书报杂志外,就是"二微一抖"等新媒体。旅游形象传播应该依据旅游者信息获取的特点采取针对性的传播策略。而电视广告、网络媒体、报纸杂志和口碑的树立无疑是工作的重点。陈鹏[①]对形象传播建议为:

(1) 推广媒介。游客在旅游前主要通过电影、电视、广播及亲友推荐、旅行社、网络等方式来获知目的地形象。近年来,《奔跑吧兄弟》《爸爸去哪儿》《青春旅社》等真人秀节目带火了许多旅游景区和旅游城市,在网络媒体中,选择微信朋友圈广告、微博开机画面等

---

① 陈鹏. 呼和浩特市旅游形象定位研究[D]. 呼和浩特:内蒙古师范大学,2018.

推广方式，通过微博话题、论坛、贴吧等网民讨论区，创造大众感兴趣的话题增加点击量。部分游客习惯在旅游前到马蜂窝、去哪儿、携程、大众点评等手机 App 中了解旅游目的地详情和景点介绍以及 App 用户的口碑评价等，有关部门可组织专人在实事求是的原则基础上撰写高质量的游记、旅游攻略，通过这些 App 宣传旅游目的地。值得一提的是，在以"抖音"为代表的短视频应用日益发展壮大的今天，目的地旅游景区景点的精华内容经过精心剪辑制作发布到短视频中，可获得意想不到的宣传效果。

（2）媒介推广形式。旅游目的地可通过举办或承办国际性的或全国性的重大会议、重要节事活动、重量级展览等来推广自身形象，把声势造起来，把人气聚起来，把品牌创出来，把知名度喊出来。一是通过节事会展。比如，"中国·内蒙古草原文化节""中国·呼和浩特昭君文化节""中国·呼和浩特少数民族文化旅游艺术活动""敕勒川草原那达慕""和林格尔芍药国际文化旅游节""大召庙会"等一年一度的大型节事活动的举办是呼和浩特旅游形象进行对外宣传的良好时机。在大型节事活动举行前夕，做好各类媒体的宣传预热工作。活动举行期间，让参与到活动中的游客进一步加深旅游地形象感知。二是会议展览。比如，在中蒙博览会期间，召开两国旅游互通交流合作会议，加强呼和浩特在全国乃至世界的文化交流和知名度；在深圳文博会期间，推介呼和浩特市的旅游形象。三是借助名人效应。比如，知名女演员赵丽颖为家乡河北拍的宣传片给人留下深刻印象。可邀请名人代言，拍摄宣传片，创作呼和浩特市旅游形象歌曲，并与音乐网站或 App 合作，在北京、天津等地的地铁、公交站牌上推出旅游形象歌曲的歌词和评论，制造舆论热点，促使其向旅游者推荐，增加潜在游客。四是创新 IP 形象营销。比如，挖掘呼和浩特历史名人，打造将军（将军衙署任将军）、公主（清固伦恪靖公主）、英雄（阿拉坦汗）、美人（昭君）四大代表人物。借鉴日本熊本县熊本熊（kumamon）的成功经验，创作富有特色的动漫人物形象，作为呼和浩特文化代表人物进行推广，并将这些元素应用于城市表示系统中，注册商标，形成品牌竞争力。

项目八：规划区旅游空间体系规划

【学习目标】

1. 知识目标

（1）理论知识目标

理解并掌握规划区空间体系规划的基本概念、旅游功能区划分原则及典型空间布局模式。

（2）实践知识目标

掌握旅游功能区划分技术与划分方法。

2. 职业能力目标

能够对规划区进行功能区划分和空间结构布局。

3. 项目任务目标

某规划区旅游功能区划分和空间结构布局。

第一节 旅游空间体系规划理论

旅游空间体系规划包括旅游功能分区和空间结构布局。

一、基本概念

（一）旅游功能区

功能是指物质系统所具有的作用、能力和功效。功能区则是"事物的作用"在一定的区域范围内的空间结构或物质形态。旅游功能区（又名"旅游区"）是各种旅游功能要素的空间物质形态。由于旅游要素的多样性和空间的层次性，因此学者从不同视角对旅游功能区给出不同的表述。代表性的表述有：在国家标准《旅游规划通则》（GB/T 18971—2003）中，旅游区是以旅游及其相关活动为主要功能或主要功能之一的空间或地域。在《旅游区（点）质量等级的划分与评定》（GB/T 17775—2003）中，旅游区的概念是指经县级以上（含县级）行政管理部门批准成立，有统一管理机构，范围明确，具有参观游览、休闲度假、康乐健身等功能，具备相应旅游服务设施并提供相应旅游服务的独立管理区,包括风景区、文博院馆、寺庙观堂、旅游度假区、自然保护区、主题公园、森林公园、地质公园、游乐园、动物园、植物园及工业、农业、经贸、科教、军事、体育、文化艺术等各类旅游景区。全华、王丽华[①]指出:一个成熟的旅游区必须有旅游接待区、游客游览区、旅游物流集散地(镇、城)等功能区,满足游客游、购、娱、吃、住、行等方面的需求。任黎秀将旅游地旅游功能分为"游览、度假疗养、康体娱乐、避暑或避寒、宗教朝觐、民俗风情、科学考察、文化教育等"。当然,旅游功能区的环境保护和产业关联功能(效益)也很重要,因为旅游目的地环境同样"需要"旅游目的地自然、社会环境的保护。在可持续发展理论被广泛认同的时代,旅游功能区的环境功能日益显著。此外,旅游业的产业关联也是旅游目的地系统的重要"输出功能",因为旅游目的地的旅游开发往往在促进旅游区经济发展的同时带动周边社会、经济、文化的进步。

在国家提出主体功能区概念后,在主体功能区建设和旅游转型升级的新形势下,为培育现代综合型旅游目的地,解决限制开发区或禁止开发区发展的问题,提升旅游综合服务功能,带动地方经济社会可持续发展而赋予了旅游功能区新的内涵。其中,具有代表性的表述有:杨振之等[②]指出,旅游功能区是根据区域发展的内外部条件和旅游资源的比较优势,参照全国主体功能区划分的指标所划定的以旅游业为主导产业发展的区域。李庆雷[③]认为,旅游功能区是通常依托较为富集的旅游资源、以现代旅游业为主导产业、带动社会经济发展的特定经济区,从性质上看,旅游功能区是经济区中的一种类型,与物流枢纽功能区、汽车产业功能区、新能源产业功能区、现代商贸综合功能区等产业功能区类型是并列的。

上述旅游功能区概念具有多元性和层次性。多元性表现为,旅游功能区既具有满足游客吃、住、行、游、购、娱需求的各种功能,又有环境保护和产业关联带动功能。层次性表现为,可以把旅游功能区看作一个"总功能区",然后再将之细分为多个"子功能区"。旅游功能区划分就是把总的旅游功能区细分为多个相互关联而又独立的子功能区。

旅游功能区具有实体与虚体边界。实体边界就是旅游区有明确的范围和边界,在较小尺度的旅游区中(如自然保护区、风景名胜区等),实体边界可以通过定量区划方法进行划界。对于较大尺度的旅游区,比如市域或跨区域旅游区,该边界则主要体现为虚体。吴人韦指出,旅游目的地的边界是人为创造的,就旅游活动而言,实际上有很宽的过渡带,因此在多数情况下只是出于研究、关联或绘图的原因才用精确的线条将相邻区域分开。总之,旅游功能区边界是客观存在的,但在不同行为主体中存在认知差异,对于旅游规划师而言,主要体现为实体边界。图3-8-1功能分区图的边界是虚体边界。图3-8-2功能分区图具有明显的实体边界。

---

① 全华,王丽华.旅游规划学[M].大连:东北财经大学出版社,2003.
② 杨振之,马琳.旅游功能区:从概念到规划实践[N].中国旅游报,2012-02-08(1).
③ 李庆雷.旅游功能区的产生与发展[N].中国旅游报,2013-03-22(11).

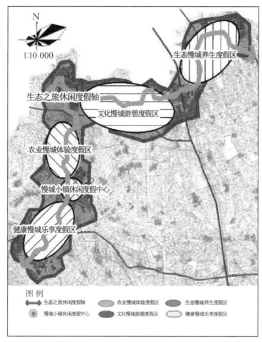

图 3-8-1 南京高淳桠溪慢城功能分区图　　图 3-8-2 绍兴黄酒小镇功能分区图

(二) 旅游功能区规划

在国家标准《旅游规划通则》中,旅游区规划的含义是指为了保护、开发、利用和经营管理旅游区,使其发挥多种功能和作用而进行的各项旅游要素的统筹部署和具体安排。在《风景名胜区总体规划标准》(GB/T 50298—2018)中,功能分区的含义是,在风景区总体规划中,根据主要功能的管理需求划分出一定的属性空间和用地范围,形成相对独立功能特征的分区,风景名胜区功能分区应划分为特别保存区、风景游览区、风景恢复区、发展控制区、旅游服务区等五种。杨振之等[①]在《全国主体功能区规划》(2011)颁布的背景下,提出了在全国建设旅游功能区的构想和建议,即根据区域旅游资源分布、旅游业发展特点以及资源环境承载力,借鉴主体功能区类型,划分为优化开发区域、重点开发区域、限制开发区域、禁止开发区域四类。他在《南岳衡山旅游发展总体规划》中,已经开始尝试按照产业功能分区的模式对衡山产业布局及产业结构进行全面调整,将规划区域划分为旅游发展重点区、旅游发展控制区和旅游限制性发展区三类。由此可见,旅游功能区规划因功能区性质不同、目标不同、层次不同,其规划内容则不同。

(三) 旅游空间布局与空间结构

旅游产业及其要素落实到区域中形成旅游产业空间布局,简称旅游空间布局。具体来讲,旅游空间布局就是通过对土地及其负载的旅游资源、旅游设施、分区划片、各区背

---

① 杨振之,马琳. 旅游功能区:从概念到规划实践[N]. 中国旅游报,2012-02-08(1).

景等进行分析,确定次级旅游区域名称、发展主题、形象定位、旅游功能、突破方向、规划设计以及项目选址,从而将旅游六要素的未来不同规划时段的状态,落实到合适的区域,并将空间部署形态进行可视化表达①。旅游产业空间布局的合理性是旅游经济持续稳定发展的前提条件。

陈方明等②认为旅游空间结构是指旅游经济客体在空间中相互作用所形成的空间聚集程度及聚集状态,它体现了旅游活动的空间属性和相互关系,是旅游活动在地理空间上的投影。空间结构的合理性直接影响着区域旅游产业发展的竞争力和可持续性③。

(四) 旅游空间体系规划

21世纪初,我国旅游空间规划主要处理旅游区内部空间结构问题,即内部空间布局、内部功能划分、项目设置等。但是,随着区域经济一体化步伐不断加快,区域旅游融合、跨区域性旅游联动和旅游开发已经成为一大发展趋势,旅游区域之间、旅游区域不同层次之间的联合也日益加强。因此,旅游空间体系规划也被赋予了新的内涵:旅游空间体系规划不仅包括旅游区内部旅游功能区划分,还包括大区域旅游空间结构的确定。其中,旅游空间结构不仅包括结核状、点轴状以及网络空间格局,还包括大区域中旅游片、旅游圈、旅游组团等旅游"总功能区"的划分。比如,吴必虎划分的环

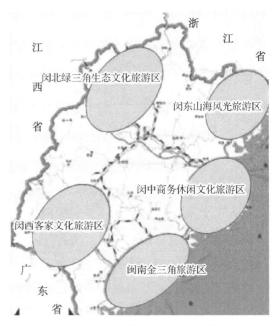

图 3-8-3 福建省旅游发展规划功能分区

城游憩带空间格局为旅游圈结构;图3-8-3为旅游片空间格局;图3-8-4是旅游组团空间结构,它由"直接吸引物""接待服务中心""景观通道"等旅游功能要素集聚而成。

---

① 全华,王丽华. 旅游规划学[M]. 大连:东北财经大学出版社,2003.
② 陈方明,张立明,李黎. 风景名胜区功能区划分与旅游空间结构研究:以天台山—七里坪风景名胜区为例[J]. 湖北林业科技,2010(6):50-52.
③ 李红波,张小林,李悦铮. 基于点—轴理论的辽宁沿海经济带旅游空间结构研究[J]. 经济地理,2011,31(1):156-161.

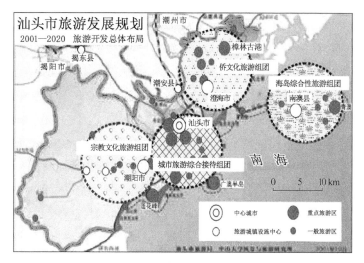

图 3-8-4　汕头市旅游发展规划(2001—2020)

二、旅游功能区类型

(一) 依据风景区的旅游资源类别划分

依据风景区的旅游资源类别把旅游功能区分为生态型、文化型、创新型三种类型[①]。

1. 生态型旅游功能区

此功能区的旅游资源特色是有独特的自然旅游资源和良好的生态环境,如温州泰顺廊桥-氡泉生态旅游功能区。

2. 文化型旅游功能区

此功能区的旅游资源主要是文化旅游资源,如昆明古滇王国历史文化旅游区,西安曲江新区实际上也有文化型旅游功能区的影子。

3. 创新型旅游功能区

此功能区的旅游资源赋存不够理想,通过文化创意、技术创新、资本投入来实现其旅游业发展,如天津滨海旅游区。

(二) 依据风景区的职能结构划分

1. 单一型结构旅游功能区

在内容简单、功能单一的风景区,其构成主要是由风景游览欣赏对象组成的风景游赏系统,其结构应为由风景游赏一个职能系统组成的单一结构。

2. 复合型结构旅游功能区

在内容和功能均较丰富的风景区,其构成不仅有风景游赏对象,还有由相应的旅行游览接待服务设施组成的旅游设施系统,其结构应由风景游赏和旅游设施两个职能系统复合而成。

---

① 熊山妹,吴儒练,王慧.旅游功能区理论阐释与实践发展[J].商业时代,2014(19):126-128.

3. 综合型结构旅游功能区

在内容和功能均复杂的风景区，其构成不仅有游赏对象、旅游设施，还有由相当规模的居民生产、社会管理内容组成的居民社会系统，其结构应由风景游赏、旅游设施、居民社会等三个职能系统综合而成。

（三）依据风景区合理利用与保护相结合原则划分

在《风景名胜区总体规划标准》（GB/T 50298—2018）中，着重从既要保护风景区生态、特色景观以及历史文化遗迹，又要合理利用风景旅游资源的视角，把风景区划分为五个功能区。

1. 特别保存区

风景区内景观和生态价值突出，需要重点保护、涵养、维护的对象与地区，为特别保存区。

2. 风景游览区

风景区的景物、景点、景群、景区等风景游赏对象集中的地区，为风景游览区。

3. 风景恢复区

风景区内需要重点恢复、修复、培育、抚育的对象与地区，为风景恢复区。

4. 发展控制区

风景区内，乡村和城镇建设集中分布的地区，为发展控制区。

5. 旅游服务区

风景区内，旅游服务设施集中的地区，为旅游服务区。

（四）依据旅游资源价值和特点划分

谢凝高[①]根据资源的特点、类型、价值及其空间分布不同，提出旅游功能区有大分区分法和小分区分法两种分法。大分区划分主要根据风景区内外的不同功能来划分，即区内以精神文化和科教功能为主，区外以经济功能为主。而小分区划分有多种分法，综观国内外分区方法，试将我国风景区内分为五个区。

1. 生态保育区

本区面积较大，生态科学价值高，只对科学工作者开放（经主管部门批准），不对游客开放。

2. 特殊景观区

该区美学价值、科学价值高，对游客开放，可建步游道、解释系统、观景点（选择适当景位、以自然山石为主），个别可建得体的亭台厕所等，游时游程较长的可建小型茶饮点，但不建餐馆、住宿设施和机械交通。

3. 文化遗产保存区

此区历史文化价值高，供游客参观游览，按文物保护法利用，可建防火、文保、卫生等

---

① 谢凝高.国家重点风景名胜区规划与旅游规划的关系[J].规划师，2005，21(5)：5-7.

设施。在不影响其真实性和完整性的原则下,有的古建筑可用来展示风景区历史文化价值。有的价值一般的老建筑,可设置茶室、休息室。此区不能兴建营业性设施。

4. 服务区

在大风景区内,除以上三个区外,如环境容量允许,可选择交通、供水、供电较方便,景观影响较小的地方建过夜服务区——游憩区。有的国家称宿营地,有的称山庄,有的称接待站,其性质是体验性的。服务区的规模、建筑高度、密度、体量、材料、色彩等都要与景观、地方文化协调。有学者认为"必需的公园内宿营地应根据自然景观来设计和操作,豪华宾馆无疑是不合适的"。本区与区外的旅游服务基地性质不同,要严防错位。

5. 一般控制区

除以上四个区以外,皆属一般控制区。本区内一般多有数量不等的农田、村落,或从事其他产业如林、牧、渔业等的产区。本区应限制发展,居民出而不进,限制影响和破坏景观的产业,发展与景观协调的产业,须进行产业结构调整,如改粗放农业为精细农业、生态农业,山坡地改成果木园并与旅游业结合发展。禁止伐木和扩大用地的开发。随着国家城镇化计划的发展,逐步引导居民迁居区外的旅游城镇,发展经济。少数大、特大风景区,视具体情况而定,有的暂时迁不了,有的长期共生。对于村落民居建设高度,应体现地方民俗文化的延续和发展,形成现代田园风光。有的民居可设置家居宾馆,不过更多的家庭宾馆应在区外发展。

三、旅游空间结构类型

(一) 生态学"斑—廊—基"空间结构

景观生态学将景观空间结构抽象成三种基本单元,即"斑—廊—基"空间结构。

1. 斑块

斑块是空间的点结构或块结构,代表与周围环境不同的非线性区,如由景点及其周围环境形成的旅游斑。

2. 廊道

廊道通常指不同于两侧相邻土地的一种特殊带状要素类型,其主要起着分割或连通空间单元的作用。旅游地内主要的廊道类型是交通廊道,分为三个层次:旅游地与客源地及四周邻区的各种交通方式和线路及通道形成的区外廊道;旅游地内部之间的通道体系形成的区内廊道;由斑块之内的联络线,如景点的参观线路形成的斑内廊道。高淳国际慢城度假区里斑块之间的联络线既是斑内交通廊道,又是典型的生态廊道。

3. 基质

基质指斑块镶嵌内的背景生态系统或土地利用类型,它是背景结构,一般是面状,也可以是点状单元随机分布形成的宏观背景。对于旅游区而言,一般是指旅游地地理环境类型及人文社会特征,分为具象、非具象两种。对基质的研究有利于认清旅游地的环境背景,有助于对生态斑(核心保护区)的选择和布局的指导,也有利于分析确定保护旅游地的生态系统特色。

(二)旅游要素集聚形成"点-线-网络"空间结构

1. 点状结构

旅游经济活动要素在空间呈点状集聚,形成点状空间结构。比如:旅游吸引物、旅游设施等要素在空间集聚形成旅游景区,吃、住、行、游、购、娱等要素在城市集聚形成旅游城市等点状空间结构。

2. 轴带状结构

旅游要素在空间呈带状或者轴线状集聚,形成轴带状结构。比如:旅游吸引物和旅游设施在大城市周围集聚形成游憩带;京杭大运河旅游资源开发形成的旅游轴线;经济发展轴线吸引旅游要素集聚形成旅游经济发展轴线等。在一些景区内部,功能区职能系统的节点、轴线、片区等要素有机结合,构成风景区的整体点轴状结构。图 3-8-5 是南京高淳桠溪慢城空间结构规划图(2012),图中空间结构是"一带、一心、四区、多点"。其中,一带为生态廊道,一心为慢城小镇,四区是指生态慢城区、文化慢城区、农业慢城区和健康慢城区,多点是指各个旅游景点与设施点。图 3-8-6 是马鞍山市旅游总体规划空间结构规划图(2002),图中规划了多条旅游发展轴线。

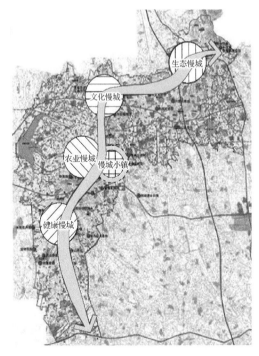

图 3-8-5 高淳桠溪慢城空间结构规划图 (2012)

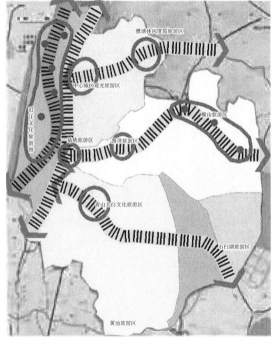

图 3-8-6 马鞍山市旅游总体规划空间结构规划图 (2002)

3. 网络空间结构

随着旅游业快速发展，点状结构和轴带状结构密度增大，并且相互交织，形成网络状旅游空间结构。在我国东部经济发达地区，目前旅游发展现状是从农村的农家乐、民宿、旅游新业态开发到旅游特色小镇以及县级以上行政区人民政府所在地几乎都有大量旅游要素集聚，加之近年来"旅游＋"和"＋旅游"发展，使得旅游要素空间集聚密度增大，形成网络状旅游空间结构。目前，我国的长三角、珠三角以及环渤海经济区，旅游网络空间结构已经基本形成。

四、旅游功能分区与整体布局原则

（一）突出核心区域原则

规划区功能分区首先依据资源分布特点，确定核心区的位置，形成风景区的核心吸引物。核心景区有生态型、景观型和文化型三大类。生态型核心景区主要聚集生态类风景资源，包括森林、草地、草原、珍稀生物群落、动物栖息地等生物种群及其环境，具有特殊科研价值或保存价值。景观型核心景区有着特殊而优美的景观，用地多为风景游赏用地，多以独特地质奇观著称，五大连池的核心景区就属这一类型。文化型核心景区主要有值得保存的史前史后遗址及各种古迹，包括有着特殊价值的文化资源极品、已被列为国家级文保单位或未被列为文保单位但值得保护的文化资源，用地多为风景游赏用地。其功能主要为保存文化资源、培养资源的鉴赏能力。

（二）集中功能单元原则

为了方便游客出行，利于景区管理，形成集聚效应，规划区功能单元划分应坚持集中原则。一方面，规划区同一功能在空间尽量集中，另一方面，不同功能在空间也应尽量集中，比如，游客光顾次数最多、密度最大的娱乐购物区域宜布局在旅游区中心、交通便利之处以及住宿设施附近，社会餐饮和酒店应相邻布局。旅游功能采取相对集中的布局，在开发方面有利于降低成本，提高效益；在经济方面有利于吸引游客滞留更长时间；在社会方面有利于游客与居民的交流与沟通；在环境方面有利于环境保护与控制。

（三）协调功能分区原则

协调功能分区是指正确处理各个旅游功能区与周围环境以及功能区和功能区之间的互补、相依或相斥关系，以达到区域功能区之间的相互组合以及整体功能的协调配套，有利于自然生态资源的整体保护和景观资源的整合利用。协调各个功能区关系主要表现在处理旅游功能区之间、功能区内部的相互关系等方面。各功能分区要功能互补，特色各异，充分发挥每个片区的价值。各个片区要形成形象叠加与势能叠加，避免因为各个片区功能重复、特色干扰从而形成"形象遮蔽"与"势能削减"。比如：综合游客服务中心应该设在景区门口，停车场应该设在交通便捷位置，娱乐区要离度假区一定的距离等；

核心保护区与试验区要设缓冲区,酒店与社会餐饮应该相邻等。

(四) 合理规划动线与视线原则

动线原则是指旅游区内部交通网络采用步行和无污染交通方式,若景点较远,应配备公共交通工具,若景点较近,则应设置人行道等。视线原则强调旅游者观赏视线层次性,设置视线走廊;在制高点、开阔地带或主要景观地区设置眺望亭、休息区。合理规划动线与视线的目的是给游客最好的"五感"体验、审美体验,从而使产品得到最大的服务效用。动线与视线也是连接各片区、项目的纽带。要根据人体工程学规划多种游线,比如车行、步行,多种道路,多种交通工具,给游客多维的体验。

(五) 保持统一性与完整性原则

同一区内的规划对象的特性及其存在环境基本一致,即同一区内的规划原则、措施及其成效特点基本一致。分区应尽量保持原有的自然、人文、线状等单元的完整性。分区应便于资源保护、基础设施布置、游线组织和景区管理制度的制定。分区应保持旅游资源的完整性以及行政区的完整性:一是在片区划分时,要尽量保证资源的完整性,能使资源利用价值最大化,即生产效用最大化;二是尽量保证原来行政归属的完整性,以便于政府协调、管理,提高开发与服务效率。

(六) 处理好利用与保护关系原则

保护区必须坚持以保护自然资源为主,遵循自然规律,根据不同区域的资源特征、环境条件和适宜性,宜旅则旅,宜林则林,逐步退农还林,强化生态建设。在有利于保护生态系统及其功能、有利于保护生物多样性、有利于拯救珍稀野生动植物、有利于科学研究等原则下正确处理好保护与合理利用的关系,全面充分发挥自然保护区的多功能效用。保护好各片区的资源特色,保护好真实的旅游环境和人文环境。

五、旅游功能区典型空间布局模式

(一) 同心圆空间布局模式

景观设计师理查德(Richard)把国家公园由内到外分成核心保护区、缓冲区和开放区三个同心圆(图3-8-7)。这一模式适合保护区空间功能分区。其中,核心保护区是受到严密保护的自然区,限制乃至禁止游客进入。围绕核心保护区的称为缓冲区,该区可以开展游憩活动。最外层是密集游憩服务区,即开放区,可以为游客提供各种服务。《中华人民共和国自然保护区条例》规定自然保护区可以分为核心区、缓冲区及实验区。其中,核心区是自然保护区内保存完好的天然状态的生态系统以及珍稀、濒危动植物的集中分布地,除经允许的科研活动外,禁止任何个人和单位进入,核心区外围可以划定一定面积的缓冲区,其间只准从事科学研究观测活动。缓冲区外围为实验区,可以进入从事科学实验、教学实习、参观考察等旅游以及驯化、繁殖珍稀濒危野生动植物等活动。

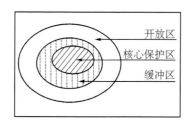

图3-8-7　同心圆空间布局模式

(二) 社区-旅游吸引物综合体空间布局模式

该模式是由冈恩于1965年首次提出的,该模式的空间特点是在众多旅游地域单位的几何中心,布局一个旅游服务中心,用旅游交通线连接旅游服务中心与各个旅游吸引物地域单位。该模式适用于旅游吸引物比较丰富、分布比较分散的旅游区域,见图3-8-8。

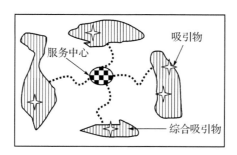

图3-8-8　社区-旅游吸引物综合体空间布局模式

(三) 游憩区-保护区空间布局模式

冈恩于1988年提出游憩区-保护区空间布局模式,他把国家公园分成重点资源保护区、低利用荒野区、分散游憩区、密集游憩区和服务区,详见图3-8-9。重点资源保护区禁止游客进入,低利用荒野区只能徒步旅行或独木舟专用。在密集游憩区和服务区以及低利用荒野区之间布局游客中心和停车场。

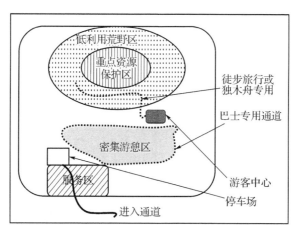

图3-8-9　游憩区-保护区空间布局模式

（四）双核空间布局模式

双核空间布局模式最早由特拉维斯(Travis)提出。双核是指度假城镇社区(旅游接待设施集中)和辅助服务社区(娱乐设施集中)。旅游设施和服务集中在辅助社区内,处于保护区的边缘,见图3-8-10。在度假城镇和辅助服务社区之间设置连接线,便于沟通。

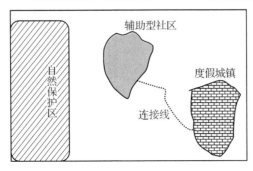

图3-8-10　双核空间布局模式

（五）核式空间布局模式

核式空间布局模式,是以一处景区为核心,服务设施环绕核心景区布局,各种设施之间的连线构成圆环且与核心相连。该模式适用于旅游吸引物比较集中的景区,见图3-8-11。

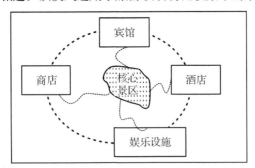

图3-8-11　核式空间布局模式

（六）核式环空间布局模式

核式环空间布局模式,是以建筑风格颇有特色的旅馆为中心,周围布置娱乐设施、商店和景区相连,见图3-8-12。

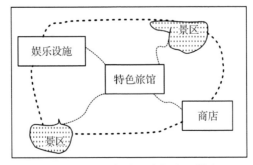

图3-8-12　核式环空间布局模式

(七) 草原旅游区空间布局模式

草原旅游区空间布局模式大多呈组团布局,中间是接待包,由中心向外一层是住宿包、厕所、草原活动区,见图 3-8-13。

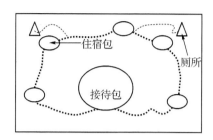

图 3-8-13 草原旅游区空间布局模式

第二节 旅游空间体系规划实践

一、旅游功能区划分技术

吴人韦将旅游区划分的具体技术概括为"三定",即定位、定性、定量三个方面。

定位是指依据旅游背景分析结论、市场分析和旅游资源评价结果,确定功能区和旅游建设项目位置。旅游区定位方法主要有降解区划法和聚类区划法和认知图解法等几种。其中降解区划法是自上而下的区域划分,而聚类区划法则是自下而上的区域合并。合理的区划方法,应该是两类方法相结合使用。在实际操作中,往往以一种为主导,用另一种方法校核修正。在实际应用中,聚类区划法应用较多。

定性即对已经定位的旅游规划地区进行分类、命名、定功能、定级别。类型主要有观光旅游地、度假旅游地、娱乐类旅游地、学习类旅游地、健身类旅游地、产业类旅游地和宗教类旅游地七种。在给功能区命名时需有创造力和想象力。定功能即对各区的性质作进一步的功能阐述。定级别可以从外部环境和内部关系两个维度综合考量。

定量即确定旅游要素布局的地域边界和面积。边界需要人为划分,有红线、紫线、黑线、黄线、绿线和蓝线等几种。其中,规划红线一般是指各种用地的边界线。有时也把确定沿街建筑位置的一条建筑线称为红线,即建筑红线。紫线是指国家历史文化名城内的历史文化街区及省、自治区、直辖市人民政府公布的历史文化街区保护范围界线,以及历史文化街区外经县级以上人民政府公布保护的历史建筑的保护范围界线。黑线是用于界定市政公用设施用地范围的控制线。黑线导控的核心是控制各类市政公用设施、地面输送管廊的用地范围,以保证各类设施的正常运行。黄线是指对城市发展全局有影响的、城市规划中确定的、必须控制的城市基础设施用地的控制界线。蓝线是指城市规划确定的江、河、湖、库、渠和湿地等城市地表水保护和控制的地域界线。绿线是指城市各类绿地范围控制线。它应该包括城市规划区内一切已经建成的绿地、已经规划但未建设的绿地、以前没有规划但拟在规划修编时新增加的绿地等，包括城市公共绿地、生产防护绿地、风景林地三大类。在边界确定后，计算每个功能区面积。

旅游空间规划虽有"三定"方法，但是旅游功能区内涵丰富，类型多样，因此，不同类型的旅游功能区划分依据和方法差异显著。

二、风景名胜区功能区划分

（一）国标功能区划分

在《风景名胜区总体规划标准》(GB/T 50298—2018)中，风景名胜区功能区划分为特别保存区、风景游览区、风景恢复区、发展控制区、旅游服务区等五种，并应符合下列规定：

1. 特别保存区

风景区内景观和生态价值突出，需要重点保护、涵养、维护的对象与地区，应划出一定的范围与空间作为特别保存区。

2. 风景游览区

风景区的景物、景点、景群、景区等风景游赏对象集中的地区，应划出一定的范围与空间作为风景游览区。

3. 风景恢复区

风景区内需要重点恢复、修复、培育、抚育的对象与地区，应划出一定的范围与空间作为风景恢复区。

4. 发展控制区

乡村和城镇建设集中分布的地区，宜划出一定的范围与空间作为发展控制区。

5. 旅游服务区

旅游服务设施集中的地区，宜划出一定的范围与空间作为旅游服务区。

（二）核心景区边界划定

核心景区是指风景名胜区范围内自然景物、人文景物最集中、最具观赏价值、最需要严格保护的区域。

1. 核心景区特征

核心景区除具有风景资源的稀缺性、脆弱性和不可再生性特征外，还具有以下三个特征：一是风景名胜资源密集；二是风景名胜资源具有高品质、代表性；三是游憩价值突出。遍布全国的丰富的风景名胜资源是历经亿万年自然、人类的演变而形成的，是大自然的恩赐,它们都是在一定的自然地理条件下形成的,其形态特征、生态环境都是独有的,不可复制也不可移植,一旦破坏,就不可再生。所谓泰山雄、黄山奇、华山险、雁荡秀、青城幽,它们的特征都是绝无仅有的,如果对自然景观的过度开发利用超过其环境承载力,就会破坏其自身的自然、和谐与统一。

2. 核心景区边界划定

核心景区划分的前提是在对风景区内本底现状充分了解的基础上,以翔实的风景资源调查,结合高新技术的运用,对风景区的资源进行科学全面的认识。吴恺晶[1]提出以下划分依据。

(1) 大地肌理

大地肌理包括山地中的山谷、山脊,湖海的流域岸线以及土壤系的分布、各土壤系的物理及化学特征等。

(2) 生态边界

植物边界是根据植被垂直分布格局和水平分布格局、群落类型、季相划分。动物边界划分则致力于把当地的全部动物,包括哺乳动物、鸟类、爬行动物、鱼类、昆虫类等作为自然生态系统的组成部分加以永久保存,其中包括动物的栖息地。

(3) 人工参考物

人工参考物包括道路、桥梁以及以历史遗迹为中心,按不同的距离为半径,依次划定为核心区、控制区、协调区等。

(4) 景观视线分析

核心景区边界划定需要进行景观视线分析,坚持"视线可达性"原则,即位于游览视线可达范围之内,而且紧邻游览路径,即使物体超过了保护规定的距离,也应该将之划为核心景区;相反,假如虽然物体在古迹附近,但它不在视线可达范围之内,则可以不将之划为核心景区。

3. 核心景区划分与其他分区关系

采用分类保护法编制保护培育规划的风景名胜区,其规划中确定的生态保护区、自然景观保护区和史迹保护区等相关区域应当划为核心景区。采用分级保护法编制保护培育规划的风景名胜区,其规划中确定的一级保护区和二级保护区应当划为核心景区。金云峰等[2]在以西樵山为例的基于土地利用协调专项规划研究中,对西樵山核心景区划分见图3-8-14。

---

[1] 吴恺晶. 风景名胜区核心景区划分方法及其控制性详细规划研究[D]. 上海:同济大学,2007.
[2] 金云峰,马唯为,周晓霞. 风景名胜区总体规划编制:以西樵山为例基于土地利用协调专项规划研究[J]. 广东园林,2015,37(6):5.

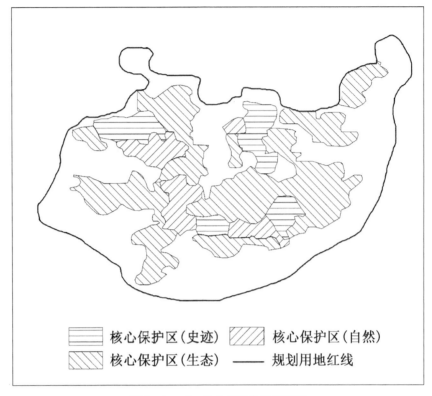

图 3-8-14 核心景区分区示意图

(三) 基本景观单元的边界划定

基本景观单元边界划分根据有三种[①]：遵循已有边界、参照实体边界、融入体验边界。

1. 遵循已有边界

已有边界包括法定保护的范围以及相关规范设定的范围两种。

(1) 遵循法定保护区范围

风景名胜区含有大量丰富的自然资源与文化资源，由于不同的部门出于管理不同资源的需要，同一范围内会出现几种保护性用地边界同时存在的情况，为了尊重已有边界，故将其作为一个单元。比如为了保护有突出价值的自然生态系统、珍稀野生动植物物种，林业和草原局相关部门划定的野生动植物栖息地与自然保护区，文物局划定的文物保护单位的保护范围与建设控制范围，或其他具有法定保护范围的区域，都可整体化为一个单元。

(2) 遵循相关规范设定的范围

对于具有特殊价值，却没有划定法定范围的区域，可以遵循相关规范列出的规定划

---

① 贾向媛. 风景名胜区基本景观单元体系构建研究：以太原市晋祠—天龙山风景名胜区为例[D]. 武汉：华中科技大学，2016.

分范围。部分没有划定法定保护范围的文物古迹,可参考《2015中国文物古迹保护准则》要求划定保护范围与建设控制地带。保护范围应包括:体现文物古迹价值的全部相关要素;建设控制地带是保护范围与周边建设区域之间的缓冲区,其作用是消除周边地区建设或发展项目对文物古迹造成的压力;有特定环境或景观保护要求的,还可划定环境或景观控制区,其性质等同于建设控制地带。景区内供人饮水的水体,可参照生态环境部于2018年发布的《饮用水水源保护区划分技术规范》(HJ/T 338—2018),该规范根据河流型、湖泊水库型及地下水水源制定了不同的水体保护的详尽划分方法。

(3)遵循已划管理范围

除了相关部门划定的保护区,有些园林类、宗教类场所具有明确的管理边界,以表明权限所属,维持管理的可持续性。若有直接的图纸或文本的参考,可以采用此划定方法。

2. 参考实体边界

对于边界资料并不完全的场地,可充分利用有强烈的识别性与永久性的标志,如人工参照物、地形线、生态边界。

(1)人工参照物

人工参照物包括围墙、公路、铁路、桥梁、建筑等。出于人们的使用目的,部分人工建设存在明确的管理范围,以围墙式或开放式体现,基本单元边界划定遵循此边界。对于景观影响较大的人工建设可扩大范围。如园林类,以围墙为界划线,如果包含被列为文物保护单位的文物,按紫线划单元,若紫线与园子范围不重叠,则以范围最大的为准。植物园根据规模大小可细化分区,也可整体划为单元。对于开放式园林则以周围道路中心线为界。工业类多具有明确的围墙,以此划界。城镇村类,沿边缘建筑划界。若为历史文化名镇、名村,则参考保护紫线范围。

(2)地形线

地形线指山脊、等高线、河流、湖海岸线等。流域单元,根据流域的定义与河流的汇水情况,按山脊线划定;地质类、地貌类在保证信息完整的情况下参考山脊、等高线或者平移河流中心线划定。

(3)生态边界

生态边界指植物、动物群落的水平分布。对景观单元类型的划分,可以依据不同植物群落、动物群落的水平分布状态,划为不同的单元。此方法需要相关专业人员实际调查的资料。

3. 融入体验边界

人主要通过视觉、听觉、嗅觉、味觉、触觉五种感官体验景观,在划定边界时应将人的五感考虑在内。但是,由于味觉、触觉对象针对实体,嗅觉对象针对的气味变化多端,易受外界影响,与距离范围关系较弱,所以本书对此不进行讨论;视觉与听觉在生理及景观舒适度方面存在距离范围,所以本书主要对视线与听觉边界进行讨论。

(1) 视觉体验边界

结合人体的视觉感知,通过对近景、中景、远景的景观可视度来确定基本景观单元的视觉范围。25 m是凯文·林奇认为的最舒适和得当的尺度,而70~100 m是人能看清景物的最大视野。我国"风水形势说"给出了"千尺为势,百尺为形"的参考作为外部空间构成的基本尺度。百尺约为现在的23~35 m,在此距离范围内可识别人脸,看清实体的细部,此距离也与芦原义信所提出的"外部空间可采用20~25的模数"这一外部模数理论相吻合。"千尺为势"一般用于较大的空间,千尺约为现在的230~350 m。综上,以30 m为近观视距,100 m为中观视距,300 m为远观视距,对边界进行调整。如果景区中有塔、楼、碑等高耸建筑物,观赏要求的经验公式如下:

$$D=2h, Q=27°$$

式中,D 为视点,h 为建筑物视高,Q 为视点的视角。当观赏距离为建筑物高的2倍为最佳,视角为27°时为最佳视角。$D=3h$ 时,为群体观赏良好景观。当人们登上建筑,10°俯角为俯瞰的清晰范围。

综上,范围划定方法:D 取 h~$3h$;以塔为中心,按10°为高度角来划定范围。对于不可登高的物体,则可减少俯角一项[①]。

(2) 听觉体验边界

基本景观单元边界的确定,不仅要考虑视线的要求,还要考虑到噪声对文物的影响以及对旅游者的体验的影响。一般来说,人对声音的感受应控制在55 dB以内,65 dB会令人感到很吵闹;70 dB会令人心神不安、听觉疲劳;80 dB则对人体健康产生一定危害。风景名胜区属于户外环境,户外声波传播特点是从声源向周围空间的发散性传播,在传播过程中受到多种复杂因素的影响,如距离衰减、空气吸收、建筑物屏蔽、地面效应以及风等,但是距离衰减最为明显[②]。根据发声特点,声源可分为点声源、线声源和面声源:如果声源尺寸比由测点到声源的距离小得多,可视为点声源;铁路上行驶的一列火车或公路上的汽车队,可当作线声源;大型机器的壳体振动,厂房、车间有较大辐射面的声源可视为面声源[③]。

结合风景名胜区的情况,以汽车(点声源,90 dB)为例,假设在开敞的环境中,周围没有大的反射物,计算声音衰减距离,作为边界线的参考。

$$L_p = L_w - 20 \lg r - 11$$

式中:L_p——由声源至声点处的声压级(dB);

L_w——声源的声功率级(dB);

r——声源至受声点处的距离(m)。

---

① 王景慧,阮仪三,王林. 历史文化名城保护理论与规划[M]. 上海:同济大学出版社,1999.
② 杨圣勇. 风景名胜区规划分区与土地利用规划关系研究[D]. 上海:同济大学,2008.
③ 肖净岚. 户外声波随距离衰减的规律[J]. 环境工程,1985(4):36-38.

以人接收到 50 dB 的噪声为例,声源到受声点处的距离约为 30 m,声能量按距离增加一倍,声压级下降 6 dB 的规律衰减,若人完全听不到汽车的声音,距离约为 300 m。

综上,按照对噪声的最低要求到最高要求依次分析,将 30 m、100 m、300 m 作为三个等级来划分听觉体验边界。

三、主题公园功能区划分

主题公园功能区规划的依据是公园所在地的自然条件,如地形、土壤状况、水体、原有植物,已经存在并要保留的建筑物或历史古迹、文物情况等,尽可能地"因地、因时、因物"而"制宜"。综合性主题公园的功能分区一般可分为安静游览区、文化娱乐区、儿童活动区、园务管理区和服务区五种。

(一) 安静游览区

安静游览区是以观赏、游览和休息为主的空间,包含亭、廊、轩、榭、阅览室、棋艺室、游船码头、名胜古迹、建筑小品、雕塑、盆景、花卉、棚架、草坪、树木、山石岩洞、河湖溪瀑及观赏鱼鸟等小动物的庭馆等。因该区游人较多,并且要求游人的密度较小,每个游人所占的用地定额较大,一般为 100 m^2/人,因此在公园内占有较大面积的用地,常为公园的重要部分。安静的活动空间应与喧闹的活动空间隔开,以防止活动时受声响的干扰,又因这里无大量的集中人流,故离主要出入口可以远些。用地应选择在原有树木最多、地形变化最复杂、景色最优美的地方,如丘陵起伏的山地、河湖溪瀑等水体、大片花草森林的地区,以形成峰回路转、波光云影、树木葱茏、鸟语花香等动人的景色。安静游览区可灵活布局,允许与其他区有所穿插。若面积较大时,亦可能分为数块,但各块之间可有联系。用地形状不拘,可有不同的布置手法,空间要多变化。

(二) 文化娱乐区

文化娱乐区是为游人提供活动的场地和各种娱乐项目的场所,是游人相对集中的空间,包含俱乐部、游戏场、表演场地、露天剧场或舞池、溜冰场、旱冰场、展览室、画廊、动物园地、植物园地等。园内一些主要建筑往往设在这里,因此文化娱乐区常位于公园的中部,成为公园布局的重点。布置时也要注意避免区内各项活动之间的相互干扰,要使有干扰的活动项目相互之间保持一定的距离,并利用树木、建筑、地形等加以分隔。由于上述一些活动项目的人流量较大,而且集散的时间集中,所以要妥善组织交通,需要接近公园出入口或与出入口有方便的交通联系,以避免不必要的拥挤,用地定额一般为 30 m^2/人。规划这类用地要考虑设置足够的道路广场和生活服务设施。因全园的主要建筑往往设在该区,故要有适当比例的平地和缓坡,以保证建筑和场地的布置。适当的坡地且环境较好的,可用来设置开阔的场地。较大的水面,可设置水上娱乐项目。建筑用地的地形地质要有利于基础工程的建设,节省填挖土方量和建设投资。园林建筑的设置需要考虑到全园的艺术构图和建筑与风景的关系,要增加园景,不应破坏景观。

(三)儿童活动区

儿童活动区规模按公园用地面积的大小、公园的位置、周围居住区分布情况、少年儿童的游人量、公园用地的地形条件与现状条件来确定。在儿童活动区内,可设置学龄前儿童及学龄儿童的游戏场、戏水池、少年宫或少年之家、障碍游戏区、儿童体育活动区(场)、竞技运动场、集会及夏令营区、少年阅览室、科技活动园地等。用地定额应在 $50 \text{ m}^2/\text{人}$,并按用地面积的大小确定设置内容的多少。游戏设施的布置要活泼、自然、色彩鲜艳,最好能与风景结合;不同年龄的少年儿童,如学龄前儿童和学龄儿童要分开活动;区内的建筑、设备等都要考虑到少年儿童的尺度,建筑小品的形式要适合少年儿童的兴趣爱好,要富有教育意义,可有童话、寓言的色彩,使少年儿童心理上有新奇、亲切的感觉;区内道路的布置要简洁明确,容易辨认,主要路面要能通行童车;花草树木要丰富多彩,色彩鲜艳,引起儿童对大自然的兴趣;不要种有毒、有刺、有恶臭的浆果植物;不要用铁丝网;为了布置各项不同要求的内容,规划用地内平地、山地、水面的比例要合适,一般平地占 40%~60%,山地占 15%~20%,水面占 30%~40%;本区规划时应接近出入口,且宜选择距居住区较近的地方,并与其他用地适当分隔;由于有些儿童游园时由成人携带,因此要考虑成人的休息需要和成人照看儿童时的需要;区内应设置卫生设施、小卖部、急救站等服务设施。

(四)园务管理区

园务管理区是为公园经营管理的需要而设置的内部专用分区,可设置办公室、值班室、广播室、管线工程建筑物和构筑物修理工厂、工具间、仓库、杂务院、车库、温室、棚架、苗圃、花圃、食堂、浴室、宿舍等。按功能使用情况,区内可分为管理办公部分、车库工厂部分、花圃苗木部分、生活服务部分等。这些内容根据用地的情况及管理使用的方便,可以集中布置,也可以分成数处。集中布置可以有效地利用水、电、热,降低工程造价,减少经常性的投资。园务管理区要设置在相对独立的区域,即既要便于执行公园的管理工作,又要便于与城市联系的地方,四周要与游人有隔离,要有专用的出入口,不应与游人混杂;到区内要有车道相通,以便于运输和消防。本区要隐蔽,不要暴露在风景游览的主要视线上。温室、花圃、花棚、苗圃是为园内四季更换花坛、花饰、节日用花、盆花及补充部分苗木之用。为了方便对公园种植的花木进行抚育管理,对于面积较大的公园,在园务管理区外还可以分设一些分散的工具房、工作室,以便提高管理工作的效率。

(五)服务区

服务设施在公园内的布置,受公园用地面积、规模大小、游人数量与游人分布情况的影响较大。在较大的公园里,可能设有1~2个服务中心点,按服务半径的要求再设几个服务点,并将休息和装饰用的建筑小品、指路牌、园椅、废物箱、厕所等分散布置在园内。

服务中心点是为全园游人服务的,应按导游线的安排,结合公园活动项目的分布,设在游人集中、停留时间较长、地点适中的地方,服务中心点的设施可有饮食、休息、整洁仪表、电话、问讯、摄影、寄存、租借和购买物品等项目。根据服务方便的原则,规划时也可采取中心服务区与服务小区的方式,既可在公园主要景区设置设施齐全的服务区,也可专门规划中心服务区,同时在每一个独立的功能区中心以服务小区或服务点的方式为游人提供相对完善的服务。

四、旅游度假区功能区划分

旅游度假区的用地类型虽然很多,但是在规划时,可以将它们按功能进行组团分区,每一个组团分区(地块)常被称为功能区[①]。正如动植物是由细胞组成的一样,一个大的旅游度假区也是由若干功能地块和许多度假单元组成的。世界上那些知名的旅游度假区,从开始建设到初具规模再到形成气候,一般都经历了 10~20 年的时间,有的甚至长达40~50 年的形成时间。

(一)核心理念

冈恩提出了"旅游地功能分区"理论,其核心理念是"服务社区—吸引物集聚体"。他认为旅游度假区就是由两类功能组团(功能分区)和线状连接通道构成的,一类组团是服务社区,另一类组团是吸引物集聚体,二者之间通过道路连接系统贯穿起来,整个旅游度假区与外界的连通是通过服务社区作为枢纽实现的。服务社区一般规划在旅游度假区对外交通最便捷的地方,通常设在旅游度假区的入口处。

对于吸引物集聚体的规划设计,冈恩提出了"3 段论"概念,主张规划设计旅游景点时,应将该景点及其周围环境分成核心圈、中间地带以及外围地带来规划。其中核心圈是该旅游吸引物所在的地方。在核心圈的外围,必须设立不受破坏的中间地带,以便保护核心圈;中间地带可宽可窄,应根据核心圈的规模大小而定,以符合保护缓冲地带的功能。中间地带的设计与维护也会影响到旅游吸引物的吸引力,其设计以能衬托旅游吸引物为主,而不能喧宾夺主。外围地带是指具有围墙功能的地带,是外界接近旅游吸引物的通道,对旅游者的接待服务以及当地居民的社区都坐落在外围地带内。可以说支持该旅游吸引物的所有人事、财务都集中于外围地带。

用"3 段论"概念来看旅游度假区的开发要比一提到开发就想到要设停车场、游乐区或是旅游地点更清楚。

(二)功能分区

我国学者对旅游度假区功能分区进行了一定的总结,按功能将旅游度假区分为入口

---

① 旅游度假区功能规划[EB/OL]. (2018-02-19)[2022-08-11]. https://wenku.so.com/d/43569e9585d4992f536a9b2d87c05408?src=ob_zz_juhe360wenku.

区、度假中心区、康体健身区、户外活动区、文娱活动区、度假别墅区、维修区七种,每个区被赋予了不同的功能定位,具体如下:

(1) 入口区:接待、管理、停车、行李搬运、安全检查。

(2) 度假中心区:信息中心、会议中心、商店、快餐厅、餐厅。

(3) 康体健身区:运动场、游泳池、海滩、户外体育比赛场。

(4) 户外活动区:通常是具有优美风景的环境、视点和游览步道。

(5) 文娱活动区:厅、夜总会、酒吧、剧院和晚间娱乐场所。

(6) 度假别墅区:安静区,不受噪声的影响,在视野开阔的风景优美区。

(7) 维修区:储藏、机械、设备设施、工作人员住房。

事实上,这是对上面"服务社区—吸引物集聚体"模式的具体化,其中入口区、度假中心区和维修区三个功能分区属于综合服务区,度假别墅区是服务社区的外围地区,也可一并归入服务社区。康体健身区、户外活动区和文娱活动区属于旅游度假区中的吸引物集聚区。

(三) 旅游度假区功能分区空间布局的平面模式

1. 围绕核心天然吸引物或消遣设施的规划布局模式

在某些情况下,一处天然吸引物,如矿泉、沙滩、港口或码头以及山间滑雪地被选为规划布局中心。规划者开发这一旅游度假区,促使其吸引力达到最大限度。这种类型的旅游度假区,消遣是居于第一位的,居住是居于第二位的。占地广阔的核心消遣设施被安排在这一天然吸引物所在处或在其周围。核心吸引物加上消遣设施构成规划布局的中心地,其他设施,包括住宿、餐饮、购物、娱乐、交通、停车场以及辅助性服务设施,则建在这一核心设施的周围。

2. 围绕中央饭店的规划布局模式

在缺乏一种具有特色的自然要素的情况下,一座服务周全的豪华饭店,也可作为规划布局的中心;而购物、餐饮、娱乐、停车及辅助设施则安排在饭店的周围。通常需用花园及人工美化造景来提高这些建筑的吸引力,由于饭店本身必须颇具吸引力,这就要求饭店的建筑构思要具有创新性。

(四) 旅游度假区功能分区规划注意事项

(1) 旅游度假区必须进行功能分区,不能到处进行服务设施的建设,这是旅游度假区规划设计的一项重要原则。

(2) 进行旅游度假区功能分区,首先应该考虑旅游吸引物的构建和保护;其次要考虑交通以及服务设施的便利性;最后,要留有一定的土地用于未来的建设。

(3) 旅游度假区中服务社区的位置一般考虑两大因素:核心旅游吸引物和对外交通。核心旅游吸引物是旅游者度假活动集中的地方,就近安排住宿设施便于旅游者的活动,更能吸引度假旅游者;对外交通的便利性有利于旅游度假区初期的开发建设以及旅游度假区后期疏散人口。

(4) 针对不同规模类型的旅游度假区,其功能分区的情况应有所差异:大型旅游度假区的康体休闲设施分区所占的比例要大一些,如高尔夫球场、网球场、跑马场等在整个旅游度假区中占有较大面积;小型旅游度假区一般没有设置这些高档的康体休闲设施。

(5) 不同区位类型的旅游度假区,其功能分区情况也有所不同:客源型旅游度假区要适当增加康体休闲活动设施的比例;资源型旅游度假区由于资源条件较好,康体休闲设施的比例可以少一些。

(6) 对于资源易于破坏的旅游度假区,其服务设施分区应建立在离资源较远的外围地带,严禁在核心旅游资源附近建立服务设施。如四川九寨沟和云南丽江泸沽湖核心景区建立的服务设施就违背了这条原则,因而遭受很多批评。

五、国家公园功能区划分

根据《国家公园功能分区规范》(LY/T 2933—2018),国家公园是由国家批准设立并主导管理,以保护具有国家代表性的大面积自然生态系统为主要目的,实现自然资源科学保护和合理利用的特定陆地或海洋区域。其首要功能是重要自然生态系统的原真性、完整性保护,兼具科研、教育、游憩等综合功能。

(一) 分区原则

1. 原真性原则

应按照生态系统的自然性、稳定性和可持续性状态,合理确定严格保护和生态修复的区域。

2. 完整性原则

将山水林田湖草复合生态系统作为一个生命共同体,统筹考虑保护和利用,对相关自然保护地进行功能重组,合理确定国家公园的功能分区。在确定国家公园各功能区的界线时,应尽量保持自然生态系统和自然生态地理单元的完整性。

3. 协调性原则

在重要自然生态系统的原真性和完整性得到有效保护的前提下,应考虑原住居民的基本生活和传统利用生产的需要,以及当地社会经济发展的需求。

4. 差异性原则

综合分析自然资源特征和社会经济状况,将主导功能具有明显差异的空间区域划分为不同类型的功能区。

(二) 功能区类型

1. 严格保护区

该区域的主要功能是保护完整的自然生态地理单元、具有国家代表性的大面积自然生态系统、国家重点保护野生动植物的大范围生境、完整的生态过程和特殊的自然遗迹。该区域严禁人为干扰和破坏,以确保其自然原真性不受影响。

2. 生态保育区

该区域的主要功能是对退化的自然生态系统进行恢复,维持国家重点保护野生动植物的生境,以及隔离或减缓外界对严格保护区的干扰。该区域以自然力恢复为主,必要时辅以人工措施。

3. 传统利用区

该区域主要为原住居民保留,用于基本生活和开展传统农、林、牧、渔业生产活动的区域,以及较大的居民集中居住区域。

4. 科教游憩区

该区域的主要功能是为公众提供亲近自然、认识自然和了解自然的场所,可开展科研监测、自然环境教育、生态旅游和休憩康养等活动。

(三) 功能区划方法

1. 严格保护区

严格保护区面积占国家公园总面积的比例一般不低于50%。下列区域应划为严格保护区:一是具有自然生态地理区代表性且保存完好的大面积自然生态系统,其面积应能维持自然生态系统结构、过程和功能的完整性;二是国家重点保护野生动植物的集中分布区及其赖以生存的生境;三是具有国家代表性的自然景观,或具有重要科学意义的特殊自然遗迹的区域;四是生态脆弱的区域。

2. 生态保育区

下列区域应划为生态保育区:一是需要恢复的退化自然生态系统集中分布的区域;二是国家重点保护野生动植物生境需要人为干预才能维持的区域;三是大面积人工植被需要改造的区域及有害生物需要防除的区域;四是被人为活动干扰破坏的区域;五是隔离的重要自然生态系统分布区之间的生态廊道区域。根据自然生态系统演替、国家重点保护野生动植物扩散等需要,确定生态廊道的位置、长度和宽度等参数。

3. 传统利用区

传统利用区面积占国家公园总面积的比例不宜高于15%。下列区域应划为传统利用区:一是原住居民开展传统生产的区域;二是当地居民集中居住的区域;三是当地居民生产生活所必需的公共管理与公共服务用地、特殊用地和交通运输用地等区域。

4. 科教游憩区

科教游憩区面积占国家公园总面积的比例不应高于5%。下列区域可划为科教游憩区:一是具有理想的科学研究对象,便于开展长期研究和定期观测的区域;二是适宜开展科普宣传、生态文明教育等活动的区域;三是拥有较好的自然游憩资源、人文景观和宜人环境,便于开展自然体验、生态旅游和休憩康养等活动的区域。

(四) 分区步骤

1. 本底调查

对国家公园区域内的自然环境、自然资源和社会经济等情况进行综合科学考察或专项调查,摸清自然生态系统、自然景观、原住居民等特征,收集或绘制国家公园的遥感影像图、地形图、植被图、水系图、重点保护野生动物分布图、重点保护野生植物分布图、土地或海域利用现状图、游憩资源分布图、行政区划图等基础图件。

2. 分析评估

分析评估重要自然生态系统的原真性和完整性,分析自然资源传统利用方式的不可替代性,分析游憩资源利用的可行性。

3. 方案比选

可采用图层叠加分析、相关损益分析、专家咨询等方法,提出比选方案,必要时应现地核实。经论证审定,确认最优分区方案。

4. 勘察定界

结合实地勘察,确定各功能区的界线。为维持自然生态系统和自然生态地理单元的完整性,尽量利用河流、沟谷、山脊和海岸线等自然界线或道路、居民区等永久性人工构筑物作为各功能区的界线。

六、森林公园功能区划分

在《森林公园总体设计规范》(LY/T 5132—1995)中,对森林公园功能区划如下。

(一) 功能区类型

1. 游览区

为游客游览观光区域,主要用于景区、景点建设。在不降低景观质量的条件下,为方便游客及充实活动内容,可根据需要适当设置一定规模的饮食、购物、照相等服务与游艺项目。

2. 游乐区

对于距城市 50 km 以内的近郊森林公园,为添补景观不足、吸引游客,在条件允许的情况下,需建设大型游乐与体育活动项目时,应单独划分游乐区域。

3. 狩猎区

为狩猎场建设用地。

4. 野营区

为开展野营、露宿、野炊等活动用地。

5. 休、疗养区

主要用于游客较长时间的休憩疗养、增进身心健康之用地。

6. 接待服务区

用于相对集中建设宾馆、饭店、购物、娱乐、医疗等接待服务项目及其配套设施。

7. 生态保护区

以涵养水源、保持水土、维护公园生态环境为主要功能的区域。

8. 生产经营区

从事木材生产、林副产品等非森林旅游业的各种林业生产区域。

9. 行政管理区

为行政管理建设用地,主要建设项目为办公楼、仓库、车库、停车场等。

10. 居民生活区

为森林公园职工及公园境内居民集中建设住宅及其配套设施用地。

(二) 景区划分依据

(1) 景区内的景观资源应具有完整性,景点相对集中。

(2) 景区的主题必须鲜明,具有特色,以其独特魅力而存在。

(3) 有利于游览线路组织,便于游览和管理。

(三) 区域定界

依据以上依据,在 1∶10 000 或 1∶50 000 比例尺地形图上结合现地调绘,以自然区划为主进行功能区、景区定界。

项目九：规划区旅游环境容量测算

【学习目标】

1. 知识目标

（1）理论知识目标

理解并掌握旅游环境容量的概念与类型。

（2）实践知识目标

掌握旅游环境容量的测算方法。

2. 职业能力目标

能够对旅游规划区进行环境容量的测算。

3. 项目任务目标

某规划区旅游规划与开发环境容量测算。

第一节　旅游环境容量的内涵

第二次世界大战后，随着经济恢复，旅游业得到迅速发展，各地旅游者涌向各类旅游胜地。在旅游旺季，一些旅游地开始出现拥挤的现象，同时旅游活动开始对旅游地自然环境带来负面影响。到 20 世纪 60 年代，旅游界人士和一些学者开始意识到旅游地景区在一定时间内的接待旅游者数量是有极限值的。1963 年，拉佩芝（Lapage）首次用旅游环境容量（Tourism Environmental Carrying Capacity，TECC）表示该极限值。旅游环境容量在旅游地的规划和管理中作为一种强有力的工具，可以保护旅游地的环境免遭退化或破坏，同时在客观上也保证了旅游者在旅游地的体验质量。

一、基本概念

世界旅游组织在 1978—1979 年度工作报告《世界旅游组织六个地区旅游规划和区域发展的报告》中正式提出了旅游环境容量的概念。常用的旅游环境容量概念有：①马西森（Mathieson）和沃尔（Wall）[1]认为旅游环境容量是在自然环境没有出现不可接受的

---

[1] Mathieson A, Wall G. Tourism: economic, physical, and social impacts [J]. Geographical Review, 1982,73(4): 466.

变化和游客体验质量没有出现不可接受的降低的情况下,使用一个景点的游客人数最大值。②麦金太尔(McIntyre)等[①]认为,旅游环境容量是指在没有引起对资源的负面影响、降低游客满意度、没有对该区域的社会经济文化构成威胁的情况下,对一个给定地区的最大使用水平。③在《风景名胜区总体规划标准》(GB/T 50298—2018)中,游人容量是指在保持景观稳定性、保障游人游赏质量和舒适安全,以及合理利用资源的限度内,单位时间、一定规划单元内所允许容纳的游人数量。游人容量是限制某时、某地游人过量集聚的警戒值,也称游客容量。本书认为旅游环境容量是包含旅游区的自然、社会、经济、旅游等各要素容量的系统概念,包括旅游资源容量、旅游社会容量、旅游经济容量、旅游生态容量等。

二、旅游环境容量类型

保继刚和楚义芳[②]把旅游环境容量分为五种基本容量,分别是旅游心理容量、旅游社会容量、旅游经济发展容量、旅游生态容量和旅游地域容量。原国家旅游局制定的《旅游规划通则》附录 A 中,将旅游环境容量分为空间容量、生态容量、设施容量和社会心理容量四类。也有学者将其分为基本容量和非基本容量。其中,基本容量包括生态容量、设施容量、旅游资源容量、旅游感知容量和接待地社会容量;非基本容量包括极限容量、合理容量、既有或实际容量、期望或规划容量。以下对基本容量概念进行界定。

1. 旅游感知容量(心理容量)

旅游感知容量是旅游者在某一地域进行旅游活动时,在不降低活动质量(保持最佳游兴状态)的条件下,该地所能容纳旅游活动的最大量。

2. 旅游资源容量

旅游资源容量是在保持旅游资源质量的前提下,一定时间内旅游资源所能容纳的旅游活动量。

3. 旅游生态容量

旅游生态容量是指在一定时间内旅游地域的自然生态环境不致退化的前提下,旅游场所能容纳的旅游活动量。

4. 旅游经济发展容量

旅游经济发展容量是指在一定时间内一定区域范围内经济发展程度所决定的能够接纳的旅游活动量,包括基础设施与旅游专用设施的容纳能力,即设施容量。

---

① McIntyre G, Hetherington A, Inskeep E. Sustainable tourism development: guide for local planners [M]. Madrid: World Tourism Organization, 1993.
② 保继刚,楚义芳. 旅游地理学:修订版[M]. 北京:高等教育出版社,1999.

5. 旅游地域社会容量

旅游地的人口构成、宗教信仰、民情风俗、生活方式和社会开化程度等决定的当地居民可以承受的旅游者数量为旅游地域社会容量。一般情况下，旅游地域社会容量方面的问题并不突出，但一些落后地区在旅游开发之初这一问题比较明显。

第二节 旅游环境容量测算实践

一、旅游环境容量测算方法

不同的旅游环境容量类型，其容量测算方法不同。

(一) 资源空间容量测算方法

资源空间容量反映了景区资源空间承载力的大小，是旅游业发展的基本条件。根据景点的分布情况，可以使用线路法和面积法测算资源空间容量。

1. 面积法测算

(1) 使用对象为公园或景区中较平坦、道路宽阔的地段。

(2) 计算公式：$C_{11}=A/a \times T$。式中：C_{11} 为公园或景区每天的游客容量；A 为可游览面积；a 为人均占有的合理面积；T 为日周转率，等于公园或景区每天的开放时间除以游完公园或景区需要的时间。

2. 线路法测算

(1) 使用对象为道路比较狭窄的地段。

(2) 完全游道：指公园或景区的进出口不是同一个地方。其计算公式为：$C_{12}=L/l \times T$。式中：C_{12} 为每天公园或景区游客容量；L 为游道全长；l 为人均占有的合理长度；T 为周转率。

(3) 不完全游道：指公园或景区的进出口是同一个地方，游客游至终点必须按原路返回。其计算公式为：$C_{13}=L/(l+l \times B/C) \times T$。式中：$C_{13}$ 为每天公园或景区游客容量；L 为游道全长；l 为人均占有的合理长度；B 为沿游道返回所需时间；C 为往返的总时间；T 为周转率。

面积法和线路法测算出的游客人数相加，即为公园或景区每天的资源空间容量。即 $C_1=C_{11}+C_{12}+C_{13}$。

(二) 生态环境容量测算方法

生态环境容量反映了景区自然环境承载力的大小，主要包括水环境容量、大气环境容量和固体废物环境容量。其计算公式为：$C_2=\min\{(A_n \times B \times C_n)/D_n\}$。式中：$C_2$ 为每天生态环境容量；A_n 为每天单位面积对第 n 种污染物的净化能力；B 为旅游区可游览面积；C_n 表示每天人工对第 n 种污染的处理能力；D_n 表示每位游客平均每天产生的第 n 种污染物的数量。

（三）经济发展容量测算方法

经济发展容量一般包括交通、住宿、供水、供电、通信、广播电视等要素。根据国内旅游研究的实践，景区的交通、住宿和供水设施通常是限制性因素较大的分量，所以一般取交通设施、住宿设施、供水设施这三个要素进行容量测算，取其中的最小值作为最终的经济发展容量。

（1）交通设施容量的计算公式为：$C_{31}=T/t\times M\times N$。式中：$C_{31}$ 为每天交通设施容量；T 为平均每天工作服务时间；t 为每次往返所需时间；M 为景区投放的交通工具总数；N 为交通工具可乘人数。

（2）住宿设施容量的计算公式为：$C_{32}=B$。式中：C_{32} 为每天住宿设施容量；B 为景区的床位总数。

（3）供水设施容量的计算公式为：$C_{33}=W/L$。式中：C_{33} 为每天供水设施容量；W 为供水设施每天总容量；L 为人均每天用水标准。景区每天最终的经济发展容量是这三个要素计算结果的最小值，即 $C_3=\min\{C_{31},C_{32},C_{33}\}$。

（四）当地居民心理容量测算方法

当地居民心理容量值的准确数字是很难测定的。一般情况下，使用频率较高的做法是访谈法与问卷调查法。其计算公式为：$C_4=A/B$。式中：C_4 为每天当地居民心理容量；A 为旅游地的居民地面积；B 为当地居民不产生反感的游客密度最大值。

（五）年游客容量测算方法

年游客容量的计算方法为景区每天的游客容量与每年平均旅游天数的乘积。而每天的游客容量是各容量的综合值即综合环境容量，它的计算遵循经济学中的水桶原理，即最小限制因子决定的综合承载力值。因此，景区每天的环境容量值为：$C_{综}=\min\{C_1,C_2,C_3,C_4\}$。

年游客容量的计算公式为：$C_年=C_{综}\times D$。式中：$C_年$ 为景区年游客容量；$C_{综}$ 为景区每天的游客容量；D 为每年的平均旅游天数。一般对一个旅游区来说，旅游容量的确定最基本的要求是对空间容量和设施容量进行测算。

二、旅游环境容量测算基本标准

旅游环境容量测算基本标准可以借鉴专家学者研究成果，也可以是国家制定的相关标准，比如《风景名胜区总体规划规范》（GB 50298—2018），还可以是研究者自己通过调查研究确定数据或者参考其他国家基本空间标准。表3-9-1、表3-9-2、表3-9-3、表3-9-4、表3-9-5分别是日本和欧美国家以及我国采用的基本标准。

表 3-9-1　旅游场所空间基本标准(日本)

场所	基本空间标准	备注
动物园	25 m²/人	上野动物园
植物园	300 m²/人	神代植物公园
高尔夫球场	0.2~0.3 hm²/人	9~18洞,日利用者数228人(18洞)
滑雪场	200 m²/人	滑降斜面的最大日高峰率为75%~88%
溜冰场	5 m²/人	都市型室内溜冰场
码头:小型游艇	2.5~3 hm²/艘	系留水域 25 m²/艘
汽艇	8 hm²/艘	系留水域 100 m²/艘
海水浴场	20 m²/人	沙滩
划船池	250 m²/艘	上野公园划船场 2 hm²,80 艘
野外比赛场	25 m²/人	
射箭场	230 m²/人	富士自然休养林
骑自行车场	30 m²/人	
钓鱼场	80 m²/人	
狩猎场	3.2 hm²/人	
旅游牧场、果园	100 m²/人	以葡萄园为例
徒步旅游	400 m²/团	
郊游乐园	40~50 m²/人	
游园地	10 m²/人	
露营场:一般露营	150 m²/人	容纳 250~500 人
汽车露营	650 m²/台	容纳 250~500 人

表 3-9-2　旅游设施基本空间标准(欧美)

场所	设施	基本空间标准
住宿设施	旅馆	10~35 m²/人
建筑面积	海滨假日旅店	15 m²/人
	山区旅店	19 m²/人
饮食	超过500个床位,旅馆外餐饮用地	24 m²/人
娱乐	海滨胜地	0.1 m²/人
	0.25 m²/人	山区滑雪旅游地
	室外电影场	最多 1 000 人/场
	夜间俱乐部	最多 1 000 人/处
开敞空间 (户外娱乐和赏景用)	海滨或乡村旅游地	20~24 m²/床
	滑雪旅游地	5~15 m²/床
行政和中心	集中服务(洗衣和食物处理等)	最少 0.3 m²/床
服务	行政、健康与卫生服务	0.2 m²/床

表 3-9-3　游客消费物品基本标准（中国）

消费物品	基本标准
粮食	0.4 kg/(人·日)
肉	0.15 kg/(人·日)
蛋	0.1 kg/(人·日)
奶	0.1 kg/(人·日)
鱼	0.15 kg/(人·日)
水果	1 kg/(人·日)
蔬菜	2 kg/(人·日)
酒、饮品	1.5 kg/(人·日)

表 3-9-4　游客消费资源基本标准（中国）

资源	基本标准
用水量（根据不同旅游地具体确定）：一般宾馆	2 t/(床·日)
不居住游人	10～25 L/(人·日)
供电	3 kW·h/(床·日)
燃气	3～5 m³/(床·日)
热力	4×10^5 J/(床·日)
电话（宾馆）	1 部/床
车辆（宾馆）	0.15 辆/床
停车场（宾馆）	4～5 m²/床

以上主、副食量如考虑不居住游人及服务人员的消费量，可按上述指标的 50% 计算。

表 3-9-5　风景名胜区游憩用地基本空间标准①

用地类型	允许容人量/(人·hm⁻²)	用地指标/(m²·人⁻¹)
(1) 针叶林地	2～3	5 000～3 300
(2) 阔叶林地	4～8	2 500～1 250
(3) 森林公园	<15～20	>660～500
(4) 疏林草地	20～25	500～400
(5) 草地公园	<70	>140
(6) 城镇公园	30～200	330～50
(7) 专用浴场	<500	>20
(8) 浴场水域	1 000～2 000	20～10
(9) 浴场沙滩	1 000～2000	10～5

注：表内指标适用于可游览区域。

① 《风景名胜区总体规划标准》(GB/T 50298—2018)。

三、旅游景点面积与游览长度数据获取

旅游景点面积与游览长度数据主要来自景区管理部门。如果景区无法提供数据,可以使用相关软件在卫星影像图上测定游览线路长度和景点面积数据。

四、旅游景区旅游容量测算

景区或者公园容量测算主要包括景点空间容量测算和游道空间容量测算,在测得景点面积和游道长度的前提下,依据人均标准进行容量测算。

(一) 景点空间容量测算

景点空间容量测算主要采用面积法进行,包括瞬时容量、日容量和年容量。景点瞬时容量计算公式为:$C_{111}=A/a$;景点日容量计算公式为:$C_{11}=C_{111} \times T$。式中:C_{111} 为景点瞬时容量;C_{11} 为景点每天的游客容量;A 为景点面积;a 为人均占有的合理面积;T 为日周转率,等于景区每天的开放时间除以游完景区需要的时间。景点日容量乘以景区年开放天数为年容量。

(二) 游道空间容量测算

景区游道空间容量测算主要采用线路法进行,同样包括瞬时容量、日容量和年容量。景区游道又可以分为完全游道和不完全游道。

(1) 完全游道:其游道瞬时容量计算公式为:$C_{121}=L/l$;游道日容量计算公式为:$C_{12}=L/l \times T$。式中:C_{121} 为景区游道瞬时容量;C_{12} 为景区游道日容量;L 为游道全长;l 为人均占有的合理长度;T 为周转率。

(2) 不完全游道:其游道瞬时容量计算公式为:$C_{131}=L/(l+l \times B/C)$;游道日容量计算公式为:$C_{13}=L/(l+l \times B/C) \times T$。式中:$C_{131}$ 为游道瞬时容量;C_{13} 为景区游道日容量;L 为游道全长;l 为人均占有的合理长度;B 为沿游道返回所需时间;C 为往返的总时间;T 为周转率。同样,游道日容量乘以景区年开放天数为游道年容量。

【案例】旅游容量测算实践

赵建春等[①]对蜈支洲岛景区的旅游环境容量进行了测算,过程如下:

(一) 景点空间容量测量

蜈支洲岛观光景区目前拥有的主要观赏地点为观日岩、妈祖庙、情人桥、潜水俱乐部,主要景点参数及日接待游客容量如表 3-9-6 所示。区域总面积数值为 4 600 m²,基本区域基准数值为 25 m²/人,景区设施的开放时间为10 h。

---

① 赵建春,王蓉. 蜈支洲岛景区的旅游环境容量测算研究[J]. 地域研究与开发,2021,40(3):104-108.

游客的人均观光时间为 1 h,游客周转率为 10。一日的空间承载能力计算是：$4\,600 \times 10/25 = 1\,840$(人次/天)。目前,蜈支洲岛的步行道为 7.5 km,海岸线长 5.7 km,其中,岩盘海岸线长 4.1 km;沙滩长 1.6 km,沙滩区面积 4.0 hm²。

表 3-9-6　蜈支洲岛主要景点参数及日接待游客容量

景点名称	人均标准用地面积/ (m²·人⁻¹)	景区面积/ m²	游客周转率/ %	日接待游客容量/ 人
观日岩	7	668.29	21	1 979
妈祖庙	40	16 632.49	13	3 881
情人桥	4	215.17	19	940
潜水俱乐部	40	2 948.73	13	926

(二) 游道空间容量测量

蜈支洲岛旅游区拥有 360 辆环保观光车辆,拥有 360 人的瞬时游客容纳水平,每辆车平均乘车次数为 5 次。调查结果显示,大部分游客比较享受步行观光的游览方式,想乘坐观光车的游客仅为 10%。针对蜈支洲岛旅游区域的整体游道空间承载能力计算如下：$360 \times 5 \div 10\% = 18\,000$(人次/天)。

项目十:规划区旅游产品与项目策划

【学习目标】

1. 知识目标

(1) 理论知识目标

理解并掌握旅游项目与旅游产品的概念与类型。

(2) 实践知识目标

理解并掌握旅游项目与旅游产品策划的概念、创意设计原则、思路、内容以及方法和步骤。

2. 职业能力目标

能够进行旅游项目和旅游产品策划,撰写旅游项目策划书。

3. 项目任务目标

规划区旅游项目与旅游产品创意策划方案。

第一节 旅游产品与旅游项目策划理论

在划定了旅游功能区空间后,需要用旅游产品和旅游项目往"功能区容器"填充"填充物",以充分发挥旅游区综合旅游功能。全华等[1]认为,功能区规划中的项目设计是旅游规划的核心内容之一,是在旅游功能区划分的基础上,对旅游区各种功能及其要素进行分析,提出项目设计创意、开发思路、具体方案等。刘德谦[2]认为,在旅游开发中必须把旅游吸引物和旅游项目的安排放在规划的第一位置,并围绕其安排与之相适应的其他设施。

一、基本概念

(一) 旅游产品与旅游项目

1. 旅游产品

旅游产品内涵丰富多元,可以从不同视角进行界定。在《旅游规划通则》中,旅游产

---

[1] 全华,王丽华. 旅游规划学[M]. 大连:东北财经大学出版社,2003.
[2] 刘德谦. 试论当前旅游开发中几个基本环节的错位:旅游规划续议[J]. 旅游学刊,1995(1):14-18.

品的定义为"旅游资源经过规划、开发建设形成旅游产品。旅游产品是旅游活动的客体与对象,可分为自然、人文和综合三大类"。谢彦君在其所著的《基础旅游学》一书中,提出"旅游产品是指为满足旅游者的愉悦性休闲体验需要,而在一定地域上被生产或开发出来以供销售的物象与劳务的总和",即经过开发利用之后形成的旅游景点、设施和服务的总和。邵讳认为旅游产品是向游客提供的,统一在旅游行程中的一次旅游所涉及的所有吸引物、设施、服务等所构成的系统,从而出现了旅游产品的组装意义。杨振之等[①]认为旅游产品的内涵和外延都相当广泛,目前旅游界已达成了共识,即凡是能销售给旅游者并供旅游者消费、享用的产品,通通可称为旅游产品,这包含了旅游线路,供享用的设施、服务,已开发为产品的供观赏、参与的旅游资源等。中国国家标准《旅游业基础术语》(GB/T 16766—2010)中关于"旅游产品"的定义是"通过利用、开发旅游资源提供给旅游者的旅游吸引物与服务的组合"。宋子千把旅游吸引物界定为是旅游产品的组成要素,而且是吸引旅游者的最核心要素;旅游资源可以理解为"旅游吸引物的来源",或"可以形成旅游吸引物的资源"。由此可见,《旅游规划通则》中旅游产品概念与旅游吸引物内涵一致。因此,以下所提旅游产品策划就是策划旅游吸引物。

2. 旅游项目

在汉语词典里,项目的含义是事物分成的门类。但是作为工程项目中的项目是有特定内涵的。美国项目管理协会认为,"项目是一种被承办的旨在创造某种独特产品或服务的临时性努力"。美国《项目管理概论》中指出,"项目是要在一定的时间里,在预算范围内,须达到预定质量水平的一项一次性任务"。项目具有以下特性:一是目的性,即项目有明确的目标,完成某种产品或者提供某种服务功能,这些目标有可能是经济上的、技术上的、财务方面或者竞争方面的;二是独特性,即项目是一次性完成的有限的任务,所有的项目都是一次性的,无法重复,这也是项目与其他事物最显著的区别;三是制约性,即有一定的约束,任何项目都受到自身的资源(时间、资金)约束,同时还受到环境的限制。

旅游项目内涵丰富,界定视角多元。按照美国项目管理协会对项目的界定,旅游项目是指创造独特的旅游产品或者旅游服务,以满足旅游者需求为目的的项目。马勇等[②]认为,旅游规划与开发中的旅游项目是一个内涵十分广泛的概念。简单而言,旅游项目就是将各种旅游资源加以开发和利用形成的旅游吸引物,即以旅游地的旅游资源为基础开发的,以旅游者和旅游地居民为吸引对象,提供休闲消遣服务,具有持续旅游吸引力,以实现经济、社会、生态环境效益为目标的旅游吸引物。类似概念还有,旅游项目是"综合体""吸引物""设施和活动""基本建设单位""休闲活动与方式""旅游产品""非旅游产品"等。本书认为,旅游项目内涵包含以下四个方面:一是旅游项目要有明确的目标和主

---

① 杨振之,陈谨. 旅游产品策划的理论与实证研究[J]. 四川师范大学学报(社会科学版),2006,33(4):105-110.
② 马勇,李玺. 旅游规划与开发[M].4版.北京:高等教育出版社,2018.

题。这是旅游项目的灵魂,项目建设和实施必须围绕目标和主题进行,而且项目的目标应该有具体的要求,即它要建成多大的规模,建成后的功能有哪些,应该产生多大的经济效益,项目的服务年限有多长等。二是旅游项目要落实在特定的旅游区与社区。三是旅游项目要有具体的功能、实施内容和实现目标的途径。其中,功能是指与主题相适应的娱乐、休闲、度假、探险等;项目要有实现目标的必要手段;项目的实现途径应包含创新的要求。四是旅游项目要有合理的人员搭配和充足的资金保障,即旅游项目既要有由环境、经济、市场、旅游及地理、园林等专门人才组成的人员组合,还要有明确的资金来源渠道。

3. 旅游产品与旅游项目关系

在旅游规划与开发过程中,既要进行旅游项目策划,又要进行旅游产品策划,有必要明确旅游项目与旅游产品的关系。由于旅游产品概念的层次性和丰富性,因此学者从不同角度阐述了旅游项目与旅游产品的关系。吴必虎等[1]认为,旅游项目和旅游产品是两个关系非常密切的概念,旅游产品开发在许多场合都需要具体的旅游建设项目来实现。一方面,旅游产品是旅游区经济效益的实现基础,旅游项目则是旅游产品的构成单元;另一方面,旅游产品在游客心中是作为一个整体存在,而旅游项目在规划者眼里则是作为"散件"和设计素材存在。郭庆[2]认为旅游项目与旅游产品,两者既有联系又有区别。一般情况下,正在开发建设的是旅游项目,项目完成后提供给游客使用,旅游项目此时就成为旅游产品。本书认为,旅游项目与旅游产品的主要联系是:一是整体旅游产品是由多个旅游项目开发后形成的或者是生产出来的,这就是说前述的产品是整体,项目是散件之间的关系。二是往往一个旅游项目包含系列旅游吸引物,比如在《中国桠溪"国际慢城"概念规划和旅游策划》中,大屋山"茶园物语"项目中有慢城思茶居——慢城"猫空"茶坊与茶文化主题民居、高淳茶博物馆、九曲茶园迷宫、茶园花径、乡村茶夜、绿茶剧、茶园小品等旅游吸引物。三是旅游项目是由设计团队通过创意设计产生的,其核心是设计系列旅游吸引物。四是有好的创意设计项目,就能通过旅游项目开发形成有竞争力的旅游产品。

(二)旅游产品策划与旅游项目策划

1. 旅游产品策划

杨振之等[3]认为,旅游产品策划是指对旅游资源的区域分布、可进入性,旅游者对资源的感知、认知,以及市场(需求与供给市场)情况进行调查研究,掌握第一手数据后,充分把握旅游资源自身所具备的价值(历史价值、艺术价值、文化价值、科学价值)、品质

---

[1] 吴必虎,俞曦. 旅游规划原理[M]. 北京:中国旅游出,2010.
[2] 郭庆. 旅游项目分类及经济效益评价理论与实践研究[D]. 北京:北京交通大学,2014.
[3] 杨振之,等. 旅游原创策划[M]. 成都:四川大学出版社,2005.

和特色,设计出满足客源市场需求的有独特竞争力的旅游产品的过程。吴必虎[1]把旅游产品策划界定为是对旅游区旅游资源、客源市场、基础支撑条件和总体定位等进行通盘考虑后,对提炼出的旅游吸引物进行包装和设计,丰富其内涵和外延,融入自然和人文要素后最终形成的旅游吸引物质和现象。本书认为,旅游产品策划的基础是旅游资源特质挖掘和旅游市场导向,策划目标是设计出有独特性和竞争力的旅游吸引物。

2. 旅游项目策划

旅游项目策划是将旅游资源转化为旅游产品不可或缺的环节,是连接资源和产品的重要纽带,是介于科学与艺术之间的创作过程[2],是依据旅游市场的需求和旅游地的资源优势,对该旅游地的旅游项目进行定向、定位的过程,也就是对旅游产品的研制、发展、优化的过程[3];其核心内容为项目可行性研究及产品策划。杨振之等[4]认为旅游项目策划的科学性和可行性,有赖于对策划所依赖的相关要素的把握,其中最为重要的要素有市场、资源、政策法规、工程技术、策划程序等。与这些要素相关的理论和认识共同构成了旅游项目策划的理论基础。这些要素在项目策划中所起的作用是有差异的,它们从不同方面保证了旅游项目策划的科学性和可行性,是策划的基础性要素。概括来说,市场需求是导向,资源评价是基础,项目策划是灵魂,政策法规是保障,工程技术是支撑。

旅游项目策划包括核心项目(重点项目或引爆项目)策划和一般项目(支持项目、服务项目)策划。

3. 旅游产品策划与旅游项目策划的区别

综合来看,旅游产品策划和旅游项目策划的内涵有明显交集,表现为两者都是在对旅游资源和旅游市场深入调查和分析的基础上进行定位和定向。旅游项目策划包含旅游产品创意设计,这是由于旅游产品内涵的丰富性与层次性以及旅游产品与旅游项目概念的包含与被包含的关系决定的。但是两者又有明显区别,表现为:①旅游项目策划是开发旅游产品的基础,项目策划是将旅游资源转化为旅游产品不可或缺的环节。它是连接资源和产品的重要纽带。②旅游项目需要投资建设,项目策划强调政策法规保障、工程技术支撑以及项目效益等可行性。③旅游项目要落地和实施,首先需要对风景区的区位条件、交通条件以及地理环境进行分析。

旅游产品策划和旅游项目策划存在交集,使得许多景区策划只做产品策划或者项目策划,其实产品策划和项目策划还是存在明显区别的。在具体旅游策划中,建议两个策划都做,产品策划重点为产品定位策划和产品体系策划以及产品创意设计的策划,而项

---

[1] 吴必虎. 地方旅游开发与管理[M]. 北京:科学出版社,2000.
[2] 宋文丽,刘筱秋,苏剑,等. 和合文化在旅游项目策划中的应用:以鹿鸣岭景区为例[J]. 安徽农业科学,2012,40(3):1568-1570.
[3] 宋文丽. 旅游项目策划初探[J]. 重庆师范学院学报(自然科学版),2000,17(S1):72-76.
[4] 杨振之,甘露. 旅游项目策划的基本原则[N]. 中国旅游报,2008-01-18(7).

目策划重点则体现在项目的性质、项目的选址以及重点建设项目的阐述。

二、旅游产品与项目类型

（一）旅游产品类型

从不同视角,可以把旅游产品分为不同类型。依据旅游者的参与程度,可以将其划分为观光型旅游产品、主题型旅游产品、参与型旅游产品以及体验型旅游产品四种。依据旅游产品的功能,可以将其划分为享受旅游产品、康体旅游产品、探险旅游产品以及特种旅游产品四种。由于新技术不断应用到新产品开发中,新的旅游产品不断诞生,吴必虎等[①]提出了旅游产品树分类体系（图3-10-1）,他认为旅游产品就像大树一样,不仅有现成根枝叶体系,而且还在不断长出新枝丫。其中,树干代表旅游产品；树根是形成旅游产品的各要素,包括吸引物、设施和服务等；而五个主枝代表旅游产品的五大类型,即观光

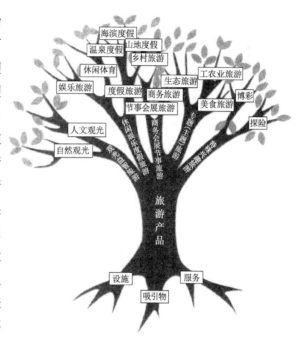

图3-10-1　旅游产品树

益智旅游产品、休闲娱乐度假旅游产品、商务会展节事旅游产品、专项（主题）旅游产品和特殊兴趣旅游产品；在五个主枝之上长出的细枝代表各种具体的旅游产品。树木的不断生长代表了旅游产品的不断动态变化,树枝生长的交叉错结代表了旅游产品分类中的不确定性和相互叠加或交叉,与旅游产品谱相比,旅游产品树是一个更为开放的系统,不再纠结于具体旅游产品的准确分类,同时当一个新的旅游产品出现时,可以很容易地在产品树上找到它的位置。由此可见,旅游产品树的分类方式更加符合旅游产品发展的实际情况,是一种较科学的分类方法。

1. 观光益智旅游产品类型

国家标准《旅游业基础术语》（GB/T 16766—2017）中将观光旅游定义为以欣赏自然景观、历史古迹遗址、民俗风情等为主要目的和游览内容的旅游。观光旅游产品具有"读万卷书,行万里路"的功效。观光益智旅游产品分为自然观光益智旅游产品和人文观光益智旅游产品两个大类,每个大类下面又可分为许多具体产品,详见表3-10-1。

---

① 吴必虎,俞曦. 旅游规划原理[M]. 北京：中国旅游出版社,2010.

表 3-10-1　观光益智旅游产品类型

类型	具体产品
自然观光益智旅游产品	地质地貌观光(国家公园旅游)、森林观光(森林公园旅游)、草原观光、沙漠观光、自然保护区观光(生态旅游)、湿地观光、河湖观光、瀑布观光、泉水观光、海洋旅游、冰川旅游、植物园旅游、动物园旅游(野生动物园旅游)、水族馆旅游、天象气象观光等
人文观光益智旅游产品	文物古迹观光、遗产旅游(文化遗产旅游)、古民居古建筑观光、遗址观光、革命纪念地观光、民俗旅游、民族风情观光、宗教旅游、祭祖旅游、园林观光、城市观光、电影旅游(文学影视旅游)、博物馆旅游、美术馆旅游、工业观光、农业观光等

住房和城乡建设部颁布的《风景名胜总体区规划规范》(GB/T 50298—2018)中,把风景名胜区旅游吸引物归纳如表 3-10-2。

表 3-10-2　游赏项目类别

游赏类别	游赏项目
1. 审美欣赏	①觅胜,②摄影,③写生,④寻幽,⑤访古,⑥寄情,⑦鉴赏,⑧品评,⑨写作,⑩创作
2. 野外游憩	①消闲散步,②郊游,③徒步野游,④登山攀岩,⑤野营露营,⑥探胜探险,⑦自驾游,⑧空中游,⑨骑驭
3. 科技教育	①考察,②观测研究,③科普,④学习教育,⑤采集,⑥寻根回归,⑦文博展览,⑧纪念,⑨宣传
4. 文化体验	①民俗生活,②特色文化,③节庆活动,④宗教礼仪,⑤劳作体验,⑥社交聚会
5. 娱乐休闲	①游戏娱乐,②拓展训练,③演艺,④水上水下活动,⑤垂钓,⑥冰雪活动,⑦沙地活动,⑧草地活动
6. 户外运动	①健身,②体育运动,③特色赛事,④其他体智技能运动
7. 康体度假	①避暑,②避寒,③休养,④疗养,⑤温泉浴,⑥海水浴,⑦泥沙浴,⑧日光浴,⑨空气浴,⑩森林浴
8. 其他	①情景演绎,②歌舞互动,③购物商贸

文彤[1]总结了城市夜间旅游产品的三种类型,见表 3-10-3。

表 3-10-3　城市夜间旅游产品类型

类型	特点	代表产品
表演型	特定的舞台空间,观赏性突出的动态产品,游客较难实现参与	主题公园歌舞表演、园林地方曲艺表演、景区大型实景演出等
参与型	游客亲身参与,单个规模较小,分布较为广泛	美食夜市、城市酒吧、商业街区
景观型	以静态的灯光照明为主,硬件设施和能源供应依赖性强,主要集中在城市中心区域	夜色街区、夜色护城河等

---

[1] 文彤. 城市夜间旅游产品研究[J]. 城市问题,2007(8):42-45.

影视旅游能够给目的地的旅游业带来可观的收益。莱利(Riley)等[①]认为影视旅游能够吸引大量旅游团的到来,扩大社区节事,开发新景点,并产生大量纪念品和住宿收入。此外,影视旅游还可以扩大游客市场,使得游客更加多元化,且能解决目的地的旅游季节性问题,在任何季节都能够吸引游客的光临。影视旅游产品类型及特征见表3-10-4。

表3-10-4 影视旅游类型及特征

类型	特征	实例
影视作品作为主要旅游吸引物	外景拍摄地本身足以吸引游客产生旅游动机	苏格兰马尔岛(儿童节目 Balamory 拍摄地)、无锡三国城、无锡水浒城
影视旅游作为旅游线路中的一部分	在旅行线路中安排参观影视外景拍摄地	横店影视城户外扩展基地
影视朝圣旅游	参观影视拍摄地以示对作品的敬意,有可能重演电影场景	苏格兰杜恩城堡(《巨蟒》拍摄地)、《指环王》拍摄地
影视名人旅游	影视名人的住宅,具有名人效应的影视拍摄基地	好莱坞影星住宅
影视怀旧旅游	参观代表另一个时代的外景拍摄地	电视系列喜剧片《安迪·格里菲斯秀》(20世纪50年代场景)、《心跳》(20世纪60年代场景)

2. 休闲旅游产品类型

休闲旅游是指人们利用闲暇时间到常住地以外进行以放松、体验、娱乐、健身和自我完善为目的的行为和过程。休闲旅游包括休闲、娱乐和度假。休闲旅游和观光旅游的主要区别是:观光旅游的旅游目的是视角审美、开阔眼界、增长见识,而休闲旅游的旅游目的是娱乐消遣、恢复身心、发展自我;观光旅游的旅游地一般是传统风景名胜区,而休闲旅游的旅游地则是适宜人居、环境优美的旅游地和城市中特色区域;观光旅游的旅游形式是长途旅行、行程紧凑,而休闲旅游的旅游日程安排松散、滞留时间长。休闲旅游产品类别见表3-10-5。

表3-10-5 休闲旅游产品类型

类型	具体产品
休闲	运动休闲、观看体育赛事、自驾旅游休闲、野营休闲、打保龄球等
娱乐	歌舞类娱乐、体育健身类娱乐、游戏类娱乐、知识类娱乐、附属类娱乐(鲜啤酒吧、各类主题酒吧、氧吧、网吧、茶艺馆、茶吧、咖啡屋)、消遣场所、娱乐场所和游乐园、水上乐园、高尔夫球场、网球场、体育旅游综合设施、多功能娱乐综合设施等
度假	山地避暑度假、滨海度假、湖滨度假、环城游憩度假、温泉度假、森林度假、草原度假、滑雪度假等

---

① Riley R W, Van Doren C S. Movies as tourism promotion:a "pull" factor in a "push" location[J]. Tourism Management,1992,13(3):267-274.

库兹曼(Kurtzman)①把体育旅游分为体育观光景区旅游、体育度假区旅游、游艇体育旅游、体育旅游游线、体育节事旅游以及冒险体育旅游,详见表3-10-6。

表3-10-6 体育旅游产品类型

类型	案例
体育观光景区旅游	喜马拉雅山、澳大利亚蓝山、体育遗产地[如英国拉格比(Rugby):英式橄榄球联合会诞生地]、名人堂[如美国古柏镇(Cooperstown):棒球名人堂]、体育博物馆(如瑞士洛桑的奥林匹克博物馆)、体育运动场[如波兰罗兹(Lords)运动场、伦敦特威克纳姆(Twickenham)运动场]、体育主题公园(如迪士尼运动中心)、独特的体育设施(如室内夏季滑雪场)
体育度假区旅游	冬季滑雪度假区[如加拿大惠斯勒(Whistler)]、夏季滑雪度假区[如澳大利亚世瑞博(Thredbo)]、体育别墅、综合度假区和健身俱乐部、体育训练场(如世瑞博高原训练场)
游艇体育旅游	作为参与体育旅游的交通方式(如坐船到大堡礁去潜水)、船上体育设施、体育名人聚会或召开体育会议
体育旅游游线	参观体育场、名人堂、体育主题公园、独特体育设施和体育赛事的旅游线路
体育节事旅游	大型的、标志性的、主要的或地方的体育节事,奥林匹克运动会,温布尔登国际网球公开赛,伦敦马拉松比赛、耐力赛、保龄球精英赛、英式橄榄球周赛、预定日期的足球和橄榄球比赛
冒险体育旅游	白水漂流、骑自行车旅游、登山和攀岩、滑雪旅游、高尔夫旅游、潜水旅游

鲍德-博拉(Baud-Bovy)和劳森(Lawson)②把野营地归纳为以下七种类型,详见表3-10-7。

表3-10-7 野营地类型及特征

类型	特征
临时营地	设施最少,滞留时间一般不超过48 h
日间营地	在某些游憩公园,营地仅限于白天使用,或有时仅可滞留一夜
周末营地	分布于乡村地区,允许进行户外游憩活动,提供运动设施。通常还为儿童提供游戏场以及其他一些设施和环境。常常以年度为租赁基础(在法国,80%的旅行房车拥有者将其房车作为周末平房来使用)

---

① Kurtuman J. Sport and tourism relationship: a unique reality[C]// Ritchie B, Adair D. Sports generated tourism: exploring the nexus (proceedings of the first Australian sports tourism symposium). Canberra: Tourism Progam, University of Canberra, 2000.
② 鲍德-博拉,劳森. 旅游与游憩规划设计手册[M]. 唐子颖,吴必虎,等译. 北京:中国建筑工业出版社,2004.

(续表)

类型	特征
居住营地	比周末营地更为长久。主要为旅行房车、可移动车房或临时平房建筑所用。露营点(平房点最小面积 200 m²)以年度为基础租赁,或以完全产权销售或产权租赁方式转让使用权
假日营地	靠近资源质量较高(海滨、湖滨、森林)、交通方便的地区,在滑雪度假区也可开发拖车营地(以整个冬季为基础),营地的选址要符合下列条件:有便于除雪的停车场;配有烘干房、儿童游戏房和其他室内服务设施
森林营地	在美国,森林营地配合以森林游憩是典型的家庭度假区:中低密度开发,每一处营地多至 25 个单元,每两个单元之间最少留有 35 m 的间隔,配有全套服务设施
旅游营地	高标准的假日营地,靠近或就在旅游度假区内

陈南江[①]把小型常规娱乐产品归纳为三大类十个小类,见表 3-10-8。

表 3-10-8 娱乐产品类型及特征

大类	小类		特征及举例
表演演示型	地方艺术类		法国"驯蟒舞女",日本"茶道""花道",吉卜赛歌舞
	古代艺术类		唐乐舞、祭天乐阵、楚国编钟乐器演奏
	风俗民情类		秀楼招亲、对歌求偶
	动物活动类		赛马、斗牛、斗鸡、斗蟋蟀、动物算题
游戏游艺型	游艺类		节日街头(广场)舞蹈、苗族摆手舞、秧歌、竹竿舞
	游戏类		匹特博枪战、踩气球、单足赛跑、猜谜语、卡拉 OK
参与健身型	人与机械	人机一体	操纵式:滑翔、射击、赛车、热气球
			受控式:过山车、疯狂老鼠、摇曳伞、摩天轮
		人机分离	亲和式:翻斗乐
			对抗式:八卦冲霄楼
	人与动植物	健身型	钓虾、钓鱼、骑马
		体验型	观光茶园、观光果园、狩猎
	人与自然	亲和型	滑水、滑草、游泳、温泉浴、潜水
		征服型	攀岩、原木运动、迷宫、滑雪
	人与人	健身型	高尔夫球、网球、桑拿
		娱乐型	烧烤、手工艺品制作

贾建中[②]依据主题内容和建设形态对主题乐园进行了分类,见表 3-10-9。

---

① 陈南江.从"百艺盛会"、"欧洲之夜"谈旅游景区娱乐走向[J].旅游学刊,1997,12(2):43-46.
② 贾建中.国内外主题公园的类型、特点与发展趋向[J].北京规划建设,2003(5):13-14.

表 3-10-9 主题乐园类型

划分依据	类型	实例
主题内容	历史类	杭州宋城,上海影视乐园中的"老上海",英国伦敦的"15世纪一条街",西班牙马德里的"堂·吉诃德城",美国底特律的"16世纪村庄"、美国迪士尼乐园的"美国大街""开拓乐园",日本九州的"明治街"
	他乡异国（民俗文化类）	北京世界公园、中华民族园,深圳世界之窗,昆明云南民族村、"唐人街",日本长崎的荷兰村、广岛的法国村,美国密歇根州的德国城
	文学类	三国城、水泊梁山宫、封神演义宫、西游记宫
	影视类	横店影视城、上海影视乐园、美国迪士尼乐园的"童话乐园"
	科学技术类	杭州未来世界游乐公园、奥兰多的"未来世界"、美国迪士尼乐园的"未来世界"
	自然生态类	野生动物园、海洋馆、美国迪士尼乐园的"熊园"
	公民教育类	专题博物馆、美术馆
	健身康体类	健身主题公园
	农业类	广州番禺百万葵园、东莞绿色世界、郑州珍奇植物园及花卉生产基地
建设形态	微缩模型类	荷兰小人国、锦绣中华、世界公园
	舞台布景类	西游记宫、妖魔鬼怪宫、三国城、宋城、唐城
	实景展示类	民族园、民俗村
	娱乐设施类	迪士尼乐园、欢乐谷、未来世界
	功能实用类	健身公园、度假村
	自然生态类	野生动物园

泽恩(Dzeng)和李(Lee)[①]对主题乐园设施类型进行了分类,见表 3-10-10。

表 3-10-10 主题乐园的设施一览表

类型		公共设施
吸引物	机械	云霄飞车、摩天轮、旋转木马
	场地	公园、迷宫、鬼屋、动物园
	表演	露天电影院、3D电影院、动物表演或杂技、焰火表演
	电气设备	电气游乐园、太空旅行、遥控车比赛
	运动	骑马、划船、高尔夫
餐饮		餐馆、小吃摊、外卖车
购物		纪念品店、购物街
住宿		酒店、露营地、别墅
服务		公路、停车场、售票处、电话亭、洗手间、游客中心、观光巴士
辅助		管理办公室、水处理厂、焚化炉、常用管道

---

① Dzeng R, Lee H. Activity and value orientated decision support for the development planning of a theme park[J]. Expert Systems with Applications, 2007, 33(4): 923-935.

史密斯(Smith)[①]把休闲度假旅游产品分为五大类型,详见表3-10-11。

表3-10-11　休闲度假旅游产品类型

类型	具体产品
日常娱乐旅游	歌厅、舞厅、迪厅、音乐厅、茶馆、咖啡馆、棋牌馆、酒吧、影院、剧院、度假中心、演艺中心、卡拉OK、KTV等
运动休闲与体育旅游	水上运动:滑水、冲浪、划船、漂流、坐游艇等
	山地运动:登山、攀岩、滑雪等
	草原运动:摔跤、赛马、射箭等
	沙上运动:滑沙、沙滩排球等
	体育观战旅游
	高尔夫旅游
购物旅游	城市购物旅游
	特色产品及旅游纪念品购物
医疗保健旅游	体检、森林疗养、花卉疗养、水疗、泥疗、盐疗、洗浴、阳光浴、美容、美发、推拿、按摩、氧吧等
度假旅游	海滨度假
	湖泊水库度假
	山地度假
	温泉度假
	乡村度假(农家乐、农业观光)
	野营和房车旅行
	环城市游憩带
	游轮度假

古德里奇(Goodrich)等[②]对康复与理疗型度假产品进行了分类,详见表3-10-12。

---

① Smith S L J. Dictionary of concepts in recreation and leisure studies[M]. New York: Greenwood Press,1990.
② Goodrich J N, Goodrich G E. Health-care tourism[M]//Medlik S. Managing tourism. Oxford: Butterworth-Heinemann Ltd,1991:107-114.

表 3-10-12 康复与理疗型度假产品类型

产品类型	产品类型
酒店内的医疗检查(胆固醇、血糖、血压等)	桑拿浴
素食或专门食谱	水疗法治疗
补药注射、复合维生素治疗	泥疗
每日锻炼课程	专门戒烟课程
针灸	各种洗浴,如桉树浴、土耳其浴等
温水游泳池(室内或室外)	香草熏治、草药茶水
水下按摩(浴疗法)	医护人员看护下的阳光浴
人工按摩	肌肉锻炼与身心放松技术
细胞疗法	美容,如皮肤护理、美容膏、面部美容术等

黄静波[①]对山地旅游产品进行了分类,见表 3-10-13。

表 3-10-13 山地旅游产品类型

产品类型	设计项目
观光游览	包括山水岩石景观、动植物景观、气象景观、人文景观等有一定可见度的相对独立的对象物(景点)的审美欣赏
休闲度假	休闲类包括森林休闲、垂钓休闲、游乐休闲、竞技休闲、艺术情趣休闲等;度假类包括森林度假、野营地度假、洞穴度假等
运动健身	包括林中漫步、登山、骑马、骑车、划船、漂流、冲浪、潜水、滑水、滑雪、攀岩、荡秋千、狩猎等
保健疗养	包括森林疗养、高山疗养、温泉疗养等
科考科普	包括地质地貌、矿产、植物、动物、物种基因、立体气候、历史文化、宗教演变、灾害防治、生态保护等科学研究与科普教育
美食购物	美食包括山珍类(野菜、地衣、野生花果、野蘑菇、野生笋、蕨、森林饮料、森林滋补品、野生动物、昆虫、放养禽类及家畜类等)、水产类(鱼、虾、蟹、蚌、贝、泥鳅、甲鱼等);购物包括购买土特产品、风味食品、民间工艺品、艺术品、其他纪念品等
会议旅游	会议类包括协会会议、政府会议、企业会议、学术会议等
其他产品	包括商务、探险旅游等

3. 商务旅游产品类型

世界旅游组织将商务旅游定义为,出于商业目的,人们到达并在非居住地滞留或活

---

① 黄静波.山地型景区旅游产品设计:以郴州市为例[M].人文地理,2007,22(5):103-106.

动。戴维森(Davidson)[1]认为商务旅游是人们因与工作相关的目的而进行的旅游活动。贾莲莲等[2]把商务旅游产品分为传统商务旅游产品和新型商务旅游产品两大类。其中，传统商务旅游产品包括狭义公务旅游、商业活动；新型商务旅游产品包括会议旅游、奖励旅游以及大型商业活动，详见图 3-10-2。

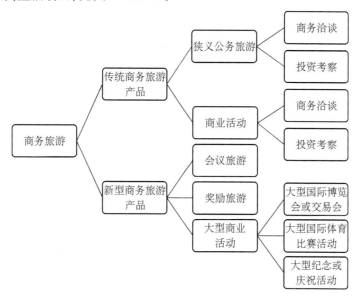

图 3-10-2　商务旅游产品分类

4. 专项旅游产品和特殊兴趣旅游产品类型

吴必虎等[3]认为，观光、休闲度假和商务会展这三类旅游产品都属于目前较主流的旅游方式，这三种旅游的参与人数较多，是旅行社及其他旅游企业的主打产品，这些产品往往是标准化和程序化的，因此可称为常规旅游产品。与常规旅游产品相对应的其他旅游形式统称为专项旅游和特殊兴趣旅游，这些旅游产品具有明显的个性化和非程序化特征，参与人数较少，主要针对具有特殊兴趣的小众市场。专项（主题）旅游产品与前面三类旅游产品的划分并没有严格的界限。下面所列的各种专项（主题）旅游产品有可能在将来随着市场需求的变化而扩大市场，成为常规旅游产品，而前面的三类旅游产品中也有可能会由于市场的萎缩而成为专项旅游产品。专项旅游产品与特殊兴趣旅游产品的主要区别就在于参与人数的变化。当参与者仅为少数时，即为特殊兴趣旅游；而当参与者出现较明显增加且产品表现为一定的主题或界定于特定领域时，即可视为专项或主题旅游。专项旅游和特殊兴趣旅游产品可以分为满足发展需求、满足享受需求以及满足刺激需求三大类型，见表 3-10-14。

---

① Davidson R. Business travel[M]. London: Addison-Wesley Longman, 1994.
② 贾莲莲,朱竑. 商务旅游研究述评[J]. 思想战线,2004,30(3):126-130.
③ 吴必虎,俞曦. 旅游规划原理[M]. 北京:中国旅游出版社,2010.

表 3-10-14　专项旅游和特殊兴趣旅游产品类型

类型	具体产品
满足发展需求	修学（教育）旅游、工业旅游、务农旅游、学艺旅游、科学旅游、考察旅游、摄影旅游、生态旅游
满足享受需求	豪华列车旅游、邮轮旅游、美食旅游、超豪华旅游
满足刺激需求	探险旅游、冒险旅游、秘境旅游、海底旅游、沙漠旅游、斗兽旅游、观看古怪比赛旅游、狩猎旅游

佩奇（Page）把探险专项旅游产品分为与空中相关、与水中相关以及与陆上相关三大类型，详见表 3-10-15。

表 3-10-15　探险旅游类型

类型	具体产品
与空中相关	热气球、滑翔、悬挂滑翔、空中弹跳、跳伞、小型飞机或直升机观光
与水中相关	漂流、水下洞穴探险、航海、潜水、喷气摩托、喷气船、海上降落伞、河海皮艇、独木舟、冲浪、滑水钓鱼
与陆上相关	越野滑雪、滑降滑雪、直升机滑雪、雪山探险、徒步、汽车狩猎、蹦极跳、山地自行车、冰川探险、狩猎、登山、攀岩

(二) 旅游项目类型

1. 按照旅游项目内容分类

(1) 旅游景点项目

主要是指以景区为主要建设对象的项目，包括乡村旅游项目、文化旅游项目、生态旅游项目、遗产旅游项目、主题公园项目、会议旅游项目与休闲旅游项目。

(2) 饭店宾馆项目

主要是指为接待游客而建设的酒店、宾馆等。

(3) 旅游交通项目

主要是指提供旅游交通服务的项目，包括各类交通工具如游艇、皮划艇、帆船、汽车等，以及其相应航道建设的项目。

(4) 旅游娱乐项目

主要是指提供娱乐服务的项目，包括各种娱乐场所。

(5) 研学旅游基地项目

主要是指提供教育服务的项目。

(6) 旅游购物品项目

主要是指提供购物服务的项目。

2. 按照旅游项目功能分类

按照旅游项目功能，可以分为设施功能项目、景观功能项目以及服务功能项目三种。

其中,景观功能项目又可以分为以下六种类型。

(1) 观光型旅游项目

包括风景名胜、森林公园、观光型主题公园、自然保护区、历史文物保护单位等开发建设项目。

(2) 休闲度假旅游项目

包括各种类型的宾馆酒店、旅游度假区等项目。

(3) 医疗保健旅游项目

包括温泉疗养、中医药保健等项目。

(4) 商务会展旅游项目

包括会议旅游项目,有各种会议、论坛、商品展等。

(5) 教育修学旅游项目

包括出境修学旅游项目、国内修学旅游项目等。

(6) 体育运动旅游项目

包括越野、滑雪、高尔夫、行车、漂流、帆船等运动项目。

3. 按照旅游项目重要程度分类

按照旅游项目重要程度,旅游项目可以分为核心项目和支撑项目两种。

(1) 核心项目

核心项目也称为引爆型项目,是由该区域中最具开发潜力的旅游资源开发而来的旅游吸引物,这类吸引物往往能够在较短的时间内吸引市场消费者的关注,使得到访旅游地的游客人数得以大幅度提升。此类项目能够代表该旅游地的主要特色,在区域旅游开发时,需要优先得到重点关注。

(2) 支撑项目

支撑项目又叫一般项目,指重要性和影响力略低于核心项目的吸引物系列,它们从不同的角度来支撑区域旅游的主题形象,能够带给游客多元化的体验,同时,这些项目也可能是次级区域中的主题项目。

4. 按照旅游项目满足需求情况分类

按照旅游项目满足旅游者需求情况,分为综合性旅游项目和单一旅游项目两种。

(1) 综合性旅游项目

综合性旅游项目是指能满足游客的两种及以上需求的旅游项目。这也是由于我国旅游从观光旅游向休闲度假旅游转变的必然结果。在此过程中产生了许许多多的大型综合性旅游项目,也可称为旅游综合体项目,即集观光、娱乐、购物、休闲、会议等为一体的功能多样化的旅游项目。

(2) 单一旅游项目

单一旅游项目是指只能满足旅游者的一种需求的旅游项目,即该旅游项目只能满足旅游者的吃饭、住宿、交通、娱乐、购物、观赏等中的一种需求。由此可以划分为餐饮类旅游项目、宾馆类旅游项目、交通类旅游项目、景区类旅游项目、购物类旅游项目及娱乐类旅游项目等几种。

三、旅游产品设计与旅游项目策划创意性原则

旅游产品与项目策划是否成功的关键在于创意,创意是产品与项目策划的灵魂。为此,学者们提出了产品与项目策划创意性的基本原则。吴人韦认为旅游产品与项目策划必须坚持市场需求原则、因地制宜原则和特色原则。马勇等提出产品与项目创意设计的原则有"人无我有、人有我新、人新我转"的总体战略原则,以及"因地制宜、整体优势、综合设计、现实性、一致性和三大效益"等辅助原则。本书总结相关研究成果,提出如下旅游产品设计与旅游项目策划创意性原则。

(一) 震撼力原则

好的旅游产品设计与旅游项目策划一定是别人没有的、独一无二的,至少是在区域内唯一的,这样的产品与项目才会有震撼力,能够引起轰动效应。而只有这种震撼力的产品与项目才能构成旅游区竞争力的主体支撑。旅游产品与项目的震撼力是靠项目的"核心竞争力"实现的,即是别人偷不走、学不到、仿不来的东西。这种东西一是靠拥有具有唯一性、垄断性的资源或特殊的环境条件,二是靠独具匠心的策划,特别是底蕴深厚的文化旅游产品与项目的策划包装,并进而形成一种自我特质鲜明的旅游文化和旅游形象。

(二) 吸引力原则

旅游产品与项目策划的一切目的都要服务于旅游产品与项目的吸引力,旅游产品与项目的吸引力是检验旅游产品与项目策划一切目标的标准,是旅游产品与项目策划的最终目的。吸引力是市场行为,是旅游消费者对旅游产品与项目的反馈,是以市场为评价标准的,是旅游产品与项目策划的首要条件,没有这一条,其他目标都是软弱无力的,旅游产品与项目策划最终以增强旅游项目吸引力为目标[①]。

(三) 独特性原则

独特性原则就是要充分挖掘旅游资源的独特性,表现为:一是充分挖掘旅游资源内在的新奇特绝等独特性及其兼具本质特色的释放功能,即旅游资源所表现出来的美感度,它的观赏性、参与性及其释放出来的气质,往往决定了其吸引力的大小。比如,某地质剖面、某一漏斗群或者某一文物等旅游资源,专家评定其价值很大,也写出了大量论文进行研究,可这类资源就是迟迟不能转化为产品,被市场接受,即使转化成旅游产品了,

---

① 吴宝昌. 旅游项目策划研究[D]. 南宁:广西大学,2004.

也只能被很小一部分市场接受,如科考科普市场。原因也许有多种,但若排除其他开发条件,恐怕旅游资源本质特色的释放和外溢不充分是重要原因。二是深入挖掘作为环境产品的旅游资源,比如温泉旅游产品,看起来游客购买的是温泉及其设施类旅游产品,但处于山形并不美丽的光秃秃山下的温泉,和处于雪山下的原始森林中的温泉相比,显然游客更喜欢后者。三是旅游策划还要能"化腐朽为神奇"。别人认为腐朽的东西,你却发现了其神奇之处。四是能整合各类旅游资源要素,使其形成一个全新的旅游产品,这种整合具有较强的人工痕迹,但如果整合得好,充分地考虑到市场需求,也会取得很大的成功[1]。

(四) 创意性原则

旅游产品与项目策划创意性原则要求旅游产品与项目策划有创造性的新思路、新方法、新理念,要别出心裁,勇于创新,充分发挥自己的优势,切忌雷同。旅游产品与项目策划的新理念就是要使每个旅游者的旅游经历都能获得"4E"体验,即娱乐(Entertainment)、教育(Education)、逃避(Escape)与审美(Estheticism)等体验的结合,甚至达到"4E"体验的中心集合点"甜蜜地带"(Sweet Spot)体验感受。在这个地带,体验者将达到一种"畅爽"境界或在"4E"体验的基础上得到第五种体验(5E),即移情(Empathy)体验。旅游项目策划的新思路就是应用新科技,比如声光技术、5G 技术、AR 技术、VR 技术、4D 技术、新材料等设计新产品;应用文化创意(IP)设计新产品;应用"旅游+"或者"+旅游"思路设计新产品。比如,薛群慧等[2]从心理疏导视角对森林休闲旅游产品进行创意设计,设计出了系列心理疏导活动项目,即以达到降低或解除参与者不良心理状态为目的的一种回归自然的休闲旅游活动产品。别出心裁就是要"无中生有",变废为宝,比如南京牛首山佛教文化设计,浙江横店圆明新园中西合璧花园文化设计,无锡灵山禅意文化以及拈花湾小镇文化设计等。

四、旅游产品与旅游项目创意性策划理念

旅游产品与旅游项目开发是旅游规划与开发的核心内容,也是一项复杂的经济技术行为。在其规划开发过程中,必须树立科学的理念,遵循正确的途径,才能设计生产出既符合广大旅游者需求又符合旅游目的地特点,同时还具有市场竞争力和生命力的旅游产品。

(一) 全时化体验理念

全时化就是指旅游产品与项目所营造的体验应不受时间的限制,例如除了白天可以体验的项目和活动外,还应注重提供晚间的各种体验。如台湾绿岛除了白天可以让游客感受各种海岛风情外,晚上还为游客提供探访潮间带、梅花鹿等生态旅游项目,让游客全

---

[1] 杨振之,陈谨. 旅游产品策划的理论与实证研究[J]. 四川师范大学学报(社会科学版),2006,33(4):105-110.
[2] 薛群慧,包亚芳. 心理疏导型森林休闲旅游产品的创意设计[J]. 浙江林学院学报,2010,27(1):121-125.

天候地感受绿岛的魅力。再如,当旅游目的地气候条件欠佳时,如遭遇雨雪天气、台风天气时,旅游地同样可以提供让游客满意的体验内容。

(二) 全季型设计理念

传统的旅游产品开发主要关注春夏秋三季,而较为忽略冬季旅游产品的开发。在旅游产品与项目策划时,可以考虑形成覆盖四季的旅游产品体系。例如可以考虑利用生态资源以及四季植物的配置,在为游客提供四季不同的景观和四季休闲活动的同时,也可以将康体度假作为拓展四季体验内容的方向,如春季健走、夏季游泳、秋季登山、冬季滑雪。研学旅游资源也是较好的开发覆盖四季旅游项目的基础,如自然生态研学、历史文化研学、研学营地等产品形式。

(三) 全产业拓展理念

旅游产品的策划和设计需要考虑如何与其他产业进行融合发展,力争通过旅游与其他产业的融合,实现旅游创新发展。在旅游项目的全产业拓展方面,常见的形式有工业观光、休闲农业观光、乡村生活体验、乡村休闲度假、农特产品展销等。

(四) 全服务优化理念

旅游产品与项目的策划还需要以构建全域旅游公共服务体系为目标,在考虑游客的观光、休闲、度假等需求之余,还应能够为游客和居民提供覆盖全域的优质服务。为此,旅游产品与项目策划应注重旅游公共服务产品与项目的设计,包括旅游咨询服务,旅游集散、转运服务,停车服务,特色餐饮,特产展销等,将服务中心当成景点来建设。近年来,文化和旅游部对于旅游厕所的关注度较高,在某些核心旅游区域的项目设计方面,不妨将设置1~2处高星级水准的旅游厕所列入项目策划内容之中。从完善服务的角度来看,旅游营地是国民休闲需求快速发展时代背景下的产物。随着游客休闲需求的不断升级,个性化、特色化的宿营成为其旅游住宿的首选。旅游营地按照其提供对象的差异性可以大致分为两类:一类为供徒步游客或背包游客使用的露营地;另一类为供自驾车游客使用的自驾车营地,该类营地往往还具备一定的配套设施,如餐饮、娱乐、购物、租赁等。从旅游项目策划的全服务优化的思维出发,规划者应该着重对旅游营地的形式、功能、设施等进行评估,以旅游营地使用者的体验品质持续提升作为项目策划的主要目标。

(五) 全区域覆盖理念

好的旅游产品与项目设计能够有效分流游客,避免游客在空间上的过度集聚。为此,在旅游产品与项目策划时可以考虑通过旅游与交通的融合、旅游与美丽乡村建设的融合,借助旅游风景廊道体系的建设与美丽乡村的建设,着力打造全境型旅游产品。

应该围绕国内外旅游产业出现的新业态来进行全境产品策划。随着传统的旅游六要素,即食、住、行、游、购、娱,拓展到商、养、学、闲、情、奇,旅游产业的业态也在发生变化,出现了如商务会奖旅游、健康养生旅游、婚庆旅游、修学研学旅游、自驾旅游、文创旅游、低空旅游等新业态。比如,在健康养生旅游方面,2014年国家旅游局就与国家中医药管理局签署了关于推进中医药健康旅游发展的合作协议,标志着发展中医药健康旅游已进入国家旅游发展战略。随后,北京推出了首批七条中医养生线路,其中包括接受中医体检、参观中医药博物馆、品尝药膳以及学习太极拳等,受到了众多游客的热捧。此外,甘肃正在建设养生保健系列旅游产品和陇东南国家级中医药养生保健旅游创新区。广西也将中医药与旅游、养老等有机结合起来,打造立体本草纲目旅游、壮医药和瑶医药健康养生基地等。再如,随着低空空域的逐步开放,低空旅游成为近年来旅游业新业态发展的热点。尽管国内该领域的开发刚刚起步,但国外此类特色小镇已经发展较为成熟。综观整个国际低空旅游的发展,其根本在于依托飞行体验而形成了众多以低空旅游为核心主题的产业门类,特别是在美国,低空飞行小镇的出现,更是将低空旅游的整个产业链条拉长,形成以游览观光、飞行培训、房地产开发、主题娱乐产品延伸、航空节事举办等各种产业为支撑的综合产业链。

第二节 旅游产品与旅游项目策划实践

旅游产品和旅游项目策划是旅游规划和开发的核心内容,也是吸引投资商投资的关键因素。依据学者的研究成果和规划成功案例,提炼旅游产品策划和旅游项目策划的内容、策略以及方法如下。

一、旅游产品策划的内容、策略与方法

(一)旅游产品策划内容

通过对多个旅游产品策划案例的分析可知[1][2][3][4][5],旅游产品策划方案内容主要包括三个方面:一是对规划区旅游产品性质进行定位;二是在确定产品性质的基础上策划规划区产品体系;三是对核心旅游产品进行创意设计。

1. 产品性质定位

产品性质定位是指对规划区旅游开发的重点产品性质进行定位,即是策划观光类旅

---

[1] 王春丽. 城步苗族自治县旅游产品开发与重点旅游项目策划研究[D]. 衡阳:南华大学,2014.
[2] 李源,叶文,李国平,等. 长江三峡坝区旅游产品策划研究[J]. 云南师范大学学报(哲学社会科学版)2002,34(5):136-140.
[3] 闫丽君,张仲伍. 海南农场旅游化改造及其产品策划研究[J]. 山西师范大学学报(自然科学版),2019,33(2):93-99.
[4] 赵春雨,郝晓兰. 草原·文化·体验:内蒙古草原文化旅游体验式产品策划[J]. 前沿,2013(13):185-188.
[5] 薛群慧,包亚芳. 心理疏导型森林休闲旅游产品的创意设计[J]. 浙江林学院学报,2010,27(1):121-125.

游产品、休闲度假娱乐类旅游产品、商务类旅游产品还是策划专项类旅游产品等。其定位的依据有旅游区主题形象定位、资源特色、专项市场发展趋势、游客对景区产品的偏好以及竞争对手的产品定位等。旅游策划和开发的产品应该彰显风景区旅游资源的特色,尽量避免与竞争者产品同质化,同时产品要有卖点,能支撑规划区旅游形象。

2. 产品体系策划

依据产品性质定位、风景区资源特色和市场需求特征,策划核心旅游产品与辅助旅游产品体系。核心产品可以分解为品牌产品和重要产品。品牌产品是旅游地的导向性产品,对市场具有引导作用,是竞争力强的旅游产品,它能够展现和强化旅游地的形象。重要产品是整个产品布局体系的支撑,是旅游地的主力产品。辅助产品不具备强大的市场吸引力,也很难吸引大中尺度的游客,但它可以丰富产品结构,满足小尺度客源市场和低消费市场群体的需要。

产品体系策划时需要考虑旅游产品组合因素,产品组合通常包括宽度、长度、深度及关联性等几个维度。所谓宽度,是指一个旅游地有多少旅游产品大类;长度是指一个旅游地的产品组合中所包含的产品项目的总数;深度是指旅游产品大类中每种产品有多少花色品种规格;而旅游产品组合的关联性,指一个旅游地的各个产品大类在最终使用、生产条件、分销渠道等方面的密切相关度。旅游产品组合的宽度、广度、深度和关联性在营销战略上具有重要意义。其一,旅游地增加产品组合的宽度,扩大经营范围,可以充分发挥旅游地的特长,提高经营效益;其二,旅游地增加产品组合的长度和深度,即增加产品项目,增加产品的花色品种规格,可以满足不同细分市场的需要差异,吸引更多游客;其三,旅游地增加产品组合的关联性,可以提高旅游地在地区、行业的声誉。图 3-10-3 是南京汤山旅游产品体系策划①。该产品体系策划比较充分体现了产品组合因素。

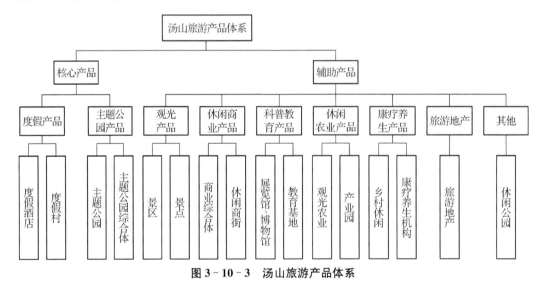

图 3-10-3 汤山旅游产品体系

① 《南京市江宁区汤山街道旅游策划研究(2014—2020)》。

对升级改造的规划区进行产品体系策划前,需要对原有产品体系进行深入分析,指出原有产品体系存在的问题,然后再进行产品体系规划。比如南京汤山街道旅游温泉产品以高端产品为定位目标,虽然产品市场现状和前景都很好,但是只能吸引高端人群,而低端人群则被挡在门外,这既是对低端人群的歧视,也不利于带动区域经济整体发展。新一轮旅游策划改变原来产品定位,即由原来的"高端定位",调整为"大众定位,高端提升"的产品开发思路。详见表3-10-16。

3. 核心产品创意设计

(1) 产品创意设计思路

旅游产品创意设计的思路就是如何挖掘现有资源特色,提炼主题,彰显创意。比如,薰衣草香草艺术庄园的设计思路[①]是:"集薰衣草种植观光、香草艺术、香草会所、餐厅及度假木屋一体的薰衣草主题观光度假区。庄园中的占地建筑色彩以七彩为主,营造视觉上的冲击,打造花海王国的效果。"

(2) 产品创意设计

创意俗称"点子"或"主意"。在旅游活动日趋个性化和多样化的今天,旅游者"求新、求奇、求特",注重体验参与的特点日趋增强。在创意理念的引导之下,将智力因素和思想火花与原有的资源完美结合,化腐朽为神奇,设计出有震撼力、吸引力、独特性以及创新性的旅游产品,这就是旅游产品创意设计。薛群慧等[②]对心理疏导型森林休闲旅游产品的创意设计,具体内容见下文案例。

【案例】心理疏导型森林休闲旅游产品的创意设计

将心理疏导、休闲旅游与森林联系在一起,是因为它们之间存在内在联系。科学研究证明,森林浴能提高人体的免疫能力,使人保持较旺盛的精力,运动+森林浴还能改善人们的心理状态。因此,三者的结合,将会产生良好的效应。本项休闲旅游产品以在森林背景下激发旅游者的正面情绪,消除负面情绪作为主要的产品利益。

一、森林艺术休闲活动创意设计

美国创造性艺术疗法协会对艺术心理治疗的定义是:在治疗、康复、社区或教育情景中,有意识地运用艺术形式和创作过程进行干预,以促进健康、交流和表达;这种方式可以改善身体、情绪、认知和社会功能;提高自我觉察力;促进人格转变。通过在森林环境中设计森林音乐、森林舞蹈、森林绘画等艺术活动以陶冶情操,调节心境来控制和矫正焦虑和忧郁等不良的心理状态是森林

---

① 《中国桠溪"国际慢城"概念规划与旅游策划》(南京大学城市科学研究院)。
② 薛群慧,包亚芳. 心理疏导型森林休闲旅游产品的创意设计[J]. 浙江林学院学报,2010,27(1):121-125.

表 3-10-16　汤山旅游产品结构调整

高端度假酒店/度假村 [标间 500 元/(间·天)以上]	大众度假酒店/度假村 [标间 500 元/(间·天)以下]	主题公园	商业综合体和商业街区、商业地产	专业养生机构	休闲农业	景区	其他
香樟华苹	颐和酒店	欢乐水魔方	汤城东郡广场	汤山国际温泉健康养生中心	汤家家温泉村	南京人化石遗址公园	房车公园
紫清湖生态旅游温泉度假区	柏华丽致	全天候水休闲乐园	汤山百联奥特莱斯	法国薇姿温泉理疗度假	汤山七坊	阳山碑材遗址公园	汤山汽车文化产业园
御庭精品酒店	汤山一号	海洋世界	"中国盒子"全功能企业办公社区		翠谷现代农业科技示范园		
御豪酒店	汤山圣泉	大明皇城	牛津休闲社区		东郊牧歌		
颐尚温泉度假村	江苏省工人疗养院	南京大汤山物质文化遗产体验中心	环球时尚休闲中心		博士三创园		
巴厘原墅		港中旅海泉湾华怀城			彩色水稻园		
香樟华苹二期		博物馆儿童乐园					
悦椿		全天候大型主题游乐园					
Alila 酒店		冰雕主题馆					
颐美酒店							
豪生酒店							
普里姆温泉酒店							
金浦温泉酒店							
地中海俱乐部							
柏联精品酒店							
安缦酒店							
16	5	10	5	2	6	2	2
控制发展	增加	调整、增加	控制发展	增加	调整、增加	增加	调整

艺术休闲活动的宗旨。

1. 森林音乐疏导活动

音乐疗法是利用音乐促进健康，特别是作为消除心身障碍的辅助手段。当人处在优美悦耳的音乐环境之中，可以改善神经系统、心血管系统、内分泌系统和消化系统的功能，促使人体分泌有利于身体健康的活性物质，可以调节体内血管的流量和神经传导。另一方面，音乐声波的频率和声压会引起心理上的反应。良性的音乐能提高大脑皮层的兴奋性，可以改善人们的情绪，激发人们的感情，振奋人们的精神，同时有助于消除心理、社会因素所造成的紧张、焦虑、忧郁和恐怖等不良心理状态，提高应激能力。森林音乐疏导活动可以分为 2 个方面设计：①自然音乐区。结合视觉景观的设计和规划，设计一片能让人们充分感受到自然气息的自然声（如树叶的沙沙作响、鸟叫虫鸣、风声、喷水声和流水声等）区域，让人感受到轻松活力的活动声（如儿童的游戏声、人声等），对旅游者而言，这是与自然对话、休息娱乐、转换心情和氛围的场所。它让人们在森林声景观中调整情绪。②人工音乐区。在森林中选择一片森林音乐活动区，设室内森林音乐厅、户外森林音乐厅。根据参与者的具体情况，在心理疏导师的指导下，选择音乐欣赏、独唱、合唱、器乐演奏、作曲和音乐比赛等形式的活动。通过音乐，参与者可以抒发感情，促进内心的流露和情感的相互交流。森林声环境的规划设计将考虑自然声的保全和培育、噪声的预防和控制、舒适满意的声环境的创造等 3 个设计视点。参与者可以根据自己的情况选择项目，通过引吭高歌或低吟小曲以宣泄种种消极情绪，调节心境，矫正心理异常。

2. 森林舞蹈疏导法

舞蹈疗法的心理学依据来自分析心理学、完形心理学及自我心理学的概念。通过舞蹈这种运动形式，不仅可矫正人们的适应不良性运动、姿势和呼吸，而且也可将潜伏在内心深处的焦虑、愤怒、悲哀和抑郁等情绪安全地释放出来，使人们感受到自己对个人存在的控制能力。因而，舞蹈疗法可作为促进身心健康的一种重要手段。舞蹈大多在音乐伴奏下进行，音乐与舞蹈的结合，其功效不仅仅是两者的简单叠加，还往往具有更广泛的整体效应。设计室内和室外森林舞场，并将其分为集体舞、交谊舞、快节奏和慢节奏的舞蹈区域。参与者根据不同心理状况选择参加。

3. 森林绘画疏导法

绘画疗法可以分为个人活动和集体活动两种方式。参与者在展示和解释画的同时也在表达自己的心理状况，当其他成员提出对自己画的印象时，多会虚心接受和反思自己，有的甚至反思自己性格的特点和不足。并且，由于言谈的中心是以画为线索展开的,成员一般不会认为话题是针对自己的,从而使集体的交流顺畅。同时,集体绘画治疗也给参与者一次接触他人的机会,在观察他人的画时会发现有自己没有想到的,有利于把自己从自我关注拉向外界。绘画治疗的实施过程实际是参与者在治疗师的引导下进行思考—创作—回顾—比较—反思的过程,有助于参与者自己发现和解决自己的问题,真正地做到"助人自助"。通过绘画,把自己心中的负面情绪宣泄出去。根据以上的原理,设计森林书画室,参与者在绘画中抒发情感,排除杂念。

二、森林冥想放松项目设计

在森林里,辟出一片区域为冥想放松区。冥想放松法是把精神集中到一点,形成大脑里的一个优势兴奋中心,从而抑制大脑其他部位,利用生物反馈的原理,控制机体的某些自主神经系统,从而对身心加以控制。冥想可以净化参与者内心沉积已久的负面意识,洗涤心灵的尘垢,让参与者得到清明、宁静与安详的心绪;还可以开启其潜意识心智,利用潜意识的作用,进而达到自我控制、自我改善的功效。所以冥想具有神奇的力量。冥想使人达到一种超越自我的精神境界,是一种很好的放松方法。美国哈佛医学院的赫伯·班森教授将冥想定义为"放松反应"。在心理疏导师的指导下进行,在悦耳柔和音乐的伴奏下,让参与者冥想幻想一件愉快的经验、大自然的美景,冥想听到潺潺流水、燕语莺啼,看到彩蝶飞舞,自由自在地沐浴阳光,或冥想着自己在梦幻般美妙的地方,倾听林涛清风以达到放松身心的目的。

三、森林宣泄活动设计

人的基本情绪有喜怒哀惧四大类,正面的情绪可以提高人体的机能,能够促进人的活动,能够形成一种动力,激励人去努力,而且在活动中能够起到增力的作用。负面的情绪会使人感到沮丧,抑制人的活动能力,导致工作效率低下;减弱人的体力与精力,降低人的智商。所以,情绪以伴随正面或负面的评价为特征,在绝大多数情况下,人们希望获得正面、积极的情绪。宣泄包括倾诉,哭泣,吼叫,写情绪日记、书信和心理咨询等多种方法,这些方法的功能及适用范围各不相同。从功能上来说,不仅不同的宣泄方法适用于不同的情绪,而且不同的方法也往往适用于不同的人或场合,这就要求在操作宣泄项目时要注意个性化、针对性。①森林宣泄室。通过森林宣泄活动,让参与者把不愉快的心情和事件,从心里清除。森林宣泄室内设有"宣泄人""宣泄棒"和沙袋,专业的拳击手套、橡皮球、毛绒玩具、涂鸦板、放松椅、放松音乐等小道具也可以让参与者尽情发泄。排解或释放紧张情绪的过程,让参与者大声吼叫,吁叹,发牢骚。②魔镜廊道。在树林中设计安放各类型的哈哈镜的廊道,让林间散步的人们看到镜中变形的自己和他人大笑不已。③森林茶吧、酒吧。设计以森林为背景的茶吧、酒吧，创造参与者倾诉和交流的氛围；利用团体成员间的相互诱导、相互影响和相互帮助，促进对自身的问题有所领悟和自我认识，从而解决心理冲突，控制消极情绪，矫正不良行为和消除精神症状。④幽默、悲喜剧影像室。收集幽默片、喜剧片和悲剧片等供不同心理需要的人选择。科学研究发现，笑除了能降血压、助消化、帮助睡眠外，还能驱除焦虑、忧郁情结和改善人际关系。幽默使心情不好的人露出笑容时，那就是其情绪开始好转的信号。哭泣也是一种宣泄，哭泣能缓解人的心理负担和紧张情绪。让参与者在情绪的宣泄中，重新点燃生活的信念。

四、园艺游憩活动设计

科学家研究发现，约有300种植物的气味对人体有益，如天竺葵的香味能使人镇静，消除疲劳；薰衣草则有助于睡眠。园艺活动可陶冶人的情操，有利于参与者的身心健康。设计一片园艺游憩区，由花卉、蔬菜、果树林、盆景和插花室等组成，让人们在参与花园或菜园的各种栽种、修剪、浇水、采摘、插花艺术活动中，消除消极情绪和思维，强化积极情绪和思维，恢复和保持良好心态，获得精神愉悦。植物的色、形对视觉，香味对嗅觉，可食用植物对味觉，植物的花、茎、叶的质感对触觉都有刺激作用。另外，自然界的鸟语花香也对听觉有刺激作用。对于长期在城市工作生活的人们，到园林中去沐浴自然大气，接受阳光给予视觉的刺激，感受冷暖对皮肤的刺激，这可称为自然疗法，也是园艺疗法的内容之一。白天进行园艺活动，接受日光浴，晚上疲劳后上床休息，有利于养成正常的生活习惯，保持体内生物钟的正常运转，这对失眠症患者有一定的疗效。园艺活动，从播种、扦插、上盆、种植等的活动到整地、浇水、施肥等站立活动，也是一种全身性综合运动。

五、"好心情"餐饮设计

低脂牛奶，全谷类食品，香蕉、菠萝、南瓜、番茄、薄荷、茉莉等食物能改善人的心情。利用这些食物设计出一套改善人心情的菜肴、饮料、水果。

该案例中的创意点体现在把宁静、清心、含有丰富的对人体健康有益的负氧离子的森林环境与艺术心理疗法、放松心情等心理疏导有机结合，创造出心理疏导型森林休闲旅游产品，具有独特性和创新性，对在心理疏导方面有需求的游客具有吸引力和积极疗效，而且该创意产品只是利用了森林环境，不需要太多投资，具有开发成本低的优势。

(二) 旅游产品策划策略

1. 主导产品策略

旅游者到旅游目的地旅游，他们的需求是多种多样的，他们的消费水平有高有低，旅游目的地要尽量提供品种丰富、类型齐全的产品，最大限度地满足旅游者需求。但是，这并不意味着旅游地无须拥有自身的特色及主导旅游产品。主导旅游产品是资源优势与客源市场双向驱动的产物,在旅游业发展的初期,有助于旅游者尽快认识和熟悉目的地;在旅游业发展的中、后期,可以通过主导产品树立旅游地的独特形象。

2. 有序开发产品策略

旅游地的产品开发,既要考虑产品的时效性,也要考虑产品的可更新性,兼顾短期效益和长期效益,保证旅游地长期、稳定、持续发展。为此,旅游地在建设景区景点、修筑道路、购进旅游车辆时,都要有时间上的考虑,审时度势、不失时机地有序推出新的产品。

3. 高低结合策略

这是指高档产品与低档产品相结合,以满足不同消费层次的需要。例如,旅游目的地的酒店中的四星、五星级的高档酒店可为高收入旅游者提供豪华、舒适的享受,而中低收入旅游者追求的是经济、实用,三星、二星甚至更低档一些的饭店才是他们的首选。旅游产品策化时要充分考虑高中低档酒店的适当比例。

(三) 旅游产品策划方法

1. 昂谱(RMP) 策划模式

吴必虎[①]提出了旅游产品开发昂谱模式(RMP),即以旅游产品为中心,进行 R 性分析(Resources Analysis,资源分析)和 M 性分析(Market Analysis,市场分析),并以此为基础进行 P 性分析(Product Analysis,产品分析)。

(1) R 性分析

吴必虎认为,旅游产品多以资源为基础而开发,因此分析旅游资源对于旅游者的吸引力成了旅游产品开发的前提。只有具有能够向旅游者提供某种非凡体验的产品的资源才能称得上是一种优良的资源。如果一种资源不能或者仅能提供少数的体验机会,那么这种资源向产品的转化就要付出更大的代价。旅游资源与产品关系(R-P 关系) 主要有三种开发模式:①R-P 共生模式。它是指资源-产品共生的情况,在这种 R-P 关系下,旅游资源品位较高,具有较强的吸引力,不需要经过大规模开发即可由资源转变为某种类型的旅游产品。如遗产类资源,即自然景观、文化古迹,一般不需进行多少开发,即可直接作为观光产品推向市场,形成了大量旅游资源本身就是旅游产品的情况。例如黄山"四绝",西安的古城、兵马俑,桂林的漓江山水,北京的长城、故宫等。这些地区的旅游资源本身品位非常高,从旅游资源转化到旅游产品不需要太大投资,形成了低投入、高产出的产业结构。在资源-产品共生的情况下,旅游规划侧重于基础设施和接待服务,主要解决旅游者的可达性和食宿、娱乐问题,而不需要过多考虑作为吸引物的景区景点的建设问题。②R-P 提升模式。它是指旅游资源品位较低,将资源开发为旅游产品需要较大的资金投入,开发强度较大。比如休闲、度假、娱乐产品,主题公园,专项产品等体验性开发,往往需要投入较多资金进行

---

① 吴必虎. 区域旅游开发的 RMP 分析:以河南省洛阳市为例[J]. 地理研究,2001(1):103-110.

基础设施建设,其开发行动就属于R-P提升模式。但是这些产品一般不具备垄断性,产品替代性强,产品的竞争比较激烈。比如,河南洛阳的旅游资源,虽然其历史文化资源十分丰富,但这些资源大多数埋藏于地下,能够吸引游客滞留下来并带给他们深刻体验的旅游资源并不丰富。因此,对于洛阳来说,只有在资源与产品的转化上投入较大资金,才能提升产品的吸引力。③R-P伴生模式。它是指某些功能上属于其他类型的设施或场所,同时具有一定的旅游功能。例如:北京天安门广场的主要功能为政治集会;2008年北京奥运会场馆主要是国际大型体育赛事的举办地;上海外滩的主要功能为城市金融街、通道和防波堤;长江三峡大坝和新安江水库(千岛湖)主要为发电、蓄洪、灌溉的目的而修建;上海黄浦大桥和南浦大桥的主要功能为城市内部交通。但实际上这些功能设施却成长为著名的旅游吸引物。它们都是资源与产品伴生的典型案例。吴承照曾将现代城市建筑景观、大型水利工程等建筑物、中心商业区、大型文化和体育活动场所及相关活动等设施和场所归为这种R-P伴生模式。

(2) M性分析

旅游产品策划必须坚持以市场为导向的原则,在进行旅游产品策划前,必须了解整体市场发展趋势以及专项市场发展变化趋势,进行客源市场需求特征调查与分析,摸清楚竞争对手的产品情况,同时还要关注各个旅游市场细分中的一些特殊市场,关注旅游者对旅游产品需求的一些特殊的规律。在马斯洛的人类需求层次结构中,旅游产品的消费需求属于高层次消费,是一种奢侈品,弹性较大,以较高收入为前提。同时不同的旅游产品之间,也存在着弹性方面的显著差别。此外,旅游产品的消费还存在一种反常现象,即"旅游挥霍消费"现象,它是指购买能显示其地位与身份的豪华产品和服务,其需求规律是当产品或服务价格上升时,被认为是质量的提高,其需求量也随之上升,这种现象被称为"凡勃伦(Veblen)效应"。总之,在旅游产品策划时,应针对旅游者的产品选择偏好,根据不同的产品弹性和市场状况,策划旅游产品结构体系。

(3) P性分析

风景区的旅游产品是一个复合概念,是吸引物、交通、住宿、娱乐等的组合,而旅游者购买和消费的是产品组合的收益束。风景区旅游产品策划的基础是R性分析和M性分析,同时对旅游产品创新开发的区域大环境的分析,有助于明确目的地或者风景区的旅游产品定位和目标。接着,需要对风景区产品主题形象、产品结构体系以及产品策划理念等进行定位,最后对具体产品印象进行创意设计。

2. 旅游资源转化为旅游产品的方法

杨振之等[①]认为在旅游产品策划中,要善于敏锐地把握能转化为旅游产品的旅游资

---

① 杨振之,陈谨. 旅游产品策划的理论与实证研究[J]. 四川师范大学学报(社会科学版),2006,33(4):105-110.

源要素,具体做法有:

(1) 发现、挖掘旅游资源的独特性

旅游策划的过程就是不断发现新资源,挖掘有价值、有特色的旅游资源的过程,旅游策划的最高境界就是"化腐朽为神奇"。要做到有新发现,就要求规划者十分了解、熟识旅游资源,对旅游资源能够进行科学的、恰当的评价,并能判断它们在同类旅游资源中的地位、特色和价值,更重要的是,要能判断这些资源开发的旅游产品对市场的吸引力和市场的需求。

(2) 善于对各类资源要素进行巧妙整合

可分为三种情形:①几乎没有原赋旅游资源作依托,全靠对市场需求的把握,将各种相关旅游资源按一定的主题组合在一起,构建一个巨大的旅游产品平台,再进行商业化运作。这种情形以人造的主题公园为代表。这类旅游资源的整合,实则是按主题对原赋旅游资源进行仿制,这种仿制本身并无多大价值,但其关键在于整合出了一个巨大的平台:这个平台提供了一个旅游产品生产、经营、销售的大舞台,通过表演、观光、参与欢乐活动和现代科技的包装,让游客身临其境,感受现代商品化的旅游产品,这与原始野味的旅游产品是两种不同的感受。此外,其关键还在于这类场所往往在大都市近郊,通过这个平台带动了旅游房地产的开发和主题酒店、主题商业、主题文化产业的建设,形成一个产业集群和主题社区。②以半原赋旅游资源、自然环境资源为依托,整合其他资源,形成新的旅游产品。这种情形大多数未依托风景区,景观效果较差,生态环境也一般,实质上原赋资源所占比重并不大,因而有较大的风险。这其实是另外形式的主题公园,如野生动物园和高科技观光农业产业园区。③以原赋旅游资源为依托,根据市场需求,为了丰富产品结构,对其他类型的旅游资源进行有机整合。这类情形比起前两类情形最大的区别是以原赋旅游资源为基础,它本身就有生态环境、景观或人文环境作为依托。因而,这种整合实际上是原赋旅游资源与其他旅游资源叠加的模式。这一模式是否成功,关键看原赋旅游资源在其中所占的比重,以及整合进来的资源与原赋旅游资源组合后是否形成了新的有特色和吸引力的旅游产品。当然,这种整合主要运用于游乐类的自然风景区,而且要与其资源特色相吻合,并且通过这种整合使原赋旅游资源的特色得到了展现和较充分的发挥。比如四川雅安碧峰峡风景区曾对景区的资源进行了有效的整合,将景区核心的具有竞争优势的资源作为主体加以开发完善,并以核心资源为依托,逐步整合生态动物园、女娲文化、蒙顶山—碧峰峡—海螺沟的绿色生态走廊、碧峰峡世界熊猫公园。在开业短短两年多的时间里,就收回投资一亿多元。

(3) 把握资源要素与产品要素间的逻辑联系

旅游产品的策划必须以旅游资源为基础,旅游资源的整合应把握适度的原则,旅游产品的策划是旅游资源特色在逻辑上的必然延伸。比如四川省窦团山的走钢丝就是从旅游资源自身生发出的旅游产品。在呈品字形的壁立千仞的山峰上,有窦真殿、东岳殿、鲁班殿三道观,唐宋明清以来,山上道士进香,都以走钢绳的形式从一个殿到另一个殿,钢绳成了连接三殿的唯一交通方式。钢绳就将险峻的自然景观和文化连为一体,具有丰富的文化内涵。走钢丝这一技术代代相传,就成了历代道士的看家本领。在20世纪80年代中后期推出"中华一绝"走钢丝时,这个旅游产品产生了很大的魅力。窦团山走钢丝,能恰如其分地展现出旅游资源自身的特质。既然旅游产品是对旅游资源特质的展现,那么在挖掘旅游资源时,对旅游资源价值的评价就显得非常重要。旅游资源的评价是一项科学的评估工作,既不能将其价值评价得过高,也不能评价得过低。如果过高,则策划、开发出来的旅游产品可能缺乏生命力,难以获得市场认同;如果过低,则策划、开发出来的旅游产品可能无法展示出旅游资源的魅力,或者使本可以开发的旅游资源的价值被忽视。

(4) 充分挖掘作为环境产品的旅游资源优势

旅游资源依照是否能开发为旅游产品的标准,可分为可开发为产品的旅游资源和作为环境产品的旅游资源两大类。可开发为产品的旅游资源,即旅游资源通过开发可直接转化为产品,如海滨的海滩、近海的海水、山中的温泉等;作为环境产品的旅游资源,指这类旅游资源本身不能通过开发转化为旅游产品,但它是直接销售的旅游产品的背景因素,它的价值,比如作为生态环境的价值甚至超过了直接销售的旅游产品的价值。如温泉旅游产品,看起来游客购买的是温泉及其设施类旅游产品,但该温泉处于山形并不美丽的光秃秃的山下,和温泉处于雪山下的原始森林中相比(当然这里温泉本身的价值被忽略),哪一类温泉产品的价值更大,我们一看便知。雪山、森林就成了环境产品。而且旅游产品的附加值就体现在这环境产品上。正是在这个意义上,环境也成了产品,生态就具有了效益,文物的历史价值就转化成了经济价值。在旅游产品策划中,对作为环境产品的旅游资源的重视,是产品策划成功的关键。

(5) 旅游资源的本质特色需要合理释放

所谓旅游资源的本质特色,即旅游资源自身所具备的根本价值(历史价值、艺术价值、文化价值、科学价值)和核心品质,它区别于旅游资源的非根本价值和非核心品质,它决定了旅游资源自身的级别,它是旅游形象定位的基础,是旅游产品开发的基础。在旅游产品策划中,若不能发现旅游资源的本质特色,而发现的是非本质特色,旅游规划、策划就会偏离方向。离开了旅游资源本质特色这一基础而谈旅游开发,通过炒作可能在短期内带来大量客源,但其生命力一定不强,生命周期一定不长。另外,像主题公园这一类旅游资源,它不是原赋的自然、人文旅游资源,而是对原赋旅游资源的仿制和整合,这类旅游资源,虽然不具备历史价值,但仍具备艺术价值、科学价值和文化价值,它经历了艺术的再创造过程。同时,这种对原赋旅游资源的仿制和整合,其水平也能体现主题公园的品质和特色。旅游资源只具备本质特色还不行,还应兼具本质特色的释放功能。旅游资源存在于这个世界上,以不同的方式释放自己、表现自己和展示自己。旅游资源所表现出来的美感度,它的观赏性、参与性,它释放出来的气质,往往决定了它的吸引力的大小。有的旅游资源价值很大,但形不成风景,那么它就难以转化为产品,即使开发成旅游产品,也难以被世人认同。有时就出现了这样的现象:通过专家评定,某项旅游资源如某地质剖面、某一漏斗群或者某一文物的价值很大,专家们也写出了大量论文进行研究,可这类资源就是迟迟不能转化为旅游产品,被市场接受,即使转化成旅游产品了,也只能被很小一部分市场接受,如科考科普市场。原因也许有多种,但若排除其他开发条件,恐怕旅游资源本质特色的释放和外溢不充分是其重要原因。因此,并不是所有级别高、价值大的旅游资源都能转化为旅游产品,在旅游产品策划中,要善于找准独特的方式使旅游资源的本质特色得到合理释放。

3. 旅游地旅游形象USP与产品策划模式

USP(Unique Selling Proposition,独特的销售主张),是美国广告"科学派"旗手雷斯在20世纪50年代提出的。戴继洲等学者[①]认为,通过旅游地旅游形象的USP研究,即旅游地形象的"独特点"的研究,从游客感知印象、形象特色、地脉、文脉与周边竞争者的替代效应等因素综合分析得出的旅游地所凸显的、能够被人们关注的不同之处,可以为旅游地确立特色鲜明的旅游形象和策划别具一格的产品提供一种新视野和新思维。

戴继洲等提出的旅游形象USP确立及产品策划基本理论框架如图3-10-4所示,该框架可以分为以下步骤:第一,对旅游地进行充分的旅游资源普查,分析各种旅游资源的特点并确定其在旅游地中的地位,进行核心旅游资源判读;第二,对旅游地地脉、文脉进行分析,为旅游地形象定位和产品策划寻找依据;第三,对旅游地可能竞争者的旅游形象和产品进行比较分析,以避免旅游形象和产品策划的雷同化;第四,在此基础上,进行旅游形象USP初次定位及旅游产品初次策划,进而对旅游形象USP初次定位及旅游产品初次策划进行潜在客源市场调查,通过分析问卷调查得出潜在客源市场旅游偏好;第五,结合客源市场调查,修正旅游形象和旅游产品的初次策划,最终确定旅游地旅游形象USP和旅游产品。

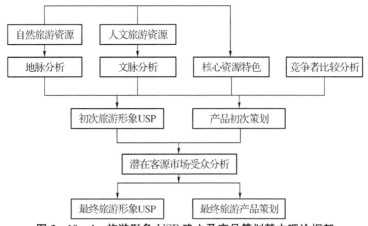

图3-10-4 旅游形象USP确立及产品策划基本理论框架

---

① 戴继洲,徐升艳. 旅游地旅游形象USP与产品策划研究:以内蒙古克什克腾旗为例[J]. 资源与产业,2007,9(2):90-93.

通过以上步骤,戴继洲等把内蒙古克什克腾旗旅游形象 USP 定位为"草原御乐源"。产品策划思路为:内蒙古克什克腾旗旅游产品策划紧紧围绕"草原御乐源"旅游地主题形象,以市场为导向,关注生态休闲、度假和体验旅游消费模式的发展趋势,从传统浅层的观光游览向深层的休闲度假旅游转变,并将二者有机结合,产品强调原生态和游客参与体验。策划体现"草原御乐源"的旅游产品由三大模块组成,分别是观光旅游、生态体验旅游和文化商务旅游(表 3-10-17)。核心旅游产品分析如下:

(1) 康体疗养旅游

康体疗养旅游的主打产品是温泉疗养,产品开发突出 SPA 理念,让游客在观赏世界各地温泉特色的同时,享受不同方式的休闲、疗养,推出"天子浴""蒙药疗养"等系列项目,"天子浴"让游客体验古代的皇帝洗浴疗养的全过程,使"御"的理念得以充分展现。

(2) 影视寻梦旅游

影视寻梦旅游的主打产品是影视娱乐旅游,让游客在观赏世界影视乐园、草原美景、森林风光,欣赏实景演绎《印象·大草原》的同时,拍摄游客参与的电视短片,圆"明星梦",把观光游览引向更深层次的体验式旅游。

(3) 地质奇观观光旅游

地质奇观观光旅游的主打产品是石林观光,在阿斯哈图世界地质奇观花岗岩石林中,通过徒步、骑马、空中热气球、乘轿等各种方式观光,感悟自然之神秘。

(4) 文化体验旅游

文化体验旅游的主打产品是西拉木伦河文化溯源,让游客在笼罩原始神秘气氛的峡谷,透过在茂密丛林深处的各式茅棚及身着民族服饰的少数民族,感悟祖先生活;在蒙古族风情园体会蒙古族人民好客、热情、睿智、豁达的性格。

表 3-10-17 内蒙古克什克腾旗旅游产品策划

克什克腾旗"草原御乐源"之旅																			
观光旅游					生态体验旅游												文化商务旅游			
自然风光观光旅游			地质奇观观光旅游		休闲度假旅游					康体疗养旅游				探险科考旅游		影视寻梦旅游	文化体验旅游		商务旅游		
森林草原观光游	湖光水色观鸟游	草原风俗观光游	石林观光游	岩臼观光游 冰斗观光游	乡村度假旅游	展示自我之旅	帝王之旅	回归自然之旅	亲近森林之旅	动感湖泊之旅	挑战自我之旅	草原高尔夫旅游	珍视健康之旅	草原滑雪之旅	温泉疗养之旅	河谷漂流之旅 峡谷探险之旅 科考旅游	影视娱乐旅游 寻梦之旅	文化溯源之旅 摄影旅游	草原民俗之旅	会议旅游 节事旅游	购物旅游	狩猎旅游

二、旅游项目策划的内容、方法与步骤

(一) 旅游项目策划内容

旅游项目策划的终极目标是开发出区域有竞争力的旅游产品。旅游项目策划方案

的核心内容可以概括为"三定、一策划"。"三定"是指确定项目性质与名称、项目位置以及项目策划思路;"一策划"是指对建设项目体系进行策划。

1. "一定"项目性质与名称

风景区的旅游项目策划需要在前期产品策划设计的基础上,结合规划区的具体地理特征与环境,确定建设项目性质。旅游项目策划的首要任务是明确项目的性质,项目功能性质准确定位是旅游项目策划的核心内容和灵魂。旅游项目功能性质可以分为设施功能项目、景观功能项目以及服务功能项目三种。其中,景观功能项目又可以分为观光型旅游项目、休闲度假旅游项目、商务会展旅游项目、会议旅游项目、教育修学旅游项目、体育运动旅游项目六种。对于一个风景区来说,旅游项目功能性质定位,需要匹配开发的产品体系。

在对项目性质进行科学定位后,要给项目起个"高大上"的名称,因为项目名称是旅游者接收到的关于该项目的第一信息,有创意的项目名称能够激发游客对该项目的浓厚兴趣。比如南京的"金陵小镇"、西安《梦回大唐》演艺项目、欢乐谷集团打造的"欢乐谷"主题公园项目等,能激发游客的兴趣和消费欲望。

2. "二定"项目位置

每个旅游项目性质不一样,其区位选择条件则不一样。一个大的综合性旅游项目选址既要考虑区位、交通、气候、客源等宏观因素,又要考虑地质、地貌、坡度、坡向、生态环境、视域等微观因素。首先,旅游项目选址尽量做到全区域覆盖。一个好的旅游项目设计能够有效分流游客,避免游客在空间上的过度集聚。为此,在旅游项目策划时可以考虑通过旅游与交通的融合、旅游与美丽乡村建设的融合,借助旅游风景廊道体系的建设与美丽乡村的建设,着力打造全境型旅游产品。其次,不同的旅游项目选址时,还需要考虑个别特殊因素。比如,野营地旅游项目选址要求交通便利,既要利用干线交通道路,又要与其有一定的距离,以保持营地的幽静环境;营地选址应注意地势比较平坦、开阔,坡度在15°以下的缓坡必须占营地总面积50%以上,有一定面积的平地,营地面积在10 km^{2}以上;营地应有较好的森林环境,气候宜人,空气清新;营区附近还需有足够的饮用水源。用于野营的场地需要满足以下条件:便捷的入口、良好的排水、平缓的坡度、良好的朝向,营地之间最好有树木和绿篱隔开。房车营地对基础设施的要求更高,需要建有出入口道路和停车场,并要求有水电供给和排污设施。房车停靠点和帐篷营地有时可以布局在同一营地,但两者在空间上应相对隔离开。

3. "三定"项目策划思路

在旅游项目性质、名称和位置确定后,可以依据项目性质对具体建设项目的思路进行谋划。旅游项目创意策划要秉持"五全一创新"理念,即全天候、全季型、全产业、全服务优化、全覆盖以及新业态创新理念,依托市场和特色资源,对旅游吸引物和建设项目进行系统策划。具体策划思路还需要根据风景区具体环境特点进行综合考虑。

4. 建设项目策划

根据项目策划理念和策划思路以及特色产品设计,对拟建项目体系和系列旅游吸引物进行开发策划。第一,策划旅游项目所能提供的产品体系。随着传统的旅游六要素即食、住、行、游、购、娱,拓展到商、养、学、闲、情、奇,旅游产业的业态也在发生变化,出现了如商务会奖旅游、休闲养生旅游、婚庆旅游、修学研学旅游、自驾旅游、文创旅游、低空旅游等新业态。比如,在健康养生旅游方面,北京推出了接受中医体检、参观中医药博物馆、品尝药膳以及学习太极拳等旅游产品,受到了众多游客的热捧。广西将中医药与旅游、养老等有机结合,打造立体本草纲目旅游、壮医药和瑶医药健康养生基地等。低空旅游产品延伸为游览观光、飞行培训、主题娱乐、航空节事举办等系列。第二,分析项目面向的目标市场。建设项目策划以及旅游吸引物策划要密切关注游客对新业态的市场需求。第三,主要建设项目策划。根据策划的产品体系,对建设项目在空间上做出合理的布局。第四,项目的风格策划,包括:建筑的规模、形状、外观、颜色和材料;建筑的内部装修风格及材料;辅助设施和旅游服务设施的外观、形状和风格。

【案例】"碧水闲云"休闲度假区项目[①]

一、概述

项目选址于白云湖湖区及斜头山、下小言,以"白云生处有人家"为旅游主题形象。周边可组合开发的景区有白云峡谷漂流、白云洞探奇、狮子山夜游、十里平坦徒步、二宝顶徒步等。

项目意向为以优越的生态环境为基础,以白云湖的碧水闲云为卖点,以湖滨纯朴苗寨为依托,立足邵阳市,面向湘粤桂,做好湖泊生态休闲和高端游艇度假产品,通过生态化、少量化、精品化、特色化的手法,打造湖泊型高端精品休闲度假区,具体思路如下:

在进入大坝前的小村庄建设旅游区入口景观区;依托斜头山苗寨打造登山观湖、览景、眺望和休闲体验景区;利用湖中第四道湾建设高端游艇俱乐部和生态度假村;利用下小言现有的村寨和索桥,开发具有苗乡特色的乡村休闲旅游产品。

二、主要建设项目

入口景观区、生态停车场、游客服务中心、观云亭、印象苗乡主题客栈、观城楼、游艇俱乐部、苗家乐、白云度假村、野钓区、云中漫步环形索桥、观湖亭、登山游步道、对歌台、环湖自行车游道等。对其中核心项目和系列产品进行具体阐释,具体如下:

---

① 王春丽. 城步苗族自治县旅游产品开发与重点旅游项目策划研究[D]. 衡阳:南华大学,2014.

1. 入口景观区

在进入大坝前的小村庄外新建白云湖休闲度假区大门,作为旅游区的标志和第一印象区,并结合现有自然地貌建设景观门楼,突出旅游区的生态性、景观性。

2. 生态停车场

利用村庄外较开阔的平地修建中型生态停车场及换乘区。为了旅游安全和环保需要,外来旅游车辆均在此换乘电瓶车进入斜头山和码头区,本地居民车辆和日常通行车辆可自行进入。

3. 游客服务中心

入口处设游客服务中心,为游客提供咨询、票务、导游、景区沙盘、环境展示等综合性服务。

4. 印象苗乡主题客栈

将大坝南侧的斜头山村规划成特色苗寨,临水建造印象苗乡主题客栈,客栈房间内的墙上贴上以苗族文化为主题的精美壁纸,地毯则由苗族传统手工艺制成,所有服务人员均身着苗族传统服饰,游客置身其中仿若走进了一个古朴神秘的美丽苗乡。屋外流水潺潺,竹林青翠,秋千在风中荡来荡去,充满质朴悠扬的别样情调。

5. 观云亭

在村南头海拔688 m的最高山上建观云亭(南可观白云湖全景,北可观县城全景),采用双亭的造型。在山腰平坦处设置电瓶车停车场,并修建登山游步道连接停车场和观云亭。观云亭旁设立旅游解说牌,介绍白云湖环境地理状况和县城建设情况,供游客观赏。

6. 观城楼

在村子东北头临近悬崖边,建观城楼,供游客北观县城和峡谷、东观大坝,以及休息瞭望。楼为两层,风格古朴。

7. 游艇俱乐部

从码头出发往下小言方向,在第四道弯的湖弯中建设游艇俱乐部大本营。设置浮动式大型游艇码头、游艇会所、私家游艇营地等配套设施。并提质改造现有的游船码头,规范现有游船和普通快艇的运营。在现有码头东北对岸新建游艇专用浮动码头,供游艇俱乐部游客专用。游艇俱乐部采用会员制的经营方式,向缴纳会费的游客提供游艇租售、维修养护、驾驶培训、领航开航及配套休闲娱乐等服务。并打造集咖啡红酒、书画艺术品拍卖、小型私人酒会宴会、游艇娱乐为一体的综合高档游艇休闲会所。会员采用邀请制,面向高端社会精英人士。游艇娱乐侧重于休闲度假水上运动,可为会员配备不同种类的船只——豪华游艇、快艇和摩托艇，令会员得以领略不同的驾驶快感，感受到畅快淋漓的自由。

功能：餐饮、小型会议、健身、娱乐、游艇停泊维护保管、休闲度假、商务功能等。

配套设施：游艇码头、小型酒吧、室内游泳池、健身房、游艺室、会员专用停车场、会员游艇驾驶培训中心等。

8. 苗家乐

进行村庄环境卫生整治，鼓励村民开设苗家乐。沿村子东侧靠悬崖一线规划吊脚楼形式的餐饮休闲设施，并结合社会主义新农村建设与村子原本的规划，建设一批苗家乐，为游客提供餐饮、休闲、住宿服务。游客可在这里"吃苗家饭、住苗家屋、干苗家活、享苗家乐"，通过参与多种形式的旅游项目，享受"当一天苗家人"的无尽乐趣。

同时，在下小言亦鼓励居民开办苗家乐，并开发民俗餐饮及歌舞表演，满足游客体验民俗风情的需要。鼓励有条件的居民开办苗家客栈和家庭旅馆，为游客提供方便卫生的住宿条件。鼓励居民加工油茶、中草药、土特产等旅游商品，开办旅游商店。对下小言苗寨环境卫生进行整治，突出山村苗寨风情，表现"白云生处有人家"的意境。

9. 野钓区

设置沿湖野钓区3~5处，供野钓爱好者垂钓使用。野钓区应设置避雨亭或休息廊，同时设置小型浮动码头。大力开发休闲垂钓和竞技垂钓项目，并完善相关的休闲服务设施；同时，以城步的历史名人典故命名钓鱼台，将地方特色历史文化注入钓鱼运动之中，以提升野钓层次，形成品牌效应。

10. 白云度假村

紧邻游艇俱乐部建设白云度假村，包括滨水酒吧、特色餐厅、鲜鱼舫、高端客房、树屋鸟巢、SPA养生馆、精油养生馆、水负离子养生馆、中药养生馆、健身娱乐馆。该度假村以生态化、高端化、精品化为建设标准，为游客提供高端度假、商务、交际服务等。（可参考惠州南昆山十字水生态度假村）

11. 登山游步道

在度假村后山修建登山游步道，沿山坡蜿蜒而上，直达山顶，途中修建几处观湖亭，供游客休息瞭望之用。

12. 云中漫步环形索桥

加固现有两架索桥，分别命名为"白云桥"和"彩云桥"，并在目前农家接待与主河道对岸之间再拉一架索桥，取名"步云桥"，三架索桥形成空中走廊环形游线，取名为"云中漫步"，供游客峡谷高空探险、观景。

13. 观湖亭

在步云桥的对岸桥头修建休息凉亭，沿山脊修建登山游步道，直达海拔 702 m 的峰顶。在途中海拔 650 m 的近湖平顶修建一处观景台，在最高处修建观湖亭，供游客向西北观白云湖全景，向东观峡谷景观，向南观群山环抱的下小言苗寨。

14. 对歌台

在三架索桥的桥头各设置一处对歌台，共计 6 处，为游客提供与苗家阿妹阿哥对歌的娱乐活动。同时这里也是苗家山歌节对歌的比赛场所。

15. 环湖自行车游道

将下小言南面沿湖岸的公路进行适当修整，形成环湖自行车游道，设立自行车出租点，为游客提供环湖骑行活动，倡导低碳旅游。

本案例比较全面地阐述了旅游项目的选址、主题形象、意向、目标市场、策划思路、具体建设项目以及特色乡村休闲旅游产品。

(二) 旅游项目策划方法

总结学者相关理论研究成果和实践，项目策划首先要有"点子"或创意概念，在此基础上再按照相关策划方法进行策划。

1. 头脑风暴法

头脑风暴法是指采用会议的形式，召集诸如城市、园林、生态、地理、旅游、民俗等各方专家开座谈会征询他们的意见，把专家对过去历史资料的解释以及对未来的分析有条理地组织起来，最终由策划者做出统一的结论，在这个基础上，找出各种问题的症结所在，提出针对具体旅游区的旅游项目策划创意。

2. 德尔菲法

德尔菲法是指采用函询的方式或打电话、网络联系的方式，就具体旅游项目反复咨询专家们的建议，然后由策划人作出统计，如果结果不趋向一致，那么就再征询专家，直至得出比较统一的方案。这种策划方法的优点是，专家们互不见面，不会产生权威压力，因此，他们可以自由地充分地发表自己的意见，从而得出比较客观的策划案。

3. 经验分析法

经验分析法主要依据对旅游资源的认识和对市场的认识。首先，策划组根据当地旅游资源状况，提出每种旅游资源能够开发成何种功能的旅游项目，把所有这些项目都列举出来，并对其进行功能定义和整理；其次，策划组根据对市场的认识，分析出旅游市场状况可能会在某个项目出现制约因素，或者在一定的时期内会有制约，以及市场价值方面存在的问题；最后，根据市场价值和实施的可能，排列出各个项目的重要程度。

4. 问题分析法

问题分析法要求从旅游者入手,询问旅游者对有关旅游的需求、问题和对项目策划、创意的想法,根据旅游者的启发来进行项目的创意。

5. 拍脑瓜法

拍脑瓜法又称创意法,是指策划人收集有关产品、市场、消费群体的信息,进而对材料进行综合分析与思考,然后打开想象的大门,形成意境,但不会很快想出策划方案,它会在策划人不经意时突然从头脑中跳跃出来。

(三) 旅游项目策划步骤

1. 旅游项目策划调查与分析

(1) 旅游市场需求调查与分析

旅游项目策划只有坚持市场导向原则,推出的旅游产品才能有卖点。策划什么类型的旅游项目以及用什么样的表现方式呈现旅游产品,不是由策划者主观臆想出来的,而是要满足游客的需求。因此,旅游项目策划的首要工作是要调研市场需求状况,调查内容包括对游客行为特征和各个旅游专项市场需求特征的调研与分析。

(2) 资源调查与评价

杨振之等[1]认为,旅游策划一定要强调以旅游资源为基础,策划的核心内容是旅游资源的特性和旅游资源的特色,要善于敏锐地把握能转化为旅游产品的旅游资源要素,发现、挖掘旅游资源的独特性。旅游策划的过程就是不断发现新资源,挖掘有价值、有特色的旅游资源的过程。旅游策划的最高境界就是"化腐朽为神奇",别人认为腐朽的东西,你却发现了其神奇之处,你的策划就是神来之笔,就能传之后世。要做到有新发现,规划者必须十分了解、熟识旅游资源,对旅游资源能够进行科学的、恰当的评价,并能判断它们在同类旅游资源中的地位、特色和价值;更重要的是,要能判断这些资源开发为旅游产品对市场的吸引力和市场对旅游产品的需求。另外,对作为环境产品的旅游资源,也需要特别重视。

2. 旅游项目概念创意阶段

(1) 策划创意与基调确定

项目概念创意阶段要运用头脑风暴法或经验分析法,进行项目概念创意,并将所有的创意分别单列出来。

(2) 讨论项目概念

依据旅游区旅游资源、区位环境、政策环境、投资环境、客源市场环境等对方案进行充分、全面的讨论。

---

[1] 杨振之,陈谨. 旅游产品策划的理论与实证研究[J]. 四川师范大学学报(社会科学版),2006,33(4):105-110.

(3) 确定项目功能方案

主要是确定重点项目。在经过对项目功能分析和整理的基础上,筛选出合理的、有价值的方案,并对其进行评价,选定重点项目。

3. 建设项目创意设计

旅游项目创意的概念有了,方向有了,路子也就有了。但是概念不是产品,不足以走向旅游消费者市场,旅游项目策划要对概念进行内涵挖掘、包装,使概念具象化,提供给各类型旅游者实实在在的旅游产品,为经营者带来经济效益。

4. 项目可行性分析

旅游项目的可行性分析是指分析旅游项目是否合理、能否行得通,即在实施开发前对旅游项目进行全面的技术、经济论证,为项目决策提供科学依据的工作。旅游项目的可行性研究内容包括项目的背景和建设的必要性、项目建设方案、项目建设内容与规模、项目投资估算与效益分析、项目投资经营风险分析等。

项目十一:规划区旅游交通体系规划

【学习目标】

1. 知识目标

(1) 理论知识目标

理解风景名胜区对外交通、内部交通以及连接线交通内涵,掌握交通规划的技术要求。

(2) 实践知识目标

掌握交通规划技术标准和规划方法。

2. 职业能力目标

能够利用交通规划的技术要求和规划方法对规划区进行旅游交通体系规划。

3. 项目任务目标

任务一:规划区对外交通规划。

任务二:规划区内部交通规划。

任务三:规划区标识系统规划。

任务四:规划区停车场规划。

第一节 旅游交通体系规划理论

一、基本概念

(一) 旅游交通

旅游交通通常指为旅游者实现旅游,从出发地到目的地,以及目的地内进行游览再回到出发地,整个旅游活动过程所利用的各种交通运输方式的总和,包括各种交通设施以及与之相应的一切旅途服务。从旅游交通的范围来看,旅游交通包括以旅游为目的出行的整个过程。因此,就出行链而言,旅游交通既包括城际(地区间)交通,又包括在观光区域内的漫游活动。最为典型的跨地区旅游出行链如图3-11-1所示。它是先从自家所在地A经过城际间交通到达旅游目的地B,在B地漫游观光以后,再经过城际间交通回到A地。从这一过程中可以看出,该典型出行可以分为城际间往复式(或称活塞式)交通和区域内漫游式交通两大部分。相比而言,对地区的交通、经济、环境及历史文化影响更大的是后者,即区域内漫游式交通。因此,尽管在定义上城际间往复式交通也属于旅游交通的一个组成部分,但是人们常常将探讨的对象界定在漫游式交通的范围内,并将旅游交通规划的对象限定为旅游地(观光地)交通规划。

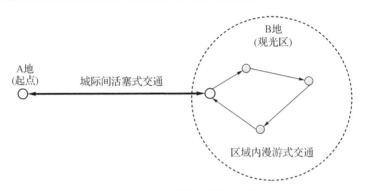

图 3-11-1 典型的旅游出行链

(二) 旅游交通体系规划

旅游景区交通构成可以分为旅游景区对外交通、旅游景区内部交通及两者的衔接。旅游景区内部交通是规划研究重点。旅游交通体系规划包括旅游景区对外交通规划、旅游景区道路网系统规划、旅游景区公共交通规划、旅游景区慢行步道规划、旅游景区游客集散中心与交通信息诱导规划以及旅游景区内部交通组织与管治方案等[1]。

二、旅游交通规划理念

(一) 交通与旅游融合发展理念

王莹莹[2]在《旅游交通规划成套技术探究》一文中,提出旅游交通目标融合理念,即旅游交通规划致力于传统的交通规划目标与旅游规划目标的融合,因为传统的交通规划只致力于引导城镇产业布局、拉动投资带动就业、支撑重大战略、服务民生,而旅游规划着重于旅游经济的增长、提高景区的综合效益和行业影响力。两者目标具有部分交叉但又相互独立的特点,难以产生协同效应,造成了"1+1<2"的现状。旅游交通规划致力于实现两者目标的融合,分为时空、资源、体验三个方面的目标。时空目标表现为交通属性,通过规划旅游线路将景区、景点串珠成链,提升景区、景点的可达性。资源目标表现为产品属性,增强景区吸引力,丰富旅游交通内涵,开发出特色旅游交通产品。体验目标表现为服务属性,完善配套服务设施,提升旅游服务水平,从而提升游客体验,最终构建"网络完善、服务拓展、产品创新、质量提升"的旅游交通体系,助推全域旅游发展。

---

[1] 朱丽,杨涛,王轼. 旅游景区交通规划技术要领:花果山景区交通规划示例[J]. 旅游规划与设计,2012(1):61-68.

[2] 王莹莹. 旅游交通规划成套技术探究[J]. 综合运输,2022(1):9-16.

1. 时空规划

时空规划即通过完善交通布局,重构景区时空特性,满足全域旅游、四季旅游的发展要求。以完善旅客出行链为重点,对游客出行全过程进行划分,关联传统综合交通规划的框架,构建综合交通网络保障全天候出行。构建"快旅网"与"慢游网""两网融合"的时空规划框架,通过"快旅网"建设缩短到达景区时间,通过"慢游网"有效串联景点,结合打造旅游集散中心体系和旅游交通服务体系,提升景区景点可达性与可玩性,从而提升用户体验。

2. 资源规划

资源规划核心理念在于赋予交通设施旅游功能,丰富旅游资源体系。将交通设施功能进行拓展,丰富交通设施的旅游功能,如建设以旅游功能为主的特色轨道、特色航线、特色慢行等,利用交通设施建设带动旅游资源开发和发展。

3. 体验规划

旅游的核心在于游客体验。体验规划是交旅融合的催化剂。体验规划内涵主要包括标准化旅游配套设施和特色化旅游交通产品。旅游配套设施重点包括标识系统、智能诱导和旅游厕所等,通过统一规划设计、统一标准建设,实现配套服务设施高质量、均衡化发展。特色化旅游交通产品主要包括集散中心、驿站、自驾车营地、观景台、房车营地等因地制宜建设的特色旅游交通产品,提供针对性旅游体验,满足独特性交通需求。

(二) 绿色交通理念

绿色交通是一个理念,是以减少交通拥挤、降低能源消耗、促进环境友好、节省建设维护费用为目标的综合交通系统[①]。绿色交通体系最早可追溯至1994年,克里斯·布拉德肖(Chris Bradshaw)[②]提出将绿色交通工具分为私人小汽车、摩托车、公共交通、地铁、自行车和步行。绿色交通的核心在于提高交通运输的能源效率,改善交通运输的能源结构,优化交通运输的发展方式,最终实现交通运输业的可持续发展。其本质是形成与城市土地利用规划相适应,与城市资源环境相协调,各种交通方式互补的综合交通体系[③]。

国外绿色交通理念在交通规划中越来越受到关注。美国早在1991年颁布的《铭水茶法案》就提出以公交为主,各种交通方式和谐发展的绿色交通发展模式。丹麦哥本哈根、日本东京、新加坡等城市都形成了一套可持续发展的都市交通系统。此外,美国密歇根湖作为北美五大湖之一,以交通环境绿色化建设为发展模式,规划建设了总长1 967 km的环湖公路,形成了一道美丽的风景线。

---

① 陆化普. 城市绿色交通的实现途径[J]. 城市交通,2009(6):23-27.
② 杜胜品,孔建益,丁卫东. 城市绿色交通规划的研究及发展对策[J]. 武汉科技大学学报(自然科学版),2002,25(2):172-174.
③ 吴昊灵,袁振洲,田钧方,等. 基于绿色交通理念的生态新区交通规划与实践[J]. 城市发展研究,2014,21(2):106-111.

我国近年来提倡"不搞大开发、共抓大保护"的绿色发展理念,将绿道意识融入我们的规划设计中,发挥其生态、游憩和文化的功能。绿道是沿着诸如河滨、溪谷、山脊线等自然走廊,或是沿着诸如用作游憩活动的废弃铁路、沟渠、风景道路等人工走廊所建立的线形开敞空间,包括所有可供行人和骑车者进入的自然景观线路和人工景观线路。它是公园、自然保护地、名胜区、历史古迹,及其他与高密度聚居区之间进行连接的开敞空间纽带。绿道网络将相互独立、分散、缺少系统性连接的大量公园和开敞绿色空间进行连通,形成综合的、有机的绿色通道网络,具有环境保护、经济利益、美学上的巨大价值。绿道网络规划将成为21世纪户外开敞空间规划的主题。

三、旅游交通规划技术要领

朱丽等[①]在《旅游景区交通规划技术要领:花果山景区交通规划示例》一文中提出了如下旅游交通规划技术要领。

(一) 旅游景区对外交通

景区的对外交通系统往往依托城市交通系统和城市对外交通系统,它们的可达性、便捷性和舒适性等因素,将直接影响到景区的发展。其研究分为三个层次:①景区与城市外部之间的交通。分析与景区发展密切相关的对外交通系统,分析各对外交通方式对景区发展的制约与影响,提出城市对外交通体系的要求。主要考虑的运输方式有铁路、公路、水运、航空等。②景区和城市之间的交通。要创造景区与城市各主要枢纽点之间的便捷联系,主要考虑的重点是火车站、公路客运站、客运码头、旅游集散中心等。③景区与景区之间的交通。为城市各主要景区之间的便捷联系创造条件,根据旅游线路的规划,提出与其他景区联系的具体要求和内容,比如公交线路、道路建设等。

(二) 旅游景区道路网系统规划

第一,要分析确定旅游景区道路的等级分类与功能定位。根据交通性质来分,可以分为机动车道、非机动车道和步行道。机动车道路可以进一步分为主干道和次干道。第二,要明确旅游景区道路景观要求。景区内部道路的景观要求很高,在满足道路的交通功能的同时,还应满足景区的视觉美感的要求。第三,分析拟定景区规划路网形态布局,满足不同功能区和景点之间、景区对外交通联系的要求和景区的视觉审美要求。第四,确定景区道路的红线宽度与横断面形式,明确平面、纵断面的各项设计指标,为进一步开展景区的道路设计提供参考依据。第五,提出景区道路路面铺砌材料要求。路面的铺砌材料对景区的景观、环境保护、通行的舒适性和安全性等密切相关,规划应提出路面铺砌材料的建议建设要求,用于指导道路设计。

---

① 朱丽,杨涛,王轼.旅游景区交通规划技术要领:花果山景区交通规划示例[J].旅游规划与设计,2012(1):61-68.

(三)旅游景区公共交通

景区内部公交系统是景区交通的主要方式构成之一,也是体现景区整体服务水平的关键环节。具体考虑的规划内容有:①公交线路优化。景区内部公交游览线路的规划应满足景点和功能区之间的交通联系需求强度,同时应考虑同各种交通方式竞争、游客的游览先后顺序等外部因素来组织线路,吸引尽可能多的公交客源。②公交站点及站台规划设计要求。公交站点的布局应方便合理,站台设计除了保证能够方便游客等候、上下客秩序良好以外,还应注意站台及周边空间的合理利用、车辆的进出组织、景观的协调性等。③与城市旅游公交衔接规划。考虑城市旅游公交与景区的无缝衔接,尽可能减少步行换乘距离,节省游客的公交方式出行时间,对景区的无缝衔接提出用地、衔接方式的具体要求。

(四)旅游景区慢行交通

景区内部的慢行系统通常包括步行系统和自行车系统。由于慢行系统是无污染的绿色出行方式,应该尽可能鼓励慢行出行方式,并提供相应的服务设施,达到应有的服务水平。景区步行系统主要供游客步行使用,包括步行游览道、汀步石路等。步行游览道表现或为林中曲径,或为登山台阶,或为滨水小路。以游人徒步通行为主,不可以通行汽车,道路建设采用石块等天然材料,不采用钢筋混凝土进行制作。注重沿途景观的细节设计以及道路自身的细节品位,如青石板路面,有意识地在石缝之间镶嵌花草。汀步石路原本是乡间为跨越溪水而设置的最简朴的垫脚石,在景区内采取这种形式的道路设计别有艺术情趣,是一种以返璞归真、探寻野趣为目的的游览形式。汀步石路注重道路本身的趣味性,其交通的功能是很弱的。另外,还有栈道、悬索等特殊的通行方式。自行车道既可以单独设置,也可以结合机动车道或步行道设置。

(五)旅游景区旅游集散中心与交通信息诱导

旅游集散中心是一项以完善旅游服务功能为目的,主要面向散客旅游市场,全面整合旅游资源、旅游交通及旅游企业的一项城市基础设施。其主要功能包括交通服务、信息服务、组织接待、宣传促销、投诉管理等。旅游集散中心选址布局要充分考虑与城市旅游客流主方向一致,减少绕行,通常布置在游客集中且容易到达的地方,如对外交通枢纽、主景区出入口。景区的交通信息诱导分为进入景区的信息诱导和离开景区的信息诱导两个方面。公交信息诱导应充分利用现代化的信息技术,为景区的旅游交通服务。景区内部的公交信息诱导包括从公交站台向景区内部的信息诱导和景区内部指向公交站台的信息诱导两部分,可以通过设置指示标志完善公交信息服务功能。市区范围的公交信息诱导可以提出多元公交信息发布的方式、设施建议,增加市区通往景区公交线路的吸引力。道路信息诱导主要包括景区内部的道路信息诱导和市区范围主要干道的景区信息诱导,包括道路信息、景点信息等,并对旅游景区交通标志设置的内容、位置、样式等提出建议要求。主要旅游集散干道指引标志设置应符合《旅游景区(点)道路交通指引标志设置规范》,景区内部机动车道、步行道信息标志应符合国家相关规范。

(六)旅游景区内部交通组织与管治

针对景区内部的不同的交通方式、交通流线、交通需求,提出景区内部合理的交通组织模式,促进景区交通的合理、舒适运行。分析景区内部各景点的相互关系,进行旅游景区内部景点之间不同交通方式游客的交通组织,用合理、多元的交通方式串联主要景点,促进景点之间的有机联系。根据旅游景区的道路交通容量、交通安全保障和景区特定的环境保护要求,提出旅游景区道路交通路权管治策略。通过路权管制,明确不同交通参与者在一定空间和时间内在道路上进行道路交通活动的权利。

四、风景名胜区交通规划要求

在《风景名胜区总体规划标准》(GB/T 50298—2018)中,对风景名胜区道路交通规划要求如下:

1. 风景区道路交通规划,应分为对外交通和内部交通两类。应进行各类交通流量和设施的调查、分析、预测,提出各类交通存在的问题及其解决措施,并应符合下列规定:

(1)对外交通应快速便捷,宜布置于风景区以外或边缘地区。

(2)内部交通应方便可靠,适合风景区特点,并形成合理的网络系统。

(3)对内部机动交通的方式、线路走向、场站码头及其配套设施,均应提出明确有效的控制要求和措施。

(4)严格限制客运索道及其他特殊交通设施建设,难以避免时应优先布置在地形坡度过大、景观不敏感的区域。

2. 风景区道路规划,应符合下列规定:

(1)应合理利用地形,因地制宜地选线,同所处景观环境相结合。

(2)应合理组织风景游赏,有利于引导和疏散游客。

(3)应避让景观与生态敏感地段,难以避让的应采取有效防护、遮蔽等措施。

(4)道路等级应适应所处的地貌与景观环境;局部路段受到景观环境限制时可降低其等级,以减少对景观环境的破坏。

(5)应避免深挖高填,道路边坡的砌筑面高度和劈山创面高度均不得大于道路宽度,并应对边坡和山体创面提出修复和景观补救措施。

(6)应避开易于塌方、滑坡、泥石流等危险地段。

(7)当道路穿越动物迁徙廊道时应设置动物通道。

3. 风景区内过境车辆和社会车辆交通应服从游览交通组织的要求,过境道路应避让核心景区及重要游览区域,其道路设置应与游览道路系统分离。不能分离的路段应完善相应的交通管制设施与措施。

4. 专用车行路设置应符合下列规定：

(1) 应根据地形条件，结合选用车种确定其路幅宽度、转弯半径与纵向坡度。

(2) 在地形较陡、植被恢复困难的地区宜调整设计标准，减少对山体及其生态环境的破坏。

(3) 在坡度大于45°的山体设置道路宜利用单幅单向，宜采用悬架式道路，最大限度地保护原有植被、生态环境、景观空间和视线。

(4) 专用车行路线与停靠站宜避开景点、景物等游览集中的地段。

5. 混行路应以通过性交通为主，在混行路段中的机动车道、自行车道、步行道之间宜有交通标线作安全分隔。

6. 风景区主要步行游览路应根据景源分布特点、游赏组织序列、游程与游览时间、地形地貌等影响因素统筹安排，选定路线。

7. 风景区停车场应设置在风景区、景区出入口和交通转换处，可结合风景区内外城镇、乡村进行安排。

第二节 旅游交通系统规划实践

在旅游交通系统规划实践中，首先要分析规划区旅游客流特征及对外交通问题与症结；其次是明确规划的目标和战略；最后对旅游交通体系进行规划，包括对外交通规划、内部交通系统规划、标识系统规划、停车场规划、数字化景区平台建设和特殊旅游交通设施规划等。鉴于数字化景区平台建设和特殊旅游交通设施规划需要根据景区需要酌情安排，在规划实践部分不阐述。

一、客流特征及对外交通问题与症结

(一) 规划区旅游客流时空特征分析

旅游客流时空分布不均衡是景区交通问题形成的重要原因之一。对景区客流进行时空特征分析，找到旅游景区客流时空分布规律，为合理规划景区旅游交通系统提供依据。景区客流时空特征分析包括时间和空间两个方面。时间特征主要分析淡旺季客流特征，尤其是旺季中的春节、清明节、端午节、中秋节以及国庆等节假日游客人次及增长情况。空间特征主要分析不同层次客源（即本地客源、省内客源以及其他客源等）比例以及不同交通方式占比。比如朱丽等在《旅游景区交通规划技术要领：花果山景区交通规划示例》中分析如下：近年来，花果山景区游客数平稳增长，目前年游客超过150万人次。节假日旅游持续升温，2011年春节、"清明"、"五一"和"端午"四个小长假，分别接待游客1.8万人次、3.3万人次、12.3万人次、1.8万人次，同比分别增长143%、36%、1%、

46.34%,均创下了同期历史最高纪录。花果山景区的客流中有 39.4% 是本市游客,27% 是江苏省其他市区的游客,而省外游客只占 23.2%,国外游客占 4%。本省游客中,来自苏北地区(包括连云港本市)的游客占 65.5%,来自南京的游客占 11.6%。私家车是游客最主要的出行方式,超过总体出行构成的 1/3,旅游大巴、公交也是游客出行的主要交通方式,各约占总体出行比例的 1/5。

(二)景区交通存在的问题与症结

规划之前,需要多次前往旅游景区,对景区旅游交通存在的问题进行深入的调查和分析,包括旺季存在的交通拥堵问题、交通管理存在的问题、交通规划设计存在的问题等。以下是朱丽等在《旅游景区交通规划技术要领:花果山景区交通规划示例》中对连云港花果山景区旅游交通存在的问题分析如下:①旅游旺季,景区的出入机动车交通、步行交通混杂,再加上临时路边停车、出入车辆交织,秩序混乱,不仅造成出行时间延误,还对景区的整体形象有影响。②景区交通缺乏人性化设计,出入不够便捷。从花果山大道与进山大道的交叉口至景区门口约 3.5 km,按照正常的步行速度,到景区门口需要约 60 min。③城市公交与景区公交接驳不便捷,易诱导更多的小汽车出行,同时降低景区的吸引力。④现状景区交通指引标志模糊不清,很多地方缺乏指路标志,这不仅不利于游客辨别景点位置,也不利于分流景区的客流,使游客在景区内游览线路的辨别主要依靠"从众"和"问路",降低了景区的服务品质。⑤景区在游客高峰时段,进出车辆和游客分布较集中,由于通道资源、场地资源有限,同时疏导力度不够,景区交通仍然混乱,出入交通安全性低、效率低,严重影响旅游的舒适性。⑥现状的机动车道急转弯多、坡度大,道路缺乏必要的标志、标线等辅助设施,部分步行道两侧缺乏必要的休憩桌椅、小品。

二、交通发展目标与策略

(一)规划区交通发展目标

规划区交通规划的发展目标主要有:一是缓解交通拥堵、维护地区交通秩序。旅游地交通规划的结果起码应当做到缓解旅游地的交通拥堵、维护地区的正常交通秩序。二是提高交通的快捷性、舒适性。也就是说,旅游地的交通规划应有助于增加旅游地交通的安全性、快捷性和舒适性,从而提高旅游过程及旅游地的魅力。三是做好与主干交通取得联系的过渡性交通规划,构建高效快捷的对外综合交通体系,实现"快旅",即实现对外联系的便捷,游客能通过各种方式快速到达景区,花费在旅途中的时间越来越短。景区对外交通规划的重点是实现景区和城市各主要枢纽点之间以及各个景点之间的便捷联系,主要考虑的重点是火车站、公路客运站、客运码头、旅游集散中心等与景区的交通衔接,增强景区对外交通便捷度,提升景区吸引力。

（二）规划区旅游交通发展策略

根据现代旅游交通规划理念以及我国景区交通现状，目前旅游景区交通发展策略主要有以下八个方面。

1. 优化完善与枢纽节点的便捷联系

加强基础设施建设，改善旅游景区区域的交通可达性。完善与机场、港口、火车站、长途客运站之间的快速通道，满足不同交通方式的游客便捷地进出旅游景区的需要。

2. 完善城市旅游干线交通设施

完善的城市道路网架是城市旅游发展的前提条件，分离城市交通与旅游干线交通道路，保障陆路交通的快捷、舒适、安全。完善干线道路交通基础设施，实现中心城区各主要景区间便捷的功能联系，保障旅游景区的快速可达性。加强旅游干线与城市主要道路交通节点的通行能力，优化长距离旅游交通的效能。

3. 建设旅游公交巴士专线

建立市区、机场、铁路站等与旅游集散中心以及重要景区之间直达的公交专线，逐步减少小汽车作为出入方式的比重，优化游客出入景区的交通结构。

4. 注重慢行交通系统

对于景区来说，慢行交通是景区内部主要的出行方式之一，是游览景点、放松休闲的主要方式，因此，慢行交通系统的舒适程度直接影响景区的服务水平。慢行交通系统构建既要能够实现便捷地联系各个景点，同时，还要考虑慢行空间的美感，并在慢行系统中考虑游客的休憩设施。

5. 完善景区内部公交体系

如果景区内部规模较大，仅仅依靠步行方式，则步行距离较长，景区内部公交线路的设置可提高各景点的可达性，为游客游览出行创造舒适、便捷的方式。应提升景区内部公交的服务水平，与市区旅游公交、停车等设施一体化衔接，充分发挥景区公交的优势。

6. 完善景区道路交通网络

在道路设计或建设时，充分考虑改善沿途的景观视觉质量、增强景区道路的景观性与舒适性。建立景区之间定点、定时的穿梭巴士系统，为各个景点之间建立便捷的联系，减少游客步行的劳累，逐步完善景区内步行系统。

7. 景区停车泊位适度供给

动静态交通一体化应考虑适度供给景区内部的停车泊位，并且考虑景区内部停车和公交系统的一体化换乘，减少景区停车与内部交通的相互干扰，动静态交通协调有序。在换乘中心实行低停车收费政策，在景点、酒店等景区周边停车设施实行高收费政策，鼓励自驾游的旅客将车辆停放在换乘中心，换乘旅游巴士前往旅游景点。

8. 建立集旅游换乘、公交枢纽、旅游信息服务中心等于一体的旅游集散中心

制定一体化政策、措施引导抵达景区集散中心的乘客在集散中心换乘景区专用旅游

巴士,并辅以配套的停车政策。此外,通过制定旅游公交一票通乘制度及景区门票一体化政策,同时辅以票价优惠措施,吸引游客在集散中心换乘旅游公交,减少等候时间,缓解私人小汽车交通方式对景区环境的冲击。

三、对外交通规划

(一) 对外交通路网规划

对外交通路网规划即通往铁路枢纽、公路网、港口码头以及机场的交通网络规划。建立市区、机场、铁路站等与旅游集散中心以及重要景区之间直达的公交专线,逐步减少小汽车出入方式的比重,优化游客出入景区的交通结构。路网规划重点是加强公共交通尤其是轨道交通、旅游公交专线与中心城市的衔接,以改善景区对外出行方式,实现景区的可持续发展。比如,朱丽等在《旅游景区交通规划技术要领:花果山景区交通规划示例》一文中,对外交通网规划总结如下:依托旅游集散中心,串联城市各主要旅游景点、交通枢纽和商业中心,在旅游干线开设全日往返的旅游巴士专线,规划"两横三纵"旅游交通干线。

(二) 对外交通设施规划

该规划包括对停车场、公交站点、加油站以及旅游集散中心等设施的规划。现旅游公交与城市公交的一体化发展,方便游客换乘;串联主要对外场站、公交枢纽、客流集散点;串联相关景点,满足游客多样性的需求。根据道路条件与交通条件,选择合适的站点平面布置形式;公交站点的形式也应考虑旅游城市和主要景区特色,使其成为街头一景。增加城市旅游公交车辆,提高车辆档次,车辆内部可以通过液晶显示屏介绍旅游景点,提升旅游公交服务水平。

(三) 对外交通信息化规划

该规划包括对交通标识系统、旅游咨询服务中心、旅游交通电子商务等的规划。旅游交通标识系统规划后续有专门论述。旅游咨询服务中心规划以及旅游交通电子商务规划等按照相关规范和要求进行规划即可。

四、内部交通系统规划

旅游景区内部交通即风景区范围以内的交通,包括车行游览交通和步行游览交通。

(一) 自动车行游览道规划

1. 景区路网形态设计

在现状基础上优化景区道路网结构,提出旅游景区的机动车道路布局形态,便捷联系各个主要景点,形成景区内车行路网规划布局方案,提出建设标准。路网包括主线和副线:主线是串联景区的主要线路;副线是结合景点设置的,是主线的重要补充,更加方便和丰富游览体验。同时对车行道路与公交站点、游客中心和停车场等交通设施的无缝接驳进行规划。

2. 横断面设计

该设计包括景区各级道路红线宽度指标和典型道路断面形式。对于局部人车混行道路，应考虑适当加宽改造，开辟 2 m 左右的行人专用通道，并采用物理隔离，保障行人通行安全。

3. 路面铺砌材料设计

景区机动车道可以通过全部路段加涂彩色路面提高车道的防滑性能，也可以局部使用彩色路面，区分步行道路，或者通过彩色路面提示车辆减速。

4. 配套交通设施设计

配套交通设施设计包括对停车场、加油站、公交总站、公交首末站、公交枢纽站等的规划。

（二）非自动车行游览道规划

非自动车行道即自行车道，其规划内容包括：

（1）自行车道选线，规划串联景区景点的路线，构建景区慢行游览道路网络。

（2）自行车道设计标准有高中低三个标准，分别是 3.5 m、2.5 m 和 1.5 m。自行车道横坡度不得超过 4%，纵坡度宜小于 2.5%，最大不应超过 8%。

（3）自行车道的断面设计与配套设施设计，包括对自行车租赁点、临休点、维修点和自行车标志的规划设计。

（三）步行游览道规划

（1）步行游览道选线，规划串联景区景点的主要路线，构建景区步行游览道路网络。

（2）步行游览道设计标准

宽度必须满足行人通行安全和顺畅，分为高中低三个标准，分别为 3 m、1.5 m 和 1 m。步行道横坡度不得超过 4%，纵坡度不得超过 12%，当纵坡度超过 12%时，应辅以梯步。同时还应考虑残疾人使用要求。

（四）特殊旅游交通设施规划

特殊旅游交通设施规划包括对轨道交通、电瓶车、缆车、各类栈道、水上交通等各类旅游性交通体系的规划。

五、标识系统规划

（一）标识系统规划内容

1. 旅游景区指引标志

提供旅游景区名称、有代表性的图案以及前往旅游景区的方向和距离。可在高等级公路、三级公路和其他旅游公路沿线和各大旅游集散中心、交通场站港等处设置(图3-11-2)。

2. 旅游服务与管理设施指引标志

包括旅游服务设施与管理设施地点识别标志和道路沿线旅游服务与管理设施指引标志两类,可在高等级公路、三级公路和其他旅游公路、旅游景区公路、高速公路服务区、景区入口、城区及交通场站港等处设置(图3-11-3)。

图3-11-2　旅游景区指引标志

　　加油站　　　　飞机场　　　观景台　　　停车场

图3-11-3　旅游服务与管理设施指引标志

3. 旅游符号

旅游符号包括问讯处、徒步、索道、野营地、游戏场、营火、高尔夫球场、骑马、钓鱼、潜水、游泳、划船、攀岩、漂流、自行车等符号。设在高速公路或其他道路通往旅游景区(点)的交叉口附近(图3-11-4)。

　　问讯处　　　　野营地　　　索道　　　高尔夫球

图3-11-4　旅游符号

4. 自驾车旅游服务告示牌

包括旅游服务导览图、自驾车旅游线路示意图、景区简介、游客须知等。自驾车旅游相关告示牌设在高速公路及其他道路沿线。

5. 旅游景区内部交通指引标志

规划完整的旅游景区交通指引标志本身就是最好的导游。旅游景区内部交通指引标志的设计应结合景区特色、景区文化元素量身定做。景区内部交通指引标志本身就是景区景观构成的一角,提升了景区的游览质量。景区内部交通指引标志主要为指引游客到达各个景点,同时兼顾商业等其他服务设施位置的指引标志。通常在景区的主要出入口、岔路口、较长的路段中部、游客休憩点等处设置指引标志,方便游客及时获取相应的信息(图3-11-5)。

南京宝船公园　　　　　　　　　　　　　　　渔湾景区

图 3-11-5　景区内部交通指引标志

(二) 旅游交通标识系统规划要求

旅游景区标志的设计除按照国家标准《道路交通标志和标线》的设计要求外,还应按下述要求进行设计:

(1) 旅游景区标志的颜色为棕底、白字(图形)、白边框、棕色衬边。

(2) 旅游景区标志的形状为矩形。

(3) 旅游景区标志的尺寸、代号同指路标志的规定。

(4) 旅游景区有多个名称(如 A 级景区、森林公园、风景名胜区、自然保护区等)的要统一命名,以等级最高、知名度最广的名称进行设计。

(三) 旅游交通指引标志布局

(1) 一级旅游交通指引标志布局

应设置在景区(点)所在区域的主要对外通道上,包括国道、省道和高速公路。在旅游景区(点)所在区域边界外 10 km 主要国道、省道的重要交叉口设置指引标志,显示前方区域的名称和距离以及区域内景区名称。在距离景区(点)高速公路出口 1.5 km 处开始预告出口,之后每隔 500 m 强调一次,距离出口 50 m 左右设置出口转向标志,多次提醒可避免驾驶人错过出口。

(2) 二级旅游交通指示标志布局

即在区域内复杂道路网中对不同类景区(点)进行系统指引,为从不同方向进去该区域的游客提供合理、连续的指引线路。

(3) 三级指示标志布局

即在距离景区最近的道路节点设置景区方向及停车场位置信息,同时可根据景区停车需求状况在客流量多的停车场设置停车诱导可变信息板,告知驾驶人停车场车位数量信息。

六、停车场规划

景区停车场规划应根据景区自身的规模大小、性质和特点,因地制宜地制定景区的停车发展战略,编制景区停车场规划。

(一) 停车调查与需求分析

对景区现有停车场进行调查、统计,对不同的停车场进行停车特征调查,作为分析预测的依据。其具体内容包括:根据景区停车发展策略,进行交通小区停车需求预测,得出景区停车需求总量、交通小区需求量及其分布;针对不同道路交通量,以不同的管理策略来调控停车需求;根据景区停车政策和需求预测,确定景区停车场规模及其停车泊位需求量;根据所在景区的特点,确定本地区配建停车场指标。

(二) 停车场规划设计模式

1. 自然协调模式

风景区停车场规划的首要问题是"自然",包括场地本身的"自然"及与周围风景衔接的"自然"。最好是借用自然的地形,就势建造。停车场区内大客车与小汽车要分区停放,用绿化及道路划分出各自的停车空间。小汽车停车场常常结合场地地形及建筑物布置情况灵活分散成几个组来布置。

2. 留地于人模式

有条件的地方应尽量将停车场建在地下或水下。而腾出的地面最好用于建游园,搞绿化或扩大水面。建在地下或水下的停车场要综合研究,科学设计,其内部设施要现代化。

3. 临时停车场模式

有些景区的旅游季节性非常强,旺季停车位严重不足,为避免破坏环境,不适合再修建新停车场的景区可考虑建造临时停车场。目前有一种产品叫草坪格,可广泛应用于建造临时停车场和步道。

4. 生态型停车场模式

生态型的停车场宜采用组团式、分散式的布局。采用绿化草坪砖,以灌木为隔离线,用高大乔木和藤蔓植物遮阴。景区的停车场应成为景观,避免采用使大面积车辆曝晒的硬化停车场。国外有景区采用太阳能电池板或太阳能集热器作为停车场的车棚,既可防止车辆曝晒,避免为开空调而多耗油污染景区空气,又可以为景区提供绿色电源。

5. 多元交通模式

景区内部空间有限时,景区停车泊位适度供给,不能以破坏景区环境为代价,一是建议在景区内部与外部同时设置停车泊位,二是考虑与景区公交的一体化换乘,引导游客通过旅游集散中心换乘到达景区内部。

(三) 停车场选址

我国对旅游景区停车场选址并未做出相关法律规定,但旅游景区停车场仍然属于停车场的范畴,因此,景区停车场选址及出入口设置除了需要注意确保用地、控制交通流的可能性、到达目的地的方便性以及相关法律法规等相关问题外,还应遵循我国关于普通停车场建设的相关法律法规。根据住房和城乡建设部发布的《城市道路交通设施设计规范》中相关规定,以及住房和城乡建设部发布的《车库建筑设计规范》中相关规定,从景区长远发展、景区保护以及方便游客三个方面综合考虑,旅游景区停车场选址及出入口设置应遵循以下要求:

(1) 景区停车场应当符合旅游景区总体发展规划、景区道路交通规划、景区环境保护及防火的要求。

(2) 停车场的具体地点,应尽可能设置在景区出入口、交通枢纽或旅游项目附近,以便就近停车且确保行车安全。另外,对于景区内人流、车流量大的公共广场、集散广场,宜按分区就近原则,适当分散安排停车场;对于面积较大且景点之间距离较远、徒步行走不便的景区,应在景区内部几个主要景点附近设置停车场。

(3) 景区停车场选址应避开地质断层、可能产生滑坡的不良地质带以及洪水多发地。

(4) 景区停车场的服务半径一般不超过 300 m,以步行 10 min 内为宜,确保景区环境安宁,减少废气污染和交通噪声的影响。

(5) 景区停车场停车位指标小于 50 个,可设 1 个出入口;大于 300 个时,出入口不得小于 2 个,出口和入口应分开设置;大于 500 个时,出入口不得小于 3 个,出入口之间的净距离大于 10 m,出入口宽度不得小于 7 m。

(6) 景区停车场出入口距离人行过街天桥、地道和桥梁、隧道引道必须大于 50 m;距离交叉口必须大于 80 m。

(四) 停车场设计

1. 停车场尺寸设计

停车场尺寸设计参考表 3-11-1 的要求。

表 3-11-1 停车场设计的各类车型外廓尺寸

车辆类型		各类车型外廓尺寸/m			车辆换算系数
		总长	总宽	总高	
机动车	微型汽车	3.20	1.60	1.80	0.70
	小型汽车	5.00	2.00	2.20	1.00
	中型汽车	8.70	2.50	4.00	2.00
	大型汽车	12.00	2.50	4.00	2.50
	铰接车	18.00	2.50	4.00	3.50
自行车		1.93	0.60	1.15	

机动车停车场车位指标以小型汽车为计算当量。设计时,应将其他类型车辆按表 3-11-1 所列换算系数换算成当量车型,以当量车型核算车位总指标。

2. 车位面积计算

按照停车场停车需求预测,换算成小型客车车位数指标,一般小型客车以长 6.00 m,宽 2.50 m 为准,按照公式 $A=(W''/2)W'$,$W''=W+2D$ 计算车位所需面积。式中:W 为停车通道宽度;D 为和通道垂直的停车深度;W' 为停车宽度;A 为停车位面积;W'' 为车位宽度。小型客车不同停车方式所需停车面积见表 3-11-2。

表 3-11-2 小型客车不同停车方式面积一览表

停车角度/(°)	停车方向	通道宽度 W/m	停车深度 D/m	停车宽度 W'/m	车位宽度 W''/m	停车位面积 A/m²
30	前进停车	3.80	5.17	5.00	14.14	35.35
45	前进停车	3.80	6.01	3.54	15.82	28.00
60	前进停车	6.30	6.45	2.88	19.20	27.65
90	前进停车	7.50	6.00	2.50	19.50	24.38

3. 停车方式设计

停车方式有水平式、垂直式、斜放式三种。其中,斜放式又可以设计成 30°、45°和 60°斜角。

项目十二:规划区旅游服务设施规划

【学习目标】

1. 知识目标

(1) 理论知识目标

理解并掌握旅游服务设施规划的概念、等级以及规划原则。

(2) 实践知识目标

掌握旅游服务设施容量的测算方法以及住宿设施、餐饮设施、厕所、商业街等服务设施规划技术要求和选址、面积确定方法。

2. 职业能力目标

能够对规划区旅游服务设施容量进行测算,对规划区进行服务设施规划。

3. 项目任务目标

任务一:风景区住宿设施规划。

任务二:风景区餐饮设施规划。

任务三:风景区卫生设施规划。

任务四:风景区商业街规划。

第一节 旅游服务设施规划理论

一、旅游服务设施内涵

旅游服务设施是指旅游者从旅游出发地到旅游目的地的过程中,为其旅游活动提供服务的所有设施,主要包括九个类型,即旅行、游览、餐饮、住宿、购物、娱乐、文化、休养和其他。其中,旅行设施指旅行所必需的交通通信设施;游览设施指游览所必需的导游、休憩、咨询、环卫、安全等设施;餐饮和住宿的设施等级标准比较明确;购物设施指具有风景区特点的商贸设施;娱乐设施指具有风景区特点的艺术表演、游戏娱乐、体育运动或其他游娱文体设施;文化设施包括文博展览、社会民俗、宗教礼仪等设施;休养类设施包括度假、康复、休疗养等设施;最后,把一些难以归类、不便归类和演化中的项目合并成一类,称为其他类。

2013年5月1日,国家旅游局施行的《旅游目的地信息分类与描述》(LB/T 019—2013)标准中,将旅游交通设施、旅游公共设施和旅游经营场所作为旅游目的地的旅游服务设施。其中,旅游交通设施包括区间交通、本地交通和交通辅助设施等内容;旅游公共设施则包括旅游咨询中心、旅游集散中心和旅游厕所等方面的内容；旅游经营场所包括旅游住宿场所、餐饮场所、购物场所和娱乐服务场所等内容。

二、游览服务设施基地的等级

旅游服务设施集中布置形成的不同规模和等级的设施区点称为游览服务设施基地。按照景区设施内容、规模大小、等级标准的差异，旅游服务设施基地通常可以分为六级，即服务部、旅游点、旅游村或度假村、旅游镇、旅游城和旅游市。

（一）服务部

服务部的规模最小，标志性特点是没有住宿设施，其他设施较简单，可灵活配置。

（二）旅游点

旅游点的规模虽小，但开始有住宿设施，床位数常在数十个以内，可满足简易的宿食游购需求。

（三）旅游村或度假村

旅游村或度假村已有比较齐全的行游食宿购娱健等各项设施，其床位常以百计，可以达到规模经营，已需要比较齐全的基础工程与之配套。旅游村可以独立设置，可以三五集聚而形成旅游村群，又可以依托景区所在城市或村镇，例如：黄山温泉区的旅游村群、鸡公山的旅游村群。

（四）旅游镇

旅游镇已相当于建制镇的规模，有着比较健全的行游食宿购娱健等各项设施，其床位常在数千以内，并有比较健全的基础工程与之相配套，也含有相应的居民社会组织因素。旅游镇既可以独立设置，也可以依托在其城镇或成为其中的一个镇区，例如：庐山的牯岭镇、九华山的九华街、衡山的南岳镇等。

（五）旅游城

旅游城已相当于县城的规模，有比较完善的行游食宿购娱健等各项设施，其床位规模可以近万，并有比较完善的基础工程配套。所包含的居民社会因素常自成系统，所以旅游城已很少独立设置，常与县城并联或合为一体，也可能成为大城市的卫星城或相对独立的一个区，例如：漓江与阳朔、井冈山与茨坪、嵩山与登封、苍山洱海与大理古城等。

（六）旅游市

旅游市已相当于省辖市的规模，有完善的游览设施和完善的基础工程，其床位可以万计，并有健全的居民社会组织系统及其自我发展的经济实力。它同风景游览欣赏对象的关系也比较复杂，既相互依托，又相互制约，例如：桂林与桂林山水、杭州与西湖、苏州、无锡与太湖、泰安与泰山等。

三、旅游服务设施与旅游服务基地分级配置

旅游服务设施与旅游服务基地分级配置应根据风景区的性质特征、布局结构和环境条件确定,旅游服务设施既可配置在各级旅游服务基地中,也可配置在所依托的各级居民点中,其分级配置应符合表3-12-1中的规定。

表3-12-1　旅游服务设施与旅游服务基地分级配置

设施类型	设施项目	服务部	旅游点	旅游村	旅游镇	旅游城	备注
一、旅行	1. 非机动交通	▲	▲	▲	▲	▲	步道、马道、自行车道、存车、修理
	2. 邮电通信	△	△	▲	▲	▲	电话亭、邮亭、邮电所、邮电局
	3. 机动车船	×	△	△	▲	▲	车站、车场、码头、油站、道班
	4. 火车站	×	×	×	△	△	对外交通,位于风景区外缘
	5. 机场	×	×	×	×	△	对外交通,位于风景区外缘
二、游览	1. 审美欣赏	▲	▲	▲	▲	▲	景观、寄情、鉴赏、小品类设施
	2. 解说设施	▲	▲	▲	▲	▲	标示、标志、公告牌、解说牌
	3. 游客中心	×	△	△	▲	▲	多媒体、模型、影视、互动设备、纪念品
	4. 休憩庇护	△	▲	▲	▲	▲	座椅桌、风雨亭、避难屋、集散点
	5. 环境卫生	△	▲	▲	▲	▲	废弃物箱、公厕、盥洗处、垃圾站
	6. 安全设施	△	△	△	▲	▲	警示牌、围栏、安全网、救生亭
三、餐饮	1. 饮食点	▲	▲	▲	▲	▲	冷热饮料、乳品、面包、糕点、小食品
	2. 饮食店	△	▲	▲	▲	▲	快餐、小吃、茶馆
	3. 一般餐厅	×	△	△	▲	▲	饭馆、餐馆、酒吧、咖啡厅
	4. 中级餐厅	×	×	△	△	▲	有停车车位
	5. 高级餐厅	×	×	×	△	▲	有停车车位
四、住宿	1. 简易旅宿点	×	▲	▲	▲	▲	一般旅馆、家庭旅馆、帐篷营地、汽车营地
	2. 一般旅馆	×	△	▲	▲	▲	二级旅馆,团体旅舍
	3. 中级旅馆	×	×	▲	▲	▲	三级旅馆
	4. 高级旅馆	×	×	△	△	▲	四、五级旅馆
五、购物	1. 小卖部、商亭	▲	▲	▲	▲	▲	—
	2. 商摊集市墟场	×	△	△	▲	▲	集散有时、场地稳定
	3. 商店	×	△	△	▲	▲	包括商业买卖街、步行街
	4. 银行、金融	×	×	×	△	▲	取款机、自助银行、储蓄所、银行
	5. 大型综合商场	×	×	×	△	▲	—

(续表)

设施类型	设施项目	服务部	旅游点	旅游村	旅游镇	旅游城	备注
六、娱乐	1. 艺术表演	×	×	△	△	▲	影剧院、音乐厅、杂技场、表演场
	2. 游戏娱乐	×	×	△	△	▲	游乐场、歌舞厅、俱乐部、活动中心
	3. 体育运动	×	×	△	△	▲	室内外各类体育运动健身竞赛场地
	4. 其他游娱文体	×	×	×	△	△	其他游娱文体台站团体训练基地
七、文化	1. 文博展览	×	△	△	▲	▲	文化馆、图书馆、博物馆、科技馆、展览馆等
	2. 社会民俗	×	△	△	△	▲	民俗、节庆、乡土设施
	3. 宗教礼仪	×	×	△	△	△	宗教设施、坛庙堂祠、社交礼制设施
八、休养	1. 度假	×	×	△	△	▲	有床位
	2. 康复	×	×	△	△	▲	有床位
	3. 休疗养	×	×	△	△	▲	有床位
九、其他	1. 出入口	×	△	△	△	△	收售票、门禁、咨询
	2. 公安设施	×	△	△	▲	▲	警务室、派出所、公安局、消防站、巡警
	3. 救护站	×	△	△	▲	▲	无床位、卫生站
	4. 门诊所	×	×	△	▲	▲	无床位

注：×表示禁止设置；△表示可以设置；▲表示应该设置。

四、旅游服务设施规划原则

（一）旅游服务设施规范化设计原则

（1）旅游服务设施规模应参考风景区环境容量测算值，取风景区的合理容量为设施规模的上限值。

（2）旅游服务设施等级应根据风景名胜区的性质特点来设定。

（3）景区旅游服务设施虽然以盈利为目的，但其设计应体现景区特色，避免过分的商业气氛。

（二）旅游服务设施布局原则

（1）服务设施选址应尽量远离风景区，设定在风景区周边的合理可建设区域，同时应方便游客使用，利于发挥设施效益，便于经营管理与减少干扰。

（2）旅游服务设施应采用相对集中与适当分散相结合的原则。

（3）应依据设施内容、规模、等级、用地条件和景观结构等，分别组成服务部、旅游点、旅游村、旅游镇、旅游城、旅游市等六级旅游服务基地。

(三)旅游服务设施项目全服务优化原则

(1)旅游服务设施项目的策划还需要以构建全域旅游公共服务体系为目标,在考虑游客的观光、休闲、度假等需求之余,还应能够为游客和居民提供覆盖全域的优质服务。旅游项目策划应注重旅游公共服务项目的设计,包括旅游咨询服务、旅游集散及转运服务、停车服务、特色餐饮、特产展销等,将服务中心当成景点来建设。

(2)从完善服务的角度来看,旅游营地是国民休闲需求快速发展时代背景下的产物,随着游客休闲需求的不断升级,个性化、特色化的宿营成为其旅游住宿的首选。从旅游项目策划的全服务优化的思维出发,规划者应该着重对旅游营地的形式、功能、设施等进行评估,以旅游营地使用者的体验品质持续提升作为项目策划的主要目标。

第二节 旅游服务设施规划实践

旅游服务设施内涵丰富,本章旅游服务设施规划重点是旅游经营场所设施规划和厕所设施规划。

一、住宿设施规划

(一)现状调查与分析

对规划区域现有床位数以及在建床位数进行调查,对住宿设施类型以及分布进行调查,分析住宿设施存在的主要问题。

(二)需求预测

1. 经验统计法

通过对我国主要国家级风景名胜区的调查统计,研究得出风景区年旅游人次总数与床位之间的内在关系为,风景区年旅游人次约 90~110 应有一个床位[①],所以经验公式可以表达为:

$$风景区年旅游人次总数 \div 100 = 风景区总床位数$$

规划期间终止当年的总床位数－规划起始年的总床位数＝规划期内需要投资新建的总床位数。

2. 公式法

在《风景名胜区总体规划标准》(GB/T 50298—2018)中,床位数计算公式如下:

---

① 周公宁. 风景区旅游设施规模控制与规划设计原则[J]. 武汉城市建设学院学报,1992(Z1):11-20.

床位数＝(平均停留天数×年住宿人数)/(年旅游天数×床位利用率)。

3. 估算法

直接服务人员估算可按以下公式计算：

直接服务人员＝床位数×直接服务人员与床位数比例

式中,直接服务人员与床位数比例为 1∶3～1∶8。

(三) 住宿设施规划

住宿设施规划包括住宿设施的床位、用地、属性和选址等内容规划。

1. 床位数规划

根据前述床位数需求预测方法,预测规划区规划期末住宿需求缺口,即总需求减去目前床位供给,然后根据需求缺口规划床位数。床位数可以由固定床位数和临时床位数组成。游客淡旺季分布极为不均衡的景区,固定床位数宜少,临时床位数宜多;淡旺季不明显的景区,固定床位数宜多。

2. 建筑面积与占地面积规划

住宿设施用地面积规划包括建筑面积规划和占地面积规划。

建筑面积＝床位数×人均床位面积指标。用地指标参考值一般为每床120～200 m²,酒店档次越高,则每床用地取值越大。

占地面积＝建筑面积÷容积率。其中,建筑容积率是指项目规划建设用地内总建筑面积占规划建设用地面积的比例。一般休闲度假式酒店多以主楼、配楼带大量3层左右的从楼,容积率为0.5～0.8。目前酒店多以大厦为主,容积率在3.0以上。

3. 属性规划

住宿类型主要有专门设施,比如五星级酒店、精品酒店、青年旅社、度假村、民宿、房车等;临时设施,比如宿营地;辅助设施,比如寺庙厢房。建议住宿高中低档次所占百分比分别为 20％、40％、40％。可以根据住宿需求缺口以及酒店档次比例进行属性规划。

4. 选址规划

住宿选址应尽量远离风景区,设定在风景区周边的合理可建设区域。旅游服务设施布局应采用相对集中与适当分散相结合的原则,应方便游客使用,利于发挥设施效益,便于经营管理与减少干扰。可以是旅游点、旅游村、旅游镇、旅游城、旅游市等各级旅游服务基地,也可配置在所依托的各级居民点中。

二、餐饮设施规划

(一) 现状调查与分析

对规划区域现有餐位数以及在建餐饮设施餐位数进行调查,对餐位设施档次与类型以及分布进行统计,分析餐饮设施存在的主要问题。

(二) 需求预测

1. 经验统计法

通过对我国国家级风景名胜区的调查统计,风景区内旅馆附属餐厅日周转率一般为6,独立经营饭店餐厅日周转率一般为4,风景区内旅馆附属餐厅满足本旅馆住宿游客所需餐座数=1/6床位数(表3-12-2)[①]。风景区内旅游服务中心独立餐厅、饭馆所需餐座数=在独立餐厅、饭馆就餐的游客人数÷4=4%×旺季日平均游客人数÷4=旺季日平均游客人数÷100。

表3-12-2 游客在风景区内就餐形式调查表

序号	就餐形式	占比/%	周转率
1	自带食品	35	
2	就地购置方便食品	20	
3	沿途餐馆小吃	35	
4	酒店附属餐厅	6	每餐营业2 h,每批用餐20 min,周转率=$2 \div \frac{1}{3}=6$ 次
5	独立经营饭店餐厅	4	每餐营业2 h,每批用餐30 min,周转率=$2 \div \frac{1}{2}=4$ 次

2. 公式法

餐位数=(日平均游客数+日平均游客不均匀分布均方差)×用餐游客比例/餐厅周转率×餐厅利用率

(三) 独立餐饮设施规划

餐饮服务规划包括选址、类型、餐位和建筑面积等规划。

1. 餐位数规划

根据上述预测方法进行规划期末餐位数预测,预测规划区规划期末餐位数需求缺口,即餐位数总需求减去目前餐位数供给,然后根据需求缺口规划餐位数。

2. 建筑面积规划

建筑面积=餐位数×人均餐厅面积指标。一般人均餐厅面积指标取值为1.8~2.2 m²/人,独立就餐设施档次越高,则餐位指标取值越大。

3. 类型规划

就餐设施主要有独立餐饮(如酒楼)、附设餐饮(如宾馆餐厅)。独立就餐设施也有不同档次类型和不同风格,规划时可以根据游客偏好和地方特色进行类型规划。

4. 选址规划

独立餐饮通常布置在游客接待中心、留宿区以及主要游线附近,可以根据规划区具体条件以及分布情况进行布局。

[①] 周公宁. 风景区旅游设施规模控制与规划设计原则[J]. 武汉城市建设学院学报,1992(Z1):11-20.

三、厕所设施规划

(一)现状调查与分析

对景区现有厕所数量、等级以及分布进行调查,分析厕所设施存在的主要问题。

(二)现有厕所改造

对景区现有公共厕所进行改造,根据景区等级要求建设相应等级公厕,有条件的AAA、AA级景区的厕所宜结合环卫工人休息室等管理用房设置,管理用房面积不小于60 m^2。

(三)厕所设施规划

1. 选址

厕所这类建筑,常常比较困扰景区的建设者,放在比较隐蔽的位置,游客不易发现,放在游客游览线上,其气味又极易破坏游览效果。而且厕所从一开始建设就属于一个"污染工程",对于景区环境肯定是有污染的,其选址如何既满足游客需求,又兼顾景区环境的保持确实不是件容易的事,但是也有成功案例,例如在扬州瘦西湖湖畔,一座红墙绿顶、造型精巧的仿古建厕所被几乎所有初来游客视为景点,每天都有众多游客在其回廊、草坪上嬉戏休息。因此,厕所规划可以与游客休息的场所、凉亭、指示牌等建筑小品结合设计,形成一套鲜明形象,使其方便游客使用,同时也能为景区环境增色。

2. 规划技术要求

厕所设施规划需要符合以下技术要求:①单座厕所总面积30~120 m^2,平均3~5 m^{2}设一个厕位。②游客密集处每座厕所服务半径为150~300 m,其余地方为300~500 m。③入口处必须设置公共厕所。④男女厕位比不应大于2∶3。

四、旅游商业街规划

(一)选址

旅游商业街常常依附在通往或离开景区的主要道路上,也常常是最破坏游客游览情绪的场所,还未领略景区风景,就被充满商业气息的商贩包围,游览体验可想而知。一般应设在游客离开景区的路程上,且宜集中组合设置,形成一个小村子的格局形式,让游客在休息、娱乐的同时进行消费,而不是单纯地买卖商品。

(二)规划

世俗化的商业气氛与风景名胜区的特色一般是不相符的。这是个经济性很强的服务形式,一时难以改变,规范化还应该将营利性质和文化展示、表演相结合,抛弃单纯的小商品买卖的形式,做成"民族风情园"的形式效果会更好。

五、游客中心设施规划

(一) 选址

游客中心一般应该设置在接近景区入口处,而且既然是为所有游客提供服务,这就需要建有一定面积的游客集散广场,以利于旅游高峰期游客出入和车辆的停放。因此,用地的地势要相对平坦、开阔,有足够的空间容纳旅游高峰时的大量游客和车辆。

(二) 技术要求

一处游客中心占地面积一般为 150~500 m^2,包括 20~50 m^2 的信息咨询中心,50~200 m^2 的展示陈列区,50~200 m^2 的视听区和 10~30 m^2 的讲解展示区。

六、建筑小品规划

建筑小品通常包括供游客休息的凉亭以及桌椅、路旁的指示牌、垃圾桶等设施,若设计得当则可以起到画龙点睛的作用。规划者应根据景区具体情况酌情设计。

项目十三：风景区保护培育规划

【学习目标】

1. 知识目标

（1）理论知识目标

理解并掌握规划区保护培育规划的概念、内容以及规划原则。

（2）实践知识目标

理解并掌握分类、分级保护区划分方法及其保护措施。

2. 职业能力目标

能够根据风景名胜区现状、保护级别等制定风景区保护培育规划。

3. 项目任务目标

任务一：风景名胜区分类保护规划。

任务二：风景名胜区分级保护规划。

第一节　风景区保护培育规划理论

依据《风景名胜区总体规划标准》（GB/T 50298—2018）对风景名胜区进行总体规划时，必须对其进行保护培育规划。

一、基本概念

（一）风景名胜区

风景名胜区是指具有观赏、文化或科学价值，自然景观、人文景观比较集中，环境优美，可供人们游览或者进行科学、文化活动的区域；是由中央和地方政府设立和管理的自然和文化遗产保护区域，简称风景区。风景名胜区是以科学价值、美学价值为基础，融自然景观与历史文化为一体的。其中不乏世界申遗项目，为世人所瞩目的特殊的地质区块、自然风光、人文景观、历史文化遗存，有的尚孕育与承载了中华民族几千年的文化精髓。我国风景名胜区由住房和城乡建设部主管，并受国家法律法规和各级政府保护，分为国家级、省级和市级风景名胜区。我国国家级风景名胜区相当于其他国家的国家公园。

（二）风景区保护培育规划

保护培育规划是风景名胜区总体规划中重要的专项规划之一。风景名胜区保护培育规划是对需要保育的对象与因素实施系统的控制和具体安排,使被保护对象与因素能长期存在,或在利用中得到保护,或在保护条件下能被合理利用,或在保护培育中使其价值得到增强。保护培育规划的制定往往是通过划分出不同的区域,分别运用"保存""保护""保育"三种措施对风景资源进行规范和统筹,以期达到合理保护及永续利用的目的。其中"保存"意指将风景资源的一部分或大部分保留下来不加任何干扰,以供未来利用,人为干预程度最弱,可以将其视作一种消极的保护观念。"保护"的干预程度略高,意指为维护风景资源而对人类的各项活动进行的限制。"保育"则是指对风景资源加以规划经营,以防止对其过度开发使用,使其遭到破坏或受到忽视。

二、风景区保护培育规划内容

在《风景名胜区总体规划标准》(GB/T 50298—2018)中,明确提出风景名胜区保护培育规划内容应包括查清保育资源、明确保育的具体对象和因素、划定分级保育范围、确定保育原则和措施、明确分类保护要求、说明规划的环境影响等。结合风景区保护和管理的现实需求,风景区保护培育规划一般需要完成分类保护规划、分级保护规划、规划的环境影响说明,以及提出控制和降低环境污染程度的要求和措施。

(一)分类保护规划

分类保护规划是目前风景名胜区保护培育规划中应用最为广泛的一种保护形式,我国现行的相关技术规范中没有对其划分的具体方法做出明确的要求,在不同国家的规划体系当中,其划分方式也有很大的差别。依据规范要求,一般由规划编制人员通过综合分析风景名胜区不同区域内风景资源的生态、地理地质、物种分布等特征,依据土地利用方式以及相关规划对土地利用性质的划定,对风景名胜区中不同地块进行划分,并依据地块间的异同分别制定保护原则和保护策略。分类保护规划一般划分为生态保护区、自然景观保护区、史迹保护区、风景恢复区、风景游览区与发展控制区。在《风景名胜区总体规划标准》(GB/T 50298—2018)中已取消此分类保护内容,重新定义的分类保护内容应包括文物古建、遗址遗迹、宗教活动场所、古镇名村、野生动物、森林植被、自然水体、生态环境等。本书认为,进行原分类保护规划的主要目的有二:其一,建立直观的区域划分体系,便于规划实施后相关部门对风景名胜区内各个区域风景资源的利用强度及建设进行有效的控制和管理;其二,在不同的风景名胜区之间建立统一的管理标准和保护体系,便于国家机关对风景名胜区各项工作进行有效的监管。

(二)分级保护规划

分级保护规划主要以风景名胜区内各级景源重要性与保护利用价值为主要依据,以土地利用方式为划分条件,对风景名胜区内不同地块进行等级划分,制定相关的保护原则与保护策略。在现行的风景名胜区保护培育规划体系当中,分级保护依据景源及地块的重要性,分一级保护区、二级保护区和三级保护区三级内容。分级保护规划主要是通过对各个保护区域进行级别划分,以便对不同区域内人类的活动、建设的强度及保护的力度加以有效控制。

(三) 规划的环境影响说明

(1) 应分析和评估规划实施对环境可能造成的影响,主要包括资源环境承载能力分析、不良环境影响的分析和预测以及与相关规划的环境协调性分析等。

(2) 应提出预防或减轻因规划实施带来的不良环境影响的对策和措施。

(3) 应明确风景区总体规划对环境影响的总体结论。

(四) 控制和降低环境污染程度的要求和措施

风景区环境质量要求应符合下列规定:

(1) 大气环境质量应符合现行国家标准《环境空气质量标准》(GB 3095)规定的一级标准。

(2) 地表水环境质量应按现行国家标准《地表水环境质量标准》(GB 3838)规定的Ⅰ类标准执行;游泳用水应执行现行国家标准《游泳场所卫生标准》(GB 9667)规定的标准;海水浴场水质不应低于现行国家标准《海水水质标准》(GB 3097)规定的第二类海水水质标准;生活饮用水应符合现行国家标准《生活饮用水卫生标准》(GB 5749)的规定。

(3) 风景区室外允许噪声级应优于现行国家标准《声环境质量标准》(GB 3096)规定的 0 类声环境功能区标准。

(4) 辐射防护应符合现行国家标准《电离辐射防护与辐射源安全基本标准》(GB 18871)的规定。

三、风景区保护培育规划原则

在《风景名胜区总体规划标准》(GB/T 50298—2018) 中,风景区保护培育规划应符合下列生态原则:①应制止对自然生态环境的人为破坏行为,控制和降低人为负荷,应分析游览时间、空间范围、游人容量、项目内容、利用强度等因素,并提出限制性规定或控制性指标。②应维护原生生物种群、结构及其功能特征,严控外来入侵物种,保护有典型性和代表性的自然生境;维护生态系统健康,维护生物与景观多样性。③应提高自然环境的恢复能力,提高氧、水、生物量的再生能力与速度,提高其生态系统或自然环境对人为负荷的稳定性或承载力。综上,在实际工作中,风景名胜区保护培育规划需要坚持以下原则。

(一) 科学性原则

在保护区域划分上努力寻找具有说服力的现实依据,杜绝主观臆断型的保护区划分,使区域划分更具科学性。在细分区域时应杜绝机械的区域划分,力求保护风景资源的景观原真性及自然生态过程的完整性。应在分析游览时间、空间范围、游人容量、项目内容、利用强度等因素的基础上,提出限制性规定或控制性指标。

(二) 综合性原则

综合运用多学科理论知识,比如生态、地理、心理、经济等学科的知识体系,综合划分保护区。比如,进行生态敏感性等级划分时,可以选择土壤、水文、高程、坡度、植被、景源等生态敏感度因子与景观等多指标作为依据。可以利用 CAD 和 GIS 平台建立多指标数据库。可以通过网格法进行单因子敏感性等级化与数量化,也可以进行多因子加权叠合分析来确定区域综合等级划分。最后依据等级划分制定保护区发展策略。

(三) 可实施性原则

注重保护培育规划的实效性,制定切实可行的规划措施,不能使保护培育规划流于形式。在保护培育规划中,要将分类和分级保护规划中确定的重点保护地区,比如重要的自然景观保护区、生态保护区、史迹保护区等,划为核心景区,确定其范围界线,并对其保护措施和管理要求做出强制性的规定。同时,分类保护分区要与土地利用类型匹配,比如:生态保护区,主要包括甲 2 类用地;史迹保护区,主要包括甲 1 类用地(部分);自然景观保护区,主要包括甲 1 类用地(部分);风景恢复区,以甲 3 类用地为主;风景游览区,以甲 1 类用地(部分)为主;发展控制区,主要包括风景区内的全部乙类用地、丙类用地、丁类用地、己类用地、庚类用地、壬类用地。

第二节 风景区保护培育规划实践

前期已经对风景区景源进行了调查、分析、分类与评价,对区域生态、地质等各项数据进行了收集等工作,在此基础上,风景区保护培育规划实践工作主要有以下四个步骤:一是风景区敏感性评价与分级;二是风景区敏感性与保护区划分;三是分级保护培育规划;四是分类保护培育规划。

一、风景区敏感性评价与分级

风景区的风景名胜资源敏感性和生态敏感性是对保护区划分影响最大的两个因素,对这两大因素进行综合评价与分级可以更好地指导风景区保护培育区的划分[①]。

(一) 风景名胜资源敏感性评价与分级

对风景名胜资源敏感性的评价可以从景观功能价值评价和景观规模价值评价两个方面进行。

1. 景观功能价值评价

景观功能价值评价主要是指对风景资源功能的重要程度和价值的高低进行评价。

---

① 曾慧梅. 基于生态敏感性分析与景源评价的风景区保护区划分探讨[D]. 重庆:西南大学,2013.

景源的价值等级反映出风景资源珍稀性、独特性和价值性程度的高低。风景名胜资源主要可以分为自然资源和人文资源两大类,前者分为天景、地景、水景、生景四类,后者分为园景、建筑、胜迹、风物四类。目前,我国风景名胜区对于风景名胜资源的评价主要参照《风景名胜区总体规划标准》(GB/T 50298—2018)中的"风景名胜资源评价指标层次"即表 3‑13‑1 中的相关要求执行。风景名胜资源分级标准,应符合下列规定:

(1) 景源评价分级应分为五级:特级、一级、二级、三级、四级。

(2) 景源等级应根据景源特征及其不同层次评价指标分值和吸引力范围确定。

(3) 特级景源应具有珍贵、独特、世界遗产价值和意义,有世界奇迹般的吸引力。

(4) 一级景源应具有名贵、罕见、国家级保护价值和国家代表性作用,在国内外著名和有国际吸引力。

(5) 二级景源应具有重要、特殊、省级重点保护价值和地方代表性作用,在省内外闻名和有省际吸引力。

(6) 三级景源应具有一定价值和游线辅助作用,有市县级保护价值和相关地区的吸力。

(7) 四级景源应具有一般价值和构景作用,有本风景区或当地的吸引力。

表 3‑13‑1 风景名胜资源评价指标层次

综合评价层	赋值/分	项目评价层	权重	因子评价层
1. 景源价值	60~70	(1) 美学价值		①景感度,②奇特度,③完整度
		(2) 科学价值		①科技值,②科普值,③科教值
		(3) 文化价值		①年代值,②知名度,③人文值,④特殊度
		(4) 保健价值		①生理值,②心理值,③应用值
		(5) 游憩价值		①功利性,②舒适度,③承受力
2. 环境水平	20~30	(1) 生态特征		①种类值,②结构值,③功能值,④贡献值
		(2) 保护状态		①整度,②真实度,③受威胁程度
		(3) 环境质量		①要素值,②等级值,③灾变率
		(4) 监护管理		①监测机能,②法规配套,③机构设置
3. 利用条件	5	(1) 交通通信		①便捷性,②可靠性,③效能
		(2) 食宿接待		①能力,②标准,③规模
		(3) 其他设施		①工程设施,②环保设施,③安全设施
		(4) 客源市场		①分布,②结构,③消费
		(5) 运营管理		①职能体系,②经济结构,③居民社会
4. 规模范围	5	(1) 面积		
		(2) 体量		
		(3) 空间		
		(4) 容量		

2. 景观规模价值评价

景观规模价值评价主要是根据景源的体量和占地面积、景源集聚程度、景源影响范围三个方面确定的,对景观规模价值的评价适宜在单个风景区范围内进行。景源的体量和占地面积反映出景源本身的物理空间范围,景源集聚程度反映了景源在空间上分布的疏密程度,景源影响范围则反映出景源空间影响力的覆盖空间范围。这个空间环境通常是与景源共生的,它能强化景源价值、加强人们对景源的认知,一旦遭到破坏往往会对景源价值产生严重负效应。在完成景源体量、占地面积和影响范围的调查分析后,可根据风景区实际情况,制定相关的景观规模价值等级标准。一般可将景观规模价值分为三级:一级为景源体量突出、占地面积大、景源分布集中,聚集资源数量占资源总数的10%以上,景观整体影响范围集中,对实现风景区价值起标志性的主导作用;二级为景源有一定的体量和占地面积,分布相对集中,聚集资源数量占资源总数的5%以上,个体景源的影响范围虽然比较大,但整体景观影响范围并不集中,对风景区价值起完善作用;三级为景源体量和占地面积较小,分布零星景源的影响范围比较小,对风景区的价值只起补充作用。

3. 风景名胜资源敏感性评价表制作

在完成景观功能价值评价和景观规模价值评价的基础上,根据风景区的实际情况,可将两部分成果进行网格叠加,即可得到风景名胜资源敏感性评价表(表3-13-2)。将叠加后得到的风景名胜资源敏感性评价分为三个等级,即敏感、比较敏感和不敏感。敏感表明该区域的风景资源功能价值高,资源具有明显的稀缺性和不可再生性,且资源分布规模集中,影响范围大,在风景名胜区范围内发挥支撑作用,一旦遭到破坏,对风景名胜区的功能和价值具有毁灭性的影响。比较敏感表明该区域的风景资源具有一定价值且规模相对比较集中,有一定的影响范围,在风景名胜区范围内起完善作用,对破坏具有一定的修复能力。不敏感表明该区域的风景资源功能价值等级相对较低,分布零散,影响范围较小,在风景名胜区范围内起补充作用,有比较强的自我修复能力。

表3-13-2 风景名胜资源敏感性评价表

景观功能价值	景观规模价值		
	一级	二级	三级
特级	敏感	敏感	敏感
一级	敏感	敏感	比较敏感
二级	比较敏感	比较敏感	比较敏感
三级	比较敏感	不敏感	不敏感
四级	不敏感	不敏感	不敏感

也有学者认为景观级别因子是影响风景区敏感性最重要因子,只考虑景观功能价

值,对敏感性值评价以及景观功能价值不同保护范围划分如下:

(1) 景观功能价值敏感度分级

一级:为不敏感地区,敏感值为1。

二级:为比较敏感地区,敏感值为3。

三级:为敏感地区,敏感值为5。

(2) 景观功能价值敏感性范围划分

景源价值不同,所需要的保护范围大小也不同。因此,景源评价指导下的保护区划分,可以根据景源的分布情况、价值大小来确定保护区的范围。可以直接根据风景资源敏感度结论,划分级别如下:

一级:四级景源外围100 m范围内,敏感度值为1。

二级:二级、三级景源外围150 m范围内,敏感度值为3。

三级:特级景源、一级景源外围200 m范围内,敏感度值为5。

(二) 风景区生态敏感度评价与分级

生态敏感度是指生态系统对人类活动干扰和自然环境变化的反映程度,表明一个区域发生生态环境问题的难易程度、可能性大小及恢复的速度[①]。生态敏感度分区法是以生态系统的生态阈值作为主要参考和分级依据,分析系统承受外界干扰、同化能力及自我调节能力的方法。

对风景名胜区进行生态敏感性分析时,首先要明确风景名胜区的性质特征,应根据风景区的现状条件,选择对景区内生态环境影响较大的几个生态因子作为研究的主要对象进行分析。在实际的规划制定过程中,对生态环境影响较大的因子一般包括土壤、水文、高程、坡度坡向、植被分布等因素。

1. 坡度因子评价与分级

坡度因子量化分级的主要参考依据有三:其一是植被的自然分布,通常坡度大于25°的坡地适合生长灌木及小乔木,坡度大于45°的陡坡则不适于乔灌的生长,同时也最容易衍生自然灾害;其二是国家对基本农田进行保护的相关规定要求严禁开垦坡度在25°以上陡坡,对坡度在25°以上的耕地实施退耕还林政策,25°以下的坡地实现"坡地改梯田"的措施,其根本原因是25°以上坡地坡度较大,易造成水土流失,长期开垦会加重水土流失,造成土壤肥力下降,因此将25°作为第一个临界值;其三是在基础设施建设时,干燥土壤的自然安息角为20°至45°,在地震、泥石流等自然灾害中,绝大部分崩塌处的坡度介于35°至45°之间,因此在45°以上的坡地,自然灾害是频繁的,不适于进行建设,敏感度也最高。以此为依据,将坡度因子等级划分如下:

---

① 欧阳志云,王效科,苗鸿.中国生态环境敏感性及其区域差异规律研究[J].生态学报.2000,20(1):9-12.

一级:坡度区间为0°至25°,敏感度值为1。
二级:坡度区间为25°至45°,敏感度值为3。
三级:坡度区间为45°至90°,敏感度值为5。

2. 高程因子评价与分级

高程因子量化分级的主要依据是植物的垂直分布,由低海拔地区向高海拔地区过渡,每上升100 m,区域的年平均温度下降0.6 ℃,同时湿度随着高度增加而明显增加。在实际的规划过程当中,因采取具体问题具体分析的方法,我国中东部内陆地区与西部高原地区所采用的因子划分等级存在较大差异。此处仅以低海拔地区为例,依据内陆亚热带地区植物垂直分布的特性,海拔800 m以下分布的植被为较常见的低山阔叶林,海拔800 m至1 200 m区间分布的植被主要为常绿落叶阔叶混交林,海拔1 200 m至1 600 m区间植被主要为针叶阔叶混交林,海拔1 600 m至1 800 m主要分布有山地矮林,海拔1 800 m以上区域植被的垂直分布逐渐过渡到山地草丛灌丛、高山草甸等。在低海拔地区,可以依据植被的垂直分布将高程因子划分如下:

一级:海拔高程为200 m至800 m,敏感度值为1。
二级:海拔高程为800 m至1 200 m,敏感度值为3。
三级:海拔高程为1 200 m至1 600 m,敏感度值为5。

3. 山脊线因子评价与分级

山体的山脊线两侧属生态敏感性较高的区域,受风力、雨水及阳光等因素影响最为明显,也是水土流失最为严重的区域之一,植被群落也易遭到破坏。在规划工作中,一般依据山脊线两侧距离进行划分,除此之外,还可以依据山脊线相对核心区的地理位置进行划分。在划分中,应根据实际情况对山脊的地理特征、植被分布及景观特征进行综合考虑,在不同景区中数据各不相同。下面列出学者在实践中运用的一组分级数据:

一级:山脊线两侧200 m以外范围,敏感度值为1。
二级:山脊线两侧100 m至200 m范围,敏感度值为3。
三级:山脊线两侧各100 m范围内,敏感度值为5。

4. 水域因子评价与分级

水域因子量化分级的依据因水域的特征不同形式各异。例如,在对山岳中峡谷溪涧水域的分析中,采用不同等级的汇水区域进行划分。又如,在海滨型风景名胜区中因子敏感性量化分级应以海洋行政主管部门划定的平均高潮线为依据,将平均高潮线至滩涂边界区、滩涂边界区域至防护林带边界区域等地理边界分级划分;而对河湖水库中水域因子的划分主要以常水位线或洪水位线为划分依据,综合物种群落分布、环境对水域的影响等因子,依据区域与水系之间的距离,把周边区域划分为若干敏感等级,综合分析学者的研究成果,给出如下两种划分方式:

依据距离进行分级:

一级:洪水位线 100 m 以外区域,敏感度值为 1。

二级:洪水位线 50 m 至 100 m 区域,敏感度值为 3。

三级:水域及洪水位线 50 m 范围内区域,敏感度值为 5。

依据汇水区域进行分级[①]:

一级:非核心区范围内汇水区,敏感度值为 1。

二级:核心区范围内低等级水系汇水区,敏感度值为 3。

三级:核心区范围内高等级水系汇水区,敏感度值为 5。

二、风景区敏感性与保护区划分

(一) 风景名胜资源敏感性与分类保护区划分

风景名胜区分类保护区划分的主要依据是资源价值和资源敏感程度,据此将风景名胜区依次分为风景保育区、风景游赏区、发展控制区三大功能区,见表 3-13-3。从发展控制区到风景保育区表现为,资源保护比重逐渐增大,资源利用比重逐渐减小,人工设施的数量减少,人类活动的种类减少,活动强度减弱。各区在风景区中的服务职能不同,在土地利用强度和资源保护比重上体现了不同的要求,这样可以避免旅游活动对资源的破坏,同时保证旅游者活动的集中性和便利性。

表 3-13-3 资源价值与分区规划

分区大类名称	资源价值	资源敏感程度
风景保育区	高	敏感
风景游赏区	高	较敏感
发展控制区	一般	不甚敏感

(二) 生态敏感性与分级保护区划分

生态敏感性与景源评价有许多下属因子,这些因子在不同状态下对保护区的范围和级别有不同程度的影响。张景华[②]采用因子加权叠加法将生态敏感性因子与景源评价因子进行定量综合分析,从而指导分级保护区划分。

1. 敏感性因子图面表达与量化

对景源因子和生态因子敏感性网格化、等级化及数量化过程的主要参考依据是风景名胜区各个区域的土地利用现状图。通过实地调研与基础资料分析,对各个区域用地的属性、界线加以明确,依据规划的精度要求确定网格最小单元精度,结合土地利用现状图

---

① 张薇.风景名胜区规划分区的探讨[D].南京:南京林业大学,2010:36-41.

② 张景华,风景名胜区保护培育规划技术手段研究[D].北京:北京林业大学,2011.

绘制网格,实现土地利用现状图的网格化。通常网格越密集计算精度就越高,相应的工作量也越烦琐;对每个网格内单因子的生态敏感性和景观敏感性进行分析分级,实现单因子等级的图面划分;最后对因子等级分别进行赋值,实现单因子的量化分级。详见图3-13-1[①]。

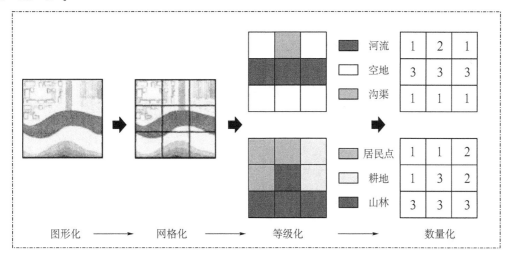

图3-13-1 生态敏感性因子分析处理流程图

2. 敏感性因子权重确定

采用专家咨询法与成对比较法确定各个评价因子的权重。根据评价因子在保护区划分中的重要性不同,将每个因子依照其相互比较的重要度对应表格分别打分,计算各因子权重值。将高程、坡度、植被、水体、景源五个单因子列出比较矩阵进行比较。根据权重值的计算方法得出单因子的权重值。

3. 加权叠加合成

在单因子制成标准化图层和单因子权重确定后,就可以对所有单因子按照目标要求进行叠加。其基本原理就是应用加权叠加法,将各个单因子地图与各自所占权重相乘,对加权后的图层直接进行算术叠加。加权叠加法是目前使用最广泛的研究分析方法,加权叠加法计算公式如下:

$$S_{ji} = \sum_{k=1}^{n} C_{ij}(k) W(k)$$

式中:S_{ij}为多因子叠加后第ij个格网的综合生态敏感性;k为第k个评价因子;$C_{ij}(k)$为第k个评价因子在第ij个格网的敏感性等级,$W(k)$为第k个评价因子的权重;$k=1,2,3,\cdots,n$。

4. 基于叠加结果的保护区划分

生态敏感性因子与景源评价因子通过叠加可以生成因子综合分析后的等级图。这

---

① 张景华. 风景名胜区保护培育规划技术手段研究[D]. 北京:北京林业大学,2011.

张图是对风景区保护区划分影响最大的两个因子的定量叠加分析图,它会生成叠加值为 0~6 不同等级的区块。叠加值越大,保护价值越高,0~1 代表保护价值很低,1~2 代表保护价值较低,2~3 代表保护价值一般,3~4 代表保护价值较高,4~5 代表保护价值很高,5~6 代表保护价值极高。通过叠加生成的图具有精确的空间定位功能,基于这张图可以明确得出风景区内不同区域的保护价值高低。风景区保护区的划分可以参照这张图的等级进行,还可以结合其他保护区划分的方法,如等高线法、山脊线法、等距控制法来确定分级保护区域的划分。一级保护区对应叠加值在 3~6 之间的区域,其中,叠加值在 4~6 之间的区域为特别保护区;二级保护区对应叠加值在 2~3 之间的区域;三级保护区对应叠加值在 0~2 之间的区域。这种保护区级别与叠加值之间的对应不是绝对的,可以根据风景区的实际情况来调整。在具体划分时,若叠加区域的某段边界附近有比较明显的大地肌理如山脊线、山谷线、湖海岸线等,或具有人工参考物如道路、桥梁等,可以依据这些界线,或向其两边偏移一定的距离得出划分界线。这样的划分方式一方面是基于多因子的定量叠加分析图,具有较强的科学性;另一方面,结合了其他划分方式,便于后期的保护管理工作。

三、分级保护培育规划

依据景区生态敏感性和景源敏感性的评价与分级,对风景区的保护培育区等级进行划分。在《风景名胜区总体规划标准》(GB/T 50298—2018)中,风景名胜区分级保护区划分为一级、二级以及三级保护区,另外,划定外围保护地带减少对风景区的干扰。对风景名胜区保护培育等级划分以及保护措施提出了明确要求和规定。

(一)分级保护区划分

1. 一级保护区划定

风景区内资源价值最高的区域被划为一级保护区,其生态敏感性评价值在 3~6 之间。一级保护区属于严格禁止建设范围,应按照真实性、完整性的要求进行划分。该区包括特别保存区和全部或部分风景游览区。

2. 二级保护区划定

二级保护区属于严格限制建设范围,是有效维护一级保护区的缓冲地带。其生态敏感性评价值为 2~3 之间。风景名胜资源较少、景观价值一般、自然生态价值较高的区域应划为二级保护区。该区应包括主要的风景恢复区,可包括部分风景游览区。

3. 三级保护区划定

三级保护区属于控制建设范围,风景名胜资源少、景观价值一般、生态价值一般的区域应划为三级保护区,其生态敏感性评价值为 0~2 之间。该区应包含发展控制区和旅游服务区,可包括部分风景恢复区。

4. 外围保护地带划定

与风景区自然要素空间密切关联、具有自然和人文连续性,同时对保护风景名胜资源和防护各类发展建设干扰风景区具有重要作用的地区,应划为外围保护地带。

在分级保护区划分后,需要绘制分级保护区规划图。

(二) 分级保护措施

1. 一级保护区

一级保护区除必要的科研、监测和防护设施外,严禁建设任何其他建筑设施。风景游览区严禁建设与风景游赏和保护无关的设施,不得安排旅宿床位,有序疏解居民点、居民人口及与风景区定位不相符的建设,禁止安排对外交通,严格限制机动交通工具进入本区。

2. 二级保护区

二级保护区应恢复生态与景观环境,限制各类建设和人为活动,可安排直接为风景游赏服务的相关设施,严格限制居民点的加建和扩建,严格限制游览性交通以外的机动交通工具进入本区。二级保护区内可以安排少量旅宿设施,但必须限制与风景游赏无关的建设。

3. 三级保护区

在风景名胜区范围内,上述各级保护区之外的地区、水面及其他各项用地应划为三级保护区。在三级保护区内,应有序控制各项建设与设施,并应与风景环境相协调。三级保护区内可维持原有土地利用方式与形态。根据不同区域的主导功能合理安排旅游服务设施和相关建设,区内建设应控制建设功能、建设规模、建设强度、建筑高度和形式等,与风景环境相协调。

4. 外围保护地带

为了维护风景名胜区的自然环境和生态平衡,在风景名胜区外划定外围保护地带。在外围保护地带,不得建工矿企业等破坏环境、污染环境、妨碍游览的设施,规划建设项目的布局、高度、体量、造型、色彩须与周围景观和环境相协调。外围保护地带严禁破坏山体、植被和动物栖息环境,禁止开展污染环境的各项建设,城乡建设景观应与风景环境协调,消除干扰或破坏风景区资源环境的因素。

【案例】后坪天坑风景区敏感性评价[①]

一、风景区概况

后坪天坑风景名胜区位于重庆市武隆县(现为武隆区)后坪乡,总面积 42.48 km²。风景区空气清新,环境宜人,自然资源丰富,与仙女山森林公园、芙蓉江

---

① 曾慧梅. 基于生态敏感性分析与景源评价的风景区保护区划分探讨[D]. 重庆:西南大学,2013.

风景区构成旅游金三角,旅游道路骨架基本形成,具有较为明显的旅游区位优势。

1. 风景资源概况

风景区风景资源十分丰富,类型较齐全,不仅拥有多种类型的自然风景资源,而且还拥有一些历史悠久的人文风景资源,其资源结构见表3-13-4。

表3-13-4 风景区风景资源调查表

大类	中类	小类	代表景观
自然景观	地景	(1)地质珍迹(2)石林石景(3)洞府(4)峡谷(5)山景	箐口天坑、石王洞天坑、打锣凼天坑、天平庙天坑、牛鼻子天坑、宝塔石林、茶山石林、二王洞、三王洞、阎王沟峡谷
	水景	(1)溪流(2)江河(3)湖泊(4)潭池(5)瀑布跌水	红山湖、木棕河、麻湾洞泉
	生景	(1)森林(2)珍稀保护动植物	原始森林、楠木古树、松林、竹林
	天景	(1)日月星光(2)云雾景观(3)冰雪霜露(4)红霞蜃景	星辰、云雾、雪景、晚霞
人文景观	胜迹	(1)遗址遗迹(2)纪念地	苏维埃遗址
	建筑	(1)宗教建筑(2)民居宗祠(3)其他建筑	苗族土家族民居、少数民族风情街
	风俗	(1)节假庆典(2)神话传说(3)民族民俗(4)其他风俗	土家文化、苗族文化、山歌

2. 风景资源评价

风景区以自然风景资源为主,人文风景资源为辅,整个风景区以突出的喀斯特地质奇观为特征,兼有峡谷、石林、河流等多种自然景观,风景秀丽,资源丰富,具有很高的风景资源价值。风景区现有景源共22个,分别是:

特级景源(2个):箐口天坑、三王洞。

一级景源(5个):牛鼻子天坑、打锣凼天坑、天平庙天坑、石王洞天坑、二王洞。

二级景源(4个):阎王沟峡谷、红山湖、茶山石林、苏维埃遗址。

三级景源(11)个:宝塔石林、打锣凼边石柱、化石(角石)产地、麻湾洞泉、木棕河、麻湾洞、竹林、楠木古树、松林、山泉、日月星光。

值得注意的是,风景区基本处于尚未开发的状态,绝大部分风景资源与生态环境都保存完好。对于这样原生态、纯天然的风景资源,保护工作就显得十分重要。为了维护风景区内的生态环境,使风景资源得到永续利用,同时又能满足风景区内居民和游人各自的需要,因此需要对风景区进行科学合理的规划。

二、后坪天坑风景区敏感性评价

1. 评价因子的选取

后坪天坑风景区以天坑、溶洞、峡谷、石林等地质景观为主,地形起伏较大。植被主要分布于风景区北部的原始森林,植物以常绿针叶阔叶混交林为主。水体较少,仅有两个总面积不足风景区面积百分之一的水库。风景区基本处于未开发状态,人为干扰因子少,以农田和居住区为主,且农田基本上采用粗放管理,居住区的人口密度不大,对风景区保护区划分的影响很小。风景资源丰富,既有具有世界奇迹般吸引力的特级景源,也有众多的三级景源,景源级别差距较大。根据风景区的地理环境条件与景源状况,选择高程、坡度、水体、植被、景源级别、景源集中度六大因子为评价指标。由于植被类型的单一、水体缺乏,可以简化对这两个因子进行单独评价并划分等级的过程,只讨论这两个因子的分布情况,根据各个因子对保护区划分的影响大小,对其分布的区域赋予不同的值。土地利用规划图包括植被和水体的分布情况,因此可以用土地利用规划图来表达这两个因子。具体各个因子的赋值情况将通过后面"权重的确定"来讨论。

2. 单因子图层的生成

(1) 高程分析图

高程图以数字高程模型图(DEM)为基础,用以表示场地的实际高程。DEM在 ArcGIS 中有多种表示形式,常用的有 Grid 文件和 TIN 文件形式。本文采用 TIN 文件形式生成高程图,这是由于后坪天坑风景区内的地形起伏变化较大,TIN 文件能够根据地形变化的复杂程度来确定采样点的密度和位置,更精确地表达这种复杂地形的数字高程模型,同时还能按地形特征展现类似三维的效果,并且生成的图像精度较高,也比较美观。

具体步骤为:将带有高程数据的 DWG 格式的 CAD 文件导入 ArcGIS,并转化成 shape 数据格式,利用 ArcGIS 中的 3D Analyst 工具,选择 Create TIN/Create TIN from Features 生成 TIN,即得到高程图(图 3-13-2)

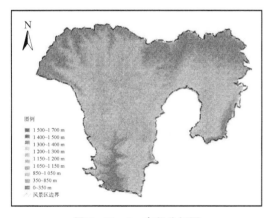

图 3-13-2　高程分析图

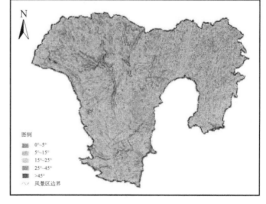

图 3-13-3　坡度分析图

(2) 坡度分析图

高程图生成过后,坡度图在 ArcGIS 中可直接提取,原理是利用 DEM 数据来提取坡度。选择 Spatial Analyst/Surface Analysis/Slope 分析,得到研究区域坡度图(图 3-13-3)。

(3) 景源分析图

利用 GIS 的缓冲区分析功能,按照特级景源外围 400 m、一级景源外围 300 m、二级景源外围 200 m、三级景源外围 150 m、四级景源外围 100 m 的缓冲距离对景源进行缓冲区分析。首先将景源以点的形式导入 ArcGIS 9.3,在 ArcMap 操作环境下,打开 ArcToolbox,选择 Analysis Tools/Proximit/Buffer,输入缓冲距离,即可得到缓冲区分析图(图 3-13-4)。由于后坪天坑风景区面积较小 (42.48 km^2),并且只有 22 个景源,通过缓冲区分析后,景源级别与景源分布情况在图纸上一目了然。特级景源 2 个、一级景源 5 个,并且特级景源与一级景源主要集中分布于风景区的中部区域,二级景源(4 个)、三级景源(11 个),并且二级景源与三级景源较多分布于风景区东部区域;其他区域的景源较少,景源级别也较低。根据上面的分析,在景源分级时可以把景源级别与景源集中度综合起来考虑。

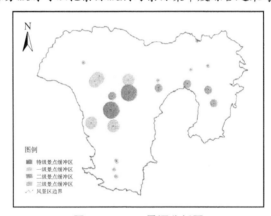

图 3-13-4　景源分析图

(4) 植被与水体分析图

土地利用规划图上包括植被和水体的分布情况,通过 CAD 分别勾绘出这两种土地类型的边界,将其置于两个不同的图层,然后以图层的形式倒入 GIS,即得到图 3-13-5。

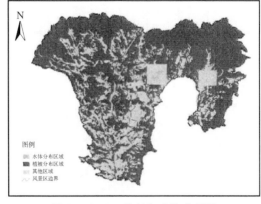

图 3-13-5　植被与水体分析图

3. 单因子的等级评价

(1) 高程

后坪天坑风景区属于亚热带低海拔地区,根据对风景区的高程情况的分析以及前面介绍的分类方式将高程进行重分级:

一级:海拔高程为 1 200 m 至 1 700 m,评价值为 5。

二级:海拔高程为 800 m 至 1 200 m,评价值为 3。

三级:海拔高程为 0 m 至 800 m,评价值为 1。

(2) 坡度

根据后坪天坑风景区的坡度分析图可以看出,其坡度变化较大,依据前面对坡度的评价和重分级,把风景区的坡度分为:

一级:坡度区间为 45°至 90°,评价值为 5。

二级:坡度区间为 25°至 45°,评价值为 3。

三级:坡度区间为 0°至 25°,评价值为 1。

(3) 景源

根据风景区的景源级别与景源集中度,将景源因子划分为三级:

一级:特级景源外围 400 m、一级景源外围 300 m 范围内,且特级景点与一级景点最集中的区域,评价值为 5。

二级:二级景源外围 200 m、三级景源外围 150 m 范围内,且二级景点与三级景点较为密集的区域,评价值为 3。

三级:风景区内除一级、二级区域以外的地方,评价值为 1 级。

(4) 植被、水体

由于风景区内的植被类型比较单一、水体规模小,因此不再对植被和水体两个因子单独进行分级,只是单纯考虑植被和水体的分布情况,将其划分成两级:

一级:存在植被与水体的区域,评价值为 5。

二级:其他区域,评价值为 1。

4. 单因子图层的重分类处理

根据前面对高程、坡度、景源、植被与水体的重分级,将单因子地图转化成为栅格格式的 Grid 文件形式的地图(其中坡度图已经是栅格文件不需要再转化,转化过程中所有图纸的栅格大小要一致),并利用 Spatial Analyst / Reclassify 对各栅格图按照标准进行重分类,生成高程(图 3-13-6)、坡度(图 3-13-7)、景源(图 3-13-8)、植被与水体(图 3-13-9)图像。

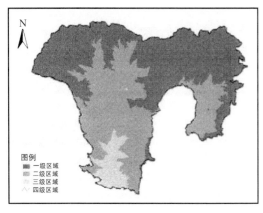

图3-13-6 高程分级图

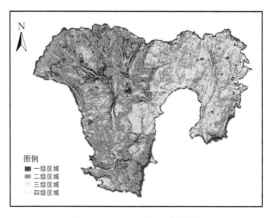

图3-13-7 坡度分级图

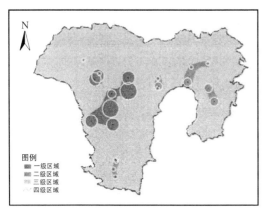

图3-13-8 景源分级图

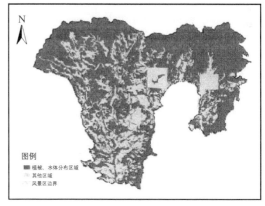

图3-13-9 植被与水体分级图

5. 权重的确定

采用专家咨询法与成对比较法确定各个评价因子的权重。根据评价因子在保护区划分中的重要性不同,将每个因子依照其相互比较的重要度对应表格分别打分,计算各因子权重值。将高程、坡度、植被、水体、景源五个单因子列出比较矩阵进行比较。根据权重值的计算方法得出单因子的权重值(表3-13-5)。

表3-13-5 保护区划分的权重比较矩阵

因子	高程	坡度	植被	水体	景源	几何平均值	权重值
高程	1	1/3	1/7	1/5	1/9	0.25	0.035
坡度	3	1	1/3	1	1/5	0.80	0.11
植被	7	3	1	3	1/3	1.84	0.26
水体	5	1	1/3	1	1/3	0.89	0.13
景源	9	5	3	3	1	3.32	0.47

6. 叠加合成

利用 ArcGIS 中的栅格叠加,对高程、坡度、景源、植被与水体五个因子进行叠加。选择 Spatial Analyst/ Raster Calculator,在弹出的对话框内,按照各个因子的权重与其重分类图层相乘后再求和的格式进行输入,然后点击 Evaluate 进行输出,输出的图像如图 3-13-10 所示。

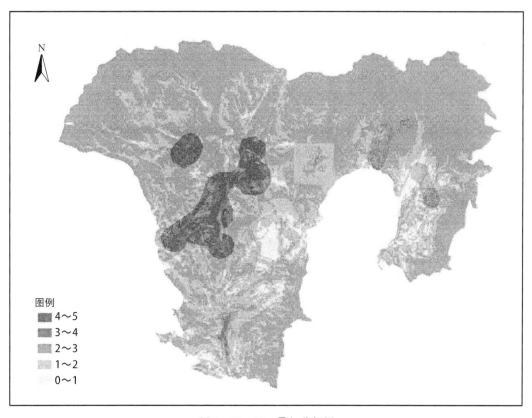

图 3-13-10 叠加分析图

叠加生成的图像被不同的灰阶分成了 5 个区域,并且每种灰阶代表的分值不同。颜色越深表示数值越大,保护价值越大,越需要加强保护;颜色越浅,则反之。由于叠加生成的图像具有很多破碎的区块,不能完全按照它来进行分区。在具体划分时,一方面依据各级叠加分值主要分布的区域进行划分,另一方面根据叠加区域附近的比较明显的标志或肌理,如山脊线、山谷线、道路等进行划分。结合景源分布图后,从图中可以看出,风景区的中部区域有两个区域颜色较深,主要是受到植被和高程两个因子的影响。根据上述分析,特级保护区分值对应叠加值主要分布在 4~5 之间的区域(在《风景名胜区总体规划标准》(GB/T 50298—2018)中,特级保护区被纳入一级保护区),一级保护区对应叠加值主要分布在 3~4 之间的区域,二级保护区对应叠加值主要分布在 2~3

之间的区域,三级保护区对应叠加值主要分布在 0~2 之间的区域。

后坪天坑风景区保护区划分如图 3-13-11 所示。特级保护区主要包括特级景源箐口天坑和一级景源牛鼻子天坑,面积为 0.61 km²;一级保护区主要包括一级景源打锣凼天坑、天平庙天坑、石王洞天坑以及特级景源三王洞,面积为 1.66 km²。二级保护区包括二级景源阎王沟峡谷、红山湖水库、茶山石林以及三级景源宝塔石林,面积为 15.91 km²。三级保护区为该风景区范围内一、二级保护区以外的所有区域,面积为 24.30 km²。

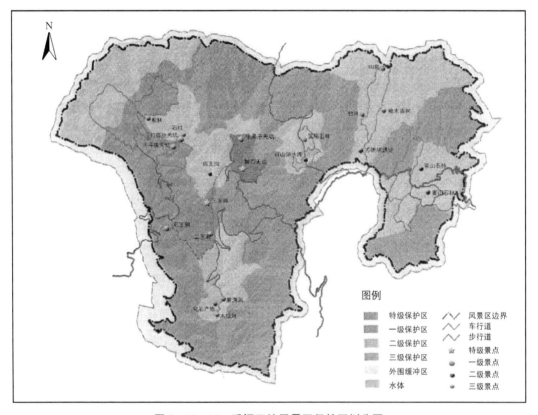

图 3-13-11　后坪天坑风景区保护区划分图

后坪天坑风景区敏感性评价案例,用定量分析方法解决了风景名胜区保护培育规划中的保护区边界划分难题。在具体划分时,又根据附近比较明显的大地肌理如山脊线、山谷线、湖海岸线等,或人工参考物如道路、桥梁等,向其两边偏移一定的距离得出划分界线,完全符合真实性、完整性的划分要求。

四、分类保护培育规划

在《风景名胜区总体规划标准》(GB/T 50298—2018)中,尽管对保护分区由原分类、分级划定方式调整为分级划定方式,并要求对风景名胜区的文物古建、遗址遗迹、宗教活动场所、古镇名村、野生动物、森林植被、自然水体、生态环境等进行保护,但是对于具有风景区不同重要程度的功能区,其界线的确定和各自保护措施在风景区管理中仍然具有重要意义。因此,有必要在规划实践中将风景名胜区进一步划分为生态保护区、自然景观保护区、史迹保护区、风景游览区和发展控制区等五种类型。根据前期风景区景源价值和景源敏感性评价结果,对风景区保护培育区进行划分,并提出保护培育措施。

(一) 分类保护区划分

1. 生态保护区划分

对于供研究生态而被严格保护的天然生物、社会及其环境的地区,且在风景区景源价值和景源敏感性评价结果为敏感的地区,应划出一定范围和空间作为生态保护区。

2. 自然景观保护区划分

在风景区景源价值和景源敏感性评价结果为敏感的地区,且对需要严格限制开发行为的特殊天然景源和景观,应划出一定的范围与空间作为自然景观保护区。

3. 史迹保护区划分

在风景区景源价值和景源敏感性评价结果为敏感的地区,且在风景名胜区内各级文物和有价值的历代史迹遗址的周围,应划出一定范围和空间作为史迹保护区。

4. 风景游览区划分

在风景区景源价值和景源敏感性评价结果为比较敏感的地区,且风景名胜区内景物、景点、景群、景区等各级风景结构单元和风景游赏对象较为集中的区域,应划为风景游览区。

5. 发展控制区划分

在风景区景源价值和景源敏感性评价结果为不敏感的地区,且在风景名胜区范围内,除上述四类保护区以外的用地与水面及其他各项用地,均应划为发展控制区。

(二) 分类保护措施

1. 生态保护区

生态保护区是针对那些未受人为干扰和破坏,具有代表性的生态系统及其依存的环境而划定的保护区域,是国家公园的核心区域,具有维持生态系统稳定、保持生物多样性的重要作用,受到严格管制,仅供有限的学术研究使用。在生态保护区可以配置必要的研究和安全防护性设施,应禁止游人进入,不得建设任何建筑设施,严禁机动交通及其设施进入。

2. 自然景观保护区

在自然景观保护区内,宜控制游人进入,不得安排与其无关的人为设施,严禁机动交通及其设施进入。

3. 史迹保护区

在史迹保护区内,可以建设必要的步行游览和安全防护设施,宜控制游人进入,不得安排旅宿床位,严禁增设与其无关的人为设施,严禁机动交通及其设施进入,严禁任何不利于保护的因素进入。

4. 风景游览区

在风景游览区内,可以进行适度的资源利用行为,适宜安排各种游览欣赏项目,应分级限制机动交通及旅游设施的配置,并分级限制居民活动进入。

5. 发展控制区

发展控制区是风景名胜区内有关人类生存活动和经济活动密集的地区,准许原有土地利用方式和形态,主要包括风景区内的村镇、基本农田和部分山体。应有序控制各项建设(功能、强度、规模、高度、形式等)与设施,并应与风景环境相协调。

【案例】秦皇岛北戴河风景名胜区保护与培育规划[①]

一、生态保护区

本区基本上与核心区规划中的生态保护区保持一致,共有两处地块,面积3.26 km²。本区的管理目标为严格保护地貌原有特征,使其处于自然状态,严禁任何形式的人为干扰和破坏活动。

二、自然景观保护区

从维护生态系统平衡,保护生物多样性,为动植物创造良好栖息环境,以提高风景资源质量的目的出发,北戴河风景区内的自然景观保护区包括:核心区规划中除北戴河、黄金海岸景区中被划为生态保护区和北戴河、山海关景区中被划为史迹保护区外的核心区;具备一定生态价值的生态保护林和天然次生林;分布在海拔800 m以上,随海拔垂直变化而产生的独特的景观生态系统的区域;平均高潮线后退200 m的海岸沙滩;极具景观特色和价值的海滨沙丘燕塞湖、碣阳湖和七里海湖泊潟湖以及大蒲河口、新河河口湿地滩涂。保护区共18个地块,面积80.03 km²。

本区的管理目标为区内除必要的科学研究、病虫害防治及林相改造外,可以允许一些观看欣赏风景的活动(除海滨浴场以外)。严禁林业生产,保护水源地、河口湿地、沙滩等生态型脆弱地带。对于沙滩浴场,大型的浴室应设置在安全距离200 m以外。山地基本上处于封山育林状态,可设置游线,但禁止任何商业或服务设施建设,仅限于徒步欣赏。

三、史迹保护区

在山海关景区内有老龙头、北海神庙、山海关古城等有特色和影响的寺庙及古镇,并均位于山海关景区的核心区,以及北戴河景区内的奇园怪楼、名人别墅群、秦始皇行宫遗址等景源,面积为5.14 km²。

---

① 张景华. 风景名胜区保护培育规划技术手段研究[D]. 北京:北京林业大学,2011.

以体现山海关景区、北戴河景区文化景观多样性为目的,具体措施如下:

(1) 控制人口规模,结合拆迁改造和新城建设,整治现状水系,恢复原有石河湿地水面,增加绿地,提高古城景区的景观质量。

(2) 严格控制各项建设,所有建设项目必须有详细规划和环境评价,包括绿地和基础设施的建设。原有建筑在进行修复、修缮时,应采用自然材料,绿地建设应避免破坏原有古镇格局,各类基础设施的管线必须埋地。

(3) 史迹保护区内的建筑类型、风格、尺度、体量、材质、色彩、立面的虚实对比及开间进深比例等必须由相关专业部门进行详细设计。

(4) 可以适度安置步道阶梯等必要的步行游览及栅栏扶手等安全防护设施,宜控制游人的数量及游览方式,不得安排旅店、住宿等设施,严禁增设与其无关的人为设施,严禁机动交通及其设施进入,严禁任何不利于保护的因素进入。

四、风景恢复区

北戴河风景区现存有大面积的人工和自然的林地、山林地,在生态环境保护和平衡中占有重要的地位。部分由于自然和人工的原因而变为滞留用地,以及因人为因素而遭到污染的河流流域和河口湿地,规划中将这些滞留地、林地、水域河口用地规划为风景恢复区。其面积为 107.51 km²。

本区内,因其功能地位明显高于其观赏地位,严格保护原有植被,重点保护遭到破坏的水域和林地,尽量排除人为干扰,保证其处于自然演替状态。

五、风景游览区

根据风景区现存的和潜在的旅游活动,风景资源价值高,但对人类活动不甚敏感或经济活动符合风景区规划管理要求的区域,是风景区内主要的游览活动区域和人类活动区域,其土地利用和使用强度必须严格控制在环境允许的容量以内。北戴河风景区内六大景区中风景游览区,面积共 37.11 km²。

本区的管理目标为在保护资源的前提下,满足游客对观赏、游憩、科普教育、民俗体验和度假避暑的需要。例如可在风景游览区内气候条件良好、自然风景优美且环境承载力高的区域,建设较完善的游览区域,让游人可以置身优美风景之内却不会导致风景资源遭到破坏,或是在风景优美但是敏感的资源之外修建一些高架观赏台,让游人可以远远地欣赏到景色,却不会导致敏感的生态环境遭到破坏。

六、发展控制区

发展控制区是风景名胜区内有关人类生存活动和经济活动密集的地区,允许原有土地利用方式和形态,主要包括风景区内的村镇、基本农田和部分山体。风景区内不仅有吸引游客的各类风景资源,还应有直接为游客服务的各种相关设施。根据景区结构和游线组织，规划利用景区内的部分用地，建设旅游服务设施，具体位置见风景保护与培育规划图。本区共有 9 处地块，占地面积为 1.21 km²。

本区的管理目标为服务设施建设区内的各项建设应以保护环境为前提，保证不对风景区自然环境和文化氛围产生干扰破坏。建筑选址、形式、体量、规模必须严格按照规划要求设计，并履行法定的报建审批程序。建筑形式应突出风景建筑特色，除北戴河景区多样的建筑风格南戴河可以延续外，其他景区的建筑形式应宜小、宜散、宜隐，以乡土民居建筑风格为主，使用乡土材料，与自然环境保持协调。以能满足游客的基本需要为准，严禁扩大建设用地。山海关景区内发展控制区临近史迹保护区是没有办法的选择，一是要保证与城市间的缓冲，二是要延续一直以来的古镇风貌，资源相对敏感，应予以特殊重视，避免较大的开发行为；同理，还有滨海的发展控制区，一定要严守最后的 200 m 防线，防线外仍需有一定的缓冲地带，再进入资源敏感度较低、环境容量较大、可建设适量的休闲度假设施的区域，以满足旅游发展的需要。但建设规模应以规划为准，做好环境影响评价，严禁超标准、超范围建设。

项目十四：风景区土地利用协调规划

【学习目标】

1. 知识目标

（1）理论知识目标

理解并掌握风景区土地利用概念、类型以及规划原则。

（2）实践知识目标

掌握风景名胜区土地利用协调规划方法。

2. 职业能力目标

能够对规划区进行土地利用协调规划。

3. 项目任务目标

规划区土地利用协调规划。

第一节　风景区土地利用协调规划理论

一、基本概念

（一）土地

在《中国大百科全书》中对土地概念的界定有狭义和广义之分。狭义的土地指陆地表层，也就是我们脚下的土地。广义的土地指陆地、内陆水域和滩涂，包括耕地、荒地、林地、草原、草山、草坡、石山、沼泽、荒坡、河流湖泊等，它包括各种类型的陆地和内陆水域、沼泽等。土地利用规划中的"土地"指广义的土地，包括规划范围内地面上所有自然物和人工物所占用的土地。

（二）土地利用

土地利用是指土地社会经济功能，比如农业、工业、商业、教育、旅游等社会经济功能。风景名胜资源区的土地不仅是土地资源，而且承载着更为珍稀的生态资源、旅游资源、历史文化资源，在土地利用规划中落实科学发展观，坚持可持续发展原则，禁止在风景名胜区及其可视范围内进行有害于其风景名胜价值的土地利用,加强风景名胜的保护。

(三) 风景名胜区土地利用协调规划

风景名胜区土地利用协调规划就是以土地利用现状分析得出的各类用地供给量与风景名胜区的发展对各类土地的需求量为依据,对土地数量比例结构进行优化与调整,达到各类用地数量的综合平衡。由于风景名胜区资源和功能的特殊性,一般不强调固定的用地比例,而是强调因地制宜,在突出风景名胜区特点和目标的基础上,适当扩展风景游赏用地,配置相应的游览设施用地,控制居民社会用地、交通与工程用地和耕地,减少滞留用地,保护好林地、园地、草地和水域。风景名胜区土地利用协调规划是以实现风景名胜区特殊价值和综合功能为目标,对风景名胜区范围内的土地资源进行组织和区划,协调各种需求之间的关系,并制定土地资源利用和管理控制的具体措施,保证风景名胜区的可持续协调发展。

二、风景区用地类型

在《风景名胜区总体规划标准》(GB/T 50298—2018)附录B中,我国风景名胜区的用地共分为十大类四十四中类,十大类分别是甲类风景游赏用地、乙类旅游服务设施用地、丙类居民社会用地、丁类交通与工程用地、戊类林地、己类园地、庚类耕地、辛类草地、壬类水域和癸类滞留用地。中类是在大类的基础上进行进一步的细分,详见表3-14-1。该用地分类体系基本上概括出了风景区不同地区土地所承担的不同功能,也囊括了可能在风景名胜区范围内发生的土地利用形式,为土地利用分析和规划创造了良好的基础。

风景区的土地是风景资源和风景区范围内各种行为的载体,按照土地使用的主导性质功能可以进一步将以上十类用地归纳为三大类别。第一类以风景资源的保护为主要目的,突出风景区的主要资源和游赏对象的空间范围,可被称为保护游览用地,主要是甲类风景游赏用地;第二类是在风景资源范围以外,主要为外来的旅游者提供服务的用地,可被称为开发利用用地,包括乙类旅游服务设施用地和丁类交通与工程用地;第三类属于风景区整体风貌不可分割的组成部分,能帮助风景区提供良好的整体形象,同时也具有一定的经济利用价值,能为风景区的管理和发展起到积极促进作用的用地,可被称为生产生活发展用地,主要包括丙类居民社会用地、戊类林地、己类园地、庚类耕地、辛类草地、壬类水域等用地。

表 3-14-1　风景区用地分类

大类	中类	小类	用地名称	范围	规划限定
甲	风景游赏用地			游览欣赏对象集中区的用地,向游人开放	▲
		甲1	风景点用地	景物、景点、景群、景区等的用地,包括风景点建设用地及其景观环境用地	▲
		甲2	风景保护用地	独立于景点以外的自然景观、史迹、生态等保护区用地	▲
		甲3	风景恢复用地	独立于景点以外的需要重点恢复、培育、涵养和保持的对象用地	▲
		甲4	野外游憩用地	独立于景点之外,人工设施较少的大型自然露天游憩场所	▲
		甲5	其他观光用地	独立于上述四类用地之外的风景游赏用地,如宗教、田园等	△
乙	旅游服务设施用地			直接为游人服务而又独立于景点之外的旅游接待、游览服务等服务设施建设用地	▲
		乙1	旅游点建设用地	独立设置的各服务级旅游基地(如部、点、村、镇、城等)的用地,如零售商业、餐饮、旅馆等用地	▲
		乙2	游娱文体用地	独立于旅游点外的游戏娱乐、文化体育、艺术表演用地	△
		乙3	休养保健用地	独立设置的避暑避寒、度假、休养、疗养、保健、康复等用地	△
		乙4	解说设施用地	独立设置的宣传、展览、科普、文化、教育设施用地,含游客中心	▲
		乙5	其他旅游服务设施用地	上述四类用地之外,独立设置的旅游服务用地,如公共浴场等用地	△
丙	居民社会用地			间接为游人服务而又独立设置的居民社会、管理等用地	△
		丙1	城市建设用地	城市和县人民政府所在地镇内的建设用地	△
		丙2	镇建设用地	非县人民政府所在地镇的建设用地	○
		丙3	村庄建设用地	农村居民点的建设用地	○
		丙4	管理设施用地	独立设置的风景区管理机构、行政机构用地	▲
		丙5	科研设施用地	独立设置的用于观察、监测、研究风景区的设施用地	▲
		丙6	特殊用地	特殊性质的用地,包括军事、安保、外事等用地	△
		丙7	其他居民社会用地	上述六类用地之外,其他城乡建设与居民社会用地	○

(续表)

大类	中类	小类	用地名称	范围	规划限定
丁	交通与工程用地			风景区自身需求的对外、内部交通通信与独立的基础工程用地	▲
	丁1		对外道路与交通设施用地	风景区入口同外部沟通的交通用地，位于风景区外缘	▲
	丁2		游览道路与交通设施用地	独立于风景点、旅游点、居民点之外的风景区内部联系交通，如游览道路、游览交通设施、停车场等用地	▲
	丁3		供应工程设施用地	独立设置的水、电、气、热等工程及其附属设施用地	△
	丁4		环境工程设施用地	独立设置的环保、环卫、水保、垃圾、污水污物处理设施用地	△
	丁5		其他工程用地	如防洪水利、消防防灾 工程施工、养护管理设施等工程用地	△
戊	林地			生长乔木、竹类、灌木的土地，以及沿海生长红树林的土地。包括迹地，不包括居民点内部的绿化林木用地，铁路、公路征地范围内的林木，以及河流、沟渠的护堤林。不包括风景林	△
	戊1		有林地	树木郁闭度≥0.2的乔木林地，包括红树林地和竹林地	△
	戊2		灌木林地	灌木覆盖度≥40%的林地	△
	戊3		其他林地	包括疏林地(指树木郁闭度≥0.1、<0.2的林地)、未成林地、迹地、苗圃等林地	○
己	园地			种植以采集果、叶、根、茎、汁为主的集约经营的多年生木本和草本作物，覆盖度大于50%或每亩株树大于合理株树70%的土地，包括用于育苗的土地	△
	己1		果园	种植果树的园地	△
	己2		茶园	种植茶园的园地	○
	己3		其他园地	种植桑树、橡胶、可可、咖啡、油棕、胡椒、药材等其他多年生作物的园地	○
庚	耕地			种植农作物的土地、包括熟地，新开发、复垦、整理地，休闲地(含轮歇地、轮作地)；以种植农作物(含蔬菜)为主，间有零星果树、桑树或其他树木的土地；平均每年能保证收获一季的已垦滩地和海涂。耕地中包括南方宽度<1.0 m，北方宽度<2.0 m固定的沟、渠、路和地坎(埂)；临时种植药材、草皮、花卉、苗木等的耕地，以及其他临时改变用途的耕地	○
	庚1		水田	用于种植水稻、莲藕等水生作物的耕地，包括实行水生、旱生农作物轮种的耕地	○
	庚2		水浇地	有水源保证和灌溉设施，在一般年景能正常灌溉，种植旱生农作物的耕地，包括种植蔬菜等的非工厂化的大棚用地	○
	庚3		旱地	无灌溉设施，主要靠天然靠降水种植旱生农作物的耕地，包括没有灌溉设施，仅靠引洪淤灌的耕地	○

(续表)

大类	中类	小类	用地名称	范围	规划限定
辛			草地	生长草本植物为主的土地	△
	辛1		天然牧草地	以天然草本植物为主,用于放牧或割草的草地	○
	辛2		人工牧草地	人工种植牧草的草地	○
	辛3		其他草地	树木郁闭度<0.1,表层为土质,生长草本植物为主,不用于畜牧业的草地	△
壬			水域	未列入各景点或单位的水域	△
	壬1		江、河	—	△
	壬2		湖泊、水库	包括坑塘	△
	壬3		海域	海湾	△
	壬4		滩涂、湿地	包括沼泽、水中苇地	△
	壬5		其他水域用地	冰川及永久积雪地、沟渠等	△
癸			滞留用地	非风景区需求,但滞留在风景区内的用地	×
	癸1		滞留工厂仓储用地	—	×
	癸2		滞留事业单位用地	—	×
	癸3		滞留交通工程用地	—	×
	癸4		未利用地	因各种原因尚未使用的土地	○
	癸5		其他滞留用地	—	×

注:▲表示应该设置;△表示可以设置;○表示可保留不宜新置;×表示禁止设置。

三、风景区土地利用协调规划的内容和任务

(一) 土地利用协调规划的内容

在《风景名胜区总体规划标准》(GB/T 50298—2018)中,将土地利用协调规划编制的内容分为土地资源分析评估、土地利用现状分析及其平衡表(表3-14-2)以及土地利用规划及其平衡表三部分,并对每一部分的工作内容做出了相应的规定和要求。其中,在土地资源分析评估阶段,应该对土地资源的特点、数量、质量与潜力进行综合评估或专项评估;在进行土地利用现状分析时,应表明土地利用现状特征,风景用地与生产生活用地之间关系,土地资源演变、保护、利用和管理存在的问题;在进行土地利用规划时,应在土地利用需求预测与协调平衡的基础上,明确土地利用规划分区及其用地范围,按用地分类表明风景区范围内的土地总体布局、各类土地布置和平衡用地关系。

表 3-14-2 风景区用地平衡表

序号	用地代号	用地名称	面积/km²	占总用地百分比/%		人均/(m²·人⁻¹)		备注
				现状	规划	现状	规划	
00	合计	风景区规划用地		100	100			
01	甲	风景游赏用地						
02	乙	旅游服务设施用地						
03	丙	居民社会用地						
04	丁	交通与工程用地						
05	戊	林地						
06	己	园地						
07	庚	耕地						
08	辛	草地						
09	壬	水域						
10	癸	滞留用地						
备注	_____年,现状总人口_____万人。其中:(1)游人_____ (2)职工_____ (3)居民_____ _____年,规划总人口_____万人。其中:(1)游人_____ (2)职工_____ (3)居民_____ _____年,现状林地面积_____km²;_____年,规划林地面积____km²,其中风景游赏用地中的林地____km²							

(二) 风景名胜区土地利用协调规划的任务

根据系统论观点,即系统结构决定系统的功能,土地利用结构决定着土地利用的功能能否充分实现以及土地利用效益是否能得到最佳实现,得出土地利用规划的核心是土地利用结构的优化。只有制定合理的土地利用结构,才能保证一定区域内土地利用系统的良性循环,最终获得土地功能和效益的最佳实现。土地利用规划的主要任务是:根据区域发展战略和规划要求,结合自然生态条件和社会经济条件,主要解决未来土地利用中的定性、定位、定量、定序的问题,明确用什么地、做什么用、用多少地、什么时候用,以平衡土地供需矛盾、优化土地利用结构,寻求符合区域特点的土地利用规划。风景区拥有独特的风景资源优势,该区域以资源保护、科学研究,同时开展风景游览欣赏和游憩娱乐活动为特点,这使得风景名胜区的土地利用具有自身的特殊要求。风景名胜区的土地利用规划应该在充分尊重风景名胜区特点和功能要求的前提下,以生态环境保护和风景资源保护为优先原则,力求在保护的前提下合理利用风景资源,协调好保护、游赏、建设管理三方面的关系,统筹安排风景区内的保护用地、游赏用地、各种服务及工程设施用地等各类用地之间的关系,形成良好的土地利用结构,制定适合风景区发展的土地供应、使用和管理的措施体系。

四、风景区土地利用协调规划原则

在《风景名胜区总体规划标准》(GB/T 50298—2018)中,提出风景名胜区土地协调规划坚持的原则主要有三点:一是突出风景区土地利用的重点与特点,扩大风景用地;二是保护风景游赏用地、林地、水源地和基本农田;三是因地制宜地合理调整土地利用,发展符合风景区特征的土地利用方式与结构。随着风景名胜区保护、利用与管理中出现各式各样问题,本书认为在风景名胜区土地利用协调规划中还应该坚持以下原则。

(一)保护优先原则

风景名胜资源是国土资源的精华,具有稀缺性、美观性、独特性和不可再生性等特殊性质,对它的破坏往往是不可恢复的,因此必须对风景名胜资源实行严格保护。在对风景区土地开发利用过程中,合理的土地利用方式会对风景名胜资源产生积极的影响,如对风景名胜区及其周围的土地进行退耕还林还草还湖或者规划设立自然景观保护区、生态保护区、史迹保护区等,可以从整体上提升风景名胜资源的价值和游赏吸引力。另外,对风景名胜区及其周围的土地进行整理和生态复垦,可以增加植被覆盖率,扩大生态建设用地,这对改善风景名胜区环境,提升风景名胜资源的旅游、观赏、经济和生态价值都有明显的作用。不合理的土地利用方式将破坏风景名胜资源的价值,在风景名胜区及其周围,如果进行工业建设、城市住宅及其基础设施建设、开垦农田等都会破坏风景名胜资源的自然、和谐和美观,即使在风景名胜区进行旅游开发,如果其旅游度假设施的建设和修缮与风景名胜资源不相协调,也会大大降低风景名胜资源的价值。

(二)"多规合一"原则

风景区的土地利用规划原则上服从所在地区的土地利用规划、城乡规划、环保规划等上级规划,确保"同一片空间、同一张蓝图"。中国的土地用途管制是通过国家编制土地利用总体规划规定土地用途,将土地分为农用地、建设用地和未利用地,严格限制农用地转为建设用地,控制建设用地总量,对耕地实行特殊保护,使用土地的单位和个人必须严格按照土地利用总体规划确定的用途使用土地。土地保护是自然保护区土地工作的重点,在《自然保护区土地管理办法》中,对土地分区边界的划定、允许和禁止开展的土地利用行为以及土地保护的管理监督进行了相应的规定。这些上级规划要求下级规划必须准确衔接,边界一致,多规合一,真正做到"同一片空间、同一张蓝图"。

(三)"边界唯一"原则

当前风景名胜区在总体规划编制中,各分区规划、核心景区规划、外围控制地带规划往往缺乏与土地利用的对应,没有将相关保护与利用措施落实到风景名胜区的用地上,使得土地利用与不同类型分区的相关管理措施难以落实,导致规划实施和管理的实践性较弱。因此为促进风景名胜区总体规划编制方法的发展,必须将关注的焦点放在基于总体规划实施和管理的实践,在各分区边界划定时为充分考虑实际中的管理维护问题,特别提出"边界唯一"原则,即各分区边界与用地边界的协调统一。通过与土地利用规划相协调,来确定出各个分区界线坐标点,使风景名胜区的管理在空间上只需面对一种边界,即分区边界。各分区规划通过与土地利用规划相协调,不仅保证功能分区、景区分区、生态分区及保护培育分区的边界为有效的管理范围线,还提升了包括风景游赏规划及游览设施规划在内的其他专项规划实施和管理的实践性。

(四) 可操作性原则

风景名胜区总体规划编制的核心要义是对风景资源的管理,只有制定出科学有效的相关管理措施才能进一步指导风景名胜区详细规划,使总体规划的设想和意图能在实际建设和管理中得以精准的贯彻实施。土地利用协调规划是一项专项规划,是风景区规划的重要成果,它需要对总体规划的成果进行承接和延伸,同时也需要对下一阶段具体的详细规划建设进行指导。因此,在进行土地利用协调规划的研究和编制时,在解决了用地结构和用地布局问题的基础上还应当对各类用地的利用侧重、关键性的控制要素和导则等内容进行相应的规划和安排,以确保土地利用规划的可操作性。

(五) 可持续性原则

可持续发展理论是风景名胜区土地利用协调规划的重要理论基础,实现土地资源的可持续利用是风景名胜区土地利用规划的最高目标。因此,进行土地利用规划时,应强调对土地环境保护和土地资源的有序利用,坚持近期利益与长远利益相结合,局部利益与整体利益相结合,以可持续发展的要求来衡量土地利用所产生的环境、社会、经济和文化影响。按照联合国粮农组织1993年发表的《持续土地利用管理评价大纲》中规定,持续土地利用管理的评价标准为保持和提高土地生产力的生产性,降低生产风险主要是减少水土流失、旱洪、病虫害等自然灾害,增加系统稳定性,保护自然资源的生产潜力,防止水土资源的退化保护性、经济上可行性、社会可以接受性。土地利用可持续性就是要求土地利用方式同时满足生产性、安全性、保护性、可行性和可接受性,如果不能满足这五条标准中的任何一条,就认为这种土地利用方式是非持续性的。但如果达到五条标准中的不同程度标准,则一种土地利用方式可持续性程度可能不同于另一种,这时,某些土地利用方式可以被认为比其他土地利用方式的持续性更高。在规划设计中,必须对各种类别的用地进行区别性的具体分析,制定多解方案,寻求提高土地利用可持续性的最佳途径。

五、土地利用协调规划与相关分区的衔接

在土地利用协调规划中,坚持"边界唯一"原则,就是要做好土地利用类型边界与相关分区边界的衔接。

(一)与功能分区的衔接

风景区功能分区是根据土地适宜性,基于不同的风景资源保护要求及提供风景游赏的能力,对土地分区管控的方法。土地利用分区与功能分区相似,是依据土地功能性质进行分区管控的方式。功能区划分有大小、粗细之分,相较于功能分区,土地利用分区更细,分区规模更小,各分区特点更简洁。风景区功能分区的目标在于将有潜在使用矛盾的土地分隔,实现土地分区管控,而用地区划将在更深入和更精细的层面更加有效地表达这一目标,为用地范围界线、使用性质、保护等级等方面更加翔实、更易于落实和操作实施提供可控的依据。

《风景名胜区总体规划标准》(GB/T 50298—2018)中,把功能区划分为特别保存区、风景游览区、风景恢复区、发展控制区、旅游服务区等五种。其中特别保存区与甲 2 风景保护用地相对应;风景游览区与甲 1、甲 4 和甲 5 相对应,风景恢复区对应甲 3。旅游服务区主要对应乙类旅游服务设施用地和丁类交通与工程用地。发展控制区与非主体功能区却是风景区实际存在的生产生活发展区,主要包括丙类居民社会用地、戊类林地、己类园地、庚类耕地、辛类草地及壬类水域用地。功能区描述的也并非单一功能,而是由一种或多种用地类型以一定的规模、配比组合而成,表现出其主导功能,同时一种或多种用地的边界组合便成为功能区边界。

(二)与景区划分衔接

景区是由景物、景点、景群等风景游览对象所组成的一种风景结构单元。景区划分是基于风景资源类型、特征及风景游览需求的一种管理分区。虽然最终都将体现为空间上的划分,但是不同于功能分区,相同景区内可以存在不同的用地功能分区,景区划分往往不具备实际的控制性空间范围,以之作为分区管控的依据缺乏可执行性。

景区的主体功能是风景游赏,其对应的主要用地类型为甲 1 类风景点用地,在实际操作中,可以将甲 1 类风景点用地作为景区范围,或是将风景点用地划分成多个景区。如此,像功能区划分一样,将景区的范围和边界与用地对应起来。在风景区用地协调规划的基础上,以一个或多个用地类型组合出不同的功能分区和景区,划出分区边界,使得功能区和景区边界不再只是示意性的几条线,而具有了实际意义,分区也成为明确的管控分区。

(三)与保护分区衔接

保护分区是根据资源保护的不同要求,控制建设和游览活动,对资源保护进行分区管理,以确保风景资源的永续利用。以分类保护划分保护区,如同功能分区,实质上也是依据土地使用功能类型进行分区的一种方式。只是在保护分区当中对各分区规定了具体的保护措施,其中包括核心景区的划分。在保护培育规划中,要将分类和分级保护规划中确定的重点保护地区(如重要的自然景观保护区、生态保护区、史迹保护区),划为核心景区,确定其范围界线,并对其保护措施和管理要求做出强制性的规定。分类保护分为五大区,分别为:生态保护区,主要包括甲 2 类用地;史迹保护区,主要包括甲 1 类用地(部分);自然景观保护区,主要包括甲 1 类用地(部分);风景恢复区,以甲 3 类用地为主;风景游览区,以甲 1 类用地(部分)为主;发展控制区,主要包括风景区内的全部乙类用地、丙类用地、丁类用地、己类用地、庚类用地、壬类用地。

分级保护区与功能分区不同,相同功能分区内可能保护的程度和要求不同。可以简单地这样理解:保护分区依据一定的保护要求,将 44 中类的用地或根据需要只是对其中一部分做出具体的保护级别规定和保护措施描述,如果某一类用地描述为一级保护,那么这类用地同时就被赋予了一级保护属性的规定与描述,即可以配置什么,禁止什么,不得怎样以及严禁什么,等等。以甲类风景游赏用地为例,甲 1 至甲 5 主要为一级保护,特级保护区可以为部分甲 2。如此,在风景区总体规划编制与执行中,保护分区就与用地区划对应起来,同时,与上述功能分区与景区划分相同,保护分区也以用地区划为依据划出管控边界。

第二节　风景区土地利用协调规划实践

依据土地利用协调规划的内容,土地利用协调规划工作通常分为以下五个步骤进行,即土地资源调查与评估—土地敏感性和适宜性分析—土地利用现状分析—土地利用结构协调与控制—土地利用分区和用地平衡表绘制。

一、土地资源调查与评估

风景区的土地因为承载了风景资源而具有特殊价值,因此,必须对风景土地资源的利用类型、数量和质量进行全面的调查。土地资源调查后需要对调查资料进行整理,现状调查经过整理后必须完成"一图一表"。"一图"是风景区土地利用现状图;"一表"是土地利用现状汇总表,即表 3-14-2 中的现状数据。

二、土地敏感性与适宜性分析

(一)土地敏感性分析

土地的敏感性是指土地系统对外界压力或外界干扰的适应能力。不同条件的土地资源,对人类活动的敏感性是不同的,有的对人类活动的干扰非常敏感,遭到破坏后难以恢复,而有的则不太敏感,可以调节由人类活动带来的影响。

对于风景名胜区的土地来说,由于其所承载资源的特殊性,土地的生态敏感性和景观敏感性是衡量土地敏感性程度的最重要的两个指标。

1. 生态敏感性分析

在前期风景区生态敏感性分析的基础上进行生态敏感度分区,并对分区进行生态敏感性分析。生态敏感区可以分为以下三种类型。

(1) 生态最敏感区

该区物种丰富,对风景名胜区整体风貌和生态系统多样性的构建有重要作用,建议不在此区域开展生产性或生活性的利用行为。

(2) 生态较敏感区

该区物种多样,生态环境稳定,对于风景区域的整体风貌和生态系统有一定的完善作用,可以进行低密度、低强度的开发建设,部分满足居民社会生产生活的需要。

(3) 生态低敏感区

该区对风景区的整体风貌和生态系统的影响力比较弱,抵抗干扰和自我调节能力较强,可以进行一定强度的开发利用,以满足风景区发展的需求。

2. 景观敏感性分析

通过对景区进行景观功能评价和景观规模评价,绘制景区土地景观敏感度评价图,据此,对景区土地的景观敏感度进行分区。一般把景观敏感区分为以下三个区。

(1) 景观高敏感区

该区的风景资源功能价值高,资源具有明显的稀缺性和不可再生性,且资源分布规模集中,影响范围大,在风景名胜区范围内发挥支撑作用,一旦遭到破坏,就对风景名胜区的功能和价值具有毁灭性的影响。

(2) 景观较敏感区

该区的风景资源具有一定价值且分布相对比较集中,有一定的影响范围,在风景名胜区范围内起完善作用,对破坏具有一定的修复能力。

(3) 景观低敏感区

该区的风景资源功能价值等级相对较低,分布零散,影响范围较小,在风景名胜区范围内起补充作用,有比较强的自我修复能力。

3. 土地敏感性分区

将景区生态敏感性分区和景观敏感性分区两部分分析结果进行汇总和叠加,最终确定风景区的土地敏感性,进行土地敏感性分区。本书认为,可以将最终的土地敏感性分区分为土地最敏感区、土地较敏感区和土地低敏感区三种,具体分法可以参考表 3-14-3 进行叠加分区,也可以采用前期风景区敏感性分区作为土地敏感性分区。

(1) 土地最敏感区

该区的风景资源功能价值高,资源影响范围大,对保持整个风景名胜区的景观风貌的多样性和生态环境的完整性有着不可替代的作用。对人类行为极其敏感,不适宜进行开发或建设行为。

(2) 土地较敏感区

该区物种丰富,且拥有一定规模的风景资源,对维护风景名胜区的生态环境的稳定性和景观环境的完善性有着重要的支撑作用。对人类行为比较敏感,有一定的抗干扰和自我调节能力,可以开展低密度和低强度的开发利用建设。

(3) 土地低敏感区

该区物种类型比较少,只拥有价值较低的景观资源和一定的环境资源,对风景名胜区的生态环境和景观环境只起补充作用,抗干扰能力强,可进行一定强度的开发利用。

表 3-14-3 土地敏感性分析表

	生态最敏感	生态较敏感	生态低敏感
景观最敏感	1	1	2
景观较敏感	1	2	3
景观低敏感	2	3	3

注:1表示土地最敏感区;2表示土地较敏感区;3表示土地低敏感区。

在对规划旅游区土地敏感性评价和分区时,可以参考保护培育规划中的生态敏感性和景观敏感性评价分级成果。

(二) 土地适宜性分析

土地适宜性是指由土地的水文、地理、地形、地质、生物、人文、社会经济特征所决定的土地对某种用途的固有适宜性,其主要成果以土地适宜度形式出现。土地适宜度指在规划区内确定的土地利用方式对生态、人文、经济要素的适宜程度,又指这些要素对给定的土地利用方式的适宜状况和程度。风景名胜区适宜度分析是根据自然资源与风景特征、发展需求与土地利用要求,选择对土地利用影响很大的资源保护、开发利用和管理发展等要素,分析某一土地类型的内在资源质量以及与相邻土地类型间的关系(排斥或兼容),确定土地对某一用途的适应性或限制性。分析的结果成为土地利用规划的依据,可以确定未来土地利用的发展情况。

土地利用适宜度的分级和标准依照风景名胜区规划"严格保护,统一管理,合理开发,永续利用"总原则进行制定,具体可分为:

1. 保护适宜用地

该土地风景资源集中、品位突出、生态环境好且对外界干扰比较敏感,适宜保持原貌,只能进行以保护为目的的必要性的土地使用和维护设施建设。

2. 游赏适宜用地

该土地整体环境风貌良好、生态环境稳定,土地有一定的抗干扰和自我恢复能力,适宜在一定的规划指导下进行旅游游憩开发利用。

3. 综合发展适宜用地

该土地景观环境资源稀疏,土地生态系统抗干扰能力较强,土地相容性高,适宜进行一定强度的综合开发,以满足风景区社会经济发展的需要,更好地实现风景名胜区的特殊功能。

(三) 土地利用方式分区

在风景区土地敏感性和适宜性分析的基础上,根据土地分区关系表(表3-14-4),对风景区土地利用方式进行分区,并对每种分区类型适宜性进行分析。

1. 资源保护区

土地的景观敏感度和生态敏感度较高,对风景区的景观环境价值和生态稳定程度有支撑作用,是风景名胜区资源最为集中的核心所在,需要进行严格的保护。

2. 游赏利用区

土地敏感度比较稳定,整体环境风貌较好,生态系统有一定的自我修复能力,与资源保护区在空间联系上比较紧密,适合开展游览欣赏和休憩娱乐等活动。

3. 综合发展区

土地敏感度较低,生态系统抗干扰能力强,是风景区整体景观环境和生态系统的重要组成部分,适合在一定的规划引导下进行综合经济社会发展,以更好地实现风景区的综合功能。

表3-14-4 土地分区关系表

	土地最敏感区	土地较敏感区	土地低敏感区
保护适宜用地	1	1	2
游赏适宜用地	1	2	3
综合发展适宜用地	2	3	3

注:1表示资源保护区土地;2表示游赏利用区土地;3表示综合发展区土地。

三、土地利用现状分析

(一) 风景区土地资源评估

1. 土地资源的特点、数量、质量评估

在前期调查与资料整理的基础上,可以结合风景名胜区所在地区的统计部门的土地详查及变更调查、土壤普查、土地遥感监测及人口、土地、农业、城乡建设等统计年鉴资料,分析和比较各类土地的总面积、质量状况以及近几年土地利用变化的情况,研究引起土地利用变化的原因,评价土地利用变化对风景名胜区的生态环境及社会经济发展的影响。

2. 土地利用潜力评估

通过对土地利用率和土地产出率等的分析,判断目前土地利用程度的高低。土地利用率是指土地利用的开发程度,它可以反映土地利用是否科学、合理。土地产出率是指在现状土地利用水平下土地的生产能力,它可以反映土地利用的经济效益。归纳和总结土地利用现状分析中所存在问题和产生问题的原因,分析土地利用的潜力,提出土地利用结构的调整意见。

（二）现状土地利用结构与布局的合理性分析

根据前期风景区土地利用汇总表,分析风景区土地利用类型特征以及结构特征,分析各类用地比例关系以及各类用地在风景名胜区范围内的空间分布是否合理。主要包括分析风景游赏用地、旅游服务设施用地、居民社会用地、交通与工程用地、林地、园地、耕地、草地、水域、滞留用地十大类用地占风景名胜区总用地的比例,以及每类用地内部的比例情况、各类用地的发展制约因素和存在问题、滞留用地的可置换条件及策略。

（三）土地资源保护、利用和管理存在的问题分析

根据前述风景区土地敏感性分析以及保护区保护要求,分析风景区土地保护、利用和管理中存在的问题,并提出协调土地利用建议。

四、土地利用结构优化与控制

土地利用协调规划就是对土地利用结构进行优化与控制,其依据有:风景区旅游项目策划、接待设施项目策划以及交通等工程设施规划等对土地需求量的预测;土地敏感性和适宜性分析结果;土地利用现状中存在的问题等。

（一）风景游赏用地的协调和控制

风景游赏用地是游览欣赏对象集中区的用地,并向游人开放。这类用地是风景资源的主要载体,也是游人停留时间比较长的空间所在,亦是体现风景名胜区核心价值的重要场所。在进行这一类用地的布局时应该主要以风景资源的分布情况和风景资源敏感性分析的结果为参考依据,在覆盖风景资源个体的同时也要将对风景资源有环境视觉影响和生态影响的范围划为风景游赏用地,尽量扩大这一类用地的规模。

在对该类用地进行使用时,应当重点对风景资源的占地规模以及风景资源的视觉影响和生态影响用地范围进行重点保护和控制,以保护风景资源不被破坏,使得风景资源整体环境得以完整呈现。

（二）旅游服务设施用地的协调和控制

旅游服务设施用地是直接为游人服务而又独立于景点之外的旅行游览接待服务设施用地。在进行这一类用地的布局时,应当综合协调旅游服务需求与风景区整体景观环境和生态环境保护之间的关系,一般应把这类土地布置在风景区边缘或者景区边缘、土地生态敏感度比较稳定的地点,以方便游人在进行游览欣赏活动之后也能便捷地享受到综合服务,同时还应重视风景环境的控制,避免对景观环境造成污染和破坏。

在对这一类的土地进行使用时,应该以与风景区的景观环境和生态环境相协调为目

标,重点对土地容量和土地建设开发强度进行控制和引导,保证风景区游览欣赏功能开展的合理性。

(三) 居民社会用地的协调和控制

居民社会用地是间接为游客服务而又独立设置的居民社会、生产管理等用地。这类用地构成复杂、权属关系多样,最难管理却又是最容易对风景区的生态环境造成破坏。在进行这一类用地的布局时,应当以服从风景名胜区整体用地结构和用地要求为前提,积极进行用地权属置换的工作,尽量将居民社会用地分批分次地转移出风景名胜区的范围,如果确需要保留的,应当进行相容土地功能置换的工作,采用集中布局的方式将居民社会用地布置在土地生态敏感度较低、土地抗干扰能力强的地区。

在对这一类土地进行使用时,应该对土地权属、土地的生态敏感性和土地相容性进行重点控制,对居民的生产生活方式和经济发展需求进行引导,实现用地的集约利用。

(四) 交通与工程用地的协调和控制

交通与工程用地是风景区自身需求的对外、内部交通通信与独立的基础工程用地。可将其概括为两类用地:一是道路交通基础设施用地;二是以给排水、电力、电信、环保、消防等设施为代表的其他基础设施用地。应该在布局时分别进行考虑。

风景名胜区的道路交通用地是物流、能流、信息流的主要通道,在对这类用地进行布局时,应该以构建高效、便捷的交通系统和将风景名胜区各类用地串联成有机整体为目标,确定合理的道路规模和等级,既能有效联系风景名胜区和周边区域,也能为风景区内的各种行为活动提供便利的通廊。

在布置道路交通用地时,应对土地的风景资源敏感度、风景环境质量、土地生态敏感度、土地相容性进行重点控制,使道路交通设施的建设与风景区的整体生态环境相协调,使道路也能成为景观环境的重要构成要素。

在进行给排水、电力、电信、环保、消防等基础设施用地的布局时,应该以集约用地、提高土地使用率为原则,在土地敏感度低的地区集中布置必要的基础设施用地,如果条件许可,也可以依托风景区周围区域范围内的城市或者城镇进行设施用地的综合布局。在布置上述基础设施用地时,应该对土地生态敏感性和土地相容性进行重点控制,使基础设施的建设既能满足风景区需要,又能够节约土地资源,为风景名胜区综合功能的发展提供空间。

(五) 林地的协调和控制

林地是生长乔木、竹类、灌木、沿海红树林等林木的土地,风景林不包括在内。对我国大多数风景名胜区来说,林地是维持风景名胜区生态环境稳定的主要因素。在进行林地的布局时,应以改善生态环境质量、维护生态系统稳定为目标,在风景区条件允许的地带进行林地的设置,对于已有林地要加强管理,促进植被群落的形成,使之发挥多元的生态功能。

在进行林地的布局时,土地相容性是最重要的控制要素。应重点注意协调林地与风景游赏用地之间的相容性关系,使之成为风景游赏用地的背景,并在条件允许的情况下,发展林地成为风景林地的储备用地,为扩大风景游赏用地提供潜在土地来源。

(六) 园地的协调和控制

园地是风景区内种植以采集果、叶、根、茎为主的集约经营的多年生作物的土地。一般来说,风景名胜区的园地有两种功能,即景观功能和经济功能。在进行园地的布局时,应在尊重现有用地情况和需求的基础上,协调园地与风景区整体风貌之间的关系,将园地尽量集中布置于居民社会用地和道路交通用地的附近,便于进行运输和管理。

在进行园地布局的时候,应重点控制其土地生态敏感性和用地相容性,确保其与风景区整体景观风貌的协调,确保其布局不会影响风景区保护和游赏主体功能的实现。

(七) 耕地的协调和控制

耕地是指种植农作物的土地。风景名胜区范围内由于历史的原因和当地居民生存发展的需要,常会有耕地的存在。一般来说,为了更好地实现风景名胜区的主体功能,实现风景资源的有效保护和合理利用,不会在风景名胜区范围内新设置耕地;对已有耕地,应当进行布局调整,确保耕地布置在土壤肥沃、灌溉有保证,且坡度不大于 $25°$ 的用地上,防止发生因为耕作引起的风景区水土流失、土壤质量下降等土地退化的后果,同时耕地应尽量靠近居民社会用地,以便于管理。

对耕地而言,对土地生态敏感性和土地相容性的控制是最重要的任务,对耕地的生态因子进行有效监控,并适当地进行退耕还林工作,是维护风景区整体生态环境稳定的重要工作。

(八) 草地的协调和控制

草地是指以生长各种草本植物为主的土地,包括天然、人工牧草地和人工草地。对某些存在比较严重环境问题的地区来说,适当地布置草地是改善生态环境的第一步工作,草地可以改良土壤、防风固沙,因此在风景区的滩涂地、裸露地和干旱地区布置草地,可以缓解生态环境恶化的影响,并为生态环境的进一步改善提供基础。

对草地来说,土地生态敏感性是最需要进行控制的要素。合理地对草地进行布置和控制,是改善风景区整体生态环境的重要工作之一。

(九) 水域的利用和控制

水域是指未列入风景游赏用地的水域,包括江、河、湖泊、水库、海域、滩涂等。水域是整个风景名胜区生态格局和景观环境的重要组成部分。对水域而言,要在保护的基础上加以适当利用,可开展理水、引水、治水等工作,以实现风景区整体环境特色的强化,维护生态系统稳定。

在进行水域的利用时,应注意其生态敏感性的控制,要保护水域及其周边的土地,严格控制土地用途,开展水域及周边的植被恢复工作,并注意与风景区整体生态环境的协调。

(十)滞留用地的利用和控制

滞留用地是指非风景区需求,因为各种原因滞留在风景名胜区内的用地。对这类用地应该善加利用,如对滞留的单位用地、仓储用地等,可结合风景名胜区的发展需求,调整其用途,将其改为居民社会用地或基础设施用地,其余用途的应当限期调整出风景名胜区范围,为风景名胜区的进一步发展提供土地空间。对这类用地应重点进行土地相容性和土地权属控制,保证土地用途的适当转换,并防止这类用地的再次出现。

五、土地利用分区与用地平衡

(一)土地利用分区

在上述土地协调平衡的基础上,同时考虑土地利用与功能分区、景区分区以及保护分区的关系,对风景区土地利用类型进行分区,并绘制土地分区图。

(二)绘制用地平衡表

根据土地利用分区,对各类土地进行面积测算,并计算用地变化和结构,编制用地平衡表(参见表3-14-2)。

项目十五：规划区旅游项目可行性分析

【学习目标】

1. 知识目标

(1) 理论知识目标

理解并掌握旅游投资项目可行性评价概念、必要性以及评价内容。

(2) 实践知识目标

理解并掌握投资估算、融资方案策划、财务可行性评价以及项目风险评价的方法和步骤。

2. 职业能力目标

能够对旅游投资项目做可行性研究。

3. 项目任务目标

规划区开发项目可行性研究。

第一节 旅游项目可行性分析理论

一、项目可行性分析依据

联合国工业发展组织在《工业项目可行性研究编制手册》中明确指出，可行性研究主要涉及建设目标、市场分析、财务分析、经济评价、社会影响、技术分析、风险防范等内容。因此，项目可行性评价是在项目开发建设前，对项目建设目标、市场、财务、经济、社会影响、技术以及风险防范等进行全面系统分析、论证和评价，其主要目的就是让决策规范化和科学化，提高决策的准确度和可靠性，同时为项目的实施和控制提供一定的参考和依据。

项目可行性研究起源于 20 世纪 30 年代的西方国家。美国将项目可行性研究方法运用于著名的田纳西河流域工程规划项目并获得了成功。在美国的推动下，现代工程项目可行性研究得到极大发展和完善。1972 年联合国工业发展组织出版《项目可行性研究评价准则》，系统构建了项目可行性研究的基本准则、评价方法和适用范围。1974 年，詹姆斯·莫里斯编写了《发展中国家项目的评价与规划》；1978 年，联合国工业发展组织出版了《工业项目可行性研究编制手册》，规定了工业项目可行性研究的具体内容及计算方法,主要涉及建设目标、市场分析、财务分析、经济评价、社会影响、技术分析、风险防范以及适用范围,借此,可行性研究已经形成了一套相对科学、完善的理论框架体系,并由发达国家开始传入发展中国家。1973年,我国外交部邀请联合国工业发展组织伯伦斯先生开设国际建设项目可行性研究的专题讲座,至此我国开始全面吸收和学习国际通行的建设项目可行性研究理论和方法。1983年,国家计委出台了《关于建设项目进行可行性研究的试行管理办法》,把项目可行性研究作为我国基础建设项目和投资项目的重要论证阶段和基本建设程序。1985年,国家计委出版了《建设项目经济评价方法与参数》,该文件给出了项目经济评价的基本程序、主要方法、评价指标和对比参数,促使我国建设项目可行性研究发展开始步入规范化、科学化和标准化的轨道。随后于1993年和2006年又对《建设项目经济评价方法与参数》进一步完善,并相继出版了第二版和第三版。《建设项目经济评价方法与参数》(第三版)包括《关于建设项目经济评价工作的若干规定》、《建设项目经济评价方法》和《建设项目经济评价参数》三部分。

二、项目可行性分析内容

依据国家发展改革委和建设部联合颁布的《建设项目经济评价方法与参数》(第三版)的规定,借鉴《投资项目可行性研究指南(试用版)》,项目可行性评价主要内容包含项目投资估算、融资方案策划、财务可行性分析以及不确定性评价四大内容。投资估算是对建设项目的投资额进行的估计。投资估算总额包括从筹建、施工直至建成投产的全部建设费用。投资估算对工程设计概算起控制作用,同时可作为项目资金筹措及制订建设贷款计划的依据,投资估算还是核算建设工程项目建设投资需要额和编制建设投资计划的重要依据[①]。项目建设需要资金保障,融资模式和资金筹措渠道选择需要根据项目的类型以及特点科学进行,做到既能为项目建设提供充足资金,同时又能以更低的成本筹集到所需资本,从而全面提升项目的投资回报率。这就要求企业在建设项目拟建之前,首先要针对各种资金来源的可能性和可行性进行认真的分析,科学选择融资模式和资金筹集渠道,确保项目建设稳步进行,从而使项目规划方案得以顺利实施。项目的财务分析是为了确定项目是否具有经济可行性,在建设期、运营期和回收期内计算和分析项目的成本效益,并对盈利能力、债务偿还能力进行评估。通过计算结果,得出项目的实际盈利能力和运营能力,从而得到在财务上是否可行的评价。项目评价所采用的数据大部分来自估算和预测,有一定程度的不确定性。为了分析不确定因素对经济评价的影响,需要根据拟建项目的具体情况,有选择地进行敏感性分析、盈亏平衡分析。

---

① 井虚. 工程项目投资估算研究[J]. 管理观察,2017(25):152-153.

第二节 旅游项目可行性分析实践

一、投资估算

(一) 投资估算内涵

投资估算是指以某项目投资具体活动内容为依据,对项目生命周期内各种现金流进行预测,以便为项目融资提供参考的系列活动的总称。投资估算总额的内容包括从筹备到竣工验收、投入运行的全部建设费用。投资估算可作为项目资金筹措及制订建设贷款计划的依据,是核算建设工程项目建设投资需要额和编制建设投资计划的重要依据。项目从规划立项到投入运行的过程中必须投入以下资金项目:征地费、工程施工费、前期工作费、竣工验收费、设备购置费、业主管理费、不可预见费、固定资产投资方向调节税、流动资金等。根据资金来源情况,有可能还要支付建设期投资贷款利息。

(二) 投资估算编制的依据

编制建设项目投资估算的主要依据有[①]:有关机构发布的适用本项目使用的投资估算编制办法;有关机构规定的概算指标、估算指标、工程建设其他费用估算规定和其他相关文件;有关部门规定的利率、税率、汇率和价格指数等有关参数;以往类似项目及装置或工序的概算、估算投资数据资料;工程所在地主要材料、人工、施工机械台班市场价格,项目所在地的交通运输情况、水电气等配备情况,项目的土地费用及征地补偿费,设备现行出厂价格(含非标设备)及运杂费率;有关专业提供的设计文件、主要工程量、主要设备清单,以及建设单位提供的各种资料。

(三) 项目投资估算内容及估算方法

1. 项目投资估算内容

项目总投资费用主要由建设投资、在建期利息和流动资金三部分组成。

(1) 建设投资,即从筹建项目直至具体建设项目的过程中所产生的所有建设资金,依据概算法,主要由筹建预备费用、工程费用和工程建设其他费用所组成。筹建预备费用主要由基本预备费和涨价预备费组成。基本预备费主要是由设计变更导致的费用增加、不可抗力导致的费用增加以及隐蔽工程验收时发生的挖掘及验收结束时进行恢复所导致的费用增加原因所致。涨价预备费是指建设项目在建设期间由于价格等变化引起工程造价变化的预测预留费用。涨价预备费的费用内容包括:人工、材料、施工机械的价差

---

① 井虚. 工程项目投资估算研究[J]. 管理观察, 2017(25):152-153.

费、建筑安装工程费及工程建设其他费用调整,利率、汇率调整等增加的费用。工程费用包含建设工程费、设备购置及其安装费。工程建设其他费用主要包含土地拆迁及补偿费、工程建设管理费、临时设施费、前期准备费、勘察设计费、工程监理费、进口设备材料检验费、特种设备安全监督检验费、工程保险费、联合试运转费、土地使用权出让金、专利技术许可费、生产准备费等。

(2) 在建期利息,指发生在项目建设过程中且本该纳入固定资产本值的利息,主要由借款或债券所产生的利息及涉及的手续费、信用承诺费和日常管理费等所组成。

(3) 流动资金,即项目运行的整个过程中经常占用且作为周转目的所设计的运营资金。项目总投资费用预算构成情况,如图 3-15-1 所示。

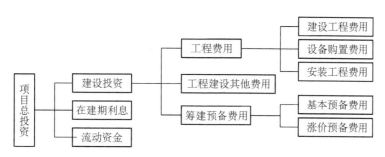

图 3-15-1　项目总投资结构

2. 项目投资估算方法

(1) 建设投资估算

①基本预备费估算

一般按照前五项费用(即建筑工程费、设备安装工程费、设备购置费、工器具购置费及其他工程费)之和乘以一个固定的费率计算。即:基本预备费=(设备及工器具购置费+建筑安装工程费+工程建设其他费)×基本预备费率。

②涨价预备费估算

计算公式[①]:

$$P_f = \sum_{t=1}^{n} I_t [(1+f)^{t-1} - 1]$$

式中:P_f 为计算期价格变动引起的投资增加额;

n 为计算期年数;

I_t 为计算期第 t 年的建筑安装工程费用和设备及工器具购置费;

f 为投资价格指数;

t 为计算期第 t 年。

价差预备费的计算方法,一般是根据国家规定的投资综合价格指数,按估算年份价

---

① 赵虎林. 涨价预备费计算公式分析及选用[J]. 化学工业,2010(7):43.

格水平的投资额为基数,采用复利方法计算。

③建设工程费估算

建筑工程费计算方法主要有三种,分别是单位建筑工程投资估算法、单位实物工程量投资估算法、概算指标投资估算法。其中,单位建筑工程投资估算法较简单,为单位建筑工程量投资与建筑工程总量的乘积。例如,某建筑物的建筑面积为 2 000 m^2,费用为 2 500 元/m^2,则建筑工程费为 500 万元。

④设备购置费估算

设备购置费为设备原价和设备运杂费之和。国产标准设备原价为设备制造厂的交货价(出厂价)或订货合同价。国产非标准设备只能根据图纸按订单制造,设备购置费则为制造合同价。设备运杂费为设备原价与设备运杂费费率的乘积,根据不同的工程所在地区,取用不同的设备运杂费费率,一般为 6%至 9%。

⑤安装工程费估算

安装工程费估算可以根据相关机构发布的安装工程定额、指标和取费标准并参照以前工程经验进行估算。有如下三种方法:一是按安装费费率计算。安装工程费为设备原价与安装费费率的乘积,安装费费率通常为 10%至 30%,不同类型的安装工程取用不同的安装费费率。如设备原价为 50 万元,安装费费率为 15%,则安装工程费为 7.5 万元。二是按每吨设备安装费计算。安装工程费为设备吨位与每吨设备安装费指标的乘积。例如,一般设备安装费用为 2 600 元/t,设备一共 500 t,则安装工程费为 130 万元。三是按单位安装实物工程量计算。安装工程费为安装工程实物量与每单位安装实物工程量费用指标的乘积。如某设备安装费为 15 元/台,一共 10 台,则安装工程费为 150 元。

⑥工程建设其他费用估算

工程建设其他费用主要包含土地拆迁及补偿费、工程建设管理费、临时设施费、前期准备费、勘察设计费、工程监理费、进口设备材料检验费、特种设备安全监督检验费、工程保险费、联合试运转费、土地使用权出让金、专利技术许可费、生产准备费等等。井虚建议,工程建设其他费用估算应该结合拟建项目的具体情况来算,有合同价格的按照合同价格列入,没有合同价格的,根据相关机构颁布的有关工程建设其他费用计算方法来估算[①]。

(2) 利息估算

为了简化计算,当年投入的贷款按贷款金额的一半计息,以前年份的贷款则按全额计息,分两种情况:①建设期每年末支付利息:建设期利息=$\sum$(每年年初本金+当年借款/2)×利率。②如果建设期不支付利息,则建设期利息=$\sum$(每年年初本金+以前

---

① 井虚. 工程项目投资估算研究[J]. 管理观察,2017(25):152-153.

年度的利息+当年借款/2)×利率。例如,某项目贷款金额 12 000 万元,分两年投入,第一年 4 000 万元,第二年 8 000 万元,贷款利率为年利率 4.9%,建设期不支付利息。则该项目建设期贷款利息支出为:(4 000÷2)×4.9%+[4 000+(4 000÷2)×4.9%+(8 000÷2)]×4.9%=494.802(万元)。

(3) 流动资金估算

流动资金等于流动资产减去流动负债。流动资产的构成要素一般包括存货、库存现金、应收账款和预付账款。流动负债的构成要素一般包括应付账款和预收账款。用公式表达为:流动资金=流动资产-流动负债;流动资产=应收账款+预付账款+存货+现金;流动负债=应付账款+预收账款。例如,某项目有基础数据:应收账款为 4500 万元,预付账款为 100 万元,存货为 3 900 万元,现金为 80 万元,应付账款为 4 300 万元,预收账款为 100 万元。则流动资产=4 500+100+3 900+80=8 580(万元),流动负债=4 300+100=4 400(万元),流动资金=流动资产-流动负债=8 580-4 400=4 180 万元。

(四) 投资预算步骤

1. 分别估算各单项工程所需的建筑工程费、设备及工器具购置费、安装工程费

根据各单位造价标准和专家制定的建筑物工程量标准计算建筑工程所需的费用。依照与设备供应商所协商的价格及当前市场价的情况对所有预购的设备进行估价。比如,经计算得到建筑工程费为 1 751 万元,设备及工器具购置费为 3 959 万元,安装工程费为 364 万元,则该项目工程费用=1 751+3 959+364=6 074(万元)。

2. 估算工程建设其他费用

项目工程建设其他费用包括环保绿化费、土地费用、人员培训费、可行性研究费、建设单位管理费、工程监理费和勘察设计费等七项费用构成。比如,经计算得到工程建设其他费用共计 972 万元。

3. 估算工程建设预备费用

基本预备费用估算。基本预备费又被称为工程建设不可预见费,一般由三项内容构成:①预防自然灾害费用和造成的损失;②竣工验收时的鉴定费和挖掘修复费;③在批准的设计范围内技术变更、设计变更以及其他变更造成的费用。如果项目土建工程量较大,建设期较长,不可预计情况发生的概率增大,项目基本预备费按工程费用的 5%提取。

涨价预备费可以根据通货膨胀率进行计算。比如,经计算得到项目的涨价预备费共计 423 万元。

4. 估算工程在建期利息

依据银行贷款额度、贷款期限以及宽限期,按照年息进行在建期利息计算。比如,计算得到项目的在建期利息为 278 万元。

5. 估算流动资金

按照存货、库存现金、应收账款、预付账款、应付账款和预收账款等基础数据,用公式流动资金＝流动资产－流动负债,计算流动资金。比如,计算得到项目的流动资金为1 248万元,最后得到建设项目总投资＝6 074＋972＋423＋278＋1 248＝8 995(万元)。

【案例】福泉山庄公司热水温泉旅游小镇项目投资估算[①]

本预算主要研究在建期投资、在建期利息及流动资金的状况。此项目投资预算制定的依据:

(1) 依据各种指标,采用综合指标法并考虑项目实际所在区域类似工程的造价,对建筑工程及安装工程需要的资金进行预计。

(2) 依据湖南省工程建设其他费用的定额测算标准计取工程建设涉及的其他费用,依据我国最新规定的测算法计取相关的其他费用。

(3) 依据与供应商商定的价格计算涉及的国产设备价格,并且根据同类工程报价计算设备的安装费。

(4) 根据我国建设部和计委公开的《工程勘察设计收费管理规定》相关要求,编制工程勘察设计费。

(5) 依据工程费用及除此之外费用的总量的5%计算预备费用。

(6) 依据年利率6%计算在建期的利息。

此项目总投入资金是10.50亿元,其间建设投资为90 438.11万元,在建期利息是9 211.39万元,流动资金是5 350.00万元。

一、建设投资预算

依照设计方案、相关的图纸和技术参考资料以及相关法律规定,计算此项目所需的建筑工程资金;相关法律规定主要如下:《湖南省建设工程造价管理办法》、《湖南省温泉旅游产业规划(2014年)》、《建设工程清单计价规范》(GB 50500—2008)、《建设投资项目经济评价指南》。依照上述法律规范和标准,采取供应商协商价与市场价总合计价的方式,以所在地2015年市场价计算各类原材料的费用。此项目建设投资主要由温泉疗养接待中心、餐饮服务中心和其他辅助娱乐消费设施的全部建设费用、购买和安装设备的费用,以及其他工程建设费用所组成。

1. 工程费用的预算

(1) 土建和装修费用

根据各单位造价标准和专家制定的建筑物工程量标准计算建筑工程所需

[①] 谭红花. 福泉山庄公司热水温泉旅游小镇项目财务可行性与风险分析[D]. 长沙:湖南大学,2017.

的费用,根据汝城县所制定类似项目的造价标准,且考虑现行市场价格的情况,确定单位的各个造价指标。本项目建筑工程费主要包括主体土建工程、配套工程和装修工程,其中土建和装修工程包括五个功能区,即温泉健身休闲区、温泉度假别墅区、森林生态游览区、乡村风情体验区和外围控制区,辅助的配套性工程主要由道路、强弱电、照明、通信、消防、给排水、温泉水和热水供应、停车场、景观等所组成。根据2015年汝城县市场价值的情况计算材料价格,此项目中的主要土建部分预算费用是 32 810.23 万元,装修费用预算费用是 29 540.38 万元,两项费用总共是 62 350.61 万元。

(2) 购买和安装设备的费用

首先,依照与设备供应商所协商的价格及当前市场价的情况对所有预购的设备进行估价;其次,此项目购买的设备主要由健身工具、厨具、炊具、客房里的家电和家具以及相关的辅助性水电设施原材料等设备所组成;最后,此项目总的设备购买的预算费用是 15 531.00 万元。而此项目进行设备安装的费用是:①基础供电、供热、供水方面的相关原材料费用和安装费用,包括工艺、通信、通风空调、自控、通风与除尘、管道、管线等;②非基础供水方面的相关原材料费用和安装费用,包括热水、温泉水和给排水工程的管线保温、绝缘、防腐,设备中内部的填充物等;③建筑物本身的安装费用,包括防火和监控系统和调控仪器等设备。根据2015年汝城市场价格计算材料所需的费用,本项目安装工程费估算为 2 575.81 万元。

2. 工程建设其他费用估算

本项目工程建设其他费用由环保绿化费、土地费用、人员培训费、可行性研究费、建设单位管理费、工程监理费和勘察设计费等七项费用构成。

(1) 土地费用

本项目用地获得通过转让方式,占地面积约为 311.26 亩(折合 207 509 m^2),需要支付的土地费用 2 399.99 万元。

(2) 环保绿化费

本项目环保绿化费主要用于绿化工程、固体废物收集及化粪池等。投资约900万元。

(3) 建设单位管理费

本项目建设单位管理费按照工程费用的 0.8% 估算,约 915.66 万元,该费用主要是建设单位在建设期内发生的管理性质的支出。

(4) 人员培训费

本项目人员培训费预算为143.50万元,主要用于对温泉疗养服务、餐饮服务以及娱乐服务的管理人员、一线服务人员、疗养技师、保安人员以及辅助人员等的培训支出。

(5) 工程监理费

工程监理费为工程费的0.5%取值,约为522.29万元,主要是根据《建设工程监理与相关服务收费管理规定》以及监理单位的实际要求确定。

(6) 勘察设计费

勘察设计费以工程费的0.5%取值,约为522.29万元,主要用于对项目的技术方案和施工方案的规划和设计支出。

(7) 可行性研究费

本项目可行性研究费为128万元,根据《国家计委关于印发建设项目前期工作咨询收费暂行规定的通知》(计价格〔1999〕1283)计费,需要委托甲级咨询单位编制和评估项目可行性研究报告。

综上,本温泉旅游小镇项目工程建设其他费用合计为5 531.73万元。

3. 预备费估算

本项目建设暂时不考虑物价的通货膨胀,只需计算几项基本预备费用。基本预备费又被称为工程建设不可预见费,一般由三项内容构成:①预防自然灾害费用和造成的损失;②竣工验收时的鉴定费和挖掘修复费;③在批准的设计范围内技术变更、设计变更以及其他变更造成的费用。由于本项目土建工程量较大,建设期较长,不可预计情况发生的概率增大,因此本项目基本预备费按工程费用的5%提取,则本项目基本预备费为4 449.46万元。

二、在建期利息估算

本项目银行贷款为80 000万元,贷款期限10年,宽限期3年,自有资金为25 000万元,总投资为10.5亿元。本项目在建期利息费用估算共计9 211.39万元。具体银行贷款和在建期利息见表3-15-1和表3-15-2。

表3-15-1 在建期银行贷款利息估算　　　　　　　　　　　单位:万元

建设期	年初贷款额	当年增加额	年利息	年中贷款额
1	0	40 000	1 440	41 440
2	44 720	20 000	3 083.2	44 523.2
3	66 803.2	20 000	4 688.19	49 211.39
合计			9 211.39	

表 3-15-2　项目还本付息表　　　　　　　　　　　单位:万元

序号	费用名称	1	2	3	4	5	6	7	8	9	10
1	期初借款余额	0.00	41 440.00	64 523.20	89 211.39	78 254.46	66 749.69	54 669.68	41 985.67	28 667.45	14 683.33
2	当期新增贷款额	4 000.00	20 000.00	20 000.00	0.00	0.00	0.00	0.00	0.00	0.00	0.00
3	当期应计利息	1 440.00	3 083.20	4 688.19	4 460.57	3 912.72	3 337.48	2 733.48	2 099.28	1 433.37	734.17
4	当期应还本金	0.00	0.00	0.00	10 956.93	11 504.77	12 080.01	12 684.01	13 318.21	13 984.12	14 683.33
5	当期还本付息	0.00	0.00	0.00	15 417.50	15 417.50	15 417.50	15 417.50	15 417.50	15 417.50	15 417.50
6	期末借款余额	41 440.00	64 523.20	89 211.39	78 254.46	66 749.69	54 669.68	41 985.67	28 667.45	14 683.33	0.00

三、项目投资资金构成

经估算,本项目的总投资为 105 000 万元,包含 90 438.61 万元的建设投资,5 350.00 万元的铺底流动资金,9 211.39 万元的在建期利息。具体资金构成见表 3-15-3。

表 3-15-3　项目投资资金构成

序号	费用名称	投资金额/万元	所占比例
1	土建工程费	32 810.23	0.31
2	装修工程费	29 540.38	0.28
3	设备购置费	1 553 1.00	0.15
4	安装工程费	2 575.81	0.02
5	工程建设其他费用	5 531.73	0.05
6	基本预备费	4 449.46	0.04
7	在建期利息	9 211.39	0.09
8	铺底流动资金	5 350.00	0.05
9	合计	105 000.00	1.00

福泉山庄公司热水温泉旅游小镇项目投资估算案例,对投资项目总资金的构成、估算依据等做了详细的说明,且对资金估算过程做了清晰的演算,值得借鉴。

二、融资方案策划

(一) 融资概念

融资,英文是 financing,从狭义上讲,融资特指企业或项目所有者通过一定手段来筹得资金的过程。从广义上讲,融资也叫金融,就是货币资金的融通,当事人通过各种方式到金融市场上筹措或贷放资金的行为。广义的融资是指资金在持有者之间由富余处流向短缺处的所有流通活动,它既包括资金的融入也包括资金的融出[①]。项目融资则指以特定项目为媒介,通过该项目的资产或预期收益作为保证而取得无追索权或有限追索权的贷款行为。美国银行家彼德·内维特在其《项目融资》一书中为项目融资做出如下定义:项目融资是"为一个特定经济实体所安排的融资,其贷款人在最初考虑安排贷款时,满足于使用该经济实体的现金流量和收益作为偿还贷款的资金来源,并且满足于使用该经济实体的资产作为贷款的安全保障"[②]。

(二) 融资模式

1. BOT 融资模式

BOT 即 Build-Operate-Transfer 的缩写,其含义是"建设—经营—移交"。该模式一般由东道国政府或地方政府通过特许权协议,将项目公开招投标选取符合要求的投资者或承建单位负责项目的实施。项目发起人为此专设项目公司,由项目公司负责基础设施项目的投融资、建造、经营和维护。在规定的特许期内,项目公司拥有投资建造设施的所有权,允许向设施的使用者收取适当的费用,并以此回收项目投融资、建造、经营和维护的成本费用,偿还贷款。特许期满后,项目公司将设施无偿移交给东道国政府或地方政府。

BOT 融资模式在实际应用中表现出的优势主要有:政府部门在基本项目建设中可融入民间资本以及国家资本,减轻自身财政负担,并且在基建项目建设中可加快速度,项目投资方可实现自身获益目标,基建项目虽然投资数量比较大,但是在运行中的收益相对比较稳定,市场风险也就比较小。利用 BOT 融资模式不但能够使基建项目建设中存在的资金困难问题得以有效解决,还能够在很大程度上提升基建项目经营效率,可使基建工程效率比较低的问题得以有效解决,因而这一模式有着十分广泛的应用[③]。

在综合性旅游项目开发过程中,有些旅游设施项目开发通过 BOT 模式进行融资,虽然可以减轻当地政府财政负担,还可以有效地节省项目投资,降低工程费用,提高效率,提升景区服务管理水平,引进先进的技术,但是,BOT 模式在运作过程中缺乏组织机构的

---

① 姚璐. 项目融资发展综述[J]. 科技情报开发与经济,2007(4):139-141.
② Nevit P K. Project financing [M]. 6th ed. London:Economy Publications,1996.
③ 卜鹏飞. 新形势下的基建项目融资模式研究[J]. 中国中小企业,2020,294(5):183-184.

协调,而且在项目特许经营期间政府失去了对旅游项目的控制权,项目公司为了自身利益最大化,导致社会总收益并不是最大化,甚至导致项目实施过程中对环境造成破坏。因此对于生态旅游项目开发以及类似旅游项目开发慎用BOT模式。

2. PPP融资模式

PPP为Public-Private Partnership的缩写,通常译为"公共私营合作制",即政府部门与社会企业构建合作关系,从而为基建项目建设提供产品及服务的一种融资形式。在这一融资模式的应用中,以特许权协议为基础,彼此之间形成一种伙伴式的合作关系,并通过签署合同来明确双方的权利和义务,以确保合作的顺利完成,最终使合作各方达到比预期单独行动更为有利的结果。PPP融资模式的典型结构为,政府部门或地方政府通过政府采购形式与中标单位组成的特殊目的公司签订特许合同,由特殊目的公司负责筹资、建设及经营。政府通常与提供贷款的金融机构达成一个直接协议,这个协议不是对项目进行担保的协议,而是一个向借贷机构承诺将按与特殊目的公司签订的合同支付有关费用的协议,这个协议使特殊目的公司能比较顺利地获得金融机构的贷款。采用这种融资形式的实质是,政府通过给予私营公司长期的特许经营权和收益权来换取基础设施加快建设及有效运营。

PPP融资模式在实施过程中主要优势有:既有BOT模式优势,即减轻政府财政负担,能有效地节省项目投资、降低工程费用,有利于提高效率,降低项目建设投资风险,提升景区管理水平,引进技术,同时,政府机构与项目投资者和经营者之间的相互协调关系贯穿项目始终,又能较好地保障国家与民营企业各方的利益,政府和私人部门可以取长补短,发挥各自优势并弥补对方不足,形成共赢局面,实现资源合理分配,尤其是旅游项目开发过程中,有利于环境保护,实现社会效益最大化,但若双方出现分歧,则无法实施基建项目建设,需要平等处理。该融资模式适应开发各类旅游项目。

3. FPI融资模式

FPI是英文Private Finance Initiative的缩写,即"民间主动融资"。该词起源于英国,20世纪90年代以来在英国得以应用。民间主动融资是一种类似于BOT的融资模式,是以私人资本和贷款方式进行融资的。通过招投标获得特许权的民间财团负责项目的开发建设、维护,并在特许期(通常为30年左右)结束时将所经营的项目完好地、无债务地归还政府。届时政府既可以自己继续经营也可以在项目的有效寿命期内另行招标。政府则在特许期内每年向民间财团支付租金或使用费。它与BOT融资的主要区别是,财团的收入来自政府而不是使用者。

4. ABS融资模式

ABS为Asset-Backed Securitization的缩写,即"资产证券化",是国际资本市场上流行的一种项目融资方式,已在许多国家的大型项目中应用。这一融资模式就是指在融资过程中将基建项目所具备的价值作为基础,将项目预期收益作为保障,在资产市场中进行债券发行来获得项目资金,因而属于证券化的一种融资模式。在这一融资模式的应用中,项目发起人员将基建项目资产向特设机构出售,而特设机构可依据基建项目的预期稳定现金流,对于资金流动性较差的基建项目资产,实行打包估价,将其转变成流动性及投资收益都比较高的债券以得到资金。对于 ABS 融资模式而言,其实质就是资产证券化,利用在证券市场发行证券的方式实现项目融资,可实现大规模筹集项目资金,并且融资对象比较多,可使项目投资风险得以分散,对于投资方的吸引力比较大。

ABS 融资模式主要优势有:①降低了项目融资成本。将资产与所有者分离,避免因为所有者的财务状况而连带影响债券的本息支付,融资较易。②分散了投资风险,将资产与所有者分离,优化债权债务关系,减轻投资者风险,而且由于债券购买方为众多的投资者,分散了投资风险。③改进了资产负债管理。发起人将资产出售给特设机构,而且是真实出售,并从资产负债表剔除,从而改进了资产管理。

(三) 资金筹措渠道

李嘉伟[①]对建设项目资金筹措的渠道与方式分析如下:

1. 政府投资

我国长期不懈地坚持改革开放,并全面发展市场经济,市场经济体制实现不断发展,在各个行业当中,政府的调控逐步被弱化,市场的调节作用进一步凸显。尽管如此,在许多事关国家经济、安全、民生的行业,政府还是发挥着主导作用。在这些领域中开展新建项目及项目扩建,资金需求量巨大,而政府投资就为其提供了重要资金保障。但是,政府投资也有其缺陷。首先,投资方向性较强,只有符合政策鼓励支持的产业才能够得到政府投资,而我国许多行业企业的建设项目是无法获得政府投资的,尤其是一些中小企业,即使有取得政府投资的可能性,事实上也非常困难;其次,由于是政府投资的性质,项目往往拥有较为严格的管理条件。

2. 股东直接投资

在现代社会,如果有人拥有了大量数额的资金,往往不再局限于传统观念,将资金全部存入银行,而是开始积极寻找投资渠道,试图通过投资、理财等各种手段,"让钱生钱",从而赚取更多的资金,防止资金的贬值。股东直接投资这种资金筹措渠道,对建设项目来说是有一定优势的,最重要的优势就在于项目主体通过这种渠道,可不必直面贷款项本金还款压力,资金也不会被抽调,使项目建设风险大为降低。但是同时,股东直接投资的渠道也有一定的缺陷,就是会使项目发起人丧失原来的所有者地位,丢失控制权。

3. 发行股票

企业为得到充足的资金,会不断开拓筹资渠道,上市公开出售股票,就是一种新的融资方式。新的股东向企业注资,会得到相应的管理权限,企业获得必要的资金,这就是股

---

① 李嘉伟.建设项目资金筹措的渠道与方式研究[J].江西建材,2017(21):226.

权融资。企业通过这种方式获得资金,可以不偿还本息,企业的债务压力明显降低。企业实施股权融资,新股东会获得相应所有权,并参与企业管理,由此公司的管理权限被进一步分化。当股东意见不一致时会对公司的正常发展造成影响,严重的会使原有股东丧失公司控制权,危及其自身的利益。

4. 银行贷款

通过分析可知,银行贷款有很多种类,划分种类所依据的标准有多个,主要有还款期限、贷款条件等,由此能将银行贷款分为短期贷款、长期贷款、信用贷款以及抵押贷款等几种。所谓短期贷款,就是还款期限少于一年的贷款,要是超过一年,则被视为长期贷款;客户可以根据自己的信用等级,从银行那里得到不同金额的贷款,而不需要有抵押物,这就是信用贷款;而办理抵押贷款,则必须有抵押物,否则,根本不能从银行获得贷款。

5. 发行债券

投资者购买企业的债券,企业向他们承诺,会在固定期限内,偿还本金并支付利息。债券融资是一种新的融资方式,从根本上来讲,债券是企业和投资者两方债务关系的证明,可以流通,有安全性,购买者能获得收益。企业发行债券,能获得充足的发展资金,可以长期自由支配使用,此外所形成的利息能抵扣企业税金,有较高的经济性。但是,如果企业经营活动举步维艰,发行的债券到期后,企业需要向投资人支付本金和利息,这时,企业会面临巨大资金压力,很有可能出现资不抵债的情形。

6. 借用国外资金

国内企业要借用国外资金,主要有两种渠道,分别是外国政府和金融服务机构。向外国政府申请贷款,利率会低于商业贷款,且使用年限较长,但借贷金额受限制,而且手续烦琐,很难顺利实现贷款。相比较而言,向国外金融服务机构申请贷款的难度相对低些,这类机构主要有世界银行、亚洲开发银行等。

【案例】福泉山庄公司热水温泉旅游小镇项目融资模式[①]

一、融资模式分析

生态旅游项目的建设周期较短、收效快,并且涉及的利益相关方也比较多,基于以上特点,并结合对 BOT、PPP、FPI 和 ABS 这四种项目融资模式的进一步研究,发现本项目采用 BOT 和 ABS 项目融资运作模式是不可取的,因为外商或国内财团一旦完全掌控项目,就会使得协调利益相关方的关系变得相当困难,在权衡利弊得失上也很难做到完全公正,最重要的是周期较短的特点根本不适合采用项目融资方式。如此看来,采用 PPP 和 FPI 融资模式是较为明智的

[①] 谭红花. 福泉山庄公司热水温泉旅游小镇项目财务可行性与风险分析[D]. 长沙:湖南大学,2016.

选择。纵观我国各行业中的融资模式状况，其大多数都还停留在理论研究阶段，能够被用来参考的国内成功案例并不多，因此，一旦采用 FPI 融资模式，资源和时间问题就不容忽视。我们把目光放到 PPP 融资模式上来，发现会产生大大不同于以上的结果。首先，PPP 融资模式拥有一个较为成熟的相关理论基础，并且总能找到可以用来参考的国内外成功案例。其次，像旅游部门这样的国有企业也会参与到本项目中，使得在银行办理贷款变得方便很多。最后，国有企业参与投资提高了私人投资的积极性。综上所述，本项目应采取 PPP 融资模式。

二、资金筹措

热水温泉旅游小镇福泉山庄建设项目的资金融资渠道主要有以下两种：

（1）项目资本金筹措。自有资金构成项目资金的主要组成部分，它是由项目资金法人通过自筹的方式得来的。一般情况下，建设投资的资金都来源于预售资金的销售收入。为了使销售收入得到保障，就需要向银行申请提供按揭服务。佳辉置业有限公司在与开发区政府进行土地置换的过程中已经发生的投资费用就是自有资金。本项目的总投资为 105 000 万元。项目资本金为总投资的 25%，自筹资金 25 000 万元。项目公司属于热河镇温泉开发区集团下属的全资子公司，集团的资金雄厚，投入资本金主要来源于热河镇温泉企业积累的盈余资金和未分配利润，符合国家对投资项目试行资本金制度的要求。

（2）项目债务资金筹措。生态旅游区建设项目的债务资金的筹措方式将采用从银行贷款和企业资金拆借的方式进行。根据具体的资金拆借协议，规定企业间资金拆借的利率及偿还条件，本项目主要通过向银行借款来筹措资金。而是否采用拆借资金的方式，需要根据相应决定调整。本项目债务资金为银行借款，金额为 80 000 万元，占总投资的 75%，在建期利息 9 211.39 万元。

通常来说，有两种方式可以用来申请银行贷款：一是根据自己已有的项目资金情况以及未来销售收入和利润作为担保来进行贷款；二是项目有相当多的良好抵押物可以使用，保证合理获得贷款。国内主要根据抵押的方法来进行。有两种方式可以获得项目资金利息和贷款：一是通过开展项目的租赁活动，从而取得经营利润；二是确保能够还本的前提下，进行销售收入。这部分资本就是偿还贷款本息少于最大额度的限制。有些时候，销售收入和自有资金会面临一些困难，这时候可以考虑让项目承包商和供应商带资或垫资。但是这只能当作一种应对未来风险的措施，且要控制其比例大小。

三、资金使用计划

根据投资预算、在建期利息和融资计划，得出建设期的资金使用计划表，如

表3-15-4所示。

表3-15-4 建设期资金使用计划表　　　　单位：万元

序号	项目	合计	计算期 1	计算期 2	计算期 3
1	总投资	105 999.5	42 895	31 655	31 449.5
1.1	建设投资	92 438.11	38 312	27 112	27 014.11
1.2	在建期利息	9 211.39	3 070.46	3 070.46	3 070.46
1.3	流动资金	5 350	1 813.89	1 921.86	1 614.25
2	资金筹措	105 000	50 000	30 000	25 000
2.1	项目资本金	25 000	10 000	10 000	5 000
2.1.1	用于建设投资	92 438.11	38 312	27 112	27 014.11
2.1.2	用于在建期利息	9 211.39	3 070.46	3 070.46	3 070.46
2.1.3	用于流动资金	5 350	-1 813.89	-1 921.86	-1 614.25
2.2	债务资金	80 000	40 000	20 000	20 000
2.2.1	用于建设投资	0	0	0	0
2.2.2	用于在建期利息	0	0	0	0
2.2.3	用于流动资金	80 000	30 000	30 000	20 000
2.3	其他资金	0	0	0	0

三、财务可行性分析[①]

财务评价是在国家现行财税制度和市场体系下，分析预测项目的财务效益与费用，计算财务评价指标，考察拟建项目的盈利能力、偿还能力，据以判断项目的财务可行性。

(一) 财务评价内容及步骤

财务评价是在确定的建设方案、投资估算和融资方案的基础上进行财务可行性研究。财务评价的主要内容与步骤如下：

(1) 选取财务评价的基础数据与参数，包括主要投入品和产品财务价格、税率、利率、汇率、计算期、固定资产折旧率、无形资产和递延资产摊销年限、生产负荷及基准收益率等基础数据和参数。

(2) 计算销售（营业）收入，估算成本费用。

(3) 编制财务报表，主要有：财务现金流量表、损益现金流量表、损益和利润分配表、

[①] 《投资项目可行性研究指南（试用版）》编写组. 投资项目可行性研究指南：试用版[M]. 北京：中国电力出版社，2002.

资金来源与运用表、借款偿还计划表。

（4）计算财务评价指标，进行盈利能力分析和偿还能力分析。

（5）进行不确定性分析，包括敏感性分析和盈亏平衡分析。

（6）编写财务评价报告。

（二）营业收入与税金及附加估算

销售（营业）收入是指销售产品或者提供服务取得的收入。生产多种产品和提供多项服务的，应分别估算各种产品及服务的销售收入。同时，按照税率计算各种税费，比如，按有关规定，各税种税率分别为：①营业税：旅游门票营业税税率为3%，其他收入营业税税率为5%，城市建设维护费为营业额的7%（纳税人所在地为市区）、5%（纳税人所在地为县、城、镇）、1%（纳税人所在地不在市、县、城、镇）；教育费附加额为营业额的3%。②企业所得税：25%。税法规定，纳税人发生年度亏损的，可用下一纳税年度的所得弥补，下一纳税年度的所得不足弥补的，可以逐年延续弥补，但是延续弥补的期限最长不能超过5年。5年弥补期是从亏损年度的第一年度算起，在5年内未弥补完的亏损，从第六年起应从企业税后利润或盈余公积金中弥补。根据计算编制销售收入、销售税金及附加估算表，见表3-15-5。

表3-15-5　销售收入、销售税金及附加和增值税估算表　　　　　　单位：万元

序号	项目	合计	计算期					
			1	2	3	4	…	n
1	销售（营业）收入							
1.1	产品A销售收入							
	单价（含税）							
	销售量							
1.2	产品B销售收入							
	单价（含税）							
	销售量							
	…							
2	销售（营业）税金和附加							
2.1	营业税							
2.2	消费税							
2.3	城市维护建设费							
2.4	教育费附加							
3	增值税							
	销项税额							
	进项税额							

(三) 成本费用估算

成本费用是指项目生产运营支出的各种费用。按成本计算范围,分为单位产品成本和总成本费用;按成本与产量的关系,分为固定成本和可变成本;按财务评价的特定要求,分为总成本费用和经营成本。

1. 总成本费用估算

总成本费用是指在一定时期(如一年)内因生产和销售产品发生的全部费用。总成本费用的构成及估算通常用产品制造成本加企业期间费用估算法和生产要素估算法计算,在旅游项目总成本计算中应用后者。其计算公式为:总成本费用=外购原材料、燃料及动力费+工资及福利费+外部提供的劳务及服务费+修理费+折旧费+摊销费+财务费用+其他费用。详见表3-15-6、表3-15-7、表3-15-8、表3-15-9、表3-15-10。

表3-15-6 总成本费用估算表　　单位:万元

序号	项目	合计	计算期					
			1	2	3	4	…	n
1	外购原材料费							
2	外购燃料及动力费							
3	工资及福利费							
4	修理费							
5	折旧费							
6	矿山维简费							
7	摊销费							
8	财务费用							
9	其他费用							
	其中:土地使用费							
10	总成本费用合计 (1+2+3+…+9)							
	其中:可变成本							
	固定成本							
11	经营成本 (1+2+3+…+9)							

表 3-15-7　外购原材料费用估算表　　　　　　　　　单位：万元

序号	项目	合计	计算期					
			1	2	3	4	…	n
1	原材料费用							
1.1	原材料 A 购置费							
	单价（含税）							
	数量							
1.2	原材料 B 购置费							
	单价（含税）							
	数量							
	进项税额							
	…							
2	辅助材料费用							
	进项税额							
3	其他材料费用							
	进项税额							
4	外购原材料费合计							
5	外购原材料进项税额合计							

表 3-15-8　外购燃料及动力费用估算表　　　　　　　　单位：万元

序号	项目	合计	计算期					
			1	2	3	4	…	n
1.1	燃料 A 费用							
	单价（含税）							
	数量							
	进项税额							
	…							
2	动力费用							
2.1	动力 A 费用							
	单价（含税）							
	数量							
	进项税额							
3	外购燃料及动力费用合计							
4	外购燃料及动力进项税额合计							

表 3－15－9　工资及福利费用估算表　　　　　　　　　　　　　　　单位：万元

序号	项目	合计	计算期					
			1	2	3	4	…	n
1	工人							
	人数							
	人均年工资							
	工资额							
2	技术人员							
	人数							
	人均年工资							
	工资额							
3	管理人员							
	人数							
	人均年工资							
	工资额							
4	工资总额							
5	福利费							
6	合计							

表 3－15－10　固定资产折旧费用估算表　　　　　　　　　　　　　单位：万元

序号	项目	合计	计算期					
			1	2	3	4	…	n
1	房屋、建筑物							
	原值							
	本年折旧费							
	净值							
2	机器设备							
	原值							
	本年折旧费							
	净值							
	…							
3	合计							
	原值							
	本年折旧费							
	净值							

2. 经营成本估算

经营成本是项目评价特有的概念,用于项目财务评价的现金流量分析。经营成本是指总成本费用扣除固定资产折旧费、无形资产及递延资产摊销费和财务费用后的成本费用。计算公式为:经营成本＝外购原材料、燃料及动力费＋工资及福利费＋修理费＋其他费用,或经营成本＝总成本费用－折旧费－无形资产和其他资产摊销费－利息支出。

3. 固定成本与可变成本估算

固定成本是指不随产品产量及销售量的增减发生变化的各项费用。可变成本是指随产品产量及销售增减发生变化的成本。固定成本一般包括折旧费、摊销费、修理费、工资及福利费(计件工资除外)和其他费用等,通常把运营期发生的全部利息也作为固定成本。可变成本主要包括外购原材料、燃料及动力费和计件工资等。

(四) 盈利能力分析

盈利能力分析是项目财务评价的主要内容之一,是在编制现金流量表的基础上,计算财务内部收益率、财务净现值、投资回收期等指标。其中财务内部收益率为项目的必要盈利性指标,其他指标可根据项目特点及财务评价的目的、要求等选用。

1. 财务内部收益率(FIRR)

财务内部收益率是指项目在整个计算期内各年净现金流量现值累积等于 0 时的折现率,它是评价项目盈利能力的动态指标。其表达式为:

$$\sum_{t=1}^{n}(CI-CO)_t(1+FIRR)^{-t}=0$$

式中:CI 为现金流入量;CO 为现金流出量;$(CI-CO)_t$ 为第 t 年的净现金流量;n 为计算期年数。

项目财务内部收益率(FIRR)的判别依据,应采用行业发布或者评价人员设定的财务基准收益率(i_c),当 $FIRR>i_c$ 时,即认为项目的盈利能力能够满足要求。

2. 财务净现值(FNPV)

财务净现值是指按设定的折现率 i_c 计算的项目计算期内各年净现金流量的现值之和。计算公式为:

$$FNPV=\sum_{t=1}^{n}(CI-CO)_t(1+i_c)^{-t}$$

式中:CI 为现金流入量;CO 为现金流出量;$(CI-CO)_t$ 为第 t 年的净现金流量;n 为计算期年数;i_c 为设定的折现率。

财务净现值是评价项目盈利能力的绝对指标,它反映了项目在满足按设定折现率要求的盈利之外获得的超额盈利的现值。财务净现值等于或者大于 0,表明项目的盈利能力达到或者超过按设定的折现率计算的盈利水平。一般只计算所得税前财务净现值。

3. 投资回收期(P_t)

投资回收期是指以项目的净收益偿还项目全部投资所需要的时间,一般以年为单

位,并从项目建设起始年算起。若从项目投产年算起,则应予以特别关注。其表达式为:

$$\sum_{t=1}^{P_t}(CI-CO)_t=0$$

投资回收期可根据现金流量表计算,现金流量表中累计现金流量(所得税前)由负值变为0时的时点,即为项目的投资回收期。计算公式为:

$P_t=$ 累计净现金流量开始出现正值的年份数－1＋上年累计净现金流量的绝对值/
当年净现金流量值

投资回收期越短,表明项目的盈利能力和抗风险能力越好。投资回收期的判别标准是基准投资回收期,其取值可根据行业水平或者投资者的要求设定。

4. 投资利润率

投资利润率是指项目在计算期内正常生产年份的年利润总额(或年平均利润总额)与项目投入总资金的比例,它是考察单位投资盈利能力的一项静态指标。

(五) 偿还能力分析

根据有关财务报表,计算借款偿还期、利息备付率、偿债备付率等指标,评价项目借款偿还能力。如果采用借款偿还期指标,可不再计算备付率;如果计算备付率,则不再计算借款偿还期指标。

1. 借款偿还期

借款偿还期是指以项目投产后获得的可用于还本付息的资金,还清借款本息所需的时间,一般以年为单位表示。这项指标可由借款偿还计划表推算。不足整年的部分可用内插法计算。指标值应能满足贷款机构的期限要求。借款偿还期指标旨在计算最大偿还能力,适用于尽快还清欠款的项目,不适用于已约定借款偿还期限的项目。对于已约定借款偿还期限的项目,应采用利息备付率和偿债备付率指标分析项目的偿还能力。

2. 利息备付率

利息备付率是指项目在借款偿还期内,各年可用于支付利息的息税前利润与当期应付利息费用的比值,即:利息备付率＝息税前利润($EBIT$)/当期应付利息费用(PI)。其中,息税前利润＝利润总额＋计入总成本费用的利息费用;当期应付利息是指计入总成本费用的全部利息。

利息备付率既可以按年计算,也可以按整个借款期计算。利息备付率表示项目的利润偿付利息的保证倍率。对于正常运营的企业,利息备付率应当大于2,否则,表示付息能力保障程度不足。

3. 偿债备付率

偿债备付率是指项目在借款偿还期内,各年可用于还本付息资金与当期应还本付息金额的比值,即:偿债备付率＝可用于还本付息资金/当期应还本付息金额(PD)。其中,可用于还本付息的资金包括可用于还款的折旧费和摊销费、在成本中列支的利息费用、可用于还款的利润等;当期应还本付息金额包括当期应还贷款本金及计入成本的利息。偿债备付率既可以按年计算,也可以按整个借款期计算。偿债备付率表示可用于还本付息的资金偿还借款本息的保证倍率。偿债备付率在正常情况应当大于1;当该指标小于1时,表示当年资金来源不足以偿付当期债务,需要通过短期借款偿付已到期债务。

四、不确定性分析

项目评价所采用的数据大部分来自估算和预测,有一定程度的不确定性。为了分析不确定因素对财务评价的影响,需要进行不确定性分析,估计项目可能存在的风险,考察项目的财务可靠性。根据拟建项目的具体情况,有选择地进行敏感性分析、盈亏平衡分析。

(一) 敏感性分析

通过分析、预测项目主要不确定因素的变化对项目评价指标的影响,找出敏感因素,分析评价指标对该因素的敏感程度,并分析该因素达到临界值时项目的承受能力。一般将产品价格、产品质量(生产运营负荷)、主要原材料价格、建设投资、汇率等作为考察的不确定因素。

1. 编制敏感性分析表和绘制敏感性分析图

敏感性分析如图 3-15-2 所示。图中每一条斜线的斜率反映内部收益率对该不确定因素的敏感程度,斜率越大,表示敏感程度越高。一张图可以同时反映多个因素的敏感性分析结果。每条斜线与基准收益率线的相交点所对应的不确定因素变化率,即图中 C_1、C_2、C_3、C_4 为该因素的临界点。

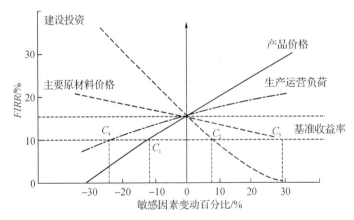

图 3-15-2 敏感性分析图

2. 计算敏感系数和临界点

(1) 敏感系数

单因素敏感性分析可用敏感系数表示项目评价指标对不确定因素的敏感程度,计算公式为:

$$E=\Delta A/\Delta F$$

式中:ΔF 为不确定因素 F 的变化率;ΔA 为不确定因素 F 发生 ΔF 变化率时,评价指标 A 的相应变化率;E 为评价指标 A 对于不确定因素 F 的敏感系数。

(2) 临界点

临界点是指项目允许不确定因素向不利方向变化的极限值。当超过极限时,项目的效益指标将不可行。例如,当产品价格下降到某值时,财务内部收益率将刚好等于基准收益率,此点被称为产品价格下降的临界点。临界点可用临界点百分比或者临界值分别表示某一变量的变化达到一定的百分比或者一定数值时,项目的效益指标将从可行转变为不可行。临界点既可用专用软件的财务函数计算,也可用敏感性分析图直接求得近似值。

(二) 盈亏平衡分析

进行盈亏平衡分析时,如图 3-15-3 所示,将产量或者销售量作为不确定因素,求取盈亏平衡点所对应的产量或者销售量。盈亏平衡点越低,表示项目适应市场变化的能力越强,抗风险能力也越强。

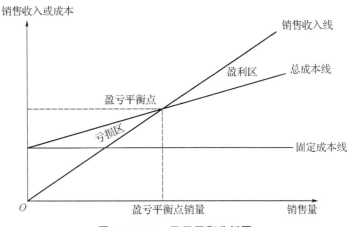

图 3-15-3 盈亏平衡分析图

【案例】基础数据与参数选取[①]

(1) 项目计算期。一般而言,项目的财务计算期取决于其生命周期,在旅游项目可行性研究工作中,从当前实践看,人类有持续需求的主题项目生命周期较长,可以按20年计算,但参与性不强的一般观赏型主题园只能以10年的生命周期计算。

(2) 税率。按有关规定,各税种税率分别为:a. 营业税:旅游门票营业税税率为3%,其他收入营业税税率为5%,城市建设维护费为营业额的7%(纳税人所在地为市区)、5%(纳税人所在地为县、城、镇)、1%(纳税人所在地不在市、县、城、镇);教育费附加为营业额的3%;b. 企业所得税:25%。税法规定,纳税人发生年度亏损的,可用下一纳税年度的所得弥补,下一纳税年度的所得不足弥补的,可以逐年延续弥补,但是延续弥补的期限最长不能超过5年。5年弥补期是从亏损年度的第一年度算起,在5年内未弥补完的亏损,从第六年起应从企业税后利润或盈余公积金中弥补。

(3) 盈余公积金。经营期各年盈余公积金按照税后利润(减弥补亏损)的10%提取,当盈余公积金累计金额已达注册资本50%以上时可不再提取。

(4) 基准收益率。基准收益率一般是根据资金成本来确定,或是根据投资者要求的最低资金利润率来确定。前一种办法,由于计算资金成本比较困难,故限制了其应用范围。通常情况下,根据资金的机会成本,即一般情况下可以获得的报酬来确定。《建设项目经济评价方法与参数》中列明林业相关行业财务基准收益率为9%~13%(项目资本金税后指标)。

【案例】西安××商业旅游项目的财务可行性分析[②]

一、项目总投资估算

项目总投资估算是所研究项目财务分析与评价的主要环节之一。通过对周边区域商业旅游项目的调研,并结合西安市城建费用的收取标准、同类工程技术经济指标、有关材料和设备价格信息以及本项目开发建设单位的综合分析,本方案的项目投资估算费用如下。

1. 项目投资估算

本项目的总投资估算57 182.32万元,包括土地费用、前期工程费用、城建

[①] 尹忠,周莹. 生态旅游开发项目可行性研究中效益分析评价[J]. 四川林勘设计,2007(3):36-38.
[②] 周春琪. 西安××商业旅游项目的可行性研究[D]. 西安:西安电子科技大学,2014.(案例中个别数据有误,引用案例时,已作修改。)

费用、室外工程费、建筑安装工程费、建设监理费、建设单位管理费、代建费、不可预见费、其他费用、建设期利息。其中：

项目用地面积为 39 960 m²，土地费用共计 8 700 万元。

前期工程费用 2 521.27 万元，包括设计费用、勘测费用、检测费用、施工图设计审查费、三通一平费、白蚁防治费、定额测定编制费、招投标管理费、质量监督费、消防配套费、红线费、定验线费、环评费、交评费、可行性研究费、节能评估费、散装水泥专项资金、文物普探费用、暖通市政工程费、供电增容费、天然气工程费以及其他费用(表 3‐15‐11)。

表 3‐15‐11 前期工程费用

序号	名称	金额/万元	面积/m²	单价/元	备注
1	前期工程费	2 521.27			
1.1	设计费	341.64			
1.1.1	方案设计费	128.11	85 409	15	
1.1.2	控制性规划费	42.70	85 409	5	
1.1.3	施工图设计费	170.82	85 409	20	
1.2	勘测费	25.62	85 409	3	
1.3	检测费	59.79			
1.3.1	沉降检测费	10.25	85 409	1.2	
1.3.2	地基检测	15.37	85 409	1.8	
1.3.3	防雷检测	12.81	85 409	1.5	
1.3.4	室外空气检测	12.81	85 409	1.5	
1.3.5	室外环境检测	4.27	85 409	0.5	
1.3.6	卫生检测费	4.27	85 409	0.5	
1.4	施工图设计审查费	17.08	85 409	2	
1.5	三通一平费	59.94	39 960	15	
1.6	白蚁防治费	12.81	85 409	1.5	
1.7	定额测定编制费	43.97	建安费用0.13%		
1.8	招投标管理费	16.91	建安费用0.05%		
1.9	质量监督费	33.83	建安费用0.1%		
1.10	消防配套费	38.43	85 409	4.5	

(续表)

序号	名称	金额/万元	面积/m²	单价/元	备注
1.11	红线费	5.12	85 409	0.6	
1.12	定验线费	4.27	85 409	0.5	
1.13	环评费	4.27	85 409	0.5	
1.14	交评费	6.83	85 409	0.8	
1.15	可行性研究费	4.27	85 409	0.5	
1.16	节能评估费	2.56	85 409	0.3	
1.17	散装水泥专项资金	0.00	85 409	1.5	
1.18	文物普探费	13.67	85 409	1.6	
1.19	暖通市政工程费	845.09	85 409	100	
1.20	供电增容费	811.39	85 409	95	
1.21	天然气工程费	45.54	300	1518	元/套
1.22	其他费用	33.83	建安费用0.1%		

城建费用包括城市基础设施配套费、劳保统筹基金、新型墙体材料专项费用。根据西安市城乡建设委员会发布的城建费用统一征收标准收取,共计2 494.74万元。城市基础设施配套费按每平方米150元估算,城市基础设施配套费(150×85 409)为1 281.14万元。

劳保统筹基金按建筑安装工程费的3.335 3‰计,劳保统筹基金=3.335 3‰×3 3825.24=1 128.19(万元)。新型墙体材料专项费用按每平方米10元计算,新型墙体材料专项费用(10×85 409)为85.41万元。

室外工程费包括项目规划用地范围内道路、管网、绿化、景观、广场等红线内基础设施的建设费用以及管线接口费用等,参考有关计价指标及类似工程经验数据,共计806.55万元。

建筑安装工程费根据《陕西省建筑工程综合概预算定额(2004)》,结合市场调查和西安市类似工程的造价水平,分别估算如下(表3-15-12)。

表3-15-12 建筑安装工程费

序号	名称	金额/万元	元/m²	面积/m²
1	建筑安装工程费	33 825.24	—	85 409
1.1	地上商业区域	7 736.04	5 200	14 877
1.2	主题餐厅	3 870.9	5 500	7 038
1.3	地下商业区域	16 258.55	4 100	39 655
1.4	地下车库	5 959.75	2 500	23 839

本项目建设推广费按照销售费用的2%收取,共计1 395.86万元。建设单位管理费按照2~5项之和(除灯光、雕塑费)的3.54%收取,共计1 450.43万元。预备费用按照2~6的11.72%收取,共计4 979.82万元。

本项目其他不可预计支出共计300万元。

本项目贷款金额为23 000万元,建设期利息为708.40万元。建设期利息项目利率按央行6个月至1年的基准贷款利率6.56%,折算成季度贷款利率为1.64%。

综合前面1~10项的费用,总投资为57 182.32万元(表3-15-13)。

表3-15-13 项目总投资估算表

序号	名称	金额/万元
1	土地费用	8 700.00
2	建筑安装工程费	33 825.24
3	前期工程费和城建费用	5 016.01
4	室外工程费	806.55
5	推广费用	1 395.86
6	管理费	1 450.43
7	预备费	4 979.82
8	其他费用	300.00
9	建设投资	56 473.92
10	建设期利息	708.40
11	总投资	57 182.32

2. 项目总投资的资金来源

项目总投资57 182.32万元,其中资本金20 000万元,销售收入再投入13 473.92万元,银行贷款本金23 000万元,建设期利息708.40万元。项目资金筹措安排表见表3-15-14。

表3-15-14 项目资金筹措安排表

资金筹措	金额/万元	占总投资比例/%
资本金	20 000	35
销售收入再投入	13 473.92	24
银行贷款	23 000	40
建设期利息	708.40	1
总计	57 182.32	100

注:项目开发单位为某开发区管委会下属全资子公司,注册资本3.5亿元。自有资金可以满足项目资本金需求。项目后续资金通过在金融机构融通资金来解决。

3. 规划设计方案

西安××商业旅游项目规划设计符合商业旅游项目的规划设计原则。本项目的规划严格按照西安市城市总体规划要求进行规划设计；结合西安市气候和建筑面貌等方面的特点和规划用地周围的环境条件；利用规划用地地形地貌，合理布局，节约项目用地；满足居民多种需要，综合考虑日照、通风、防火、防震、配套设施及管理要求；创造安静、卫生、舒适、优美的旅游、居住、生活环境；充分考虑社会、经济和环境三方面的效益；追求人与自然、建筑与环境的相互交融；遵守"以人为本"的原则，考虑现代居民的居住心理要求；同时营造园区内部环境和周边景观的协调一致。

西安××商业旅游项目商业规划占地面积为 39 960 m^2，商业总建筑面积约为 85 409 m^2，其中西区商业大院约 4 001 m^2、东区商业街约 10 876 m^2、华清餐厅约 7 038 m^2、地下商业综合体约 39 655 m^2、东区地下车库约 14 008 m^2、西区地下车库 9 791 m^2。建设内容包括西区商业大院、东区商业街、华清餐厅、地下商业综合体、东区地下车库、西区地下车库及道路和绿地。项目的各项技术指标见表 3-15-15。

表 3-15-15 建筑技术指标

序号	项目	面积或数量
1	商业总用地面积/m^2	39 960
2	商业总建筑面积/m^2	85 409
2.1	西区商业大院/m^2	4 001
2.2	东区商业街/m^2	10 876
2.3	华清餐厅/m^2	7 038
2.4	地下商业综合体/m^2	39 655
2.5	东区地下车库/m^2	14 008
2.6	西区地下车库/m^2	9 791
3	车库/个	401
3.1	西区地下车库/个	125
3.2	东区地下车库/个	276

4. 项目定价

本项目所在地位于西安市临潼区，该区域属西安市华清池周边，自然环境较好。项目定价采用市场比较法。参考同期西安市和临潼区同类产品的销售价格和商业租赁价格，以项目附近新建、在建项目定价作为本项目经济效益的参照指标。在此基础上结合项目本身特点进行修正，将各修正价格加权平均后,得出项目的销售和租赁价格。

商业价格定位按照市场比较法,参考西安市和临潼区商业旅游市场行情和项目自身特点实际,最终确定项目销售价格。其中,商业销售价 13 000 元/m^2;车位销售价格约 14 万元/个。物业租赁价格:地上商铺租金约为 2 100 元/$(a \cdot m^2)$,地下商铺租金约为 1 350 元/$(a \cdot m^2)$、车位租金约为 1 200 元/$(a \cdot 个)$。

二、项目销售方案的财务评价

1. 评价原则及参数

在对本项目进行可行性研究时,本项目拟采取两套项目经营方案。其中,方案一为项目建成后全部销售;方案二为项目建成后全部租赁。因两套方案性质不同,财务评价存在差异,因此在本报告中,对方案一和方案二分别进行财务评价。

在财务评价过程中,项目的计算期内暂未考虑通货膨胀因素。财务评价依据的原则是:数据费率取值也基于稳健保守原则;费用支出与经济效益的期间相配比原则;动静分析结合原则,即考虑到项目的静态支出,也考虑到资金时间价值因素。

(1) 基准收益率:基准收益率考虑到项目性质具有一定的公益性,另外考虑资金成本、机会成本、投资风险、通货膨胀等影响因素,项目年基准收益率参照公益类项目确定为 8%,折算为季度是 1.94%。

(2) 计算期的确定:本项目计算期为 21 个月。

2. 财务盈利能力分析

根据项目投资现金流量表计算的评价指标有所得税前、税后的财务内部收益率,财务净现值和投资回收期(表 3-15-16、表 3-15-17)。

表 3-15-16 项目销售财务数据　　　　　　单位:万元

序号	名称	数额
1	总投资	57 182.32
1.1	建设投资	56 473.92
1.2	建设期利息	708.40
2	销售收入	69 793.00
3	税金及附加	3 838.62
4	利润总额	8 074.14
5	所得税	2 018.53
6	税后利润	6 055.60

表 3-15-17 财务盈利能力评价指标

项目总投资评价指标	税前	财务净现值:5 573.84 万元
		财务内部收益率:27.25%
	税后	财务净现值:3 809.65 万元
		财务内部收益率:21.41%
		静态投资回收期:1.38 年
		动态投资回收期:1.51 年
项目资本金评价指标	税前	财务净现值:6 165.11 万元
		财务内部收益率:34.97%
	税后	财务净现值:4 342.26 万元
		财务内部收益率:26.94%

结论:项目的内部收益率大于基准收益率 8%,且财务净现值均为正,说明该项目有一定的盈利能力。项目的盈利能力与一般开发项目相比较低,但是考虑到项目建成后的较大社会效益,判断其盈利能力达到基本要求。

3. 清偿能力分析

项目的清偿能力分析主要是考核企业在项目建设过程中,通过融资手段所筹措的资金和利息的偿还时间(表 3-15-18、表 3-15-19)。

表 3-15-18 投资计划与资金筹措表　　　　　　单位:万元

序号	项目	1～3	4～6	7～9	10～2	13～15	16～18	19～20	共计
1	总投资	15 747.54	13 902.6	9 986.95	8 224.36	4 471.27	4 275.79	573.81	57 182.32
	建设投资	15 747.54	13 824.11	9 748.75	7 872.14	4 431.78	4 275.79	573.81	56 473.92
	建设期利息	0	78.49	238.2	352.22	39.49	0	0	708.40
2	资金筹措	15 747.54	13 902.6	9 986.95	8 224.36	4 471.27	4 275.79	573.81	57 182.32
	其中:资本金	15 747.54	4 252.46	0	0	0	0	0	20 000
	项目回款	0	0	0	4 192.53	4 431.78	4 275.79	573.81	13 473.92
	银行借款	0	9 650.14	9 986.95	4 031.82	39.49	0		23 708.4
	其中:贷款本金	0	9 572.00	9 748.75	3 679.60				23 000
	建设期利息	0	78.49	238.20	352.22	39.49	0		708.40

表 3-15-19　借款还本付息计算表　　　　　　　　　　单位:万元

项目	1~3	4~6	7~9	10~12	13~15	16~18	19~21	合计
资金来源	15 748	13 824	9 749	27 078	18 060	16 660	7 138	108 256
其中:净收入	0	0	0	23 398	18 060	16 660	7 138	65 256
资本金	15 748	4 252	0	0	0	0	0	20 000
银行贷款	0	9 572	9 749	3 680	0	0	0	23 000
资金运用	15 748	13 824	9 749	23 046	12 967	4 276	2 592	82 201
其中:建设投资	15 748	13 824	9 749	7 872	4 432	4 276	574	56 474
所得税 25%	0	0	0	0	0	0	2 019	2 019
借款偿还	0	0	0	15 174	8 535	0	0	23 708
盈余资金	0	0	0	4 032	5 094	12 384	4 546	26 056
累计盈余资金		0	0	4 032	9 126	21 510	26 056	

表 3-15-20　资金来源和运用表　　　　　　　　　　单位:万元

项目	1~3	4~6	7~9	10~12	13~15	16~18	19~21	合计
贷款本息合计	0	9 650.14	9 986.95	4 031.82	39.49			23 708.40
其中:本期借款	0	9 571.65	9 748.75	3 679.60	0			23 000.00
建设期利息	0	78.49	238.20	352.22	39.49			708.40
项目回款	0	0	0	15 173.63	13 589.21			28 762.84
偿还本息				15 173.63	8 534.77			23 708.40
偿还本金				14 504.72	8 495.28			23 000.00
偿还利息				668.91	39.49			708.40
偿还本金后余额					5 054.44			5 054.44

通过对"借款还本付息计算表"和"资金来源和运用表"的计算,考察项目计算期内各季度财务状况,第五个季度(从建设期开始起)可全部还清借款本息。

4. 不确定性分析

在对项目进行不确定性分析的时候,采用盈亏平衡分析和敏感性分析两种方法。

(1) 盈亏平衡分析

投资方案在实施过程中会受到许多不确定因素的干扰,而当某个不确定因素达到某一个临界点指标时,就会使项目的投资方案产生质变。运用盈亏平衡分析方法就是为了找出这个临界点。假设用 R 表示实现的销售收入、P 表示计划销售收入、Q 表示销售收入实现率(r 为项目风险率)、C 表示总成本费用、V 表示单位可变成本、T 表示每平方米销售面积的税金及附加、F 表示总成本中的固定费用。则盈亏平衡点的计算公式为:

销售收入方程:$R=P \cdot Q$

成本费用方程:$C=V \cdot Q+T \cdot Q+F$

令 $R-C=0$,便可求出 Q 值,即 $Q=F/(P-V-T)$。

如果项目的设计或设计开发量为 $Q_{设}$,则销售收入实现率(项目风险率)r 为:$r=(Q/Q_{设})\times 100\%$。

本项目计划销售收入 P 为 69 793 万元,固定成本 F 为 56 473.92 万元,销售税金及附加为 3 838.62 万元。因此,$69\,793r=56\,473.92+3\,838.62r$ 解得 $r=87\%$。故当销售收入实现率 $r=87\%$ 时,为项目的盈亏平衡点,即当销售收入实现 87% 时,项目即可保本。低于这个比率,项目将会出现亏损;高于这个比率,项目将出现盈利。

从项目的盈亏平衡点指标值来看,本项目具有较大的风险。但是,考虑到项目的社会效益较大,在项目实施过程中应注意成本控制和销售策略的合理运用。

(2) 敏感性分析

敏感性是指影响方案的因素中一个或几个估计值发生变化时,引起方案经济效果的相应变化,以及变化的敏感程度。

本项目主要进行销售价格以及工程建设总投资对税前内部收益率的单因素和双因素敏感性分析,年基准收益率为 8%。

①单因素敏感性分析(表 3-15-21)

表 3-15-21　不确定因素变化对税前内部收益率的敏感性分析

变化因素	−15.00%	−10.00%	−5.00%	0.00%	5.00%	10.00%	15.00%
建设投资	65.25%	50.89%	38.33%	27.25%	17.42%	9.67%	0.82%
销售收入	−3.02%	6.85%	16.94%	27.25%	37.77%	48.48%	59.40%
基准收益率	8%	8%	8%	8%	8%	8%	8%

②敏感性分析图(图 3-15-4)

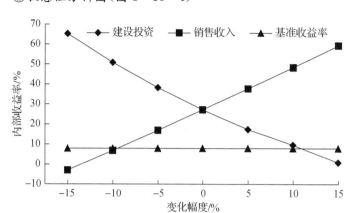

图 3-15-4　敏感性分析图

根据表 3-15-21 的数据,在投资不变的情况下,采用插入法计算销售价格的动态临界点,销售价格允许变动的幅度为(-9.15%,+∞);在销售价格不变的情况下,采用插入法计算投资的动态临界点,投资允许变动的幅度为(-∞,8.68%);从以上计算结果可以看出,项目收益对于建设投资和销售收入的变动都较为敏感,需要加强对销售收入的实现以及对建设投资的控制。

三、项目租赁方案的财务评价

1. 项目评价参数

本项目中相关参数如表 3-15-22 所示。

表 3-15-22　项目评价参数表

项目	参数
基准收益率	8%
建设期	18 个月
计算期	40 年
营业税率	销售收入的 5%
城市建设维护费	营业税的 7%
教育费附加	营业税的 3%
所得税	25%
折旧年限	40 年
折旧方法	平均年限法
修理费	按年折旧额的 15% 提取

(续表)

项目	参数
其他营业费用	按年营业收入的20%计取
地上商铺建筑面积	21 915 m²
地下商铺建筑面积	39 655 m²
车位数	401个

2. 营业收入与营业税金及附加估算

(1) 营业收入估算

项目建成达产后可提供地上商铺21 915 m²、地下商铺39 655 m²、车位401个,达产年实现营业收入10 004万元。

(2) 营业税金及附加

①营业税:

营业税的测算(营业收入10 004万元,税率5%):营业税约为500万元。

②城市维护建设费:城市维护建设费为29万元。

③教育费附加:教育费附加为13万元。

营业税金及附加合计为:500+29+13=542(万元)。

3. 租赁成本估算

(1) 达产年经营成本估算

①燃料及动力费:

外购燃料及动力费用按实际消耗量的市场价格确定,总计为490万元/a。

②修理费用为176万元/a。

③其他费用包括营业费用为2 001万元/a(营业收入的20%)。

以上三项为经营成本,总计2 667万元/a。

(2) 折旧费

采用平均年限法进行折旧,固定资产年均折旧额为1 172万元。

4. 财务盈利能力分析

根据项目投资现金流量表计算的评价指标有项目内部收益率、项目财务净现值、项目静态投资回收期、项目动态回收期(表3-15-23)。

表 3-15-23 项目投资现金流量表

序号	名称	合计	1	2	3	4	5	6	7	8~34	35	36	17	38	39	40	41	42
1	现金流入/万元	396 218			5 754	7 745	10 004	10 004	10 004	10 004	10 004	10 004	10 004	10 004	10 004	10 004	10 004	12 583
1.1	营业收入/万元	393 639			5 754	7 745	10 004	10 004	10 004	10 004	10 004	10 004	10 004	10 004	10 004	10 004	10 004	10 004
1.2	补贴收入/万元																		
1.3	回收固定资产余值/万元	2 467																	2 467
1.4	回收流动资金/万元	112																	112
2	现金流出/万元	183 168	30 198	26 276	2 106	2 653	3 226	3 208	3 208	3 208	3 208	3 208	3 208	3 208	3 208	3 208	3 208	3 208
2.1	建设投资/万元	56 474	30 198	26 276															
2.2	流动资金/万元	112			74	20	18												
2.3	经营成本/万元	105 264			1 722	2 215	2 667	2 667	2 667	2 667	2 667	2 667	2 667	2 667	2 667	2 667	2 667	2 667
2.4	营业税金及附加/万元	21 319			310	418	542	542	542	542	542	542	542	542	542	542	542	542
2.5	维持运营投资/万元																		
3	所得税前净现金流量/万元	213 050	−30 198	−26 276	3 648	5 092	6 778	6 795	6 795	6 795	6 795	6 795	6 795	6 795	6 795	6 795	6 795	9 374
4	累计所得税前净现金流量/万元	213 050	−30 198	−56 474	−52 826	−47 733	−40 956	−34 160	−27 365	−20 570	162 904	169 699	176 494	183 289	190 085	196 880	203 675	213 050
5	调整所得税/万元	52 871			420	768	1 188	1 188	1 188	1 188	1 406	1 406	1 406	1 406	1 406	1 406	1 406	1 406
6	所得税后净现金流量/万元	160 179	−30 198	−262	9 228	4 325	5 589	5 607	5 607	5 607	5 389	5 389	5 389	5 389	5 389	5 389	5 389	7 968

(续表)

序号	名称	合计	1	2	3	4	5	6	7	8~34	35	36	17	38	39	40	41	42
7	累计所得税后净现金流量/万元	16 179	−30 198	−56 474	−53 246	−48 921	−43 332	−37 725	−32 118	−26 511	119 874	125 263	130 653	136 042	141 432	146 821	152 211	160 179
	计算指标																	
	项目投资税前财务内部收益率/%		10.44															
	项目投资税后财务内部收益率/%		8.53															
	项目投资税前财务净现值($i_c=8\%$)/万元		15 323															
	项目投资税后财务净现值($i_c=8\%$)/万元		3 120															
	项目税前静态投资回收期/年		11.03															
	项目税后静态投资回收期/年		12.76															
	项目税前动态投资回收期/年		19.76															
	项目税后动态投资回收期/年		32.15															

(1) 项目内部收益率(基准收益率为 8%)

税前为 10.44%,税后为 8.53%,项目盈利能力强。

(2) 财务净现值

税前为 15 323 万元,税后为 3 120 万元。当它大于零时,说明该项目不仅能保证行业的最低期望收益水平,还有额外增值。

(3) 投资回收期

静态投资回收期:税前为 11.03 年,税后为 12.76 年。动态投资回收期:税前为 19.76 年,税后为 32.15 年。

5. 不确定性分析

本项目的不确定性分析包括项目的盈亏平衡点分析以及项目的敏感性分析。

(1) 盈亏平衡分析

各种不确定性因素的变化会影响投资方案的经济效果,当这些因素的变化达到某一临界值时,就会使方案的损益情况产生质变。进行盈亏平衡分析,找出这种临界值,判断投资方案对不确定性因素变化的承受能力,为决策提供依据。

盈亏平衡分析是通过盈亏平衡点(BEF)分析项目成本与收益的平衡关系的一种方法。盈亏平衡点通常根据正常生产年份的产品产量或销售量、可变成本、固定成本、产品价格和销售税金及附加等数据计算,用生产能力利用率表示。其计算公式为:

BEF(生产能力利用率)=年固定总成本÷(年营业收入-年可变成本-年营业税金及附加)100%

由此算出生产能力利用率为 41.83%。故当销售收入实现率 $Q=41.83\%$ 为项目的盈亏平衡点,即:当销售收入实现 41.83% 时,项目即可保本;低于这个比率,项目将会出现亏损;高于这个比率,项目将出现盈利。以项目设计运营能力利用率表示(取运营期时的值)本项目在项目运营期中的盈亏平衡状况,可见图 3-15-5。从项目的盈亏平衡点指标值,结合目前临潼区市场的实际情况,本项目具有一定的抗风险能力;在项目实施过程中应注意成本控制和销售策略的合理运用。

由图 3-15-5 可看出,盈亏平衡临界点是 41.83%,这说明本项目抗风险能力较强。

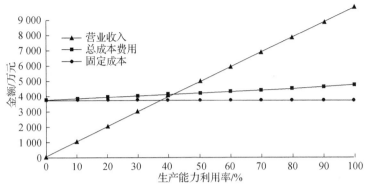

图 3-15-5 盈亏平衡图

(2) 敏感性分析

①单因素敏感性分析

敏感性分析表显示,在建设投资、产品价格和产品产量增加 30% 的情况下,项目内部收益率在一定方位内大于基准收益率,从表 3-15-24 可以看出产品价格和产品产量是本项目的敏感性因素,在项目实施的过程中应密切关注产品价格和产品产量的变化。

对项目收益率的敏感性分析,见表 3-15-24。

表 3-15-24 单因素敏感性分析——内部收益率

序号	不确定因素	−30%	−22.5%	−15%	−7.5%	基本方案	7.5%	15%	22.5%	30%
1	建设投资	11.83%	10.81%	9.93%	9.18%	8.53%	7.95%	7.43%	6.96%	6.54%
2	产品价格	4.75%	5.77%	6.73%	7.65%	8.53%	9.37%	10.19%	10.99%	11.77%
3	产品产量	4.97%	5.93%	6.83%	7.70%	8.53%	9.33%	10.11%	10.86%	11.60%

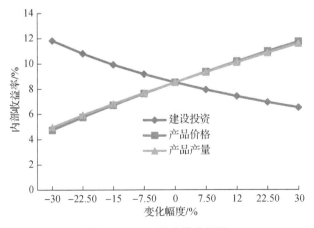

图 3-15-6 敏感性分析图

②多因素敏感性分析

表 3-15-25 是对本项目的多因素敏感性分析,说明该项目抗风险能力较强。

表 3-15-25　多因素敏感性分析

指标/敏感性因素	产品价格	建设投资
变化率/%	30	30
	计算结果	基本方案
内部收益率(税前)/%	11.36	10.44
内部收益率(税后)/%	9.27	8.53
财务净现值(所得税前)($i_c=8$)/万元	27 810.39	15 322.75
财务净现值(所得税后)($i_c=10$)/万元	9 928.6	3 120.29
静态投资回收期(税前)/年	10.32	11.03
静态投资回收期(税后)/年	11.96	12.76
动态投资回收期(税前)/年	17.06	19.76
动态投资回收期(税后)/年	25.35	32.15
自有资金收益率/%	9.77	8.92

四、项目财务可行性评价结论

从方案一和方案二的项目静态及动态评价指标、盈利能力分析、清偿能力等方面的分析结果可以看出,项目在财务上是可行的,并且项目具有一定的抗风险能力。

西安××商业旅游项目的财务可行性分析案例具有数据准确、分析内容全面、分析过程清晰等优点,值得借鉴。

项目十六:规划区旅游近期建设规划

【学习目标】

1. 知识目标

(1) 理论知识目标

理解并掌握规划区旅游近期建设规划概念、内容以及规划原则。

(2) 实践知识目标

掌握规划区旅游近期建设规划方法。

2. 职业能力目标

能够对规划区进行旅游近期建设规划。

3. 项目任务目标

规划区旅游近期建设规划。

第一节 旅游近期建设规划理论

一、近期建设规划含义

近期建设规划是落实总体规划的重要步骤,是近期建设项目安排的依据,是为了有效解决总体规划对项目建设管理的实效性问题。近期建设规划的基本任务是:明确近期内实施总体规划的发展重点和建设时序;提出规划区重要基础设施和公共设施。吴必虎认为旅游近期建设规划是旅游总体规划实施的一个基本方法,比如有效地落实旅游规划的基本方法是分几段发展并制订短期行动计划。凯泽(Kaiser)和海尔伯(Helber)认为,分期(即近期、中期和远期)实施旅游规划,能够应对不断变化的形势并得以保证连续实施。本书认为,旅游近期建设规划就是明确旅游总体规划在近期内的发展重点,落实规划区近期具体基础设施建设和旅游项目的开发以及旅游服务设施的建设任务,开展市场营销策划,落实近期开发建设时序等,以尽快实现开门迎客。

二、近期建设规划内容

《风景名胜区总体规划标准》(GB/T 50298—2018)提出:风景名胜区近期发展规划应该提出发展目标、重点、主要内容,并应提出具体建设项目、规模、性质、布局、投资估算和实施措施等；近期规划项目与投资估算应包括风景游赏、旅游服务、居民社会三个职能系统的内容以及实施保育措施所需的投资。吴必虎认为，旅游行动计划应包括的内容为：具体开发项目、进一步专项研究、落实规划过程涉及的其他活动、所有项目的成本估算和责任部门等。综合上述观点，同时结合现有规划成果，本书认为，旅游近期建设规划主要包括以下内容：提出近期建设目标；明确建设重点及其建设内容；对重点建设项目提出建设规模、布局选址、投资估算和实施措施、行动计划；市场营销的研究和分析以及促销与广告。

三、近期建设规划原则

（1）近期发展目标和重点项目，应兼顾风景游赏、旅游服务、居民社会的协调发展，体现风景区自身发展规律与特点。

（2）近期发展规划应提出发展目标、重点、主要内容，并应提出具体建设项目、规模、性质、布局、投资估算和实施措施等。

（3）近期规划项目与投资估算应包括风景游赏、旅游服务、居民社会三个职能系统的内容及实施保育措施所需的投资。

第二节　旅游近期建设规划实践

在实际工作中，近期建设规划主要有三个步骤：提出近期规划工作目标；明确近期规划重点内容；编写近期行动计划与开发时序。

一、提出近期规划工作目标

在考虑旅游发展的规律、建设项目的重要程度、环境保护的要求和市场启动的需求等因素的基础上，确定旅游区近期建设总目标，其主要内容包括硬件设施建设和产品营销策划与宣传。具体分目标有：①水、电、气、通信、交通等基础设施建设；②重要旅游项目开发；③旅游接待设施建设，主要包括为八个类型的设施，即旅行、游览、饮食、住宿、购物、娱乐、保健和其他；④市场营销策划和宣传。比如《南京高淳国际慢城旅游度假区总体规划（2012—2025）》中的近期建设规划目标为："近期（2012—2015年）是度假区基础开发建设和重点突破阶段。基于项目建设商业运作的规律，考虑规划的可操作性、旅游发展的规律、建设项目的重要程度、环境保护的要求和市场启动的需求等因素，确定近期主要目标任务是：完成基础设施、特色旅游项目和度假酒店主体建设工程，度假区初具规模并开业迎客，并在长三角地区初步打响品牌，为申报省级旅游度假区奠定坚实基础。"

二、明确近期规划重点内容

近期建设规划的重点是指在近期规划期末能够开门迎客营业必须完成的各项建设任务和准备工作,具体重点工作内容可以根据工作目标进行确定,同时重点工作应兼顾风景游赏、旅游服务、居民社会的协调发展,体现规划区自身发展规律与特点。近期重点工作具体内容主要包括具体建设项目、规模、性质、布局、投资估算和实施措施等。比如《南京高淳国际慢城旅游度假区总体规划(2012—2025)》中提出的近期重点工作有:①完成基础设施建设,实现景观美化和道路畅通;②完善大山民俗村、望玉岛度假区、腾园、游客服务中心等现有旅游项目;建成矿山酒店、会所、慢城集市、慢城示范村、自驾车营地等新建项目;③完成开业筹备工作并成功形成开业轰动效应;④实施旅游营销行动计划,初步打响高淳国际慢城旅游度假区旅游品牌形象,提高度假区旅游的知名度和市场影响力。图3-16-1是《汤山温泉旅游度假区旅游总体规划(2012—2030)》中的汤山温泉度假区项目总体投资估算表。表3-16-2是《南京市江宁区汤山街道旅游策划研究(2014—2020)》中的汤山旅游重点项目开发方式安排。

表3-16-1 汤山温泉度假区项目总体投资估算表

功能分区	项目名称		投资估算/万元			
			近期	中期	远期	合计
集散服务中心	主题形象大门(3处)		240			240
	游客集散服务中心	游客服务中心(5个节点)	6 000			6 000
		游客中转换乘中心(5个节点)	8 000			8 000
		旅游商圈	12 000	8 000		20 000
		生态厕所(5个)	330			330
	旅游管理中心		2 100			2 100
核心温泉度假板块	温泉度假区	卓越领地(酒店集群区) 环境设施提升	1 000	600	420	2 042
		卓越领地(酒店集群区) 待建项目投入	—	—	—	—
		蒋氏温泉别墅提升费用	300	200		500
		环球时尚休闲中心	40 000	60 000		100 000
		非物质文化遗产艺术公园	50 000	30 000	20 000	100 000
		温泉理疗中心(汤山工人疗养院)提升费用	1 080			1 080
		会展中心		20 000	10 000	30 000
		巴斯时光温泉文化主题休闲街区		20 000	18 358	38 358
		私人直升机培训中心(含热气球俱乐部)			30 000	30 000
		颐养中心(提升费用,含高尚夕阳红休疗养基地建设)		8 000		8 000
		风情马车	250			250
		健身绿道	310			310
		观光车停靠站	165			165

(续表)

功能分区		项目名称	投资估算/万元			
			近期	中期	远期	合计
核心温泉度假板块	运动娱乐区	欢乐水魔方水上乐园	40 000	15 000	25 000	80 000
		紫清湖高球体育公园提升费用	500	450		950
		马术俱乐部			2 000	2 000
文化地质休闲板块	文化体验区	南京古猿人洞提升费用	350			350
		明文化村(阳山碑材)景区提升费用	150	250		240
		圣汤延祥寺佛文化园		8 000		8 000
		汤山温泉文化公园		2 000	3 000	5 000
		景观崖壁	1 800			1 800
	地质休闲区	博物馆区提升费用	600	700		1 300
		真人CS提升费用	120			120
		林间温泉木屋	1 200			1 200
		地质科普教育基地	300	200		500
		自驾车营地		1200	800	2000
		野外烧烤	110			110
老镇商业宜居板块		民国风情街	8 000	4 000	3 000	15 000
		艺术殿堂(演艺中心)		1 500		1 500
		音乐广场	700			700
		生态SOHO社区		6 000	5 000	11 000
生态环境保育板块		黄龙山生态环境维护、防火、防虫害,以及适当的休憩设施配套、山间慢性系统设置	300	300	300	900
美泉路温泉产业集聚轴		沿路基础设施配套,亮化、美化以及环境维护	400	300	200	900
温泉度假休闲环		沿线景观提升,适当形象景观节点的布设(如景观雕塑),以及环境维护	200	100	100	400
生态观光游憩环		沿线进行绿化、美化、亮化提升,景观小品设置,休闲游憩设施配套,以及生态环境维护	250	100	150	500

(续表)

功能分区	项目名称	投资估算/万元			
		近期	中期	远期	合计
	观光电瓶车、代步自行车及其他慢行交通工具	800			800
	慢行道路系统增设、道路完善、景观提升	4 000	1 500	2 500	10 800
	水、电、绿化、环卫、消防、溪流清淤驳岸等基础设施	5 200	4 100	5 300	14 600
	度假区标识系统	900			900
	温泉水资源的管理与保护	1 500	2 000	3 500	7 000
	智慧旅游系统	3 000	2 000		5 000
	度假区旅游营销	3 000	1 500	1 000	5 500
	人才招聘与培训	400	300	200	900
	总计（不含尚未运营的酒店，该部分总投资132亿元）	196 255	178 300	147 828	524 083

表 3-16-2 汤山旅游重点项目开发方式

项目		开发方式	项目		开发方式
温泉度假中心—温泉度假组团	汤山	政府＋企业招商（索道）	北部片区—田园花卉观光组团	花花世界	政府＋农户
	温泉公园	企业招商	北部片区—山水康养组团	安基山健身公园	企业招商整体开发
	悠活度假村	企业招商		康养度假村	
温泉度假中心—特色休闲聚落组团	南京直立人化石遗址公园	政府	西部片区—时尚乡村休闲组团	龙尚漫谷	企业招商＋政府＋农户
	汤山老街	政府＋住户		龙尚湖郊野休闲公园	
	汤家家温泉村	政府＋农户	西部片区—军事主题户外运动组团	雪豹野战训练营	企业招商
北部片区—遗址与地质旅游组团	阳山碑材遗址公园	企业招商	南部片区—民俗田园休闲组团	七坊慢村	企业招商＋政府＋农户
	地质走廊	政府	南部片区—现代农业旅游组团	翠谷有机生活体验基地	企业
	矿山公园	企业招商	温泉度假中心—主题旅游组团	百姓庄园	对口援建
	小野田军事体验区	企业招商	北部片区—生态度假组团	游客综合服务中心	政府
	青少年夏令营基地	企业招商		紫清湖生态旅游温泉度假区	企业

三、编写近期行动计划与开发时序

近期行动计划是根据近期规划的目标和重点内容,按照旅游发展规律和开发顺序,在时间上做出合理的安排,通常从管理行动、项目建设行动、宣传促销行动以及其他行动等按照年度进行安排。表3-16-3是《南京高淳国际慢城旅游度假区总体规划(2012—2025)》中的近期行动计划。表3-16-4是《汤山温泉旅游度假区旅游总体规划(2012—2030)》中的建设时序。

表3-16-3 高淳慢城度假区近期行动计划表

序号	旅游行动	执行实践		
		2012—2013年	2014年	2015年
1	管理行动	√		
1.1	编制度假区旅游总体规划	√		
1.2	完成主要建筑项目方案设计和内部装饰布展设计方案	√		
1.3	成立度假区开发建设领导机构	√		
1.4	成立度假区经营管理机构	√		
1.5	制定度假区开业计划与经营管理方案	√		
1.6	制定度假区接待服务与管理方案	√		
1.7	人员招聘、培训和管理,提高服务水准	√		
2	项目建设行动			
2.1	S246游客服务中心(大门、停车场等)	√		
2.2	道路建设与景观改造	√		
2.3	五星级矿山酒店、金花浪漫基地、花鸟生态餐厅	√		√
2.4	矿坑花园会所	√		√
2.5	慢城示范村	√	√	√
2.6	遮军山生态度假公园	√	√	
2.7	吕家美食村	√	√	
2.8	清心茶苑	√	√	
2.9	自驾车露营基地	√	√	
2.10	慢城集市			√
2.11	国税会所			√
3	宣传促销行动			
3.1	编写度假区宣传材料、导游图与地图	√		
3.2	建设高淳国际慢城旅游度假区网站	√		
3.3	在主要媒体(重点是长三角)推出项目广告	√	√	
3.4	在长三角主要旅游集散中心提供门票和酒店预订服务		√	

(续表)

序号	旅游行动	执行实践		
		2012—2013年	2014年	2015年
3.5	通过南京和高淳旅游局举办度假区旅游推介会		√	
3.6	参与国内/国际旅游交易会		√	
3.7	邀请记者、节目制作人到度假区考察			√
3.8	举办各类艺术节、展会、新品发布会等节庆活动			√
4	其他行动			
4.1	旅游标识系统并全部达标			√
4.2	度假区信息服务系统建设			√
4.3	度假区安全系统建设			√
4.4	度假区亮化工程			√
4.5	员工设施配套建设			√

表 3-16-4 汤山温泉度假区建设时序

功能分区		项目名称	建设时序		
			近期 2012—2015年	中期 2016—2020年	远期 2021—2030年
集散服务中心		主题形象大门(3处)	◆		
	游客集散服务中心	游客服务中心	◆		
		游客中转换乘中心	◆		
		旅游商圈	◆	▲	
		生态厕所	◆		
		旅游管理中心	◆		
核心温泉度假板块	温泉度假区	卓越领地(度假酒店集群)	◆	▲	●
		蒋氏温泉别墅	◆	▲	
		环球时尚休闲中心	◆	▲	
		非物质文化遗产艺术公园	◆	▲	●
		温泉理疗中心(汤山工人疗养院)	◆		
		会展中心		▲	●
		巴斯时光温泉文化主题休闲街区		▲	●
		私人直升机培训中心(含热气球俱乐部)			●
		颐养中心		▲	
		风情马车	◆		
		健身绿道	◆		
		观光车停靠站	◆		
	运动娱乐区	欢乐水魔方水上乐园	◆	▲	●
		紫清湖高球体育公园	◆	▲	
		马术俱乐部			●

(续表)

功能分区	项目名称		建设时序		
			近期 2012—2015 年	中期 2016—2020 年	远期 2021—2030 年
文化地质休闲板块	文化体验区	南京古猿人洞	◆		
		明文化村(阳山碑材)景区	◆	▲	
		汤山温泉文化公园		▲	●
		圣汤延祥寺佛文化园		▲	
		景观崖壁	◆		
	地质休闲区	博物馆区	◆	▲	
		真人 CS	◆		
		林间温泉木屋	◆		
		地质科普教育基地	◆	▲	
		自驾车营地		▲	●
		野外烧烤	◆		
老镇商业宜居板块	民国风情街		◆	▲	●
	艺术殿堂(演艺中心)			▲	
	音乐广场		◆		
	生态 SOHO 社区			▲	●
生态环境保育板块	黄龙山生态环境维护、防火、防虫害,以及适当的休憩设施配套、山间慢性系统设置		◆	▲	●
美泉路温泉产业集聚轴	沿路基础设施配套,亮化、美化以及环境维护		◆	▲	●
温泉度假休闲环	沿线景观提升,适当形象景观节点的布设(如景观雕塑),以及环境维护		◆	▲	●
生态观光游憩环	沿线进行绿化、美化、亮化提升,景观小品设置,休闲游憩设施配套,以及生态环境维护		◆	▲	●
观光电瓶车、代步自行车及其他慢行交通工具			◆		
道路、水、电、绿化、环卫、消防、溪流清淤驳岸等基础设施			◆	▲	●
度假区标识系统			◆		